智能财会丛书

大数据财务分析

基于Power BI

FINANCIAL ANALYSIS
BASED ON POWER BI

樊斌　曹越　周鸿　著

中国人民大学出版社
·北京·

前 言

之前看过一篇文章，题目是《中国的液晶面板如何逆袭全球制高点》，文中讲述了京东方和 TCL 科技用 10 年左右的时间共投资 5 400 多亿元，在竞争激烈的全球液晶面板领域，实现了从模仿到追赶再到并跑，最终局部超越的中国式传奇。其中，京东方正是本书中的主要案例对象之一。上述文章还介绍了京东方创始人王东升、TCL 科技创始人李东生分别于 2019 年、2021 年被授予"David Sarnoff 产业成就奖"，以表彰他们对中国及全球半导体显示产业做出的贡献。在表彰大会上，王东升说："京东方创立 26 年了，自创立之日起我们从未停止增长，原因关键有两点：一是专心专注，二是持续创新。"这句话我非常认同，因为没有持续不断的专注，没有国家战略的支持，液晶面板的生产制造在今天肯定还是一个"卡脖子"的问题，就像 10 多年前一样，"缺芯少屏"的局面仍将存在。

当然，我表示认同还因为这句话也反映了我个人的职业生涯：早期开发会计软件，后来讲授会计电算化、会计信息化课程，再到后来讲授 ERP 课程，然后讲授 Excel 在会计中的应用，到现在讲授 Power BI 大数据财务分析课程。基本上我也只干了一件事，虽然算不上什么成就，但自己经过多年努力也取得了一些小成绩。借用王东升说的八个字共勉：专心专注，持续创新。

在 2021 年影响中国会计从业人员的十大信息技术中，"会计大数据分析与处理技术"排名第三。这是"大数据"自 2017 年排名第一，在沉寂了两年以后，再次出现在前十大信息技术中，并且此次明确了是会计大数据技术，说明无论是理论界还是实务界，对大数据在会计中的应用场景已十分肯定。但遗憾的是，对于会计大数据具体是怎样的技术工具，没有做太多的解释和阐述。其实大家都知道，除了那些头部企业有人工智能（AI）应用场景，大多数企业的会计大数据的应用主要是在商务智能（BI）层面。

自从意外发现超级实用高效的 Power BI，并将其与我多年积累的税务稽查等专业知识融合，出版了《大数据审计分析》之后，我认为它还应该是实现管理会计信息化落地最重要甚至是最佳的工具。经过多年的努力，我又出版了《大数据财务与会计应用》，如今《大数据财务分析——基于 Power BI》也终于要出版，从而实现了对大数据在会计（审计、管理会计、财务分析）应用中的全面探索。

从会计电算化到信息化再到智能化经历了几十年的历程，但传统会计与会计信息化的教育，基本上一直是“两张皮”。教材如此，教师也基本如此；财务会计基础课程如此，财务管理、财务分析等高阶课程也如此。第二代自助式、实用、高效的 BI 的兴起，可能会使部分财务会计课程理论与实践长期分立的状况有所改善。

传统的财务分析教材很少关注技术的落地，分析效率不高，技术手段落后，个别教材虽提及了 Excel，也基本是 Excel 的低层次应用。另外，介绍的内容侧重指标体系的完整性，每个指标的介绍都是采用一些零散的典型案例，对具体的公司整体分析偏少，部分指标能否采用也很少与公司具体的盈利模式相结合考虑。

近年出现了少量的 Power BI 大数据分析教材，但是过于侧重对技术工具的介绍，对于会计大数据分析业务体现得不够充分。

本书的编写目标有两个：第一，借助新的大数据分析实用工具，让财务会计专业的师生和广大的财务会计业务人员有能力自我建立财务报表分析模型，提升财务报表分析能力和效率；第二，将技术和业务有机结合，提出新的财务报表分析逻辑框架，并按不同公司的经营战略和盈利模式，基于模型分析提供一系列上市公司财务报表分析真实案例，以供读者参考。

本书有以下三大特色：

一是引入 Power BI 进行大数据财务报表建模分析。基于“实用为王”的理念，只介绍 Power BI 的一些常用功能，不追求工具介绍的全面性、系统性。希望读者都能学得进，学得会，真正实现以业务人员为主导的自助式大数据财务报表分析。

二是借鉴现有学者的分析框架（张新民，2008；黄世忠，2007；郭永清，2017；吴世农，2013；薛云奎，2018），提出本书的体系化财务报表分析逻辑框架。新的四维度逻辑框架是：经营主线分析、管理能力分析、风险分析、社会责任分析。

三是将大数据财务分析可视化模型的使用与财务分析可视化实际案例相结合，按不同公司的经营战略和盈利模式甄选一系列真实案例，进行全方位的分析。本书数据的时间跨度较长，达 14 年，数据分析期限越长，特别是对于周期性行业的公司，我们对公司和行业的了解越全面、清晰。

全书内容分为两篇：模型实现篇和案例分析篇，各包含 5 章。

模型实现篇中财务报表分析模型的建立与 Power BI 基本工具的使用介绍合二为一。第 1 章为大数据财务分析概述；第 2 章介绍了大数据环境下财务报表编制原理；第 3 章是对资本市场上市公司的整体分析；第 4 章介绍从财经网站下载两家（或多家）公司的财务报表数据，并进行可视化分析；第 5 章介绍从国泰安下载资本市场 A 股所有上市公司 10

多年的财务报表数据，然后进行建模分析。财务报表分析模型的实现是循序渐进的，第 3 章分析的数据比较简单，只有公司这一个维度，第 4 章分析两家公司时涉及两个维度——公司维度和时间维度，第 5 章从国泰安下载的数据涉及三个维度——公司维度、时间维度和报表类型维度。因此，读者可以由简单到复杂，逐步了解 Power BI 的基本功能，以及报表分析模型由易到难的渐进实现过程。

案例分析篇按不同公司的经营战略和盈利模式来分类，分别介绍了五个典型公司：以经营为主导的贵州茅台、经营与投资并重的雅戈尔、以投资为主导的川投能源、以理财为主导的金山办公、以政府补贴为主导的京东方。每个公司的介绍都遵循新的财务报表分析逻辑框架。经营主线分析维度主要从以下几方面来讨论：一是资产负债表右边的引资战略，即资金从哪里来；二是资产负债表左边的经营战略和盈利模式，即资金用到哪里去；三是利润表中的盈利结构、盈利水平和盈利质量的分析。管理能力分析维度主要分析营运资本管理模式、市场开拓与研究开发模式、销售管理模式、资金管理模式、贷款管理模式。风险分析维度主要分析财务风险、经营风险和现金流风险。社会责任分析维度主要分析财富创造、财富分配、高管薪酬和员工薪酬。经营主线分析涉及公司的经营战略和经营成果，且两者关系密切，因此把两者整合到一起分析。社会责任可作为当前国家提倡的共同致富的参考评价维度，因此将其纳入逻辑框架中。

另外，考虑到现实企业经营分析数据难以获取，真实经营数据之间的关系相当复杂，且不同行业分析的重点内容差别较大，实施的难度也较大，因此，未将经营报表分析纳入本书的财务分析范畴，但其实现的方法基本一致。

本书第 1 章、第 6 章由周鸿老师执笔，其余章节由樊斌老师执笔，全书由曹越教授审阅。

本书得到了中国高等教育学会重点专项课题——中国高等教育学会 2020 年度“基于一流课程建设的教学改革与实践研究”的资助。项目名称是：“大数据会计”课程建设与研究；立项编号：2020JXD10。本书还得到了 2021 年湖南省普通高等学校教学改革研究项目资助。项目名称为：“大数据财务与会计应用”课程建设与研究；立项编号：HNJG－2021－0366。本书同时入选湖南大学 2022 年本科规划教材建设项目（教务函［2022］21 号）。

本书可作为大数据财务分析的教材，也可作为传统财务分析课程的补充教材，还可作为经济管理专业学生的 Excel 在会计中应用的替代升级课程教材。由于印刷技术和版面限制，书中只提供黑白图表，读者可通过扫描每章章末的二维码查看更清晰的彩色图表。

本书的出版要感谢中国人民大学出版社编辑的大力支持，感谢湖南大学和中国高等教育学会的资助，感谢湖南大学工商管理学院给我们提供的宽松、自由的学术环境，感谢我的同事王一剑老师的帮助和给本书进行校对的研究生，更要感谢家人的支持。

由于作者的知识面有限，书中如有错误请不吝赐教，作者邮箱是：1403733991@qq.com。

作 者

目 录

第 1 章 大数据财务分析概述 ······ 1

1.1 大数据及相关技术 ······ 2

1.2 传统财务分析 ······ 14

1.3 大数据财务分析 ······ 18

1.4 Power BI 简介 ······ 22

第 2 章 财务报表编制原理 ······ 29

2.1 财务报表编制方法 ······ 30

2.2 案例资料准备 ······ 33

2.3 数据采集和格式整理 ······ 36

2.4 建 模 ······ 39

2.5 报表可视化分析 ······ 39

第 3 章 上市公司整体分析 ······ 51

3.1 整体分析思路 ······ 52

3.2 数据采集和格式整理 ······ 53

3.3 简单可视化分析 ······ 57

3.4 高级可视化分析 ······ 65

第 4 章　两家公司财务报表对比分析 …… 73

4.1　案例资料准备 …… 74
4.2　数据采集和格式整理 …… 78
4.3　建　模 …… 82
4.4　纵向报表分析 …… 83
4.5　横向报表分析 …… 90

第 5 章　横向报表分析模型 …… 95

5.1　分析前准备工作 …… 96
5.2　经营主线分析 …… 100
5.3　管理能力分析 …… 109
5.4　风险分析 …… 114
5.5　社会责任分析 …… 117
5.6　行业分析 …… 120

第 6 章　经营主导型：贵州茅台 …… 124

6.1　公司经营战略 …… 125
6.2　经营战略和成果分析（一）：传统投资主线 …… 127
6.3　经营战略和成果分析（二）：母公司投资主线 …… 135
6.4　管理能力分析 …… 144
6.5　风险分析 …… 150
6.6　社会责任分析 …… 154

第 7 章　经营与投资并重型：雅戈尔 …… 160

7.1　公司经营战略 …… 162
7.2　经营战略和成果分析 …… 165
7.3　管理能力分析 …… 178
7.4　风险分析 …… 184
7.5　社会责任分析 …… 187

第 8 章　投资主导型：川投能源 …… 193

8.1　公司经营战略 …… 194
8.2　经营战略和成果分析 …… 198
8.3　管理能力分析 …… 212
8.4　风险分析 …… 217
8.5　社会责任分析 …… 220

第 9 章　理财主导型：金山办公 …… 225

9.1　公司经营战略 …… 226
9.2　经营战略和成果分析 …… 229
9.3　管理能力分析 …… 242
9.4　风险分析 …… 247
9.5　社会责任分析 …… 250

第 10 章　政府补贴型：京东方 …… 255

10.1　公司经营战略 …… 256
10.2　经营战略和成果分析 …… 258
10.3　管理能力分析 …… 271
10.4　风险分析 …… 275
10.5　社会责任分析 …… 278

参考文献 …… 286

第 1 章
大数据财务分析概述

1.1 大数据及相关技术
1.2 传统财务分析
1.3 大数据财务分析
1.4 Power BI 简介

1.1 大数据及相关技术

1.1.1 大数据

1. 定义

对于大数据（big data），研究机构 Gartner 给出了这样的定义：大数据是指无法在一定时间范围内用常规软件工具进行捕捉、管理和处理的数据集合，是需要新模式处理才能具有更强的决策力、洞察发现力和流程优化能力的海量、高增长率和多样化的信息资产。

维克托·迈尔-舍恩伯格（Viktor Mayey-Schnberger）和肯尼思·库克耶（Kenneth Cukier）在其畅销著作《大数据时代：生活、工作与思维的大变革》（*Big data：a revolution that will transform how we live，work，and think*）中指出，大数据分析不采用随机分析法（抽样调查）这样的捷径，而是对所有数据（全样本）进行分析处理。数据分析将从随机采样、精确求解和强调因果的传统模式演变为大数据时代的全体数据、近似求解和只看关联不问因果的新模式，这引发了商业应用领域对大数据方法的广泛思考与探讨。

中国科学院院士、计算机软件专家梅宏在第十三届全国人大常委会专题讲座《大数据：发展现状与未来趋势》中提出：大数据泛指无法在可容忍的时间内用传统信息技术和软硬件工具对其进行获取、管理和处理的巨量数据集合，具有海量性、多样性、时效性及可变性等特征，需要可伸缩的计算体系结构以支持其存储、处理和分析。

百度百科中对大数据的解释是：大数据或称巨量资料，指的是所涉及的资料量规模大到无法通过目前主流软件工具，在合理时间内撷取、管理、处理，并整理成为帮助企业经营决策更积极的资讯。

一般大数据分为大数据理论、大数据实践和大数据应用三个部分。以汽车类比，大数据理论相当于“设计汽车”，大数据实践相当于“造车”，而大数据应用相当于“开车”。按此分类，本书探讨的内容应属于“开车”，即大数据在财务分析方面的应用。

大数据分析的数据来源更广泛，可以来自本地，也可以来自云端；可以来自企事业内部，也可以来自企事业外部；可以是结构化的，也可以是非结构化的；可以是简单的统计分类（主要是商务智能（BI）），也可以是复杂的人工智能

（AI）深度学习。本书介绍的内容主要是结构化数据的多维统计建模分析，属于BI层面，没有应用非结构化数据，也没有应用太多AI模型分析，这应该是大数据分析应用的初级阶段，是广义的大数据分析。

2. 意义

大数据技术的战略意义不在于掌握庞大的数据信息，而在于对这些有价值的数据进行专业化处理。换言之，如果把大数据比作一种产业，那么这种产业实现盈利的关键在于提高对数据的加工能力，通过加工实现数据的"增值"。

有人把数据比喻为蕴藏能量的煤矿。煤炭按照性质可以分为焦煤、无烟煤、肥煤、贫煤等，且露天煤矿、深山煤矿的挖掘成本也不一样。与此类似，大数据并不在于"大"，而在于"有用"。价值含量、挖掘成本比数量更为重要。对于很多行业而言，利用大数据创造价值是赢得竞争的关键。

大数据的价值本质上体现为：提供一种人类认识复杂系统的新思维和新手段。理论上，在足够小的时间和空间尺度上，对现实世界数字化，可以构造现实世界的一个数字虚拟映像，这个映像承载了现实世界的运行规律。在拥有充足的计算能力和高效的数据分析方法的前提下，对该数字虚拟映像的深度分析，将有助于理解和发现现实复杂系统的运行行为、状态和规律。应该说，大数据为人类提供了全新的思维方式以及探知客观规律、改造自然和社会的新手段，这也是大数据引发经济社会变革最根本性的原因。

大数据相关技术、产品、应用和标准不断发展，逐渐形成了包括数据资源、开源平台与工具、数据基础设施、数据分析、数据应用等板块构成的大数据生态系统，并持续发展和不断完善。其发展呈现了从技术走向应用、再走向治理的逐渐迁移的特点。

3. 特点

IBM提出大数据有如下特点：大量、高速、多样性、低价值密度、真实性。

大量：数据量的大小决定所考虑的数据的价值和潜在的信息。

高速：获得数据的速度快。

多样性：数据类型具有多样性。

低价值密度：合理运用大数据，以低成本创造高价值。

真实性：数据的质量真实可靠。

4. 结构

大数据包括结构化、半结构化和非结构化数据，其中非结构化数据越来越成为数据的主要部分。互联网数据中心（IDC）的调查报告显示，企业中80%的数据都是非结构化数据，这些数据每年都按指数增长60%。在以物联网、移动互联网、云计算为代表的技术创新大幕的衬托下，这些原本看起来很难收集和使用的数据开始容易被利用，通过各行各业的不断创新，大数据正逐步为人类社会创造更多的价值。

想要系统地了解大数据，必须要全面细致地分解它，从理论、技术、实践三个层面来展开分析，如图1-1所示。

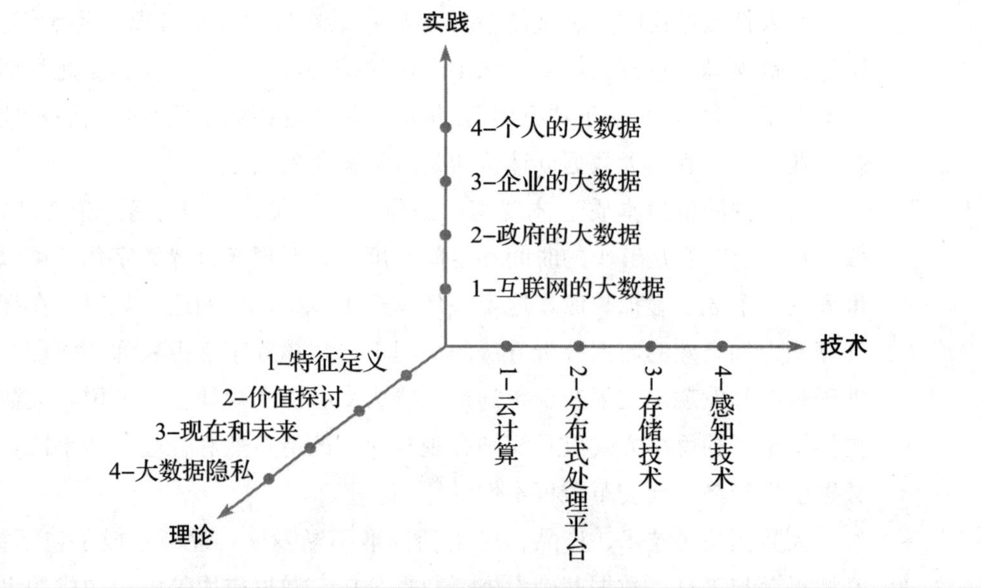

图1-1　大数据的三个层面

第一个层面是理论，理论是认知的必经途径，也是大数据被广泛认同和传播的基线。我们可以从大数据的特征定义理解行业对大数据的整体描绘和定性；从对大数据价值的探讨来深入解析大数据的珍贵所在；分析和预测大数据的现在和未来，洞悉大数据的发展趋势；从大数据隐私这一特别且重要的视角审视人与数据之间的长久博弈。

第二个层面是技术，技术是大数据价值体现的手段和前进的基石。从云计算、分布式处理技术、存储技术和感知技术的发展过程中可以看出，技术对大数据的影响涉及从采集、处理、存储到形成结果的整个过程。

第三个层面是实践，实践是大数据的最终价值体现。我们可以分别从互联网的大数据、政府的大数据、企业的大数据和个人的大数据四个方面来描绘大数据已经展现的美好景象及蓝图。

5. 处理方法

庞大的数据量要求我们首先进行剥离、整理、归类、建模、分析等操作，然后再建立数据分析的维度，通过对不同维度的数据进行分析，最终得到有价值的信息。图 1－2 所示的大数据处理流程，描绘了如何进行大数据的采集、导入/预处理、统计/分析和大数据挖掘，这是“做”好大数据的关键。

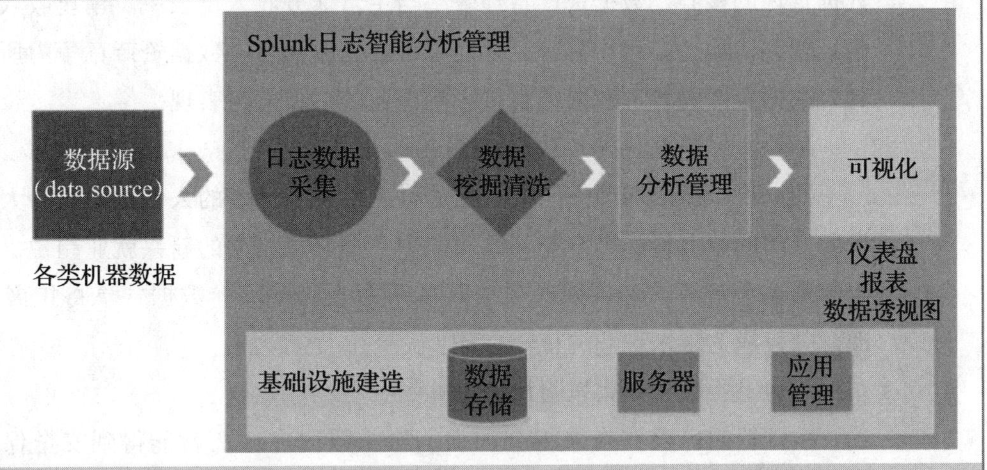

图 1－2　大数据处理流程

6. 趋势

趋势一：数据的资源化。

资源化是指大数据成为企业和社会关注的重要战略资源，并已成为大家争相抢夺的新焦点。因而，企业必须提前制定大数据营销战略计划，抢占市场先机。

趋势二：与云计算的深度结合。

大数据离不开云处理，云处理为大数据提供了弹性可拓展的基础设备，是产生大数据的平台之一。自 2013 年，大数据技术就开始与云计算技术紧密结合，未来两者的关系将更为密切。除此之外，物联网、移动互联网等新兴计算形态，也将共同助力大数据革命，让大数据营销发挥更大的影响力。

趋势三：科学理论的突破。

随着大数据的快速发展，就像计算机和互联网一样，大数据很有可能是新一轮的技术革命。随之兴起的数据挖掘、机器学习和 AI 等相关技术，可能会改变数据世界里的很多算法和基础理论，实现科学技术上的突破。

趋势四：数据质量是 BI 成功的关键。

采用自助式 BI 工具进行大数据处理的企业将会脱颖而出。其中要面临的一个挑战是，很多数据源会带来大量低质量数据。企业想要成功，需要理解原始数据与数据分析之间的差距，从而排除低质量数据并通过 BI 获得更佳决策。

趋势五：数据管理成为核心竞争力。

数据管理成为核心竞争力，将直接影响财务业绩表现。当数据资产是企业核心资产这一概念深入人心之后，企业对于数据管理便有了更清晰的界定，将数据管理作为企业的核心竞争力，持续发展。战略性规划与运用数据资产，成为企业数据管理的核心。数据资产管理效率与主营业务收入增长率、销售收入增长率显著正相关。此外，对于具有互联网思维的企业而言，数据资产竞争力所占比重更高，数据资产的管理效果将直接影响企业的财务业绩表现。

趋势六：数据科学和数据联盟的成立。

数据科学逐渐成为一门专门的学科，被越来越多的人所认知。各大高校纷纷设立专门的数据科学类专业，继而催生一批与之相关的新兴就业岗位。同时，基于数据这个资源，跨领域的数据共享平台也将建立，数据共享将扩展到企业层面，并且成为未来产业的核心一环。

趋势七：数据泄露风险加大。

数据泄露风险在未来将会加大，除非数据在源头就能得到安全保障。可以说，在未来每个世界 500 强企业都可能面临数据攻击，无论它们是否已经做好安全防范。而所有企业，无论规模大小，都需要重新审视今天的安全定义。在世界 500 强企业中，超过 50%的企业将会设置首席信息安全官这一职位。企业需要从新的角度来确保自身以及客户数据的安全，所有数据在创建之初便需要获得安全保障，而并非只在数据保存的最后一个环节，仅仅加强后者的安全措施已被证明于事无补。

趋势八：数据生态系统复合化程度加强。

大数据的世界不是一个单一的、巨大的计算机网络，而是一个由大量活动构件与多元参与者元素，包括终端设备提供商、基础设施提供商、网络服务提供商、网络接入服务提供商、数据服务使能者、数据服务提供商、触点服务、数据服务零售商等一系列参与者共同构建的生态系统。如今，这样的一套数据生态系统的基本雏形已然形成，接下来的发展将趋向于系统内部角色的细分，也就是市场的细分；系统机制的调整，也就是商业模式的创新；系统结构的调整，也就是竞争环境的调整等，从而使数据生态系统复合化程度逐渐增强。

7. 促进大数据发展行动纲要

2015 年 9 月，国务院印发《促进大数据发展行动纲要》（以下简称《纲要》），系统部署大数据发展工作。

《纲要》明确，推动大数据发展和应用，在未来 5～10 年打造精准治理、多方协作的社会治理新模式，建立运行平稳、安全高效的经济运行新机制，构建以人为本、惠及全民的民生服务新体系，开启大众创业、万众创新的创新驱动新格局，培育高端智能、新兴繁荣的产业发展新生态。

《纲要》部署了三方面主要任务。一要加快政府数据开放共享，推动资源整合，提升治理能力。大力推动政府部门数据共享，稳步推动公共数据资源开放，统筹规划大数据基础设施建设，支持宏观调控科学化，推动政府治理精准化，推进商事服务便捷化，促进安全保障高效化，加快民生服务普惠化。二要推动产业创新发展，培育新兴业态，助力经济转型。发展大数据在工业、新兴产业、农业农村等行业领域的应用，推动大数据发展与科研创新有机结合，推进基础研究和核心技术攻关，形成大数据产品体系，完善大数据产业链。三要强化安全保障，提高管理水平，促进健康发展。健全大数据安全保障体系，强化安全支撑。

习近平总书记在第十九届中共中央政治局第二次集体学习时的重要讲话中指出，大数据是信息化发展的新阶段，并做出了推动大数据技术产业创新发展、构建以数据为关键要素的数字经济、运用大数据提升国家治理现代化水平、运用大数据促进保障和改善民生、切实保障国家数据安全的战略部署①，为我国构筑大数据时代国家综合竞争新优势指明了方向！

1.1.2　云计算

1. 定义

美国国家标准与技术研究院（NIST）定义：云计算是一种按使用量付费的模式，这种模式提供可用的、便捷的、按需的网络访问，进入可配置的计算资源共享池（资源包括网络、服务器、存储、应用软件、服务），这些资源能够被快速提供，只需投入很少的管理工作，或与服务供应商进行很少的交互。

2. 简史

1983 年，太阳微系统公司提出“网络是电脑”；2006 年 3 月，亚马逊推出弹性计算云服务。

① 习近平主持中共中央政治局第二次集体学习并讲话．[2017－12－09]．http://www.gov.cn/xinwen/2017-12/09/content_5245520.htm.

2006 年 8 月 9 日，谷歌的 CEO 埃里克·施密特（Eric Schmidt）在 2006 年搜索引擎大会上首次提出“云计算”的概念。

2007 年 10 月，谷歌与 IBM 开始在美国大学校园，包括卡内基梅隆大学、麻省理工学院、斯坦福大学、加利福尼亚大学伯克利分校以及马里兰大学等，推广云计算计划，它们希望通过这项计划能降低分布式计算技术在学术研究方面的成本，并为这些大学提供相关的软硬件设备及技术支持，学生则可以通过网络进行各项以大规模计算为基础的研究计划。

2013 年，美国中央情报局（CIA）价值 6 亿美元的高利润私有云合同最终选择了 AWS 而放弃了 IBM。AWS 凭借企业级云供应商的资质，进一步获得了政府的认可。

阿里云从 2009 年开始，十年磨一剑，成功实现商业化，从中国走向世界，成为亚太地区第一、全球第三的云计算公司，目前与 AWS 和 Azure 并称为“3A”云计算三巨头。

据 Gartner 的分析，2019 年，美国云服务整体市场规模接近 1 220 亿美元，且未来 5 年年复合增长率超过 14%。

2019 年，中国信息通信研究院发布的《云计算发展白皮书（2019）》指出，2018 年我国云计算市场中，IaaS 市场达 270 亿元，PaaS 市场达 22 亿元，SaaS 市场达 145 亿元。

3. 服务形式

云计算包括三个层次的服务：基础设施即服务（IaaS），平台即服务（PaaS）和软件即服务（SaaS），如图 1-3 所示。

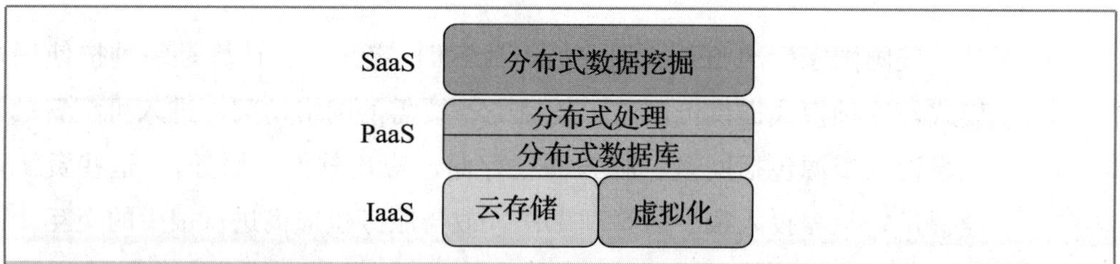

图 1-3 云计算的层次

（1）IaaS。IaaS 指的是消费者通过互联网可以从完善的计算机基础设施获得服务。例如，硬件服务器租用。

（2）SaaS。SaaS 是一种通过互联网提供软件的模式，用户无须购买软件，而是向提供商租用基于网络的软件，来管理企业经营活动。例如，阳光云服务器。

（3）PaaS。PaaS 实际上是指将软件研发的平台作为一种服务，以 SaaS 的模式提交给用户。因此，PaaS 也是 SaaS 模式的一种应用。但是，PaaS 的出现加快了 SaaS 的发展，尤其是加快 SaaS 应用的开发速度。例如，软件的个性化定制开发。

4. 特点

云计算是通过将计算分布在大量的分布式计算机上，而非本地计算机或远程服务器中，使企业数据中心的运行与互联网更相似。这使得企业能够将资源切换到需要的应用上，根据需求访问计算机和存储系统。

这类似于从古老的单台发电机模式转为电厂集中供电的模式。它意味着计算能力也可以作为一种商品进行流通，就像煤气、水电一样，取用方便，费用低廉。最大的不同在于，它是通过互联网进行传输的。

云计算的特点如下：

（1）超大规模。“云”具有相当大的规模，谷歌云计算已经拥有 100 多万台服务器，亚马逊、IBM、微软、雅虎等的“云”均拥有几十万台服务器。企业私有“云”一般拥有成百上千台服务器。“云”能赋予用户前所未有的计算能力。

（2）虚拟化。云计算支持用户在任意位置使用各种终端设备获取应用服务。所请求的资源来自“云”，而不是固定的、有形的实体。应用在“云”中某处运行，实际上用户无须了解、也不用担心应用运行的具体位置，只需要一台笔记本或者一部手机，就可以通过网络服务来实现所需的一切，甚至包括超级计算这样的任务。

（3）高可靠性。“云”使用了数据多副本容错、计算节点同构可互换等措施来保障服务的高可靠性，使用云计算比使用本地计算机更可靠。

（4）通用性。云计算不针对特定的应用，在“云”的支撑下可以构造出千变万化的应用，同一个“云”可以支撑不同的应用同时运行。

（5）高可扩展性。“云”的规模可以动态伸缩，满足应用和用户规模增长的需要。

（6）按需服务。“云”是一个庞大的资源池，可以按需购买，还可以像自来水、电、煤气那样计费。

（7）极其廉价。由于“云”的特殊容错措施，可以采用极其廉价的节点来构成云，“云”的自动化集中式管理使大量企业无须负担日益高昂的数据中心管理成本，“云”的通用性使资源的利用率较传统系统大幅提升，因此用户可以充分享受“云”的低成本优势，只要花费几百美元、几天时间就能完成以前需要数万美元、数月时间才能完成的任务。

云计算可以彻底改变人们未来的生活，但同时我们也要重视环境问题，这样才能真正为人类进步做贡献，而不只是简单的技术提升。

(8) 潜在的危险性。云计算服务除了提供计算服务外，还提供存储服务。但是云计算服务当前垄断在私人机构（企业）手中，而它们仅仅能提供商业信用。对于政府机构、商业机构（特别是银行这样持有敏感数据的商业机构）而言，选择云计算服务应保持足够的警惕性。一方面，一旦商业机构大规模使用私人机构提供的云计算服务，无论其技术优势有多强，都不可避免地会被这些私人机构以“数据（信息）”的重要性来挟制整个社会。在信息社会，信息是至关重要的。另一方面，云计算中的数据对于数据所有者以外的其他云计算用户而言是保密的，但是对于提供云计算的私人机构而言确实毫无秘密可言。所有这些潜在的危险，是政府机构和商业机构选择云计算服务，特别是国外机构提供的云计算服务时，不得不考虑的一个重要问题。

1.1.3 可扩展商业报告语言

1. 定义

可扩展商业报告语言（extensible business reporting language，XBRL）是基于互联网、跨平台操作，专门用于财务报告编制、披露和使用的计算机语言，可基本实现数据的集成与最大化利用。企业按此格式提供报表数据，后续审计、税务、证监会等部门也可按需提取相应数据，实现会计信息数出一门，资料共享。这是国际上将会计准则与计算机语言相结合，应用非结构化数据，进行财务信息交换的最新公认标准和技术。通过对数据统一进行特定的识别和分类，使用者或其他软件可直接进行读取以及进一步处理，实现一次录入、多次使用的目的。

由于 XBRL 是一个基于 XML 的跨平台的数据传输标准，只要用户的浏览器支持 XML，就可以像浏览 HTML 格式的网页一样，浏览和下载 XBRL 格式的财务报告。一些软件开发商，如 SAP、甲骨文等，已经将生成 XBRL 实例文档的功能嵌入其软件产品中。如果企业所采用的软件不支持 XBRL，也可以通过自行研制或使用第三方软件，生成 XBRL 财务报告，如 Excel 2019、Excel 365 等。

2. 特点

XBRL 根据财务信息披露规则，将财务报告内容分解成不同的数据元，再根据信息技术规则赋予数据元唯一的数据标记，从而形成标准化规范。以 XBRL 为基础，通过对网络财务报告信息的标准化处理，可以编制出比现行网络财务报告更加先进的报告，将网络财务报告不能自动读取的信息转换为一种可以自动读取的信息，大大满足信息使用者对信息的批量需要和批量利用。与传统的网络财务报告相比，以 XBRL 为基础的网络财务报告具有以下特点：

（1）降低信息交换成本，提高财务信息的可获得性，间接增加财务信息可比性；

（2）通过互联网提供具有时效性的信息，提高信息的相关性，增强财务信息的利用效率；

（3）可自动交换并摘录财务信息而不受个别公司软件和信息系统的限制，为投资者或分析者使用财务信息提供方便；

（4）减少提供不同格式的资料而产生的重复输入的问题；

（5）降低信息供给成本，有利于信息供给者提高财务报表编制效率。

3. 意义

XBRL 主要是指提供企业决策者的经营管理信息。XBRL 最初称为 XFRL（XML based financial report mark-up language），即基于 XML 的财务报表标记语言，主要是为投资者、交易方提供财务信息披露使用，但是后来发现，该语言也可以应用于企业内部等更多场景，所以改称为商业报告语言。

XBRL 的应用很广泛，企业的各种信息，特别是财务信息，都可以通过 XBRL 在计算机上有效地进行处理。信息发布者一旦输入信息，就无须再次输入，通过 XBRL 可以很方便地转换成书面文字、PDF 文件、HTML 页面，或者其他相应的文件格式。而且，通过 XBRL 获取到的信息，也无须打印或再次输入，就可以方便快捷地应用于各种财务分析等。

2010 年，国家标准化管理委员会和财政部分别正式发布《可扩展商业报告语言（XBRL）技术规范》（GB/T 25500—2010）系列国家标准、《企业会计准则通用分类标准》。《企业会计准则通用分类标准》是国家层面的基础分类标准，可以适用于不同行业的所有企业。

1.1.4 区块链

1. 定义

从狭义的角度来讲，区块链是一种按照时间顺序将数据区块以顺序相连的方式组合成的一种链式数据结构，并以密码学方式保证的不可篡改和不可伪造的分布式账本。从广义的角度来讲，区块链技术是利用块链式数据结构验证与存储数据、利用分布式节点共识算法生成和更新数据、利用密码学的方式保证数据传输和访问的安全、利用由自动化脚本代码组成的智能合约编程和操作数据的一种全新的分布式基础架构与计算范式。

2. 分类

区块链目前分为三类，在《区块链：定义未来金融与经济新格局》① 一书中有详细介绍，包括公有区块链、联合区块链和私有区块链。其中，联合区块链和私有区块链可以认为是广义的私链。

（1）公有区块链。

公有区块链（public block chains）是指世界上任何个体或者团体都可以发送交易，且交易能够获得该区块链的有效确认，任何人都可以参与其共识过程。公有区块链是最早的区块链，也是目前应用范围最广泛的区块链，如比特币等虚拟数字货币均基于公有区块链，并且世界上有且仅有一条与该币种对应的区块链。

（2）联合区块链。

联合区块链（consortium block chains）又称行业区块链，是指由某个群体内部指定多个预选的节点为记账人，每个区块的生成由所有的预选节点共同决定（预选节点参与共识过程），其他接入节点可以参与交易，但不过问记账过程（本质上还是托管记账，只是变成分布式记账，预选节点的多少、如何决定每个区块的记账者成为该区块链的主要风险点），其他人可以通过该区块链开放的应用程序接口（API）进行限定查询。

（3）私有区块链。

私有区块链（private block chains）是指仅仅使用区块链的总账技术进行记账，可以是一个公司，也可以是个人独享该区块链的写入权限，本链与其他分布式存储方案没有太大区别。保守的商业巨头（传统金融企业）都想尝试私有区块链。目前公链的应用如比特币已经工业化，但私链的应用产品还在开发中。

3. 特征

（1）去中心化。由于使用分布式核算和存储，不存在中心化的硬件或管理机构，任意节点的权利和义务都是均等的，系统中的数据块由整个系统中具有维护功能的节点来共同维护。

---

① 张健．区块链：定义未来金融与经济新格局．北京：机械工业出版社，2016.

（2）开放性。系统是开放的，除了交易各方的私有信息被加密外，区块链的数据对所有人公开，任何人都可以通过公开的接口查询区块链数据和开发相关应用，因此整个系统信息高度透明。

（3）自治性。区块链采用基于协商一致的规范和协议（如一套公开透明的算法）使整个系统中的所有节点能够在去信任的环境下自由、安全地交换数据，使得对人的信任改成了对机器的信任，任何人为干预均不起作用。

（4）信息不可篡改。一旦信息经过验证并添加至区块链，就会被永久地存储起来，除非能够同时控制系统中超过 51%的节点，否则在单个节点上对数据库的修改是无效的，因此区块链的数据稳定性和可靠性极高。

（5）匿名性。由于节点之间的交换遵循固定的算法，其数据交互无须基于信任（区块链中的程序规则会自行判断活动是否有效），因此交易对手无须通过公开身份的方式让对方对自己产生信任，这对信用的累积非常有帮助。

1.1.5　财务共享服务

1. 定义

财务共享服务是依托信息技术以财务业务流程处理为基础，以优化组织结构、规范流程、提升流程效率、降低运营成本或创造价值为目的，以市场视角为内外部客户提供专业化生产服务的分布式管理模式。

信息技术的广泛应用已成为现代财务共享服务的基础，财务共享服务中心的信息技术应用多为企业资源计划系统（ERP）财务模块，目前呈现出了 ERP 财务模块—ERP 非财务模块—ERP 外围辅助业务系统的转移趋势；同时，工作流、票据影像、光学字符识别（OCR）等信息技术工具也得到了广泛应用。

2. 目标

财务共享服务中心必须是客户导向型的，这是避免与客户沟通不畅的唯一途径。财务共享服务中心的运营管理及其内部员工必须关注客户服务与客户满意度。

3. 动因

（1）支持企业集团的发展战略。随着经济全球化的推进，越来越多的企业集团实施全球化扩张战略，并迅速在世界各地成立分（子）公司，同时，也建立了相应的财务组织，使得企业集团财务管理形成了一种分散式的财务核算及管理模式。分散式财务管理模式不仅效率低下，而且成本大幅增加，制约了企业集团发展战略的实施。而财务共享服务模式将分散在不同分（子）公司中的共同业务提取出来，放在财务共享服务中心，之前数百人在不同的分（子）公司完成的工作（登记总账等）只需由一个共享服务中心完成，从而提高财务核算的效率。

（2）强化财务管控。随着企业集团规模的扩大，分散在全球不同国家的分（子）公司财务组织是相对独立的。由于不同分（子）公司财务核算和财务处理的不一致性，各分（子）公司的财务状况和经营成果须通过报表层层汇总到集团总部，这使集团管理者很难监控基层业务单位及分（子）公司的财务状况和经营成果，导致整个集团运作效率低下，资源配置协同难度较高。在财务共享服务模式下，服务中心通过制定统一的财务核算标准和核算流程，实时生成各分（子）公司的财务信息，并通过网络为各分（子）公司和集团总部的管理者监控提供支持。

（3）降低财务管理成本。对 50 家《财富》500 强企业的调查表明，财务共享服务项目的投资回报率（ROI）平均为 27%，员工人数可以减少 26%。近年来随着机器人流程自动化（RPA）的广泛应用和电子发票的推出，财务共享的核算流程越来越自动化、智能化，因此，财务共享正朝着智能财务共享的方向发展。同时财务共享的功能已经不再局限于账、钱、税，正逐步扩展至采购共享、人力资源共享等，未来的发展趋势是云 ERP 共享模式，在此模式下，将不同单位海量的业务、财务数据存放于云平台，比如，国资云建立之后，中央企业、国有企业的数据都存放于统一的云平台，更有利于我们进行大数据财务分析的横向对比和行业分析。

1.2 传统财务分析

1.2.1 财务分析概念

财务分析是以会计核算、报表资料及其他相关资料为依据，采用一系列专门的分析技术和方法，对企业等经济组织过去和现在有关筹资活动、投资活动、经营活动、分配活动的盈利能力、营运能力、偿债能力和成长能力等进行分析与评价的经济管理活动。它是为企业的投资者、债权人、经营者以及其他关心企业的组织或个人，了解企业过去、评价企业现状、预测企业未来从而做出正确决策提供准确信息或依据的经济应用学科。

关于财务分析的定义，还有多种表达，南加利福尼亚大学教授沃特 • B. 尼格斯认为，财务分析的本质是收集与决策有关的各种财务信息，并加以分析和解释的一种技术。

财务分析的方法与工具众多，其具体应用应根据分析者的目的而定。经常用到的是围绕财务指标进行单指标、多指标综合分析，再借用一些参照值（如预算值、目标值等），运用一些分析方法（比率、趋势、结构、因素等），然后通过直观、人性化的形式（报表、图文报告等）展现给用户。

财务分析分为内部管理会计报表分析、外部财务会计报表分析。内部管理会计报表分析主要供企业内部管理层决策使用；外部财务会计报表是按照法定要求编制的，主要供外部使用者，如银行、股东等利益相关者使用。考虑到内部管理会计数据难以获取，且不同行业数据有很大差异，因此，本书中的财务分析主要侧重于外部财务会计报表分析。

1.2.2　财务分析的方法

1. 比较分析法

比较分析法，是通过对比两期或连续数期财务报告中的相同指标，确定其增减变动的方向、数额和幅度，来说明企业财务状况或经营成果变动趋势的一种方法。

比较分析法的具体运用主要有重要财务指标的比较、财务报表的比较和财务报表项目构成的比较三种方式。

（1）不同时期重要财务指标的比较主要有两种方法：定基动态比率，是以某一时期的数额为固定的基期数额计算出来的动态比率；环比动态比率，是以每一分析期的数据与上期数据相比较计算出来的动态比率。

（2）财务报表的比较。财务报表的比较主要是指报表内容的增减，横向看绝对值、相对值的变化；纵向看结构的变化等。

（3）财务报表项目构成的比较：是以财务报表中的某个总体指标作为100%，再计算出各组成项目占该总体指标的百分比，从而比较各项目百分比的增减变动，以此来判断有关财务活动的变化趋势。

采用比较分析法时，应当注意以下问题：用于对比的各个时期的指标，其计算口径必须保持一致；应剔除偶发性项目的影响，使分析所使用的数据能反映企业正常的生产经营状况；应运用例外原则对某项有显著变动的指标做重点分析。

2. 比率分析法

比率分析法，是通过计算各种比率指标来确定财务活动变动程度的方法。比率指标的类型主要有构成比率、效率比率和相关比率三类。

（1）构成比率。构成比率又称结构比率，是某项财务指标的各组成部分数值占总体数值的百分比，反映部分与总体的关系。

（2）效率比率。效率比率，是某项财务活动中所费与所得的比率，反映投入与产出的关系。

（3）相关比率。相关比率，是以某个项目和与其有关但又不同的项目加以对比所得的比率，反映有关经济活动的相互关系。比如，将流动资产与流动负债进行对比，计算出流动比率，可以判断企业的短期偿债能力。

采用比率分析法时，应当注意以下几点：对比项目的相关性；对比口径的一致性；衡量标准的科学性。

3. 因素分析法

因素分析法，是依据分析指标与其影响因素的关系，从数量上确定各因素对分析指标影响方向和影响程度的一种方法。

因素分析法具体有两种：连环替代法和差额分析法。

采用因素分析法时，必须注意以下问题：因素分解的关联性；因素替代的顺序性；顺序替代的连环性；计算结果的假定性。

1.2.3 主流财务分析框架

最常见的财务报表分析框架主要有四个维度：第一个是偿债能力，第二个是盈利能力，第三个是营运能力，第四个是成长能力，这四个维度基本上是本科财务报表分析教材的主流框架。除此之外，在研究生阶段学习或者是外部专业投资者进行分析时，也会采用下面所述的一些专家或专业分析师的观点。

1. 哈佛分析框架

哈佛分析框架（Harvard analytical framework）是从战略的高度分析一个企业的财务状况，分析企业外部环境存在的机会和威胁、企业内部条件的优势和不足（SWOT），在科学预测的基础上为企业未来的发展指出方向。分析框架主要包括战略分析、会计分析、财务分析和前景分析四个部分，将定量分析、定性分析相结合，能够有效把握财务分析方向。

哈佛分析框架描述了企业基于特定经营环境和经营战略所从事的经济活动，经过会计环境、会计政策和会计系统的影响、加工，最终表现为财务报表的过程。

（1）战略分析：战略分析是哈佛分析框架中财务报表分析的起点，目的在于确定主要的利润动因和经营风险，并定性评估企业的盈利能力。

（2）会计分析：会计分析建立在战略分析的基础上，目的在于评价企业会计反映基本经营现实的程度。

（3）财务分析：财务分析目标是运用财务数据评价企业当前和过去的业绩。

（4）前景分析：前景分析侧重于预测企业未来，在战略分析、会计分析和财务分析的基础上对企业的未来做出科学预测，为企业发展指出方向，为战略决策者提供决策支持。

2. 三创二控一成长

三创二控一成长观点简单实用，三创是指创利、创现、创值；二控是指控制风险，包括财务风险、经营风险；一成长是指成长性（吴世农、吴育辉，2013）。

3. 八看

八看分析框架是指从战略、经营资产管理与竞争力、效益和质量、价值、成本决定机制、财务状况质量、风险及前景等方面对企业财务报表进行透视。八看的同时，还要关注合并报表与母公司报表数据及其差异的解读（张新民，2008）。

4. 四维分析

四维分析涉及经营、管理、财务、业绩四个维度（薛云奎，2018）。

（1）经营层面分析：包括成长性、毛利率、区域分布、销售费用、研发投入、利润的现金含量等。

（2）管理层面分析：包括存货周转率、流动资产周转率、应收账款周转率、资产周转率。

（3）财务层面分析：包括资产负债率、资本成本、非流动资产占比、融资结构。

（4）业绩层面分析：包括净利润率及净利润构成、净资产收益率（ROE）、分红率。

5. 六指标法

六指标法也可以用来衡量一家公司是不是好公司。其中，最重要的一个指标是净资产收益率，如果连续多年净资产收益率都超过 20%，说明这是一家好公司。第二个指标是资产负债率，该指标主要用于衡量企业财务风险的高低，好公司的资产负债率应低于 50%～60%。第三个指标是毛利率，好公司的毛利率一般高于 40%。第四个指标是主营业务收入增长率和净利润增长率，这两个指标反映企业的增长状况，一般情况下这两个增长率应与市盈率相匹配，如 20 倍市盈率的公司，其主营业务收入增长率也要达到 20%。如果主营业务收入增长率高，净利润增长率低，则说明企业在打折促销，这是一个危险信号；如果主营业务收入增长率高，净利润增长率高，说明企业的经营管理改善，成本下降。第五个指标是充分的自由现金流，通俗来讲，就是账面上有资金。第六个指标是强大的债务处理能力，流动比率与速动比率都大于 1，是比较理想的数值。

1.2.4 财务分析常见工具

虽然现在财务软件或 ERP 中也提供了一部分财务分析功能，但是对于个性化的财务分析，基本上还是采用大众化的分析工具 Excel，不管采用什么工具，财务分析都主要包括两个步骤：数据的采集整理；数据的统计分析。在 Excel 中数据的采集整理主要通过常用函数来实现，数据的统计分析则主要通过透视表或者对统计结果用图形可视化来实现。

Excel 应用广泛且比较灵活，但也有不足之处，首先是数据分析的容量有限制，一个表格最多只能包括 100 万条记录，其次 Excel 统计分析主要是通过透视表进行单表格分析，对于多表格，特别是具有不同结构的多表格的分析不能提供有效的解决方案。

1.3 大数据财务分析

1.3.1 数据采集内容变化

自从 2015 年发展大数据被提升到国家战略的高度，大型企业也开始进行大数据财务分析实践。由于大数据的处理特点，数据分析的内容发生了一系列变化，不再局限于企业财务报表层面的分析，而是从底层采集更详细的数据进行报表分析，通过分析发现问题，然后使用下钻功能快速找到存在问题的业务，并找出解决方案。

大数据环境下的数据分析是全样本分析，这一点我们可以从后面的分析案例中看出。除此之外，还可以进行更详细的分析，也就是分析更小颗粒度的数据。因此，大数据财务分析已经不再局限于企业财务报表分析，而是可以通过采集凭证数据得到财务报表然后进行财务分析，从而发现问题，再下钻找到可疑的凭证。这里的凭证包括两类：第一类是财务会计凭证；第二类是业务凭证。也就是说，大数据财务分析既可以是财务报表分析，也可以是业务分析，只是因为业务分析的数据很难获取，不同行业业务数据差异很大，因此本书着重介绍大数据财务报表分析。

因此，大数据财务分析对我们的影响，一是改变了采集数据的内容，可以使用最详细的凭证数据；二是进行全样本数据的大数据分析；三是可视化，数据分析的结果通常用更丰富的图形可视化形式呈现，包括小型序列图、文字云、差异分析图等。

1.3.2 财务分析新框架

理论上，无论是传统财务分析还是大数据财务分析框架都可以不变，但是由于大数据财务分析的特点，我们在进行财务分析时，不仅可以对个股进行快速的对比分析，还可以对行业甚至整个资本市场进行分析，通过下钻寻找可疑凭证证据，更有利于我们进行企业的经营分析和决策，这样分析框架以及分析内容都可以适当地丰富和调整。

本书用一个独特的分析框架来开启报表分析思路，那就是新四维：经营主线分析、管理能力分析、风险分析以及社会责任分析。

经营主线分析从五个视角来看：第一个是资产负债表的右边，引资战略；第二个是资产负债表的左边，经营战略和盈利模式；第三个是利润表中的盈利结构分析；第四个是盈利水平分析；第五个是盈利质量分析（张新民，2008）。

管理能力分析从五个视角来看：第一个是营运资本管理模式分析；第二个是市场开拓与研究开发模式分析；第三个是销售管理模式分析；第四个是资金管理模式分析；第五个是贷款管理模式分析。

风险分析从三个视角来看：第一个是财务风险分析；第二个是经营风险分析，第三个是现金流风险分析。

社会责任分析是新增加的一个维度，它可以更好地体现共同致富的目标，从企业的财富创造、财富分配、高管薪酬、员工薪酬四个方面来分析（黄世忠，2007）。

基于大数据财务分析的思路，我们设计了第 2 章财务报表编制原理，它也体现了数据采集从会计凭证开始，可以得到财务报表的数据和报表分析的结果，同样，也可以直接用来自业务的数据，整理得到管理会计报表。因此，无论是内部报表分析还是外部报表分析，基于大数据环境的财务分析会有很大不同。

按照经营主线分析，可以将公司的经营战略和盈利模式分为五种：一是经营主导型（张新民，2008）；二是经营与投资并重型（张新民，2008）；三是投资主导型（张新民，2008）；四是理财主导型（郭永清，2017）；五是政府补贴型。本书中大数据财务报表分析的案例部分按此思路展开，具体的经营主线分析逻辑如图 1 - 4 所示。

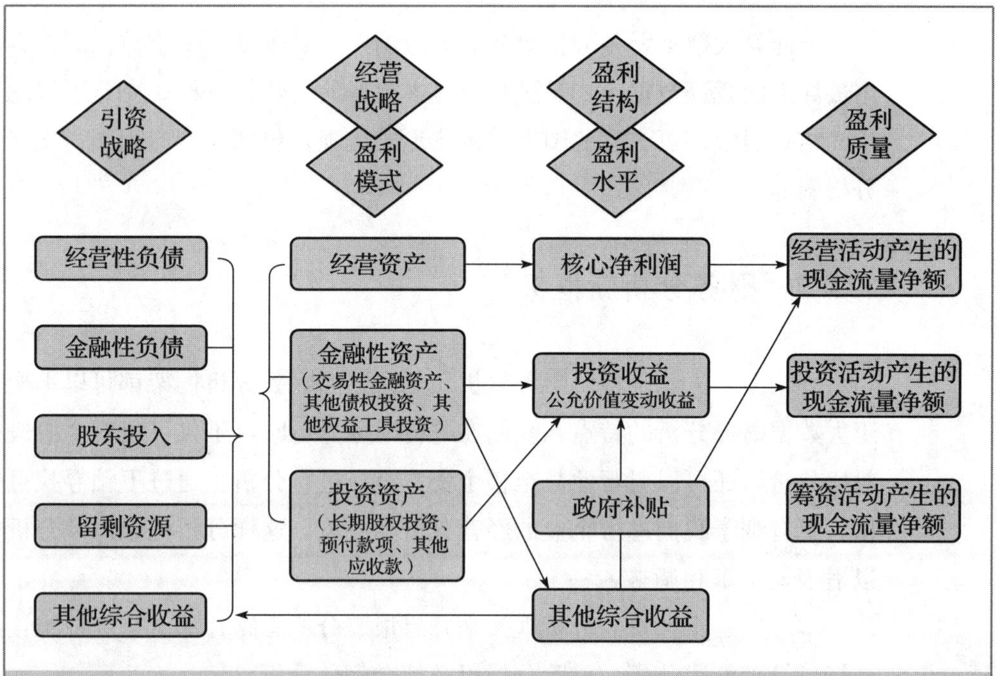

图 1 - 4 经营主线分析逻辑

1.3.3 财务分析新工具

大数据财务分析可以使用的计算机分析工具比较多，早期是基于数据库 SQL 语言来分析，该功能只有 IT 专业人员才能够实现，由于 IT 专业人员往往对业务不太了解，所以该工具对于变化频率高的分析场景的实施效果和效率不一定很好。

近年来，随着技术的发展，企业可选择的计算分析工具逐渐增多，可以使用 R 语言来实现财务分析，但是这需要相关人员有比较专业的统计知识。实际中

R 语言使用的效率不是很高，主要在学术界应用广泛。除此之外，也可以使用 Python 进行大数据可视化分析，但是 Python 也是一种基于函数的语言操作工具，依赖于 IT 知识背景，实施的效率也不是很高。

实际上，企业中最为流行是 BI 软件，现在主流的第二代自助式 BI 可以由业务人员自行操控。BI 解决了 Excel 固有的两个不足之处：一是 BI 的容量很大，可以从数据库中或者从云平台直接采集数据，不再受 Excel 的 100 万条记录的限制。二是 BI 可以进行建模分析，不再局限于对单个表格进行统计分析，对不同结构的表格也可以通过简单、直观的建模进行快速分析，分析效率较高，可视化效果更好。其中的主要原因是 BI 分析是按列进行的，不像 Excel 按单元格进行，且操作时也不依赖于 Excel 函数。因此，目前对于广大的非 IT 专业人员、会计人员，或者外部投资者而言，BI 可能是最理想的财务分析工具。

本书采用的分析工具是微软提供的 Power BI，该产品具有三个版本，第一个是桌面版，可免费使用；第二个是企业版，需要购买；第三个是移动版，也可免费使用。本书使用的是桌面版。总体而言，该工具成本低，人员上手速度快，甚至比 Excel 更易操作。用 Excel 进行数据整理还要使用一些函数，而 Power BI 基本上是菜单式操作，可以轻松使用，统计分析的效果更好，有丰富的可视化图形。三个版本如图 1－5 所示。

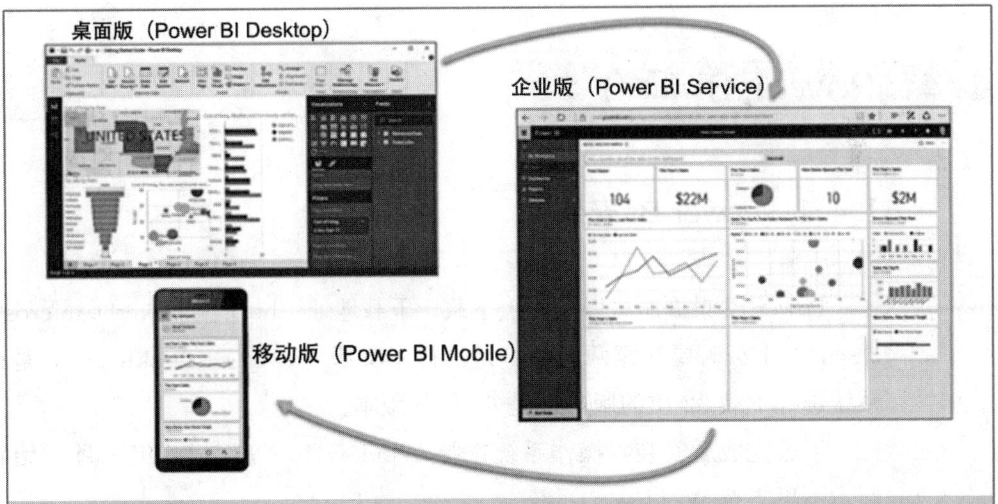

图 1－5　Power BI 三个版本

Power BI 是一个功能强大、高端先进，但操作简单的产品。如图 1－6 所示，在 Gartner 2021 年发布的分析与 BI 平台魔力象限中，微软的 Power BI 显著领先于同行业产品；排名第二的是 Tableau，它在 2019 年被 Salesforce 以 157 亿美元收购；排名第三的是 Qlik；SAP 和 SAS 依旧处于有远见者象限。国内 BI 厂商虽然没有出现在图中，但像帆软、Smart BI 在国内市场中的占有率不低，有一定的本地化优势。

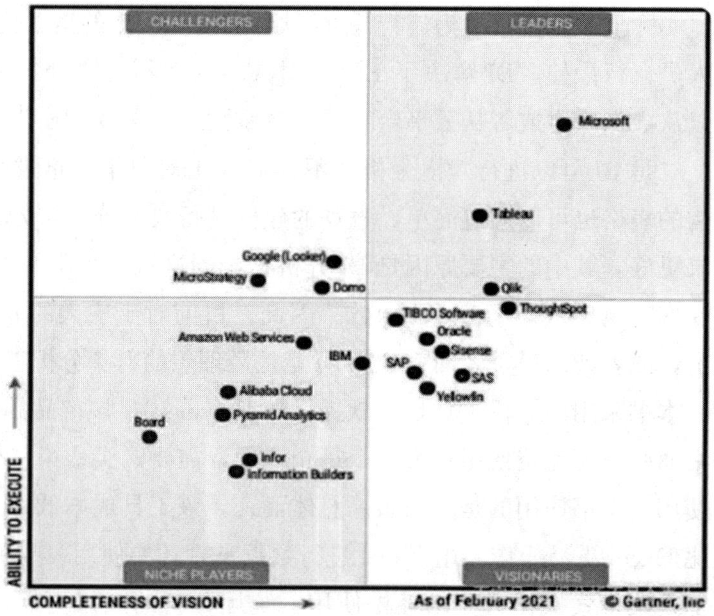

图 1-6　Gartner 2021 年发布的分析与 BI 平台魔力象限

1.4　Power BI 简介

1.4.1　Power BI 安装

Power BI 桌面版可以从网上下载，下载地址：https://powerbi.microsoft.com/zh-cn/。下载时要注意两点：一是选择中文版 Power BI Desktop；二是根据电脑系统选择下载 32 位的版本或是 64 位的版本。

下载完成后安装，操作系统选择 Window 10，从 2021 年 3 月开始软件的新版本不再支持 Window 7 系统。

1.4.2　Power BI 使用

Power BI 由三个独立的模块整合而成：Power Query、Power Pivot、Power View，分别对应数据采集整理、建模统计、可视化三个主要步骤。Power Pivot、

Power View 整合度高，Power Query 仍然可以看出有整合痕迹。

Power BI 进入界面如图 1 - 7 所示。初次进入 Power Query 采集数据的系统菜单操作路径是：主页/获取数据。我们也可以使用窗口中间显示的常见的数据采集方式获取数据，如从 Excel 工作簿、SQL Server 中等采集数据，快速进入 Power Query。以后再进入 Power Query 进行数据整理的路径则是：主页/转换数据。

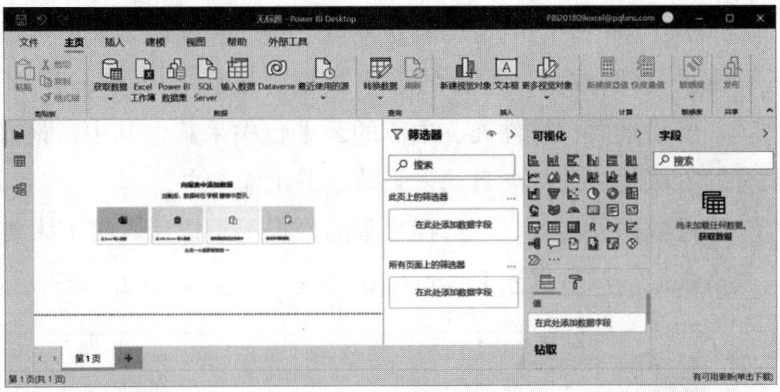

图 1 - 7　Power BI 界面

窗口左边第二个“数据”按钮，对应 Power Pivot 中的数据视图，窗口左边第三个“关系”按钮，对应 Power Pivot 中的关系图视图，系统菜单中的“建模”菜单具有对数据视图中对应的表增加列、增加度量值，以及新建表等高级功能。

中间是绘图的画布，在可视化操作时，可以在画布上绘制一个或多个图形，图形之间还可以实现联动。

右边“可视化”区上半部分是可视化绘图的图形选择区，下半部分是数据统计分析时进行布局设置和格式调整的按钮。布局设置类似于 Excel 透视表布局，此处我们可理解为它是一个超级透视表。

“可视化”区的左边还有“筛选器”，筛选器可以分为多个层次：视觉级只对当前图形进行筛选；“此页上的筛选器”（页面级）可以对当前页的所有图形进行筛选；“所有页面上的筛选器”（报表级）可以对所有页面的图形进行筛选。

最右边的“字段”区可以显示经 Power Query 采集整理后的表格结构，进行统计分析时可以将“字段”拖放到“可视化”区下半部分的“字段”标签中的对应项目，即可生成可视化图形。

系统使用常见的流程：先通过 Power Query 获取数据进行数据采集整理，整理完后关闭应用传回数据到 Power BI 进行建模，最后进行可视化呈现。如果有云端账号，还可以将结果发布到服务器端，在移动端即可分享使用数据分析结果。结果以 Power BI 文件类型存放。注意：使用系统时，不能在一次打开的系统里同时对多个文件进行操作。在 Power BI 菜单中，不再支持 Excel 文件直接打开，分析的结果数据也不能另存为 Excel 文件，只能通过导出功能转换为 Excel 文件。

1.4.3 Power Query 主要功能

Power Query 的主要功能是采集、整理和统计。采集数据系统菜单操作路径是：主页/获取数据。常见的采集数据方法包括从 Excel 工作簿、SQL Server、文本、网络页面、文件夹、主流的云平台中采集，其中，最有效的也是 Excel 中没有的方法是从文件夹自动采集数据并汇总合并。

通过数据采集入口，选择采集的数据类型以后，接下来要确定的就是采集哪些表格数据，然后进入 Power Query 主界面，如图 1-8 所示。

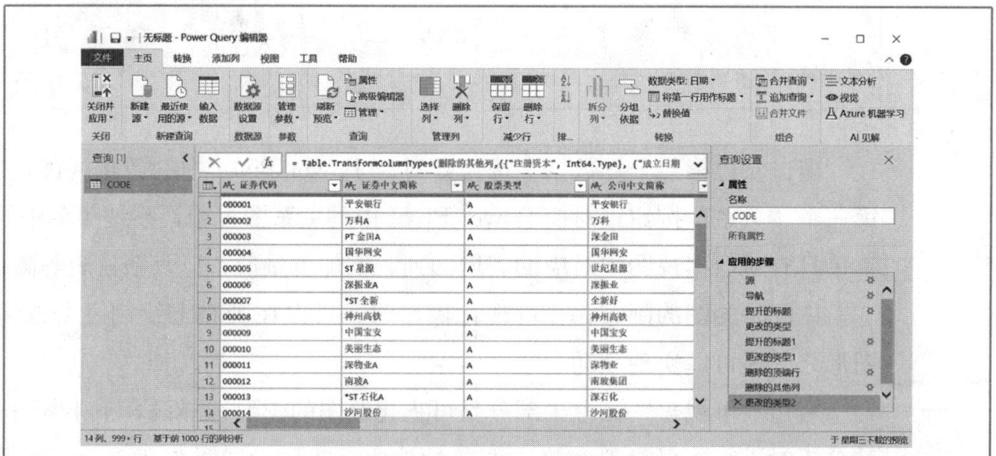

图 1-8 Power Query 主界面

主界面的上半部分是系统操作菜单，左边显示涉及的表格，中间显示正在操作表格的数据内容，右边记录了对该表格进行的操作步骤，其功能就像 Excel 宏一样把操作步骤全部记录下来，这样以后类似的处理就不需要再重复操作，这个功能非常强大、有用。

有了这个功能，每个业务人员可以把自己岗位中经常要做的事情操作一次，并留下一个程序（就是大家所说的低代码或者无代码的程序），如果以后有变化则自己再做一遍，或者稍作调整，这样每个人都可以把自己的事情进行信息化、固化，既灵活又高效。企业的信息化软件一般管理的是一些主要的业务，对尚未细化的业务，业务人员可以自行信息化，这样企业整体的信息化水平就提高了。

在系统操作菜单下面，最常用的功能有：合并查询、追加查询、分组依据、逆透视（转换/逆透视）、添加条件列（添加列/条件列）等。

合并查询就是把两个不同结构的表格横向合并成一个大表格，有点类似于Excel中的Vlookup函数。合并查询时有左外部、左反、内部、完全外部等多种连接形式，功能十分强大。注意：在进行合并查询时，一定要关注合并前后记录数的变化，以此可判断不同表格中的数据关系是一对一，还是一对多，避免统计数据出错。

追加查询是把相同结构的表格纵向合并，追加查询一次可合并多张表格数据。

分组依据的功能类似于Excel中的透视表，即对数据进行分组统计。一般不建议随意使用该功能，因为如果在此时进行统计，等回到Power BI进行分析时，发现问题以后就不能再下钻到更详细的业务了。

逆透视是将我们习惯查看的二维表转化为适于计算机分析的一维表，Excel中目前没有该项功能。

表格中的数据类型通常有三种：一是文本型，用ABC表示；二是数值型，用123表示；三是日期型，用日历图形表示。数据类型的标志显示在标题行每个字段前面，数据类型的调整可以通过系统菜单操作，也可以使用快捷键操作。通过系统菜单，可以很方便地对表格中的数据进行行、列的删除，去除重复行，也可以很方便地拆分字段或者提取字段中的一部分内容，还可以通过调整字段筛选记录等。

注意：图1-8中右上角还有“AI见解”按钮，这是现在的一个新趋势，即发展增强型BI，Power BI主界面下也有AI功能选项。从这里可以看出来，大数据的应用主要是BI和AI两个场景，现在有些成熟的AI已经嵌套到BI里面了，这就是增强型BI。

整理完数据以后，通过系统菜单回到Power BI主界面，操作路径是：文件/关闭并应用。

1.4.4　Power BI主要功能

1. 建模

回到Power BI主界面后，接下来就可以通过主界面左边的“模型”按钮进入建模界面，我们可以手动拖放表格间的关联字段建立关联，如图1-9所示。对于部分不想让其他使用者看到的字段，可以设置将其隐藏；对于经常要分析的有层次的结构数据，可以设置层次结构关系。建立关系后，可以通过开始菜单下的“管理关系”，查看已经建好的关系表及关联字段。

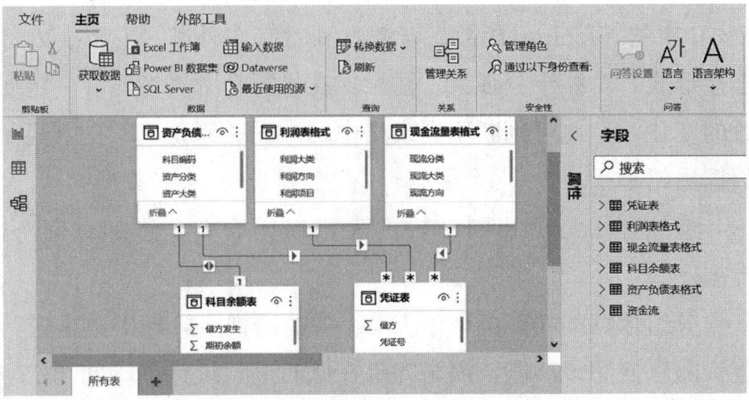

图 1-9　关系图

在图中选中某个关系，然后双击，可以看到与 Power Query 中建立合并查询类似的界面，不同的是这里有四种数据关系：多对一、一对一、一对多和多对多，如图 1-10 所示。注意：在数据库 SQL 中没有多对多。

图 1-10　编辑关系界面

另外，我们在此编辑界面建立关系时，每次只能选择一个字段，不像合并查询可以同时选择多个字段，如果数据维度有多个，在建模时就必须要使一个事实表同时对应多个维度表建立关联，这样后面进行统计分析的结果才会正确。

2. 设置度量值公式

建模以后，如果是简单的统计分析，我们就可以直接对其进行可视化展示；如果计算关系比较复杂，就要先设置一些度量值，然后再通过可视化展现度量值的结果。除了度量值之外，在 Power BI 下半部分还可以对表格增加计算列，即新建列，还可以通过函数创建新表，即新建表。

定义度量值最常用的函数有 SUM、DIVIDE、CALCULATE、SWITCH 等，使用 DIVIDE 函数的好处是分母为零时也不会出错。CALCULATE 函数类似于 Excel 中的 SUMIF 函数，它是一个非常有用的函数，使用频率很高，功能比 SUMIF 函数更强大。SWITCH 是一个分支函数，可以快速实现多条件分类的处理。

Power BI 中有不少可建立新表的函数，如 SUMMARIZE、FILTER、UNION等。使用 SUMMARIZE 函数可以快速产生一个简单的透视表。FILTER 函数可以对一个表格数据进行筛选，产生一个新表。UNION 函数相当于追加查询，可以对相同结构的表格进行纵向合并。由此我们可以看出 Power BI 中的很多操作在 Power Query 中也有类似的功能。

设置度量值公式的操作很方便，均有动态提示。输入函数时，只要输入开头字母，相关函数即可动态提示出来以供选择。输入函数参数时，也会动态提示参数的内容。进行表格处理时输入“‘”重点符号，就会弹出所有表格，供我们选择。涉及某个表格下的字段时，我们输入“[”，该表格下面的字段就会自动显示。

3. 可视化呈现

设置好了关系，接下来我们进行可视化作图。先在“可视化”区中选择某个图形类型，然后将右边的“字段”拖拽到“可视化”区中“字段”标签下面的不同项目，如轴、图例、值、行、列、小型序列图、提示等，再通过“可视化”区下面的“格式”调整数据的格式，如调整 X 轴、Y 轴字体大小，图例、数据标签的字体大小，以及数据的颜色等。这样简单的可视化图形即可呈现，如图 1－11 所示。

可以通过切片器对图中数据的统计范围进行筛选，动态查看统计结果。在一个画布上可以绘制一张或多张图，做一个或多个切片器。除了切片器，还可以用“筛选器”来控制分析数据的范围，通过“此视觉对象上的筛选器”控制一张图，也可以通过“此页面上的筛选器”控制所有的图，还可以通过“所有页面上的筛

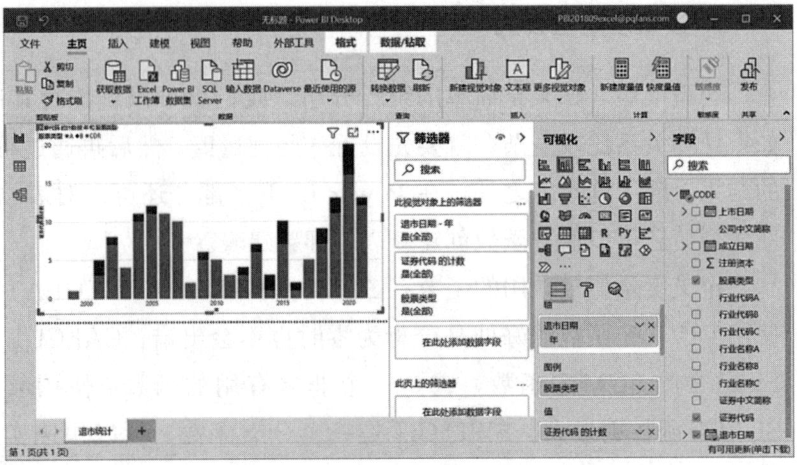

图 1－11　可视化界面

选器”控制所有不同页面的图，从而进行统一的数据筛选。

实际过程中涉及多个页面的图形制作时，我们可以快速复制单个页面，然后调整复制页面的图形类型或数据，这样可以免于重复设置数据格式。制作完成以后，将文件保存即可。

由于 Power BI 网站上有详细的基础操作介绍，所以本书在此不再赘述。

第 1 章图片汇总

第2章

财务报表编制原理

2.1 财务报表编制方法

2.2 案例资料准备

2.3 数据采集和格式整理

2.4 建模

2.5 报表可视化分析

2.1 财务报表编制方法

很多投资者对财务报表的编制原理不太清楚，主要原因是手工编制财务报表的流程比较烦琐、复杂，使用计算机编制财务报表又是一个“黑箱”①，下面我们分别介绍用手工、财务软件和大数据编制财务报表的流程。

2.1.1 手工财务报表编制方法

手工编制财务报表采用科目汇总表核算形式，如图 2-1 所示，既手工登记总账又登记明细账。为了简化登记总账的流程，需要先定期编制科目汇总表。但是，手工操作效率实在太低，还很容易出现错记、漏记、重记的情况，财务报表编制效率也低。烦琐的流程让人难以对财务报表的编制原理有直观、清晰的认知。

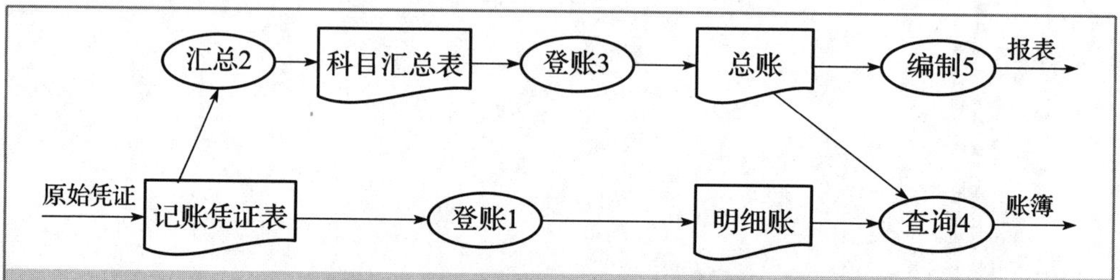

图 2-1 手工环境下科目汇总表核算形式

2.1.2 财务软件财务报表编制方法

使用计算机编制财务报表的好处是记账、出报表全部自动化。计算机自动记账时，不需要区分总账和明细账，采用记账凭证核算，一次性实现平等登记，也不再需要科目汇总表，如图 2-2 所示。

为了便于计算机管理，会计档案主要分为四类：科目表、余额表、记账凭证头和记账凭证体。传统的记账凭证在计算机中可分成记账凭证头和记账凭证体存放，账本也分成余额表和记账凭证体存放，此时记账凭证与账本就可以实现共享，因此普通的会计档案与电子会计档案存在很大差异。注意：在进行数据分析时，必须要理解数据的存放形式，并且能够把分开存放的记账凭证、账本进行合并查询。

① 系统软件在上线时就设置了报表编制的取数公式，以方便使用者取数。因此，取数过程对使用者而言就是一个“黑箱”。

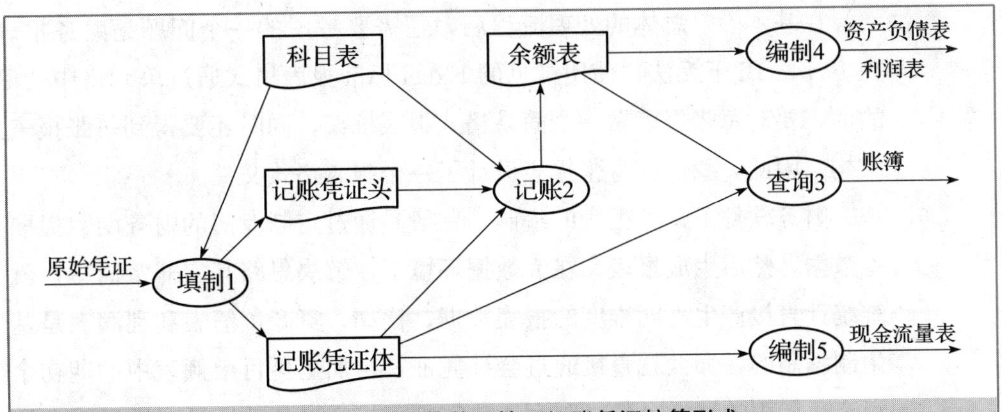

图 2-2　财务软件环境下记账凭证核算形式

因此，信息化环境不仅改变了会计核算流程，还改变了会计档案的存储格式。

2.1.3　大数据财务报表编制方法

基于大数据的思维编制财务报表与使用财务软件编制财务报表的最大差异是：不需要财务报表取数函数，也不需要逐项定义报表取数公式，而是直接由会计凭证基础数据汇总而来，甚至登账步骤都可以省去。具体流程如图 2-3 所示。

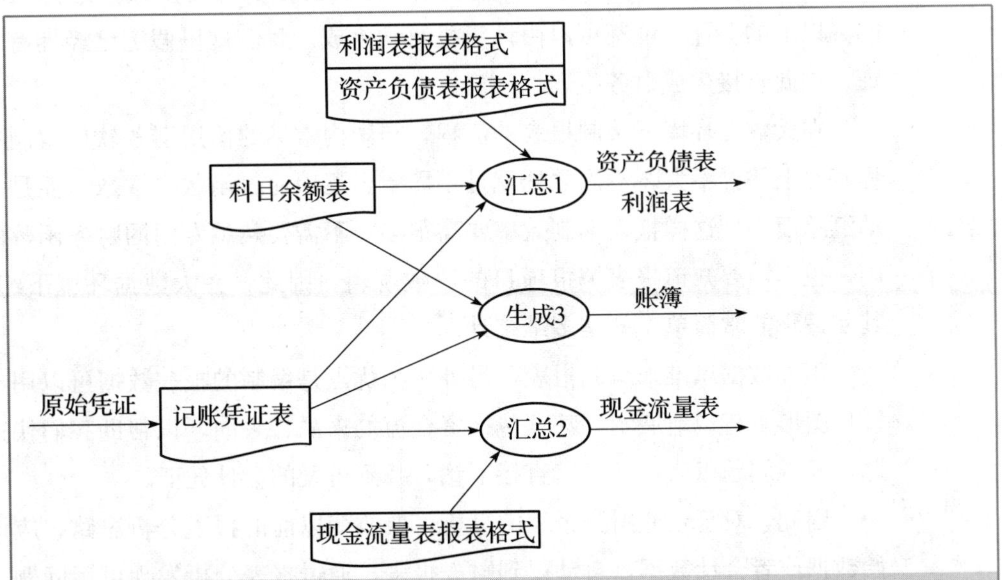

图 2-3　大数据环境下账务处理流程

为了简化实现过程，我们将记账凭证头和记账凭证体合并，合并后称为记账凭证表；将科目表和余额表合并，合并后称为科目余额表。

在基本确定总体的处理流程后，还需要考虑的一个问题是财务报表的格式。在 Power BI 下无法再使用常见的 Excel 标准报表格式通过单元格中的函数取数，故而，要对每张报表做一个简易格式报表框架，同时还要得到每张报表的多层次结构。因此，我们为每张报表设计了一个报表格式文件。

财务软件下财务报表的编制，一般是通过定制专门的财务函数提取不同的账簿数据，然后生成报表。在大数据环境下，解决思路其实非常简单，就是通过多维统计直接产生不同维度的报表数据，比如，资产负债表和利润表是基于权责发生制编制的，那么就直接通过会计凭证，再加上科目余额表中的期初余额，得到资产负债表的期末余额；利润表数据则直接来自会计凭证，通过对会计凭证中损益科目进行汇总即可；现金流量表是基于收付实现制编制的，那么在填制凭证时就增加现金流量表的填报项目录入，然后直接依据会计凭证对现金流量表填报项目的维度进行汇总。

至于账本的查询，一样可以动态完成，也可以从报表直接下钻到分录查询，因此账本生成的必要性就降低了。账本的制作此处不再赘述，感兴趣的读者可以自行尝试。

无论是使用财务软件、ERP，还是使用财务共享，现在的会计凭证大部分都由计算机自动产生，不再需要我们手工录入。在 ERP 环境下，75%的会计凭证可以自动生成，再加上财务共享的费用凭证也可以自动生成，总体来看，企业95%以上的会计凭证都可以由计算机自动生成。我们这里假定已经拥有了会计凭证，据此直接生成财务报表。

在大数据环境下编制报表的流程，与国内常见的使用财务软件编制报表的流程基本上差异不大，不同之处就是不需要再逐项通过函数去取数，而是一次性自动汇总而来。这样报表编制效率要高很多，不需要熟悉专门的财务函数的使用规则，也不需要知道报表填报项目的取数逻辑，因此，在大数据环境下编制报表，其实逻辑非常简单，就是多维统计。

用大数据思维来编制报表，另外一个优点是编制的报表数据可以用丰富的可视化图形来直观地展示，甚至包括资金流的来源、去向，以帮助我们快速发现问题，发现问题以后，还可以直接下钻，找到可疑的会计凭证。

因此，对于企业财务报表的分析，要改变以前的报表分析思路，应该采集原始数据或者会计数据，自动得到财务报表，通过报表分析发现可疑问题，再一钻到底，找到可疑证据。也就是说，在大数据环境下采集数据，数据的颗粒度应该越小越好，不再是报表层面的汇总数据。目前，国家税务总局要求千户集团大企业提交 ERP 的原始数据，也是基于这个思路。

2.2　案例资料准备

2.2.1　案例背景及业务

本节我们虚构了一家初创企业，这家初创企业最初只有实收资本 500 万元，银行存款 500 万元，还没有开展太多的业务。现在企业有订单了，因此，股东开始增资，企业到银行借款、购买土地、购买设备、销售商品等一系列业务就展开了，我们以万元为单位进行核算，不考虑增值税、所得税的问题。具体的业务如下：

（1）股东增资：股东入资货币资金 2 000 万元。

（2）从银行借款：企业从银行借款 1 000 万元，期限为 3 年，年利率为 10%。

（3）购买无形资产：企业用现金 1 000 万元购买土地使用权。

（4）购买固定资产：企业用现金 1 000 万元购买房屋、设备。

（5）购买存货：企业用现金 600 万元购买用于销售的产品。

（6）销售商品：卖出一半商品 500 万元（成本 300 万元），只收回 400 万元货款。

（7）业务人员出差花费 2 万元，销售、行政部门各负担一半。

（8）发放职工工资 2 万元。

2.2.2　初始数据介绍

如前所述，在大数据环境下，我们需要的会计档案主要是科目余额表、凭证表这两张主表（事实表），以及三张报表格式表（维度表），即资产负债表格式表、利润表格式表、现金流量表格式表。

1. 科目余额表

科目余额表主要保存所有科目的余额和发生额，含科目编码、科目名称、期初余额、期末余额、借方发生额、贷方发生额等项目。具体内容如图 2－4 所示。对于本案例的数据分析，我们主要使用前三列数据，科目编码只涉及两级，采用的编码方式是 43 模式。

	A	B	C	D	E	F	G	H
1	科目编	科目名称	期初余额	借方发	贷方发	期末余	末级	科目级别
2	1001	库存现金	0	0	0	0	1	1
3	1002	银行存款	500	3400	2704	1196	1	1
4	1122	应收账款	0	100	0	100	1	1
5	1405	库存商品	0	600	300	300	1	1
6	1501	固定资产	0	1000	0	1000	1	1
7	1801	无形资产	0	1000	0	1000	1	1
8	2202	应付账款	0	0	0	0	1	1
9	2221	应交税费	0	0	0	0	0	1
10	2221006	应交税费-应交所得税	0	0	0	0	1	0
11	2221026	应交税费-应交增值税	0	0	0	0	1	0
12	2301	长期借款	0	0	1000	-1000	1	1
13	3101	实收资本	-500	0	2000	-2500	1	1
14	3103	本年利润	0	2	98	-96	1	1
15	5001	营业收入	0	500	500	0	1	1
16	5401	营业成本	0	300	300	0	1	1
17	5601	销售费用	0	1	1	0	0	1
18	5601001	销售费用-工资	0	0	0	0	1	0
19	5601002	销售费用-会务	0	0	0	0	1	0
20	5601003	销售费用-差旅	0	1	1	0	1	0
21	5602	管理费用	0	3	3	0	0	1
22	5602001	管理费用-工资	0	2	2	0	1	0
23	5602002	管理费用-会务	0	0	0	0	1	0
24	5602003	管理费用-差旅	0	1	1	0	1	0
25	5603	财务费用	0	100	100	0	0	1
26	5603001	财务费用-利息	0	100	100	0	1	0
27	5801	所得税费用	0	0	0	0	1	1

科目余额表 | 凭证表 | 资产负债表格式 | 利润表格式 | 现金流量表格式 | ...

图 2-4　科目余额表结构

期初余额在初次使用时需要手工录入，并要保证总账和明细账数据的平衡关系，以后在月末处理时，可以由上月对应科目的期末余额结转而来。在大数据环境下，借方发生额、贷方发生额、期末余额这三项都可以在需要时由计算公式动态计算得出，理论上可以不再设置这三项，但财务软件中一般都要用到（本期借方、贷方发生额根据凭证表按科目汇总得出，期末余额可由公式计算出来）。末级标志的作用是保证填制凭证时所涉及的科目必须是最详细的科目（末级科目），实质是一个内控标志字段，主要用于生成凭证，在数据分析时该内控标志作用就不大了。科目级别的作用是便于账簿科目数据查询，编制资产负债表和利润表时作用也不大。

2. 凭证表

凭证表中记录了所有的会计分录，主要的字段有日期、凭证号、摘要、科目编码、科目名称、借方、贷方、现金流编码和对方科目，科目名称本来可以省去，但为了识别科目编码的含义，便于人工校对，我们加上了该项。现金流编码是编制现金流量表的依据（统计口径）。对方科目有助于我们绘制资金流图。具体如图 2-5 所示。

	A	B	C	D	E	F	G	H	I
1	日期	凭证号	摘要	科目编码	科目名称	借方	贷方	现金流编码	对方科目
2	2021-06-16	记-1	企业增资	1002	银行存款	2000		13	3101
3	2021-06-16	记-1	企业增资	3101	实收资本		2000		1002
4	2021-06-16	记-2	从银行借款	1002	银行存款	1000		12	2301
5	2021-06-16	记-2	从银行借款	2301	长期借款		1000		1002
6	2021-06-16	记-3	购买土地使用权	1801	无形资产	1000			1002
7	2021-06-16	记-3	购买土地使用权	1002	银行存款		1000	11	1801
8	2021-06-16	记-4	购买房屋设备	1501	固定资产	1000			1002
9	2021-06-16	记-4	购买房屋设备	1002	银行存款		1000	11	1501
10	2021-06-16	记-5	购买存货	1405	库存商品	600			1002
11	2021-06-16	记-5	购买存货	1002	银行存款		600	3	1405
12	2021-06-16	记-6	销售商品	1122	应收账款	100			5001
13	2021-06-16	记-6	销售商品	1002	银行存款	400		1	5001
14	2021-06-16	记-6	销售商品	5001	营业收入		500		1002
15	2021-06-16	记-7	结转成本	5401	营业成本	300			1405
16	2021-06-16	记-7	结转成本	1405	库存商品		300		5401
17	2021-06-16	记-8	付息	5603001	财务费用-利息	100			1002
18	2021-06-16	记-8	付息	1002	银行存款		100	15	5603
19	2021-06-30	记-9	差旅报销	5601003	销售费用-差旅	1			1002
20	2021-06-30	记-9	差旅报销	5602003	管理费用-差旅	1			1002
21	2021-06-30	记-9	差旅报销	1002	银行存款		2	6	5601
22	2021-06-30	记-10	结转损益	5001	营业收入	500			3103
23	2021-06-30	记-10	结转损益	3103	本年利润		98		5001
24	2021-06-30	记-10	结转损益	5401	营业成本		300		3103
25	2021-06-30	记-10	结转损益	5603001	财务费用-利息		100		3103
26	2021-06-30	记-10	结转损益	5601003	销售费用-差旅		1		3103
27	2021-06-30	记-10	结转损益	5602003	管理费用-差旅		1		3103

科目余额表 | 凭证表 | 资产负债表格式 | 利润表格式 | 现金流量表格式 | 经营过程 | 凭证表0 | 凭证表-BK

图 2-5　凭证表内容

3. 三张维度表

三张报表格式的维度表的格式都比较简单，我们就归到一起统一介绍。资产负债表中除了设置资产项目字段之外，还增加了资产分类、资产大类字段（见图 2-6）。利润表中设置了利润项目和利润大类字段，为了让利润表数据显示更加直观，能够通过收入、成本、费用计算出净利润，还增加了利润方向字段（见图 2-7）。现金流量表与利润表类似，设置了现流项目（现金流量项目）、现流分类、现流大类和现流方向字段，现流方向的作用是有助于计算每个分类的现金流量净额（见图 2-8）。如果要使用管理会计报表中的一些数据，则报表格式文件还可以加上管理会计的维度统计口径。

	B	C	D
1	资产项目	资产分类	资产大类
2	1.货币资金	1.1流动资产	1.总资产
3	2.应收账款	1.1流动资产	1.总资产
4	3.库存商品	1.1流动资产	1.总资产
5	4.固定资产	1.2非流动资产	1.总资产
6	5.无形资产	1.2非流动资产	1.总资产
7	6.应付账款	2.1流动负债	2.负债及所有者权益
8	7.应交税费	2.1流动负债	2.负债及所有者权益
9	8.长期借款	2.2非流动负债	2.负债及所有者权益
10	9.实收资本	2.3所有者权益	2.负债及所有者权益
11	10.本年利润	2.3所有者权益	2.负债及所有者权益

科目余额表 | 凭证表 | 资产负债表格式 | 利润表格式

图 2-6　资产负债表格式

	A	B	C	D
1	科目编码	利润大类	利润项目	利润方向
2	5001	1.收入	1.营业收入	1
3	5401	2.成本	2.营业成本	-1
4	5601	3.费用	3.1销售费用	-1
5	5602	3.费用	3.2管理费用	-1
6	5603	3.费用	3.3财务费用	-1
7	5801	4.税金	4.所得税费用	-1

… | 凭证表 | 资产负债表格式 | 利润表格式 | 现金流量 …

图 2-7 利润表格式

	A	B	C	D	E
1	现金流	现流项目	现流方向	现流分类	现流大类
2	1	销售产成品、商品、提供劳务收到的现金	1	1.1 经营活动现金流入	经营活动现金流净额
3	2	收到其他与经营活动有关的现金	1	1.1 经营活动现金流入	经营活动现金流净额
4	3	购买原材料、商品、接受劳务支付的现金	-1	1.2 经营活动现金流出	经营活动现金流净额
5	4	支付的职工薪酬	-1	1.2 经营活动现金流出	经营活动现金流净额
6	5	支付的税费	-1	1.2 经营活动现金流出	经营活动现金流净额
7	6	支付其他与经营活动有关的现金	-1	1.2 经营活动现金流出	经营活动现金流净额
8	7	收回短期投资、长期债券投资和长期股权投资收	1	2.1 投资活动现金流入	投资活动现金流净额
9	8	取得投资收益收到的现金	1	2.1 投资活动现金流入	投资活动现金流净额
10	9	处置固定资产、无形资产和其他非流动资产收回	1	2.1 投资活动现金流入	投资活动现金流净额
11	10	短期投资、长期债券投资和长期股权投资支付的	-1	2.2 投资活动现金流出	投资活动现金流净额
12	11	购建固定资产、无形资产和其他非流动资产支付	-1	2.2 投资活动现金流出	投资活动现金流净额
13	12	取得借款收到的现金	1	3.1 筹资活动现金流入	筹资活动现金流净额
14	13	吸收投资者投资收到的现金	1	3.1 筹资活动现金流入	筹资活动现金流净额
15	14	偿还借款本金支付的现金	-1	3.2 筹资活动现金流出	筹资活动现金流净额
16	15	偿还借款利息支付的现金	-1	3.2 筹资活动现金流出	筹资活动现金流净额

… | 资产负债表格式 | 利润表格式 | 现金流量表格式 | 经营过程 | 凭证表0 | 凭证表-BK

图 2-8 现金流量表格式

使用 Power BI 进行报表编制，主要包括三个步骤：数据采集和格式整理；建模；报表可视化分析。

2.3 数据采集和格式整理

2.3.1 数据采集

假定报表格式以及科目余额表和凭证表都已获得，接下来要做的是数据采集，我们一次性对两张事实表、三张维度表采集数据。

打开 Power BI，新建文件，通过系统菜单操作：主页/获取数据/Excel 工作簿，选取文件“模拟经营-原始数据”，再选取五张表格：凭证表、科目余额表、资产负债表格式、利润表格式、现金流量表格式，如图 2-9 所示。然后通过右下角的“转换数据”按钮进入 Power Query 界面。

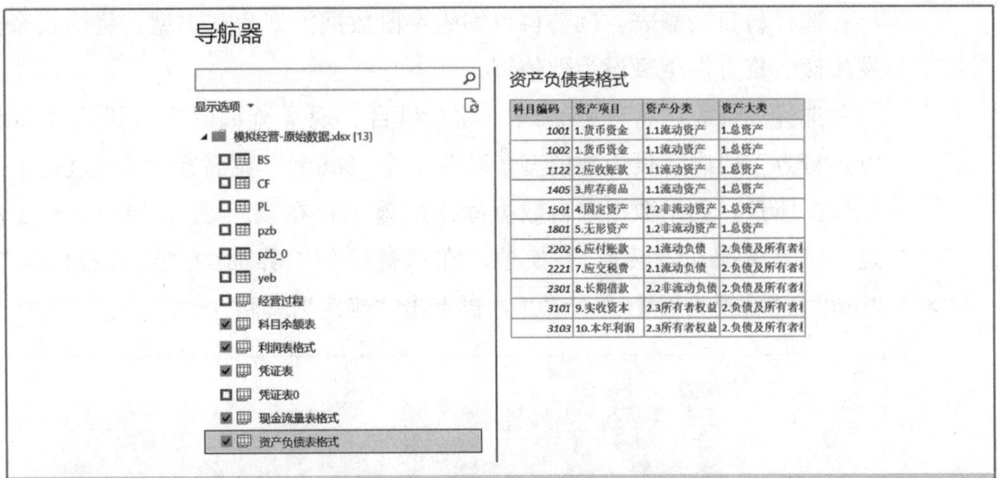

图 2-9　数据采集

2.3.2　格式整理

在选择表时，可以看到有些含英文字母的表格，注意这些是规范的表格，应尽量选择这些表格，以避免出现多余的行和列。对于工作表和表格的差异大家应该知道，以后我们做数据分析都是基于表格。

选择资产负债表格式的科目编码字段，将其设为文本型，如图 2－10 所示。具体操作如下：首先，选中图中左边查询窗口下的“资产负债表格式”，再选中中间的“科目编码”字段，最后通过系统菜单操作：主页/数据类型，选择“文本”，即可将科目编码以前的数值型（123）改为现在的文本型（ABC）。其他的字段也可照此调整，最好不要出现类似 ABC123 这种不确定任意类型。

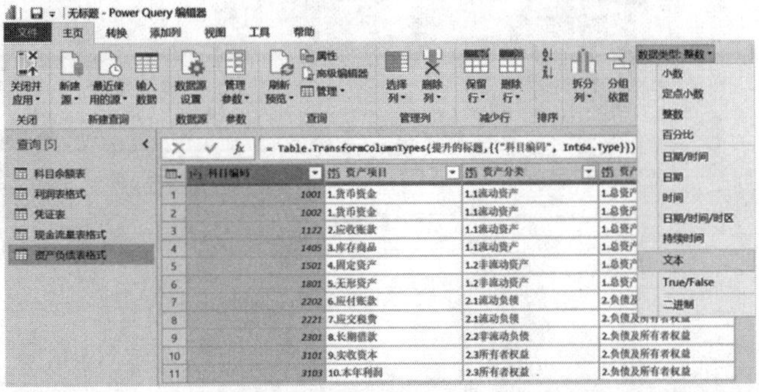

图 2－10　字段类型调整

同样，选择利润表格式，将科目编码字段设为文本型，利润方向设为数值型；选择现金流量表格式，将现金流编码字段设为文本型，将现流方向设为数值型；选择科目余额表，调整科目编码字段数据类型为文本型，将期初余额、借方发生额、贷方发生额设为数值型。

选择凭证表，将科目编码、对方科目、现金流编码字段设为文本型，将借方、贷方字段内容设为数值型，若为“空（null)”则替换为 0（这是手工录入凭证数据所致，如果数据来自数据库则应该不存在该问题）。如图 2－11 所示，通过系统菜单操作：转换/替换值，在“替换值”界面的“要查找的值”中输入“null”，“替换为”中输入“0”，再点击“确定”即可。

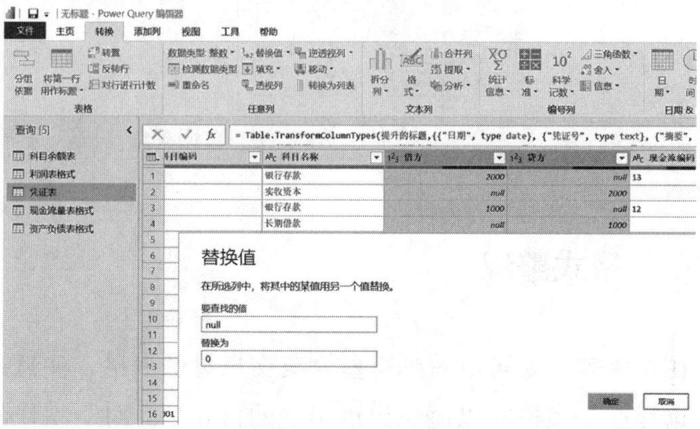

图 2－11 替换空值

接下来，我们要对凭证表做一个准备工作：生成一个总账科目代码，作为资产负债表、利润表两个格式表的关联字段。选中“凭证表”的“科目编码”字段，然后通过系统菜单操作：添加列/提取/首字符，输入“4”，提取科目编码前 4 位字符，即可实现，如图 2－12 所示。将新添加列的名称改为“总账科目”。

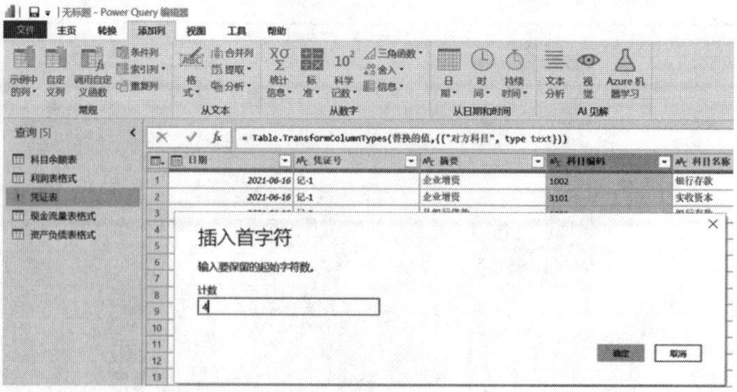

图 2－12 提取总账科目代码

科目编码、现金流编码是后面建模要用到的关键字段，为了确保数据正确，我们可以对其进行修整。首先选中要修整的列，通过系统菜单操作：转换/格式/

修整，执行修整即可。

接下来我们可以关闭应用，回到 Power BI 主界面，通过系统菜单操作：文件（在左上角文件菜单下面）/关闭应用，即可。

2.4 建　模

接下来开始建模，在 Power BI 主界面，选择左边的第三个按钮“模型”，进入模型搭建界面，删除已有关联，将三张维度表放到上面，两张事实表放到下面，逐一重建表与表之间的关联，主要是凭证表与三张格式表关联，资产负债表格式中的科目编码与凭证表中的总账科目关联，其具体操作是：选中凭证表中的“总账科目”，将其拖放到资产负债表格式中的“科目编码”上。使用同样方法，将利润表格式中的“科目编码”与凭证表中的“总账科目”关联，现金流量表格式中的“现金流编码”与凭证表中的“现金流编码”关联，三者都是一对多的关系，将资产负债表格式中的“科目编码”与科目余额表中的“科目编码”关联。模型建好后的效果如图 2-13 所示。

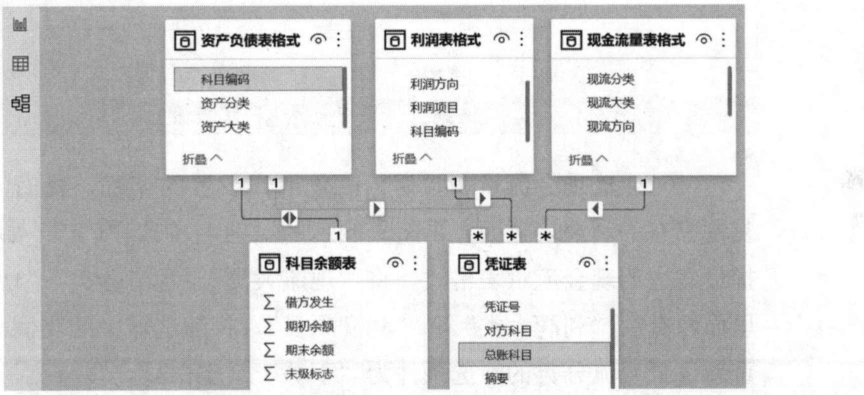

图 2-13　模型建立

2.5 报表可视化分析

2.5.1　简明报表生成

建好模型，选择左边的“报表”按钮，直接进入报表编制界面，通过“可视化”区中的“矩阵”，快速生成简明格式的三大报表。利润表和现金流量表比较简单，所以先生成，资产负债表的生成有点复杂，所以后生成。

（1）生成利润表。选择“可视化”区中的“矩阵”以后，将右边利润表格式中的“利润大类”“利润项目”拖到“可视化”区下的行字段，将凭证表中的“借方”“贷方”拖到“可视化”区下的值字段，如图 2－14 所示。通过筛选器设置利润大类筛选条件为“不等于（空白）”，如果觉得字号太小，可以通过“可视化”下面的格式选项，分别将行、列、值的字号设置为 16 或 20。可以看到利润表中只有三项，我们可以点击费用前面的加号，展开费用项目。通过页面的快捷菜单下面的“重命名页”，修改页面名称为“PL”。此时的利润表格式还有待优化，总计也没有体现净利润的值。

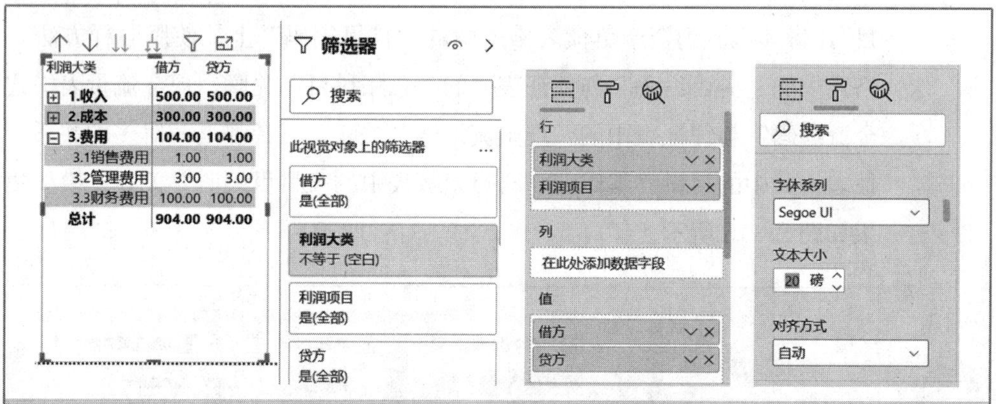

图 2－14　利润表设置

（2）生成现金流量表。为了简化格式设置的流程，我们可以通过快捷菜单，复制已有的利润表页面，再将复制后的页面名称改“CF”。如图 2－15 所示，选择最右边的现金流量表格式，将“现流大类”“现流分类”“现流项目”替换字段里面原有的“利润大类”和“利润项目”，将筛选器中的利润大类筛选条件删除，重新设置现流分类的筛选条件为“不等于（空白）”，现金流量表初步生成，此时的现金流量表格式也还有待优化，现金流净额也没有体现出来。

（3）生成资产负债表。同样，为了节省调整格式的时间，我们复制利润表页面，将页面名称更改为“BS”。与利润表不同的是，资产负债表中的期末余额可以自动生成，不需要依赖科目余额表。生成资产负债表之前，先定义两个度量值：期初余额、期末余额，步骤是先选择右边的科目余额表，然后通过系统菜单操作：建模/新建度量值。具体的公式定义如下：

```
期初＝sum('科目余额表'[期初余额])
期末＝[期初]＋sum('凭证表'[借方])－sum('凭证表'[贷方])
```

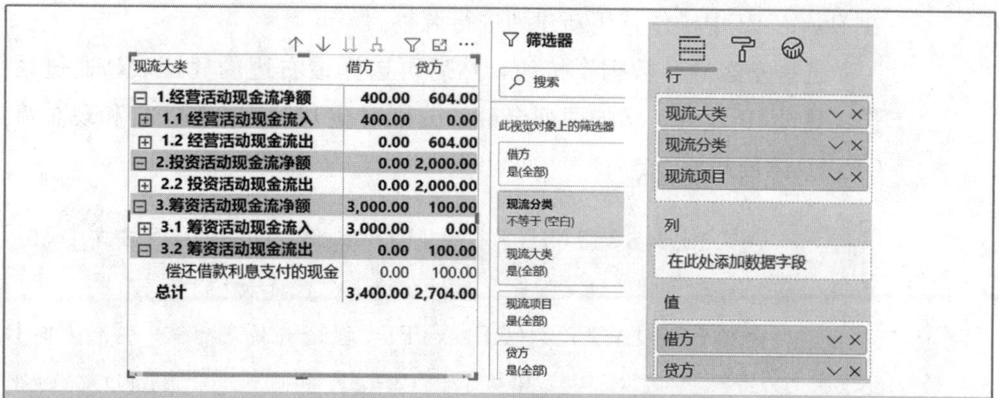

图 2－15　现金流量表设置

定义完度量值以后，接下来我们就可以生成资产负债表。打开最右边的资产负债表格式，用“资产大类”“资产分类”“资产项目”分别替换“可视化”区下的行字段内容，用科目余额表下面的“期初”“期末”两个度量值替换值字段中的原有的“借方”“贷方”，在筛选器中，删除原有的现流分类的筛选条件，再设置资产大类筛选条件为“不等于（空白）”，即可看到资产负债表的初步结果，如图 2－16 所示。

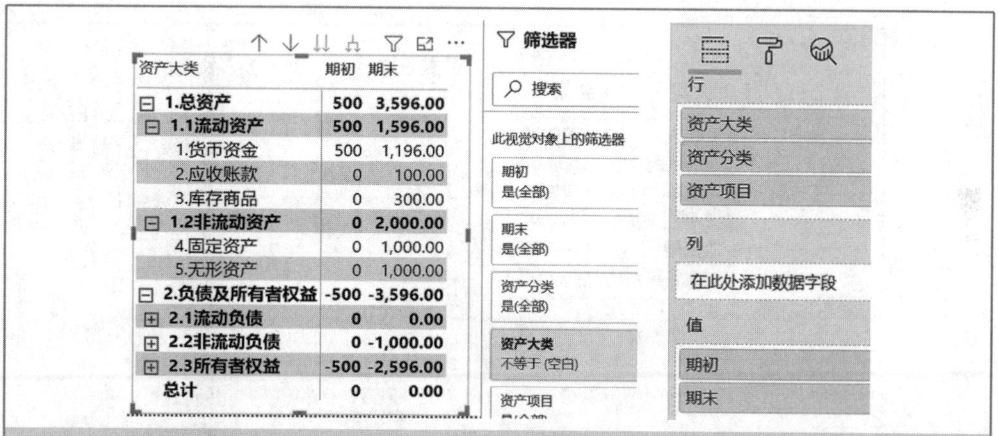

图 2－16　资产负债表设置

2.5.2　报表格式优化

前面生成的三张报表格式都还有待优化，如何优化呢？由于利润表和现金流量表都只需要显示一列发生额，并且内部要进行正确的计算，因此我们想利用格式表中的利润方向和现流方向，对凭证表中的发生额进行调整。

我们既可以在 Power Query 中操作，也可以在 Power BI 中操作，此处选择在 Power BI 中操作，用新建列进行调整。

选择左边的“数据”按钮，然后再选择最右边的凭证表，通过系统菜单操作：建模/新建列，增加两列金额，分别对应利润表金额 PL 和现金流量表金额 CF，具体公式如下：

```
金额 PL=SWITCH(RELATED('利润表格式'[利润方向]),1,
        '凭证表'[贷方],-1,-1×'凭证表'[借方],0)
金额 CF=SWITCH(RELATED('现金流量表格式'[现流方向]),1,
        '凭证表'[借方],-1,-1×'凭证表'[贷方],0)
```

注意：公式中使用了两个函数嵌套，一个是分支函数 SWITCH，另一个是关联函数 RELATED。SWITCH 是一个分支函数，即多条件函数，针对表达式不同的值，返回不同的结果。RELATED 函数是处理一对多关系时，从一方的关联表中取出相应的值。

新建两个金额列以后，通过利润表 PL 页复制一个新的利润表页，命名为 PL2，然后将“可视化”区下原有的值字段调整为“金额 PL”，可以得到优化以后的利润表，如图 2-17 所示。图中最后一行的总计是我们需要的净利润。

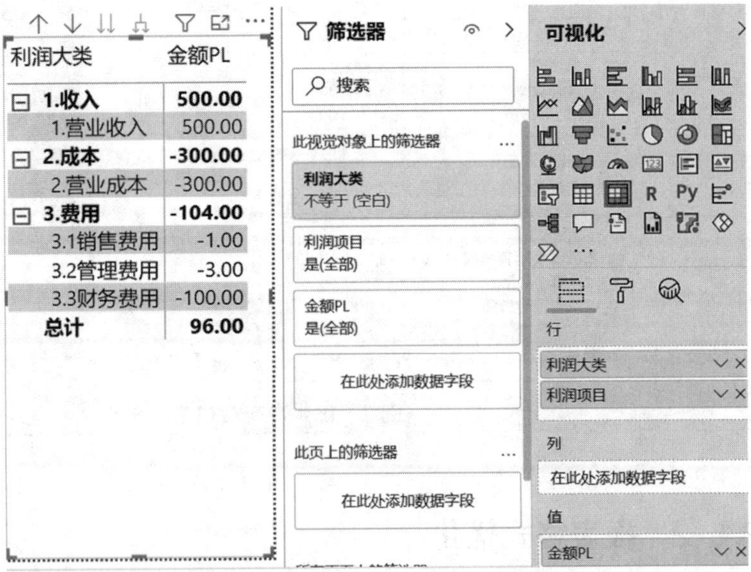

图 2-17 优化的利润表设置

类似地，选择现金流量表页，然后复制一页，修改名称，再将“可视化”区下的值字段调整为“金额 CF”，即可得到优化以后的现金流量表，如图 2-18 所示。

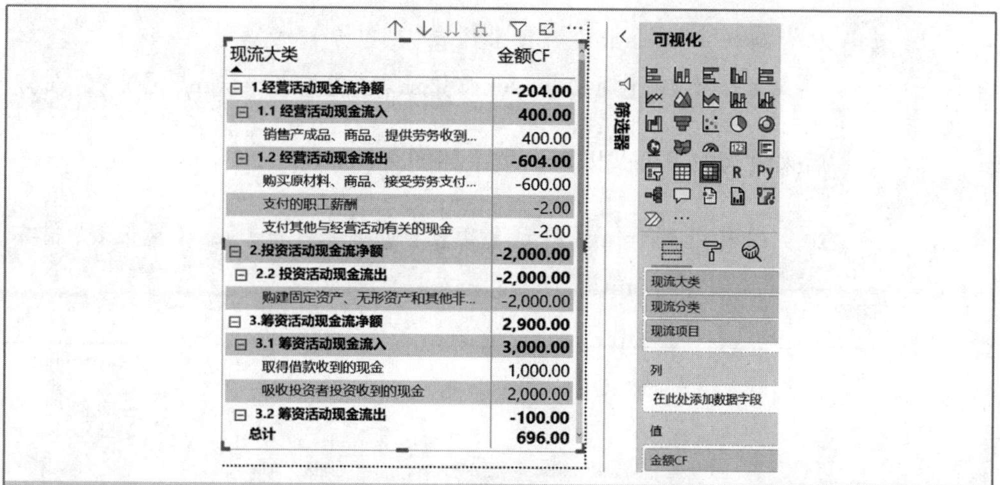

图2-18　优化的现金流量表设置

同样，资产负债表的优化方法是，对资产负债表页中的表也进行复制，再调整位置，使其并列摆放，选择左边的表，然后将资产大类筛选条件设为等于总资产，将右边表的资产大类筛选条件设为等于负债及所有者权益，即可得到优化以后的资产负债表，如图2-19所示。

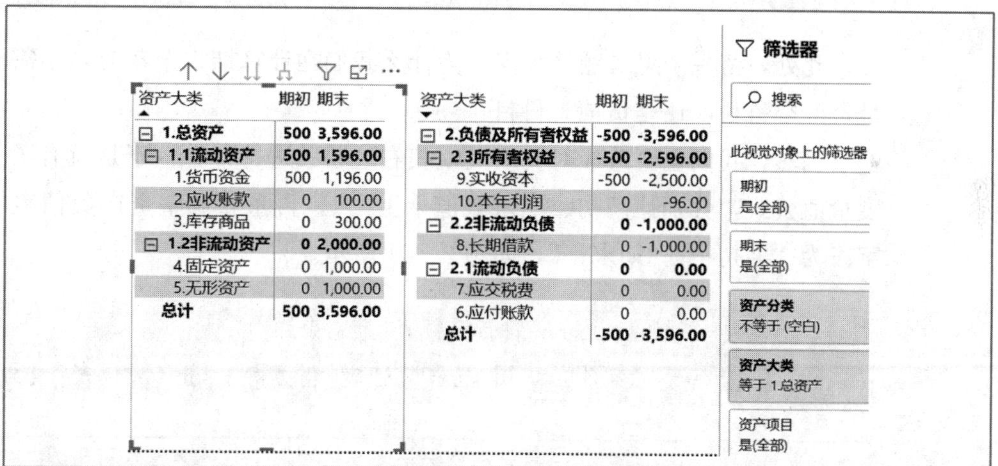

图2-19　优化的资产负债表设置

初步优化以后的资产负债表看起来比较美观，但是资产负债表右边的数据都带有一个负号，怎样才能让负号不显示呢？我们对于期初、期末两个度量值的公式进行适当的调整，就可以得到更好的呈现效果。

度量值的公式如何更改？我们首先想到的是在计算期初、期末余额时直接加绝对值，后来发现这样计算得出的期末余额有瑕疵。为什么有瑕疵？值得思考。

```
期初=abs(sum('科目余额表'[期初余额]))
期末=abs([期初]+sum('凭证表'[借方])-sum('凭证表'[贷方]))
```

后来改为如下公式即可，效果如图 2-20 所示。

```
期末=abs(sum('科目余额表'[期初余额])+sum('凭证表'[借方])
    -sum('凭证表'[贷方]))
```

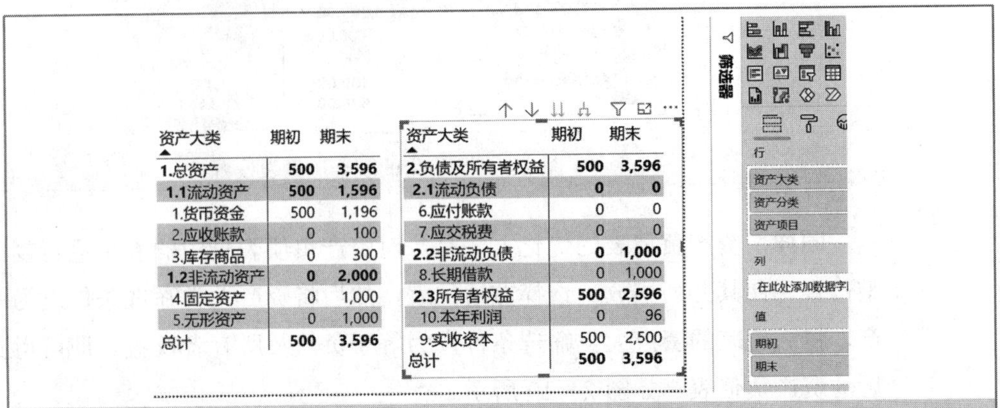

资产大类	期初	期末
1.总资产	500	3,596
1.1流动资产	500	1,596
1.货币资金	500	1,196
2.应收账款	0	100
3.库存商品	0	300
1.2非流动资产	0	2,000
4.固定资产	0	1,000
5.无形资产	0	1,000
总计	500	3,596

资产大类	期初	期末
2.负债及所有者权益	500	3,596
2.1流动负债	0	0
6.应付账款	0	0
7.应交税费	0	0
2.2非流动负债	0	1,000
8.长期借款	0	1,000
2.3所有者权益	500	2,596
10.本年利润	0	96
9.实收资本	500	2,500
总计	500	3,596

图 2-20　资产负债表再优化设置一

此处，留一个思考题给大家，为什么我们在计算期末余额时，不需要考虑它是资产类科目，还是负债类科目？

当然，我们也可改成对资产负债表右边单独进行计算，于是就有了下面两个度量值公式，分别让期初、期末数值乘上−1，再重新调整资产负债表右边的值字段为“期初+”“期末+”，如图 2-21 所示。

```
期初+=-1×(sum('科目余额表'[期初余额]))
期末+=-1×([期初]+sum('凭证表'[借方])-sum('凭证表'[贷方]))
```

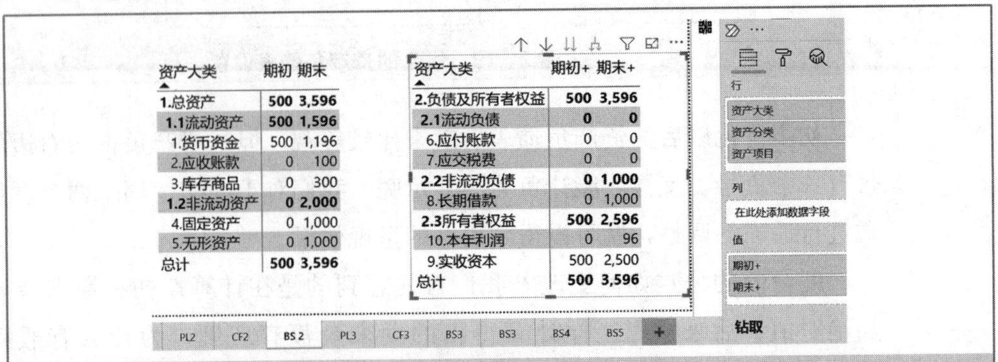

资产大类	期初	期末
1.总资产	500	3,596
1.1流动资产	500	1,596
1.货币资金	500	1,196
2.应收账款	0	100
3.库存商品	0	300
1.2非流动资产	0	2,000
4.固定资产	0	1,000
5.无形资产	0	1,000
总计	500	3,596

资产大类	期初+	期末+
2.负债及所有者权益	500	3,596
2.1流动负债	0	0
6.应付账款	0	0
7.应交税费	0	0
2.2非流动负债	0	1,000
8.长期借款	0	1,000
2.3所有者权益	500	2,596
10.本年利润	0	96
9.实收资本	500	2,500
总计	500	3,596

图 2-21　资产负债表再优化设置二

2.5.3　报表可视化分析

报表数据出来以后，我们可以试着改变习惯，不再只看报表数据，而是用可视化的图形展示，可以更简单、直观、容易、快速地发现问题。下面我们对三张表做简单的可视化分析。

1. 利润表可视化

先看利润表的可视化分析，选择“可视化”区下的环形图，按“利润大类”“利润项目”对“金额 PL”进行显示，通过筛选器设利润大类为“不等于（空白）”对利润项目中的营业收入进行剔除，再调整文本大小即可，如图 2 - 22 所示。

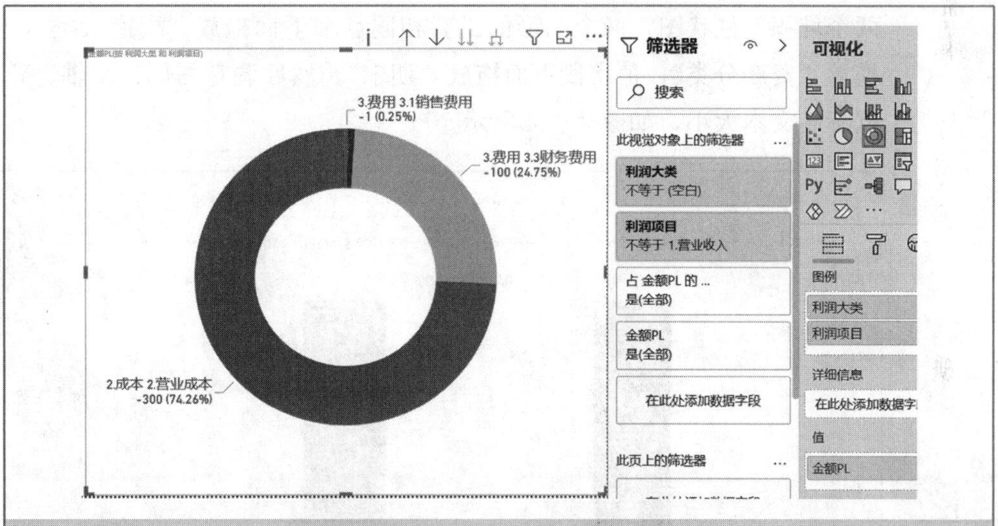

图 2 - 22　利润表可视化设置

2. 现金流量表可视化

再看现金流量表的可视化分析，选择“可视化”区下的簇形柱状图，按现流大类对“金额 CF”进行显示，通过筛选器设现流大类为“不等于（空白）”，然后调整 X 轴、Y 轴以及数据标签文本大小即可，如图 2 - 23 所示。

3. 资产负债表可视化

对于资产负债表的可视化，我们可以将资产负债表的左边和右边的表格变为

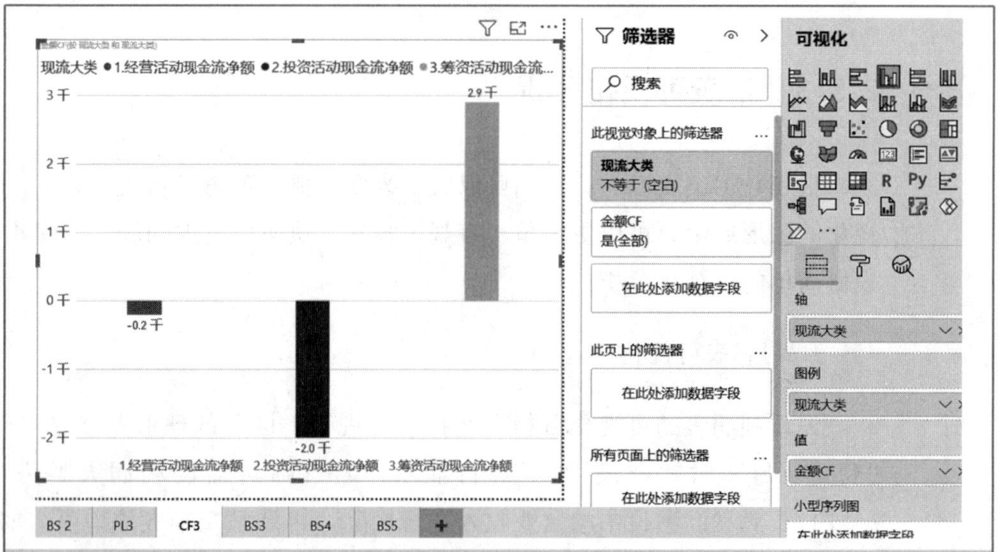

图 2-23 现金流量表可视化设置

两个堆积型柱状图，两个图形的设置相同。轴下面拖放“资产大类”，图例下面拖放“资产分类”，值字段下面拖放“期末”，然后调整图例、X 轴、Y 轴以及数据标签文本大小，如图 2-24 所示。

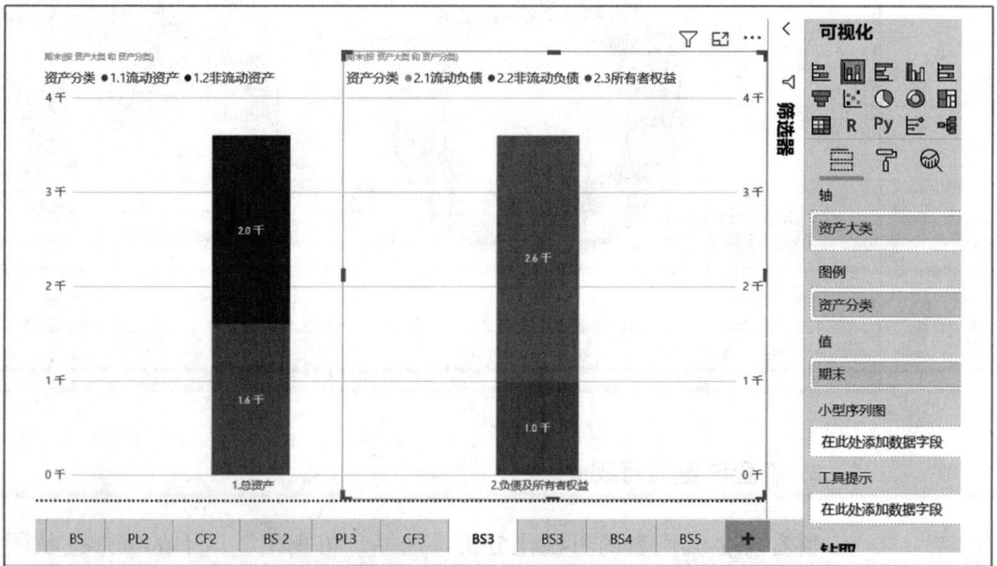

图 2-24 资产负债表可视化设置

4. 资产负债表结构比

上面是将常规的报表用可视化的形式进行了呈现，其实可视化还可以用于常见的报表分析，如分析资产负债表结构比，资产负债表的期初、期末余额的变化额及变化率等。

对于带有层次结构的项目的结构比，我们可以通过对值字段的特殊显示来实现。同样，资产负债表的左右两张表的操作是一样的。我们选择一张表，然后，将科目余额表中的“期末”字段拖至值字段下面，再通过快捷键选择“将值显示为/列汇总的百分比”，为了让数据看得更清晰，还可以通过快捷键将结构比内容设置“条件格式”，操作设置如图 2-25 所示，分析结果如图 2-26 所示。

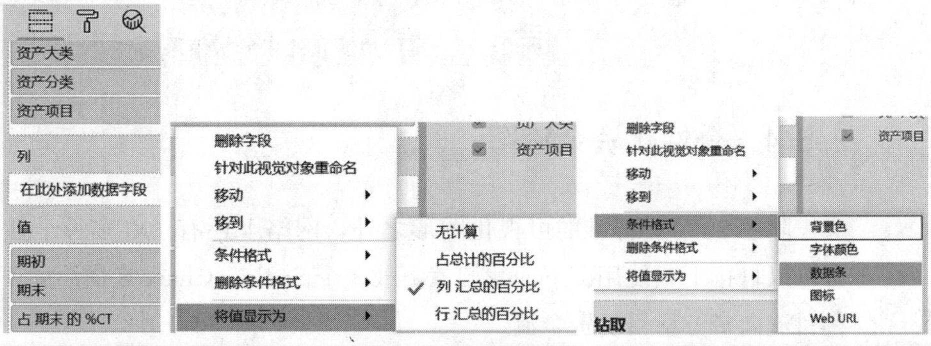

图 2-25　结构比设置

资产大类	期初	期末	占 期末 的 %CT
1.总资产	500	3,596	100.00%
1.1流动资产	500	1,596	44.38%
1.货币资金	500	1,196	33.26%
2.应收账款	0	100	2.78%
3.库存商品	0	300	8.34%
1.2非流动资产	0	2,000	55.62%
4.固定资产	0	1,000	27.81%
5.无形资产	0	1,000	27.81%
总计	500	3,596	100.00%

资产大类	期初	期末	占 期末 的 %CT
2.负债及所有者权益	500	3,596	100.00%
2.1流动负债	0	0	0.00%
6.应付账款	0	0	0.00%
7.应交税费	0	0	0.00%
2.2非流动负债	0	1,000	27.81%
8.长期借款	0	1,000	27.81%
2.3所有者权益	500	2,596	72.19%
10.本年利润	0	96	2.67%
9.实收资本	500	2,500	69.52%
总计	500	3,596	100.00%

PL　CF　BS　PL2　CF2　BS 2　PL3　CF3　BS3　BS4　BS5　BS6　+

图 2-26　资产负债表结构比分析结果

5. 资产负债表变化率

一般我们看报表，主要关注金额大或者变化大的数字，变化的考量可以是绝对值的变化，也可以是相对值的变化，因此我们可以增加两个度量值，一个是“变化”，一个是“变化率”，然后分别添加到资产负债表的左、右两边的表格中，就可以得到如图 2-27 所示的结果。两个度量值公式如下：

```
变化=[期末]-[期初]
变化率=DIVIDE([期末]-[期初],[期初])
```

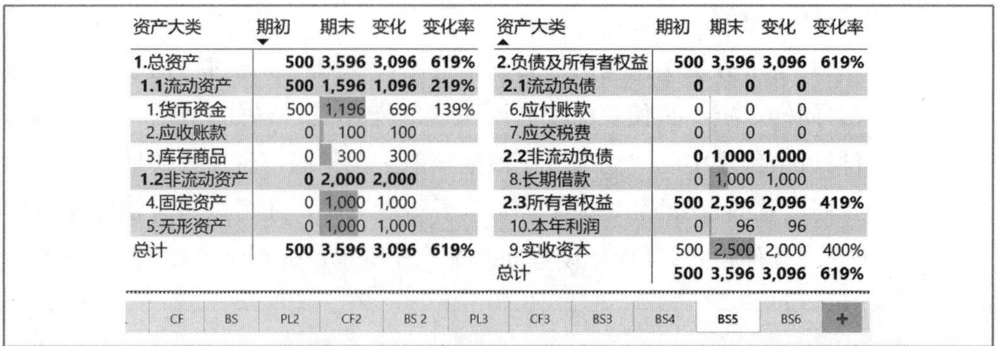

资产大类	期初	期末	变化	变化率
1.总资产	500	3,596	3,096	619%
1.1流动资产	500	1,596	1,096	219%
1.货币资金	500	1,196	696	139%
2.应收账款	0	100	100	
3.库存商品	0	300	300	
1.2非流动资产	0	2,000	2,000	
4.固定资产	0	1,000	1,000	
5.无形资产	0	1,000	1,000	
总计	500	3,596	3,096	619%

资产大类	期初	期末	变化	变化率
2.负债及所有者权益	500	3,596	3,096	619%
2.1流动负债	0	0	0	
6.应付账款	0	0	0	
7.应交税费	0	0	0	
2.2非流动负债	0	1,000	1,000	
8.长期借款	0	1,000	1,000	
2.3所有者权益	500	2,596	2,096	419%
10.本年利润	0	96	96	
9.实收资本	500	2,500	2,000	400%
总计	500	3,596	3,096	619%

图 2－27　资产负债表变化分析结果

2.5.4　个性化资金流图

除了 30 多种标准的可视化图形之外，网络上还有 100 多种个性化图形，读者可以自行下载使用。下面我们就下载一个 Sankey Chart 来描绘凭证表中从借方科目流向贷方科目的资金流。

要绘制资金流图，我们必须做好两个准备工作：一是显示资金流的数据，二是找到绘制资金流图的个性化可视化工具。

1. 数据准备

资金流的数据格式很简单：一个源，一个目的，一个值（称重）。目的数据我们计划使用凭证表中的对方科目名称，但目前凭证表中还只有对方科目代码，要得到对方科目名称数据，既可以在 Power BI 中通过相关函数操作，也可以通过 Power Query 菜单操作，通过 Power Query 菜单操作比较简单，因此，下面就采用这种办法。

进行系统菜单操作：主页/转换数据，然后进入 Power Query 选择左边查询下的凭证表，再操作：主页/合并查询，将凭证表中的“对方科目”与科目余额表中的“科目编码”关联，从科目余额表中提取对方科目名称，如图 2－28 所示。

修改提取的字段名称为：对方科目名称，如图 2－29 所示。最后，通过系统菜单操作：文件/关闭并应用，返回 Power BI 主界面。

2. 资金流可视化

(1) 加载 Sankey Chart。加载个性化资金流显示图形，可以直接通过“可视化”区下的“获取更多视觉对象”查找 Sankey，如图 2－30 所示，然后选择“立即获取”，再点击“确定”即可。此时“可视化”区下面增加了 Sankey 图标。(注意：要能够加载，必须先开设一个账号。)

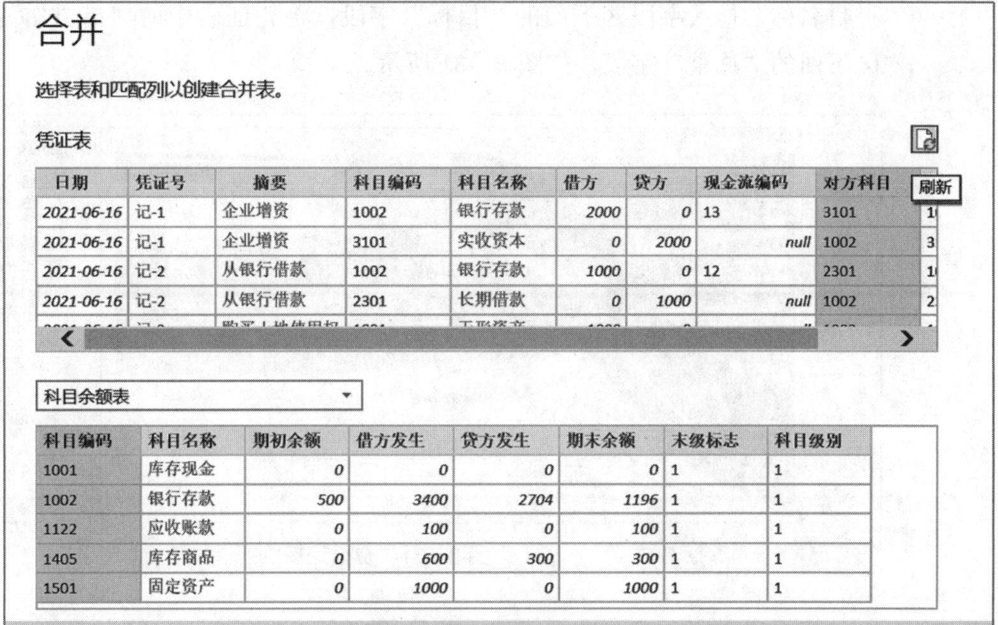

日期	凭证号	摘要	科目编码	科目名称	借方	贷方	现金流编码	对方科目
2021-06-16	记-1	企业增资	1002	银行存款	2000	0	13	3101
2021-06-16	记-1	企业增资	3101	实收资本	0	2000	null	1002
2021-06-16	记-2	从银行借款	1002	银行存款	1000	0	12	2301
2021-06-16	记-2	从银行借款	2301	长期借款	0	1000	null	1002

科目编码	科目名称	期初余额	借方发生	贷方发生	期末余额	末级标志	科目级别
1001	库存现金	0	0	0	0	1	1
1002	银行存款	500	3400	2704	1196	1	1
1122	应收账款	0	100	0	100	1	1
1405	库存商品	0	600	300	300	1	1
1501	固定资产	0	1000	0	1000	1	1

图 2-28　关联对方科目

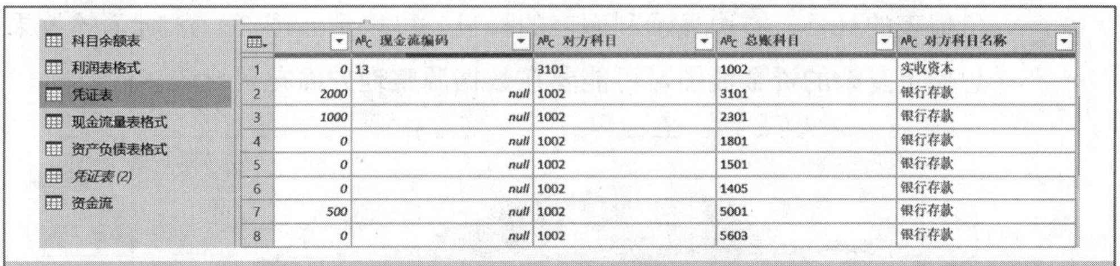

		现金流编码	对方科目	总账科目	对方科目名称
1	0	13	3101	1002	实收资本
2	2000	null	1002	3101	银行存款
3	1000	null	1002	2301	银行存款
4	0	null	1002	1801	银行存款
5	0	null	1002	1501	银行存款
6	0	null	1002	1405	银行存款
7	500	null	1002	5001	银行存款
8	0	null	1002	5603	银行存款

图 2-29　修改对方科目名称后效果图

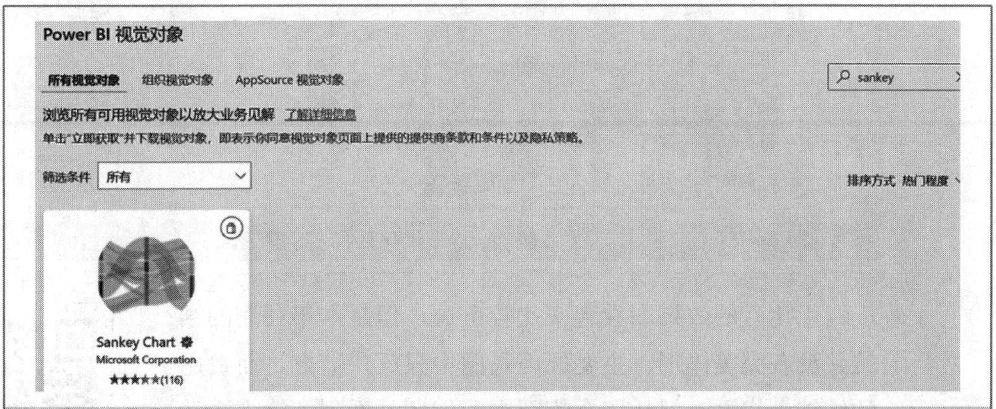

图 2-30　加载 Sankey Chart

（2）制作资金流图。新建一个页面，选择“可视化”区中的 Sankey 图标，将凭证表中的“科目名称”拖入字段区下面的“源”字段，将凭证表中的“对方科目名称”拖入字段区下面的“目标”字段，将凭证表中的“借方”，拖入字段区下面的“称重”字段，如图 2－31 所示。

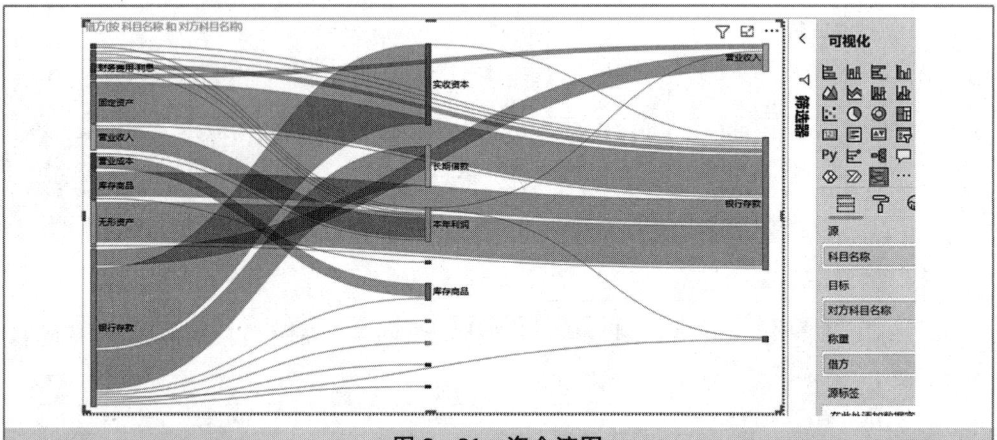

图 2－31　资金流图

接下来对资金流图进行优化，优化的内容有两个方面：第一是筛选借方金额大于零的数据，小于或等于零的不显示；第二是调整科目的位置，左边显示资产负债表的科目，右边显示利润表的科目，可得到如图 2－32 所示的效果。如果还想做更复杂的资金流图，可能要在数据源整理方面花费比较多的时间。

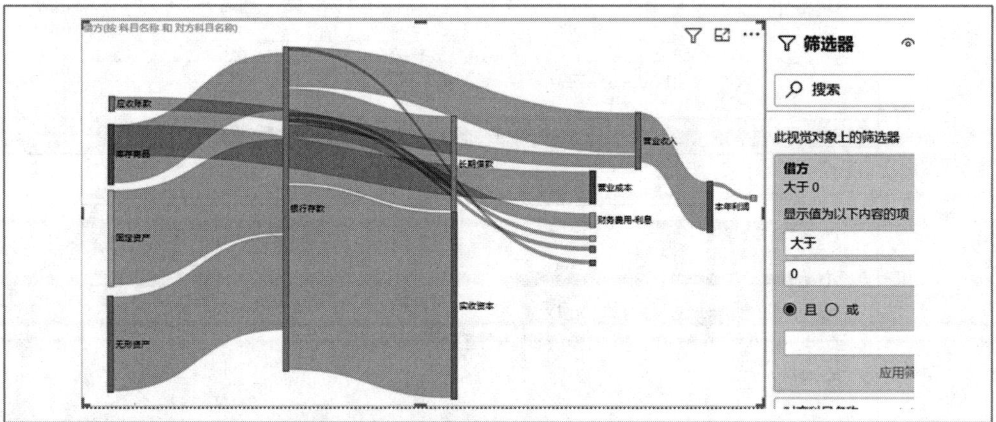

图 2－32　优化后的资金流图

优化后的效果图看起来比较美观，但是本年利润的结转并没有完美体现，主要原因是图中只反映借方，而费用的结转是贷方。但从资金流图中我们还是看到了管理会计的本质：投入资金，然后收回更多的资金。

第 2 章图片汇总

第3章

上市公司整体分析

3.1 整体分析思路
3.2 数据采集和格式整理
3.3 简单可视化分析
3.4 高级可视化分析

3.1 整体分析思路

本章试图采用上市公司的基本数据对整体、区域和行业情况进行相对宏观的分析，至于微观方面，后文有相关章节对具体上市公司财务报表进行分析。数据来源有多个渠道，如财经网站、国泰安数据库等。本章涉及的数据是从 Tushare 上采集的，网址为：http://tushare.org/trading.html#id4。登录界面如图 3-1 所示。

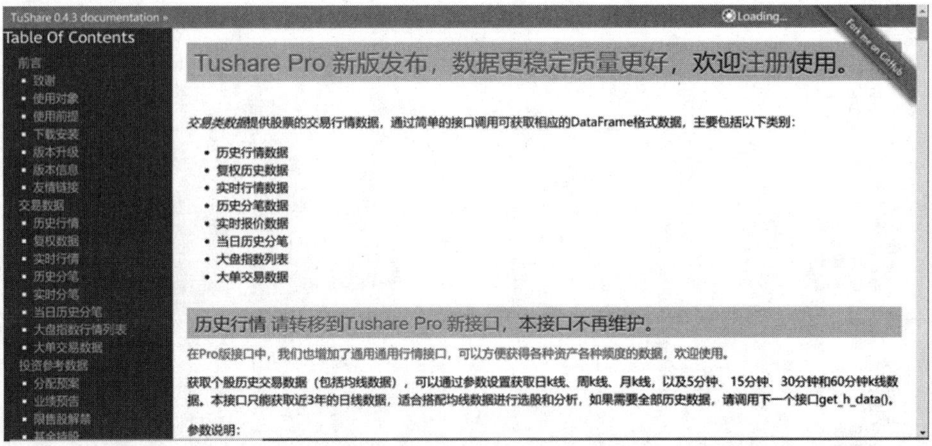

图 3-1 Tushare 界面

在分析中，我们需要使用三张表——基本表（basis，使用到的主要指标为 totalassets 和 timetomarket）、盈利表（profit，使用到的主要指标为 net_profit 和 business_income）和实时行情表（today，使用到的主要指标为 trade 和 mktcap），如何从 Tushare 上下载数据，请参照 Tushare 网站中的操作步骤，此处不再赘述。

本章的主要内容分为三个部分：一是数据采集和格式整理，主要是从前面提到的三张表中采集数据，包括将三张表中的数据横向合并（拼表）、删除不需要的列、对数据进行去重处理、换算营业收入单位和区分股票板块类型等。当然，此处拼表也可以采用建模方式，形成一个逻辑大表来实现。二是常规的简单统计分析，主要通过堆积型柱状图、散点图、树状图、地图、小型序列图对数据进行可视化处理。三是高级的复杂统计分析，通过地图下钻、文字云、信息图、差异分析图、多维动态展示等进行高级的可视化分析。

3.2　数据采集和格式整理

假定数据已从 Tushare 上通过 Python 下载。数据采集和格式整理主要用到 Power Query 模块，Excel 和 Power BI 中都有 Power Query 模块，此处我们采用从 Power BI 的“获取数据”处导入基本表“basis”并点击“转换数据”进入 Power Query 编辑器，从“新建源”中再导入盈利表“profit”和实时行情表“today”并重命名这三项查询。

在基本表中选中股票代码 code、股票名称 name、行业名称 industry、地区 area、总资产 totalAssets、上市时间 timeToMarket 列并删除其他列，删除以后的效果如图 3－2 所示。

	code	name	industry	area	totalAssets	timeToMarket
1	688258	卓易信息	软件服务	江苏	3.99	20191209
2	688001	华兴源创	专用机械	江苏	21.24	20190722
3	688005	容百科技	电气设备	浙江	60.48	20190722
4	688028	沃尔德	专用机械	北京	8.84	20190722
5	688003	天准科技	专用机械	江苏	18.39	20190722
6	688198	佰仁医疗	医疗保健	北京	2.6	20191209
7	688098	申联生物	生物制药	上海	10.48	20191028
8	2654	万润科技	互联网	深圳	45.98	20120217
9	600105	永鼎股份	通信设备	江苏	63.8	19970929
10	68	华控赛格	环境保护	深圳	39.21	19970611
11	600712	南宁百货	百货	广西	18.8	19960626
12	802	北京文化	影视音像	北京	71.65	19980108

图 3－2　在基本表中删除其他列

同理，在盈利表中保留股票代码 code、股票名称 name、净利润 net_profits、营业收入 business_income 四列，如图 3－3 所示。

code	name	net_profits	business_income
600198	大唐电信	579.5959	2416.5
585	ST东电	14.5961	32.3115
707	ST双环	135.7448	3769.9456
737	ST南风	267.0719	1827.2707

图 3－3　在盈利表中删除其他列

在实时行情表中保留股票代码 code、股票名称 name、交易价格 trade 以及市值 mktcap 四列，如图 3－4 所示。

code	name	trade	mktcap
688399	硕世生物	54.51	319537.62
688389	普门科技	16.13	681008.6
688388	嘉元科技	44.81	1034555.356
688369	致远互联	57.21	440457.4043

图 3－4　在实时行情表中删除其他列

为确保数据规范，通过菜单检查上述三张表中的股票代码是否有重复项，具体的菜单操作是：主页/保留行/保留重复项。若基本表显示没有重复项，则对盈利表和实时行情表也进行相同的操作。由于盈利表和实时行情表中均存在重复项，所以要进行删除重复项操作，具体的菜单操作是：主页/删除行/删除重复项，如图 3－5 所示。由此可见，该数据还是不太规范，也说明此步骤的重要性。

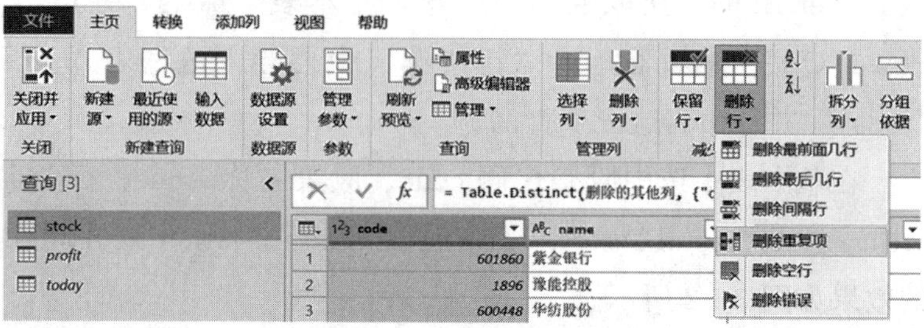

图 3－5　删除重复项

接下来对三张表进行合并，将基本表分别与盈利表、实时行情表“合并查询”。如图 3－6 所示的是基本表与盈利表的合并，再提取 net_profits、business_income 列的数据。

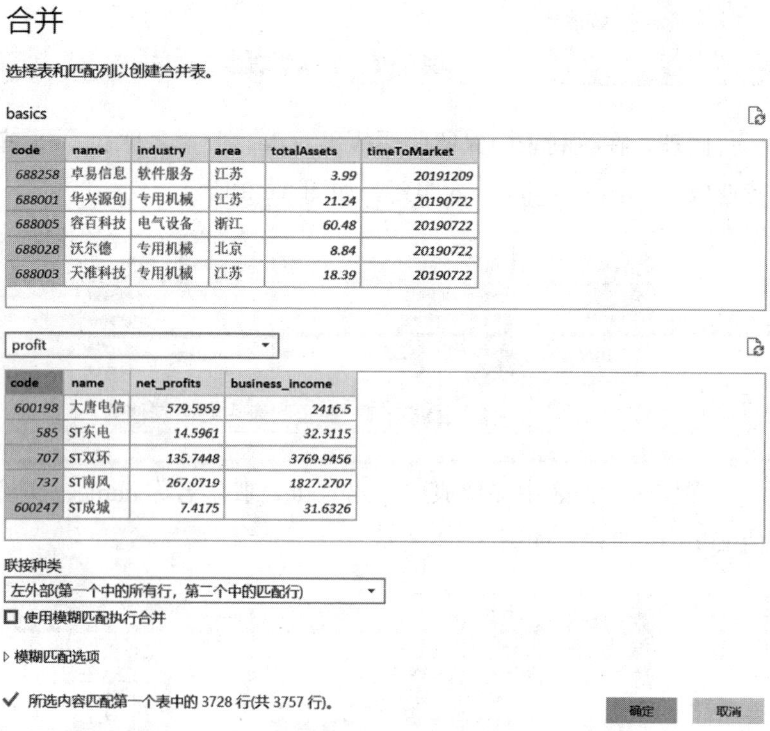

图 3－6　合并查询

同理，将基本表与实时行情表合并，再提取相关数据，最后将合并后的大表重命名为“stock”。

因为在原始数据中，净利润的单位为万元，而营业收入的单位为百万元，所以接下来要进行单位换算：新建自定义列，将营业收入乘以 100 将百万换算到万，公式=[profit. business_income] * 100，如图 3 - 7 所示。然后重命名此列为“business_income”，再删除原先那一列，数据类型改为小数，如图 3 - 8 所示。

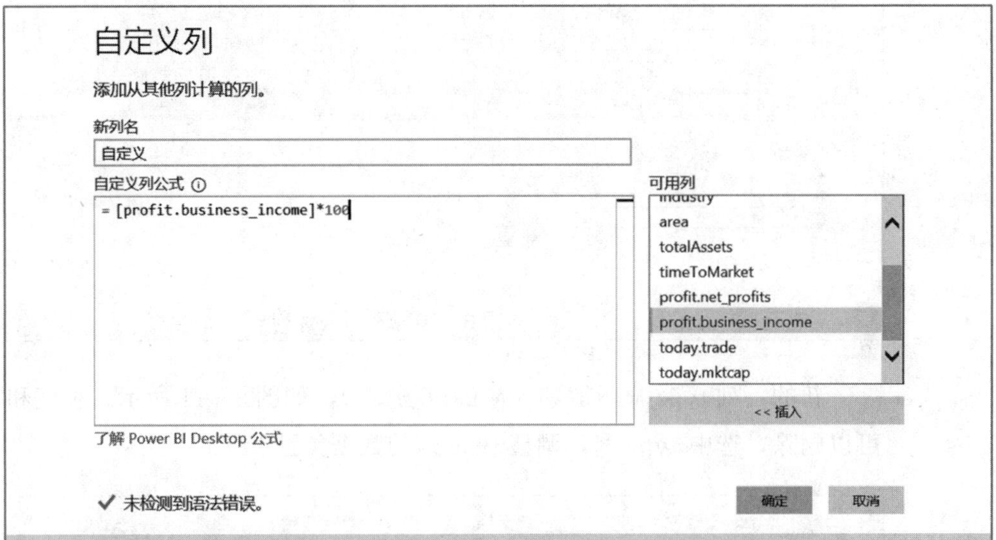

图 3 - 7　自定义列

1.2 profit.business_income	1.2 today.trade	1.2 today.mktcap	ABC 123 business_income
175.694	68.5	595652.6484	17569.4
230.7003	54.51	319537.62	23070.03
2416.5	10.86	957969.8006	241650
323.4293	16.13	681008.6	32342.93

图 3 - 8　新建自定义列与原列比较

选中股票代码 code 列，通过系统菜单：添加列/提取，提取该列数据的长度和首字符，如图 3 - 9 所示。

	trade	1.2 mktcap	1.2 business_income	123 长度	ABC 首字符
1	6.94	2540656.889	422956.46	6	6
2	5.54	319104	76070.87	6	6
3	14.33	1264061.44	241650	6	6
4	9.04	394706.9389	105107.74	6	6
5	4.36	501656.3013	808151.88	4	1
6	7.63	487872.2716	215134.71	6	6
7	2.34	204368.58	3231.15	3	5
8	5.68	170485.2	673112.95	6	6

图 3 - 9　提取长度和首字符

根据长度和首字符对股票进行分类：字符长度小于或等于 3 的股票类型为“深圳”，字符长度等于 4 的为“中小板”；首字符为 3 的是“创业板”，其他情况为“上海”，如图 3-10 所示。

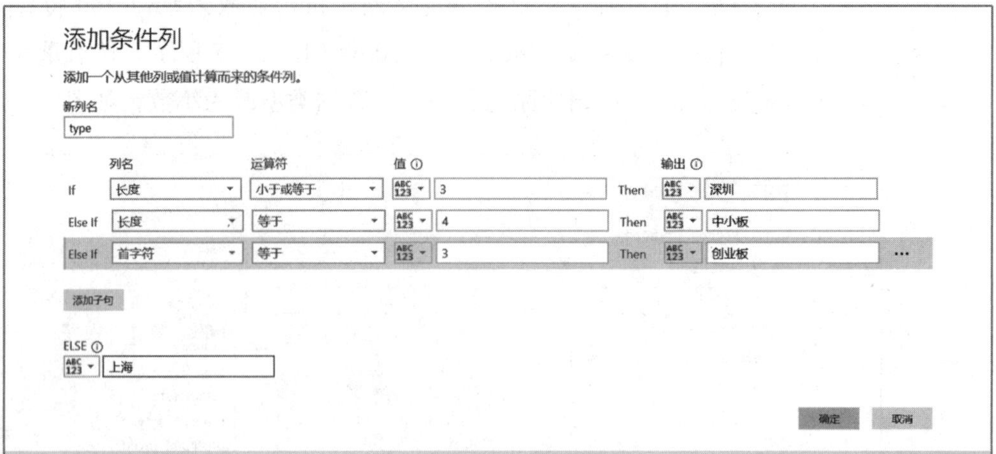

图 3-10　添加条件列

新的一列 type 显示股票对应的市场类型，如图 3-11 所示。长度和首字符列可以删除，选中 type 列，调整 type 列的数据类型。

	mktcap	1.2 business_income	1²3 长度	ABC 首字符	ABC 123 type
1	2540656.889	422956.46	6	6	上海
2	319104	76070.87	6	6	上海
3	1264061.44	241650	6	6	上海
4	394706.9389	105107.74	6	6	上海
5	501656.3013	808151.88	4	1	中小板
6	487872.2716	215134.71	6	6	上海
7	204368.58	3231.15	3	5	深圳
8	170485.2	673112.95	6	6	上海

图 3-11　type 列效果

企业的上市日期的数据是数值型的，而在后续分析中我们需要使用上市日期的具体年份，所以需要将其调整为日期型。由于上市日期的记录形式不同于系统标准日期格式，我们无法将其直接转化为日期型，故而可以考虑先将其转化为文本型，提取出年份，再转化为日期型。具体操作为：转换/提取/首字符，再输入要保留的起始字符数“4”，之后将数据类型转换为日期型，转换成日期型后，默认为 1 月 1 日，此时不用再调整，因为我们只需使用上市年份，故而再添加年份一列即可。具体操作为：添加列/日期/年。操作完成后的界面如图 3-12 所示。

提交数据到 Power BI 之前，可以先不提交盈利表和实时行情表，即取消启用加载，如图 3-13 所示，然后点击关闭并应用。

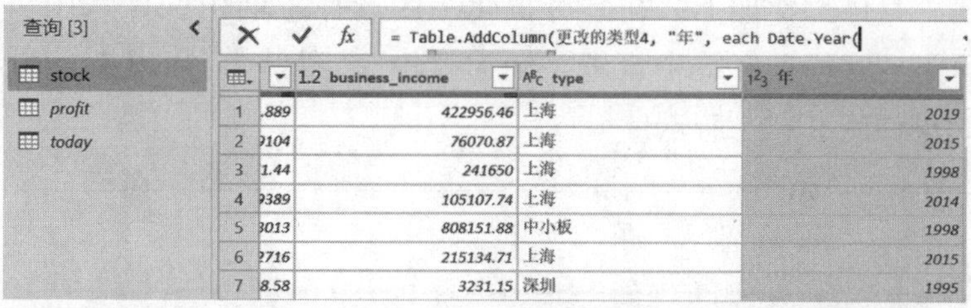

图 3-12 提取年份

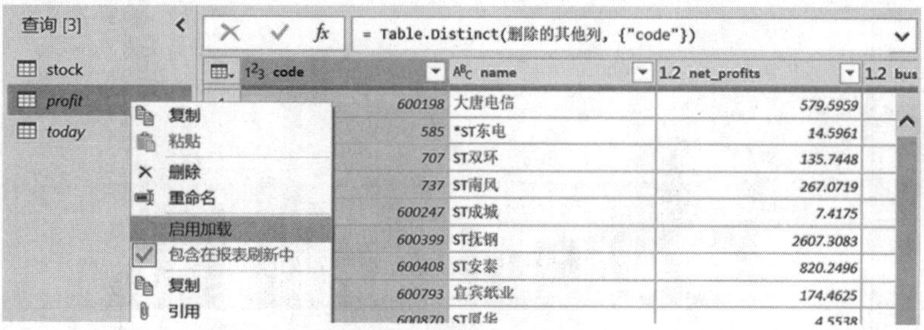

图 3-13 取消启用加载

整理好全部数据之后，选择关闭并应用，我们就可以在 Power BI 中对其进行可视化分析了。提交到 Power BI 中的数据标签的显示效果如图 3-14 所示。

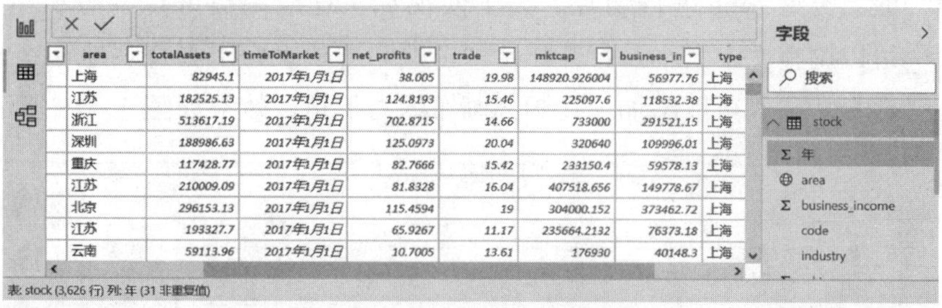

图 3-14 在 Power BI 中的效果

3.3 简单可视化分析

在 Power BI 中整理好数据之后，我们对其进行常规的简单统计分析，如以堆积型柱状图、散点图、树状图、地图、小型序列图等形式呈现。

3.3.1 堆积型柱状图——按年统计上市公司数量

使用堆积型柱状图进行可视化分析时，按上市日期（年）统计上市公司的数量，具体操作如下：在“可视化”区选择“堆积型柱状图”，然后在“可视化”区下“字段”标签中设置，轴为“年”，图例为“type”，值为“name 的计数”。效果如图 3 - 15 所示。

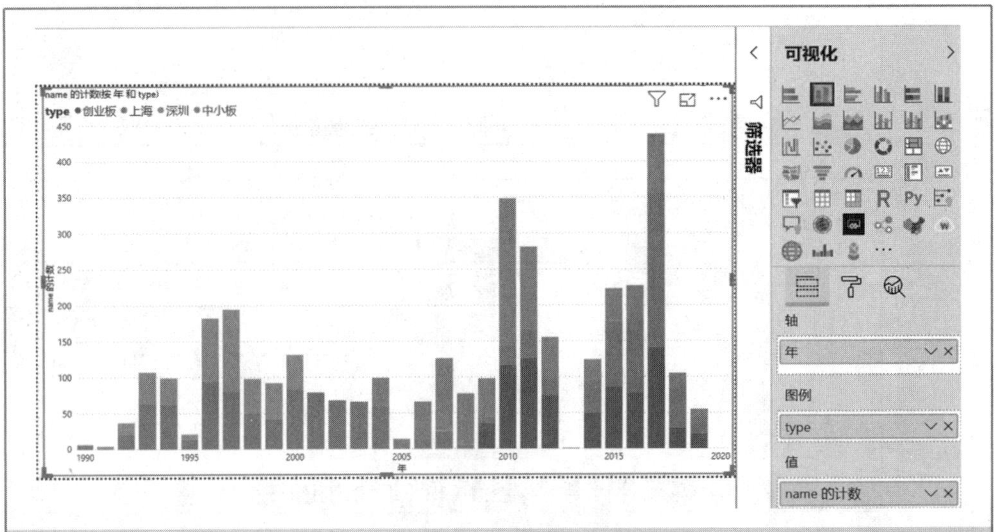

图 3 - 15　按上市日期（年）统计上市公司数量

如果想要更灵活地分析，可以添加切片器，如对地区 area、行业 industry、股票类型 type 进行切片。为了使视觉呈现效果更好以及分析得更加全面灵活，可以调整文本大小，打开显示“全选”选项。为了更直观地观察整体上市公司的数量，我们可以添加卡片图到画布的右下角，效果如图 3 - 16 所示。

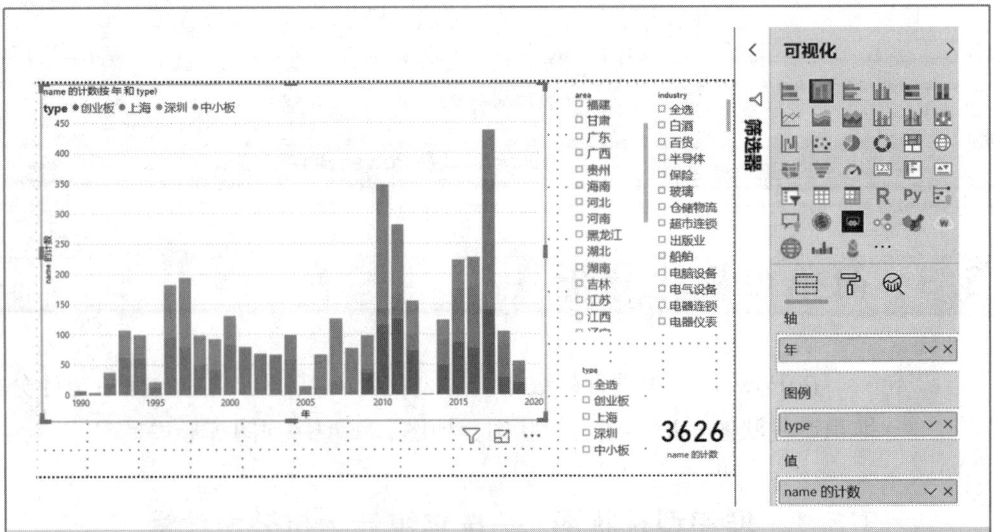

图 3 - 16　添加地区、行业切片器

不同板块、不同行业或不同区域上市公司的数量可以使用图 3 - 16 中的快速切片呈现。比如，对“湖南”上市公司的数量进行统计，如图3-17所示，可以看出2017年湖南上市公司较多。

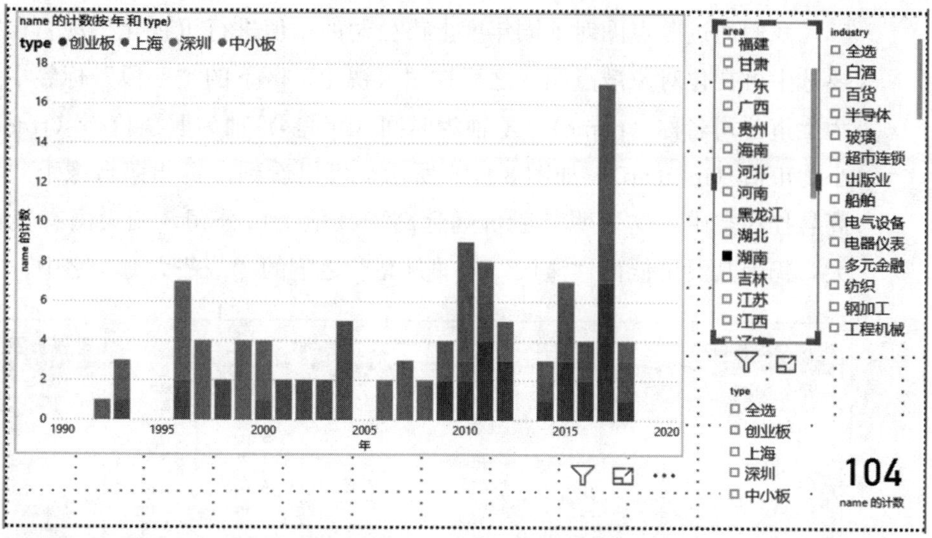

图3-17　湖南上市公司数量统计

如果我们对行业数据进行切片，如图3-18所示，可以发现自2010年以来半导体行业上市公司较多，并且连续多年增加。这在一定程度上体现了国家战略对半导体行业发展的重视。

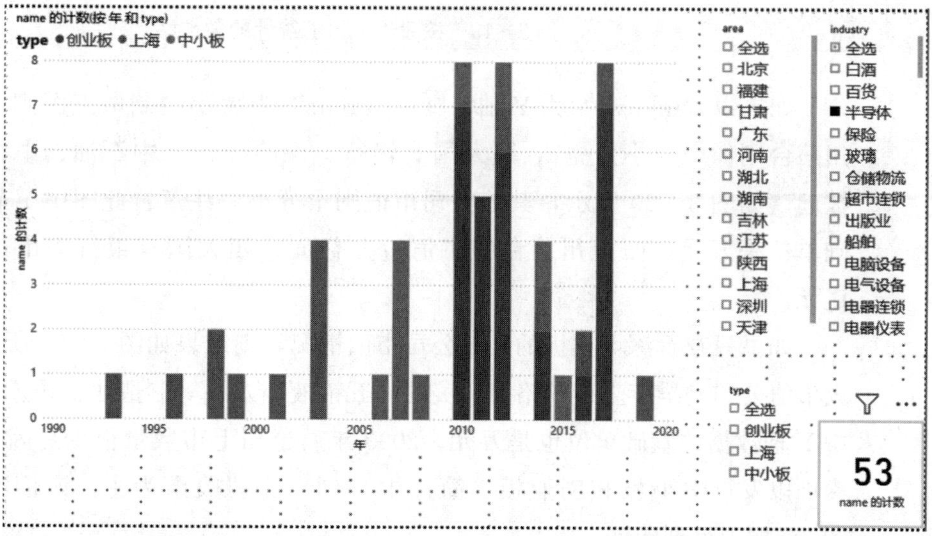

图3-18　半导体行业上市公司数量统计

3.3.2 散点图——按股价、市值统计

我们通过散点图对不同年度上市公司的市值进行可视化呈现。在操作之前需要选中可视化对象散点图，之后在“可视化”区下的“字段”标签中设置：图例为上市公司名称（name），*X* 轴为时间（年），*Y* 轴为股票价格（trade），圆点大小为市值（mktcap），如图 3－19 所示。可以看到，贵州茅台像个“大月亮”高高悬挂在空中，这表明其股价远远高于其他上市公司，四大国有银行虽然市值大，仍因其股价低而“淹没”于“月亮”之下的“茫茫大海”之中。

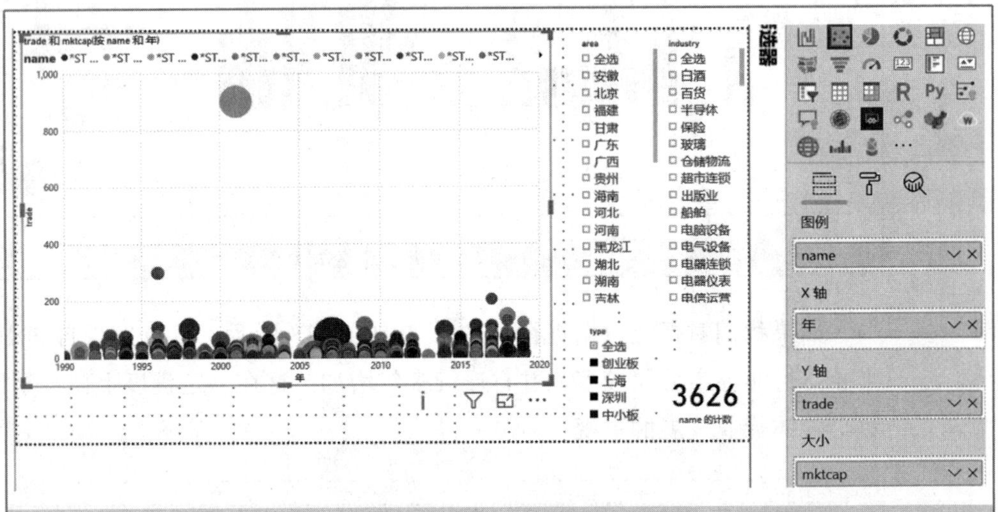

图 3－19 按股价、市值统计的散点图

如果以“mktcap”为 *Y* 轴、“net_profits”为大小绘制散点图则可以看到贵州茅台则像个“小月亮”，四大国有银行、保险公司、中石油、中石化都高高挂起，如图 3－20 所示，其他公司市值则十分小。注意：此图中 *Y* 轴数据的基础单位是万元，而贵州茅台的市值过万亿元，四大国有银行的市值达到几万亿元。

如果只查看深圳主板的上市公司市值情况，则结果如图 3－21 所示，主要的大市值公司是早年上市的格力、美的、五粮液、万科等制造业公司。注意：此图中 *Y* 轴数据的基础单位也是万元。2000 年后公司上市数量很少是因为以后年份深圳以发行中小板和创业板（简称中小创）公司股票为主，该情况也可以从图 3－16中得到印证。

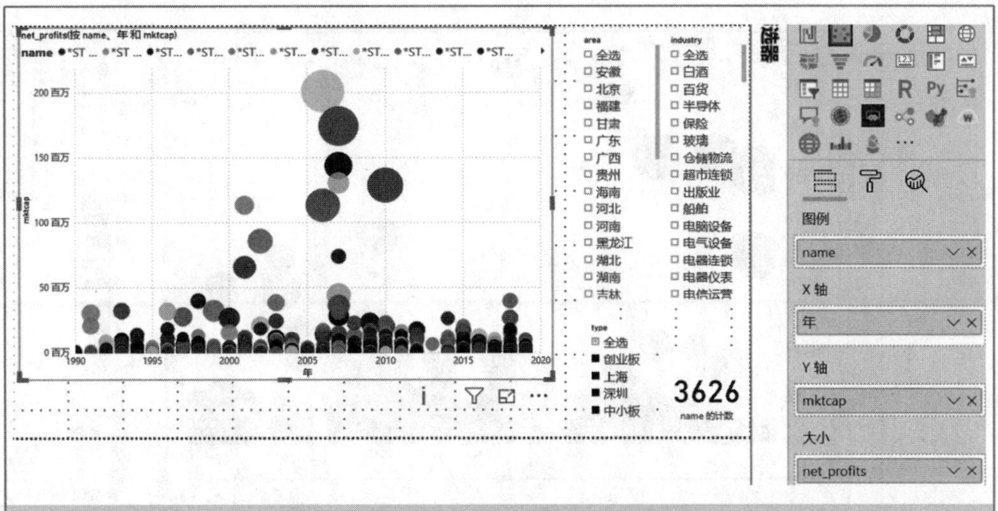

图 3-20　按市值、净利润统计的散点图

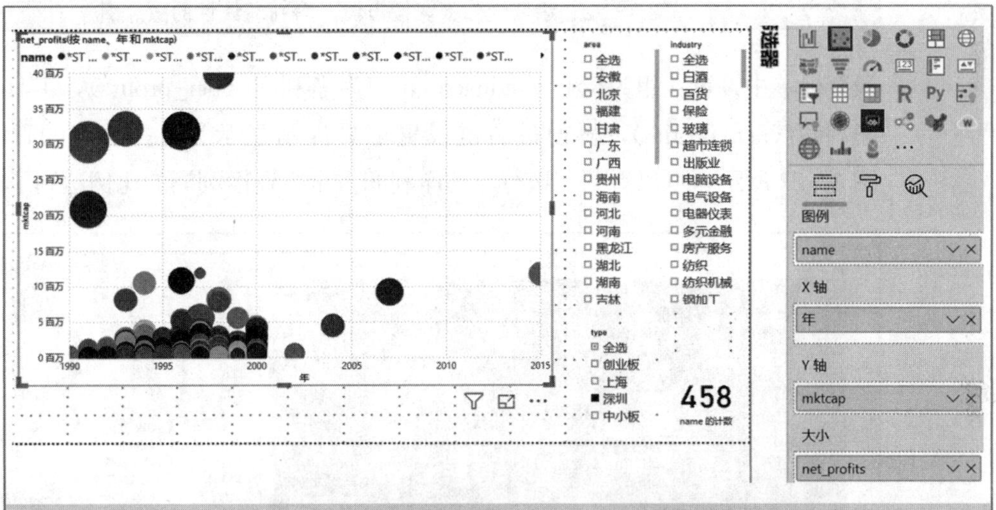

图 3-21　深圳主板按市值、净利润统计的散点图

如果查看深圳全部板块（含中小创）的上市公司市值情况，则结果如图 3-22 所示，主要的大市值公司有海康威视、温氏股份、洋河股份、招商蛇口等。注意：此图中有三个明显的阶段是暂停发行股票的时期，分别是 2001 年、2003 年和 2013 年，这与国家的宏观政策有关。四大国有银行、保险公司、中石油、中石化都未在图中呈现，说明它们是在上海主板上市。

3.3.3　树状图

为了分析不同行业上市公司的盈利情况，我们可以选择使用树状图，在“字

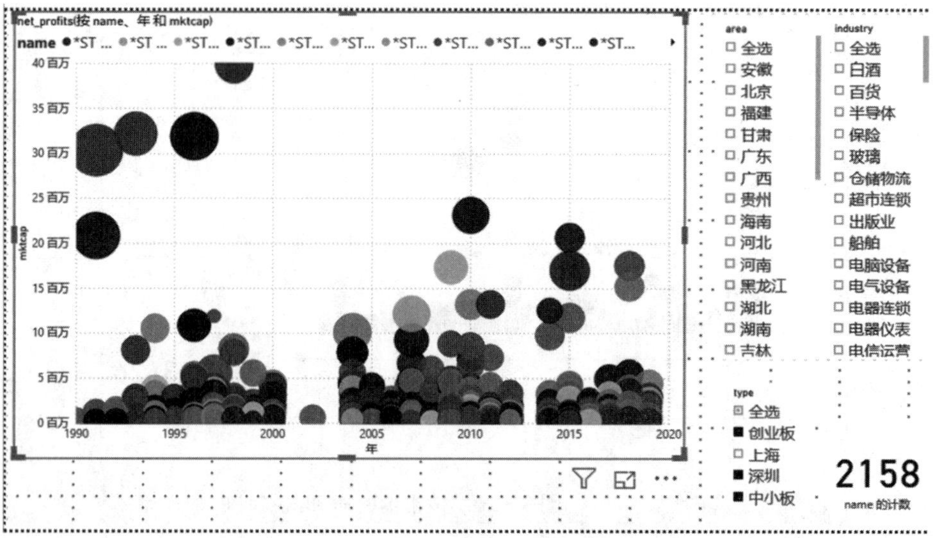

图 3-22　深圳全部板块按市值、净利润统计的散点图

段”标签中设置：组为行业（industry），值为净利润（net_profits），工具提示也为净利润（net_profits），再通过右键设置工具提示显示为：占总计的百分比，如图 3-23 所示，可以看到，银行业的净利润占全行业净利润的比例达到了 43.91%。

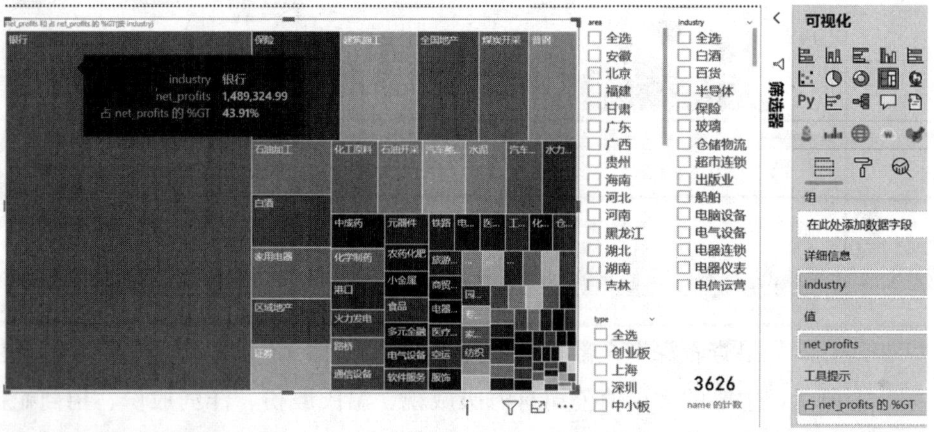

图 3-23　按行业的盈利情况统计的树状图

再查看总资产的行业分布情况，可以复制前面的树状图，在“字段”标签中设置：组为行业（industry）不变，将值改为总资产（totalAssets）。通过右键设置值显示为：占总计的百分比，再设置工具提示为总资产（totalAssets）、净利润（net_profits），如图 3-24 所示，可以看到银行业的总资产占全行业总资产的比例达到了 65.95%。

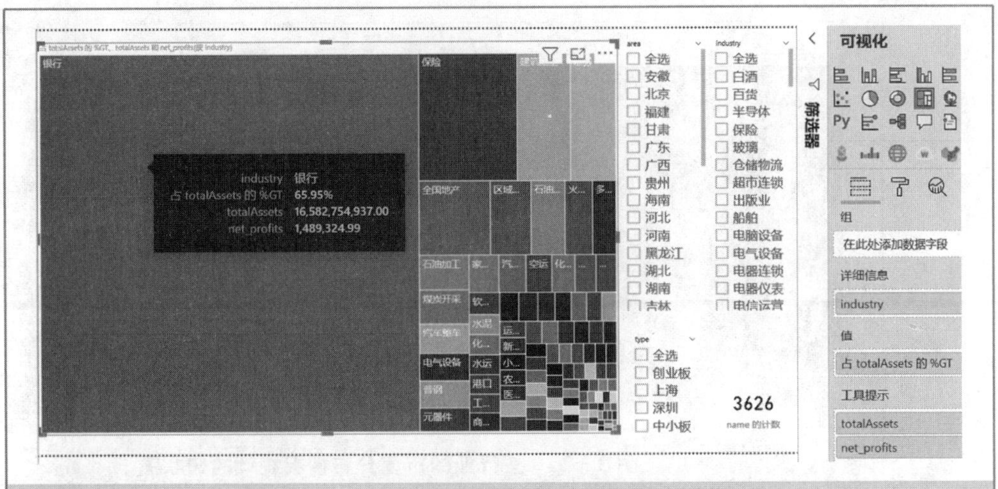

图 3-24　按行业的总资产分布情况统计的树状图

如果想查看更详细的行业内上市公司盈利情况，则可以在原树状图的基础上，在“字段”标签中设置：组为行业（industry）和公司名称（name），即下钻到上市公司名称（name）层，在“格式”区中调整数据标签，并调整文本大小为 12，如图 3-25 所示，可以看到工商银行、建设银行、农业银行合计占银行总资产的比例达到了 40%以上。

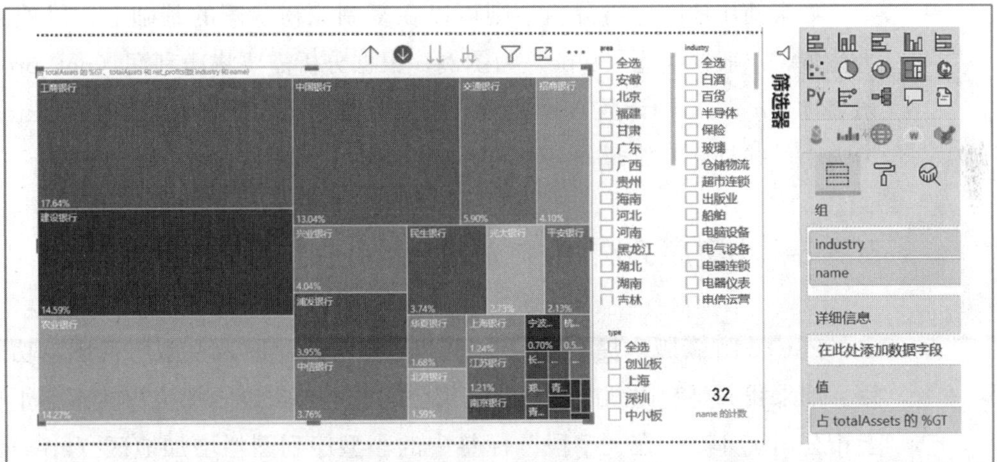

图 3-25　按银行业的总资产分布情况统计的树状图

如果想查看不同行业上市公司市值分布情况，则可以在原树状图的基础上，将值改为市值（mktcap），再通过右键设置值显示为：占总计的百分比，同时设置工具提示为市值（mktcap）、净利润（net_profits），如图 3-26 所示。可以看到银行业占全行业总市值的比例在 17.7%以上，结合其净利润和总资产占比，可以看出银行股估值不高，或部分被低估。

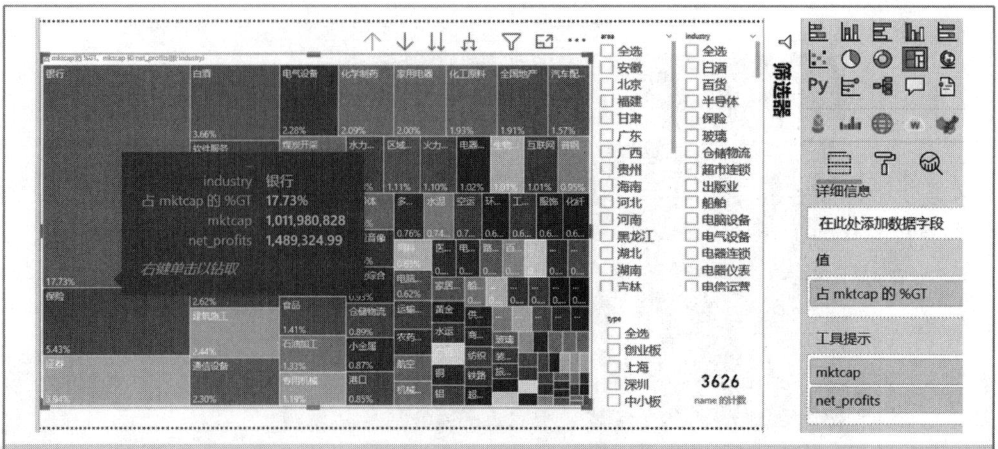

图 3-26　按行业的市值分布情况统计的树状图

当然，我们还可以按地区进行切片分析、按地区分行业进行下钻分析或按行业分地区进行下钻分析，这些操作都是十分轻松的，但按地区分析结果会更直观。

3.3.4　地图

如果使用地图进行分析，则可以在复制原树状图的基础上，以地区（area）为位置，以股票类型（type）为图例，根据分析需要将净利润（net_profits）、公司名称（name）的计数（分析不同地区上市公司的数量）、市值（mktcap）等作为大小，并打开缩放开关。

3.3.5　小型序列图

Power BI 新版本提供了一个可视化新功能，称为小型序列图，功能十分实用。如果我们要对比湖南、湖北上市公司的上市进度，那么直接复制上面做过的上市公司统计图，在“字段”标签中的小型序列图栏增加地区（area），然后再通过“格式”区的网络布局调整显示图形的格式为两行一列，即可得到图 3-27。可以发现总体而言湖北的上市公司比湖南多很多，只在 2017 年，湖南的上市公司比湖北明显多一些。

小型序列图最大的优点是 Y 轴可以一致，这样图形的可比性比较强。后面将介绍的信息图也有这个功能，且比小型序列图的功能更强大，但是信息图的该功能需要额外加载。

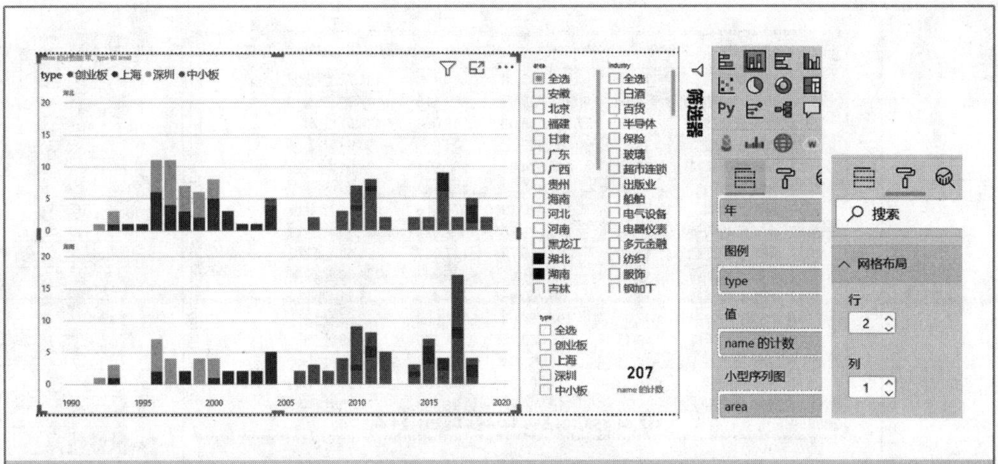

图 3-27　小型序列图

3.4　高级可视化分析

3.4.1　地图下钻

在上一节制作的地图的基础上，若想要进一步下钻分析，还需要建立一个明细表用于下钻明细数据呈现，再对地图上的统计值设置下钻功能，然后通过地图上的右键即可实现。

1. 创建下钻明细表

下钻明细表我们可以通过“可视化”区中的表功能，设置年、地区（area）、公司名称（name）、股票价格（trade）、总资产（totalAssets）、市值（mktcap）、净利润（net_profits）和股票类型（type），如图 3-28 所示。当然还可以根据需要设置数据格式以便更清晰地呈现结果。

2. 设置下钻统计项

为了使明细表与地图之间建立联系，我们在“字段”窗格区的数据表中选中公司名称（name）字段，使用右键快捷菜单中的“添加到钻取”，如图 3-29 所示。同时，将允许钻取的类型设置为“已汇总”，如图 3-30 所示，就可以对特定地区的上市公司明细表进行下钻了。

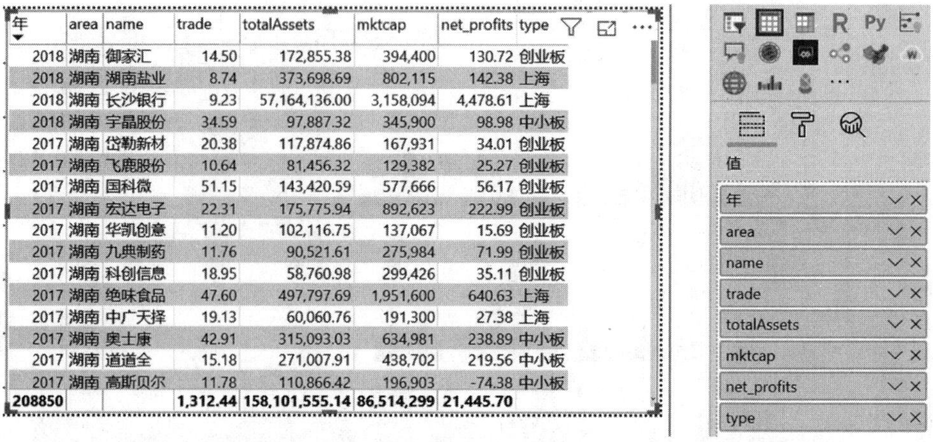

年	area	name	trade	totalAssets	mktcap	net_profits	type
2018	湖南	御家汇	14.50	172,855.38	394,400	130.72	创业板
2018	湖南	湖南盐业	8.74	373,698.69	802,115	142.38	上海
2018	湖南	长沙银行	9.23	57,164,136.00	3,158,094	4,478.61	上海
2018	湖南	宇晶股份	34.59	97,887.32	345,900	98.98	中小板
2017	湖南	岱勒新材	20.38	117,874.86	167,931	34.01	创业板
2017	湖南	飞鹿股份	10.64	81,456.32	129,382	25.27	创业板
2017	湖南	国科微	51.15	143,420.59	577,666	56.17	创业板
2017	湖南	宏达电子	22.31	175,775.94	892,623	222.99	创业板
2017	湖南	华凯创意	11.20	102,116.75	137,067	15.69	创业板
2017	湖南	九典制药	11.76	90,521.61	275,984	71.99	创业板
2017	湖南	科创信息	18.95	58,760.98	299,426	35.11	创业板
2017	湖南	绝味食品	47.60	497,797.69	1,951,600	640.63	上海
2017	湖南	中广天择	19.13	60,060.76	191,300	27.38	上海
2017	湖南	奥士康	42.91	315,093.03	634,981	238.89	中小板
2017	湖南	道道全	15.18	271,007.91	438,702	219.56	中小板
2017	湖南	高斯贝尔	11.78	110,866.42	196,903	-74.38	中小板
208850			1,312.44	158,101,555.14	86,514,299	21,445.70	

图 3-28　下钻明细表

图 3-29　设置下钻

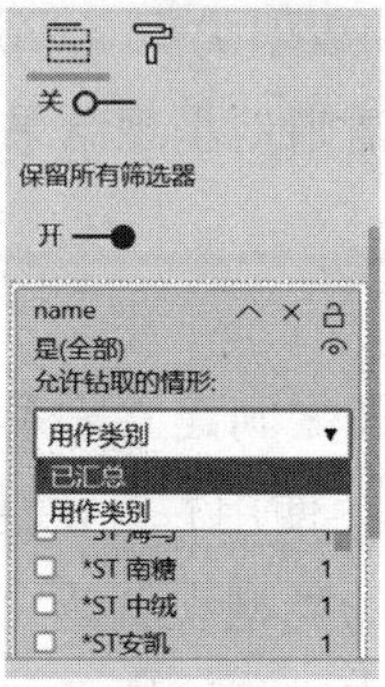

图 3-30　设置下钻项目可汇总

3. 地图下钻

例如，在按地区统计盈利分布情况的地图中，选中某一具体地区，通过右键菜单的下钻选项，即可跳转到明细表。

3.4.2　文字云

文字云也是一种常见的高级可视化形式，可以直接通过“可视化”区下面的“获取更多视觉对象”，查找 word cloud（文字云），然后直接加载即可。

在可视化工具栏中出现文字云图标后，再点击文字云的“W”图标，设置：类别为公司名称（name），值为净利润（net_profits），则可获得不同公司的净利润状况。如果想进一步查看电力行业的盈利情况，我们可以对行业进行筛选，选取“火力发电”“水力发电”“新型电力”，即可得到如图 3－31 所示的结果。很明显，长江电力盈利能力非常强，后面我们会分析的川投能源和国投电力也在其中。

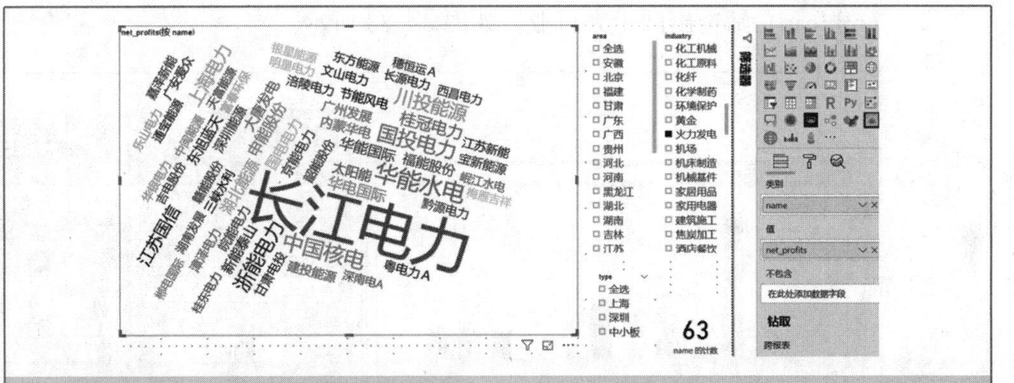

图 3－31　电力行业公司盈利情况

如果想进一步查看各地区的上市公司盈利情况，可以对地区进行筛选。选取“湖南”，即可得到如图 3－32 所示的结果。可以看出，华菱钢铁是湖南盈利能力最强的上市公司。

3.4.3　信息图

由于在信息图（infographic designer）中可同时显示多张图，且 Y 轴坐标刻度一致，故其可视化对比效果很好。制作信息图时，可以在复制原有文字云的基础上，先在“可视化”区下的“获取更多视觉对象”加载信息图，选中画布中的

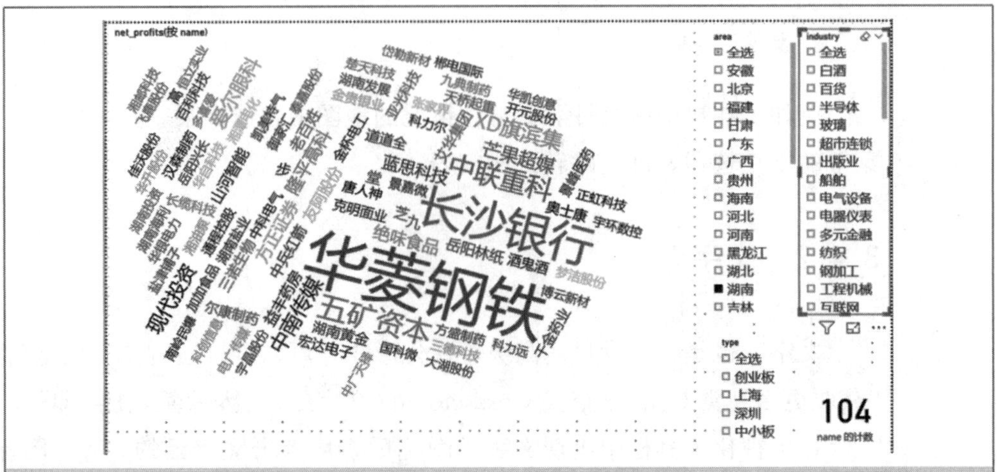

图 3-32　湖南上市公司盈利情况

对象后，点击“可视化”工具栏中的信息图图标。若要对湖南和其竞争对手之一湖北进行比较分析，以行业（industry）作为图例，按照上市公司市值（mktcap）进行度量，以地区（area）为行，但由于行业过多，为了更加清晰明了地比较两个省份主要行业的发展状况，我们可以通过视觉筛选器，按上市公司市值（mktcap）筛选出前十大行业，如图 3-33 所示。

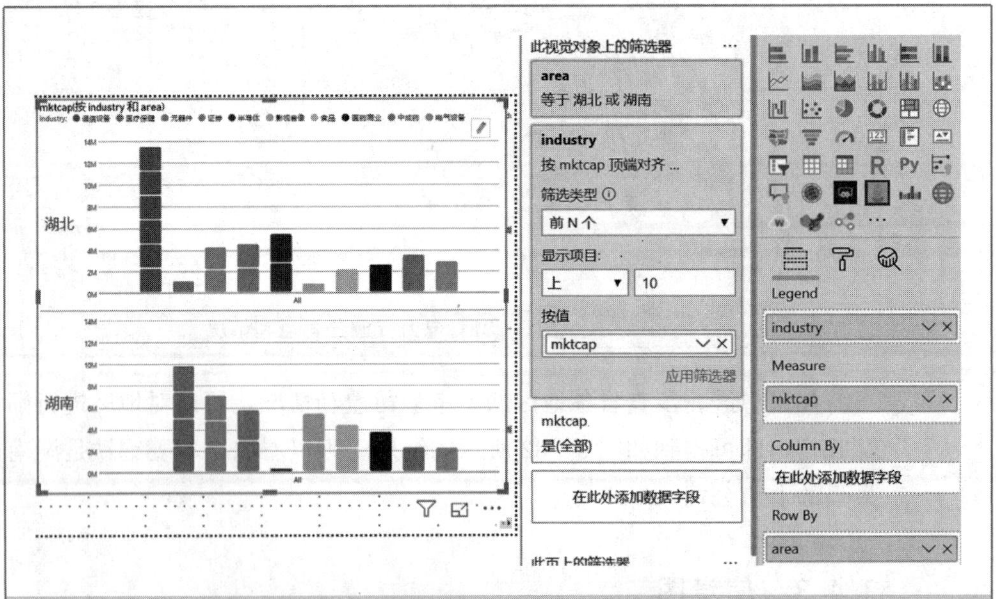

图 3-33　按上市公司市值对比湖南、湖北前十大行业

同理，也可以根据行业进行比较，即以行业（industry）为行，以地区（area）为图例，选择具有可比性的行业，如互联网和半导体行业进行对比分析，读者可自行尝试完成。

为了进一步呈现更形象的视觉效果，我们还可以运用个性化的图示标识：点击信息图右上角的铅笔（edit mark）标志（见图 3 - 33），选择合适的图形，选择商业科技类别下的硬币符号，并打开多单元开关即可，如图 3 - 34 所示。感兴趣的读者还可以加载自己喜欢的图形作为个性化图形的素材。

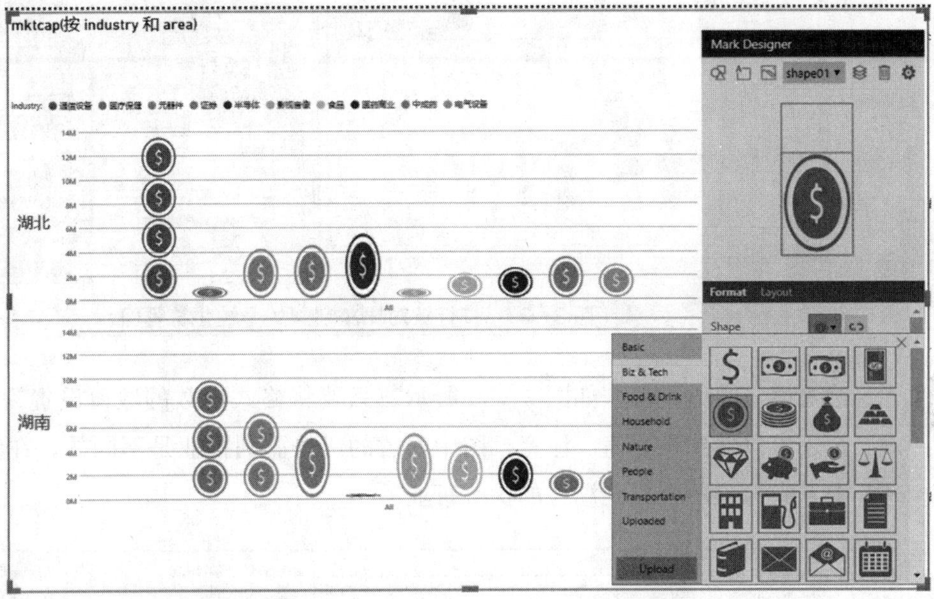

图 3 - 34　按行业对比市值的个性化符号图

如果将统计内容改为净利润（net_profits），则湖南、湖北的盈利行业几乎没有太多交集，如图 3 - 35 所示。在比较市值排名前十的盈利情况时，可以看出湖南大市值公司的业绩普遍比湖北差。

3.4.4　差异分析图

差异分析图很适合对计划与实际的执行情况进行可视化呈现，可以同时呈现两者的绝对值、相对值、差额，还可以同时显示多张多维度的图形。

与前面类似，我们可以通过"可视化"区下面的"获取更多视觉对象"加载自定义视觉对象差异分析图（ultimate variance）。选中画布中的对象后，点击"可视化"工具栏中的差异分析图图标。以湖南、湖北为例，鉴于市场估值通常要参考上市企业的销售情况（销售额），故我们以上市公司市值（mktcap）为参考，以上市公司销售额（business_income）为值，选择盈利能力强的前五个行业，这样不仅可以直观形象地看到销售额与市值的柱状图对比，还可以看到两个

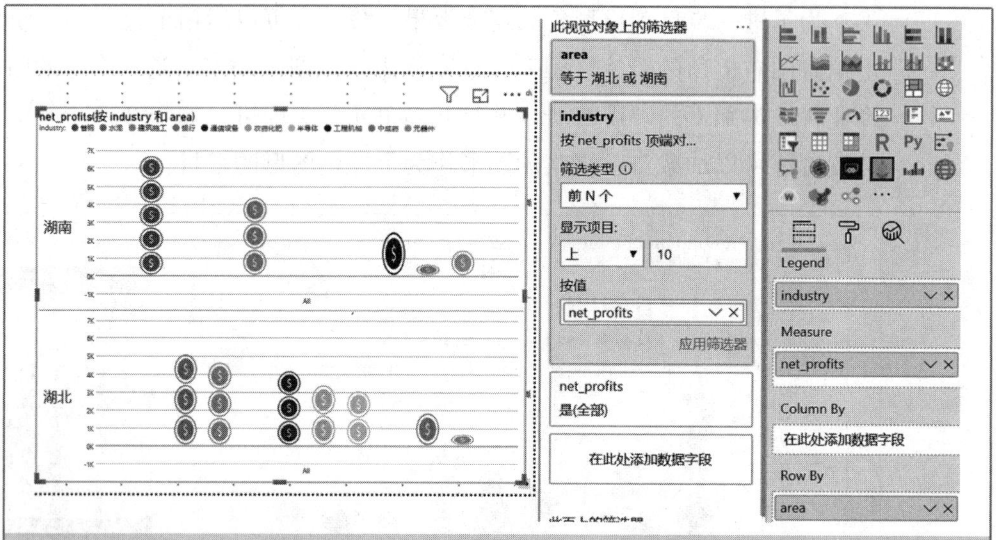

图 3－35 按行业对比净利润的个性化符号图

绝对值之间的差额，如图 3－36 所示。只要将格式参数的数值设置为 3，我们甚至还可以看到相对值。注意：图中两省的优势盈利行业是不同的，在湖北的数据上，光标提示会看到湖北的优势行业。

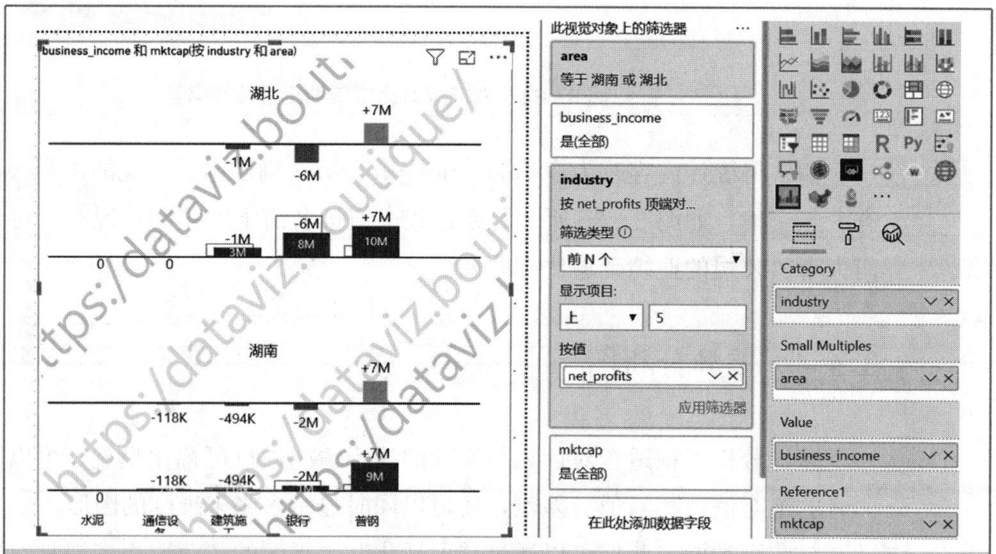

图 3－36 差异化分析图

同理，根据分析需要，我们还可以对同一行业的多家竞争公司进行分析（如工程机械行业的三一重工、中联重科和徐工机械），读者可以自行尝试。

以上文字云、信息图、差异分析图是较为常见的高级可视化分析工具，它们可以帮助业务人员、财务分析者、公司决策者和外部投资者直观形象地了解行业和企业的财务状况，有效辅助决策。

3.4.5 多维动态展示

本小节将展示如何通过按钮切换不同的统计规则，从而呈现不同的图形，而不需要使用者反复拖动底层数据的相关字段。主要有两种方法：一是通过按钮加书签功能进行联动设置，但操作比较麻烦；二是用参数表加切片器来实现。我们选择第二种方法。

首先准备一个简单的参数表，参数表的内容很简单，只有类别和序号两个字段，类别下面设置市值、总资产、收入、净利润和（上市公司）数量。通过系统菜单：主页/获取数据/Excel 工作簿，引入该参数表，如图 3-37 所示。

	A	B
1	类别	序号
2	市值	1
3	总资产	2
4	收入	3
5	净利润	4
6	数量	5

图 3-37 参数表

复制前面我们设置的树状图页面，在里面添加一个切片器，将参数表中的类别拖入切片器，调整切片器内容显示方式为水平，方法是在“可视化”区下的“格式”中设置：常规/方向，再选择“水平”即可。

接下来利用该参数表构造一个度量值，即“维度度量值”，通过度量值中的 SELECTEDVALUE 函数判断切片器中哪一个类别被选择了，再通过 SWITCH 函数动态变换显示不同的数据字段。维度度量值公式如下：

```
维度度量值=SWITCH(SELECTEDVALUE('参数表'[类别]),
            "市值",sum('stock'[mktcap]),
            "总资产",sum('stock'[totalAssets]),
            "收入",sum('stock'[business_income]),
            "净利润",sum('stock'[net_profits]),
            "数量", COUNT('stock'[name]))
```

SWITCH 函数是一个条件分支语句。SELECTEDVALUE 函数也比较简单，它会返回一个唯一的值，这里是返回切片器中被选中的某类别的单项，如净利润、市值等。

准备好维度度量值以后，我们再选择树状图，对接“字段”区域下面的值栏目进行替换，将“维度度量值”放到值栏目下面，如图 3-38 所示。可以看到，按净利润对白酒行业进行统计时，贵州白酒净利润占了全国白酒净利润的半壁江山，很显然，这得益于众所周知的贵州茅台的贡献，后面我们会进一步对贵州茅台进行详细分析。

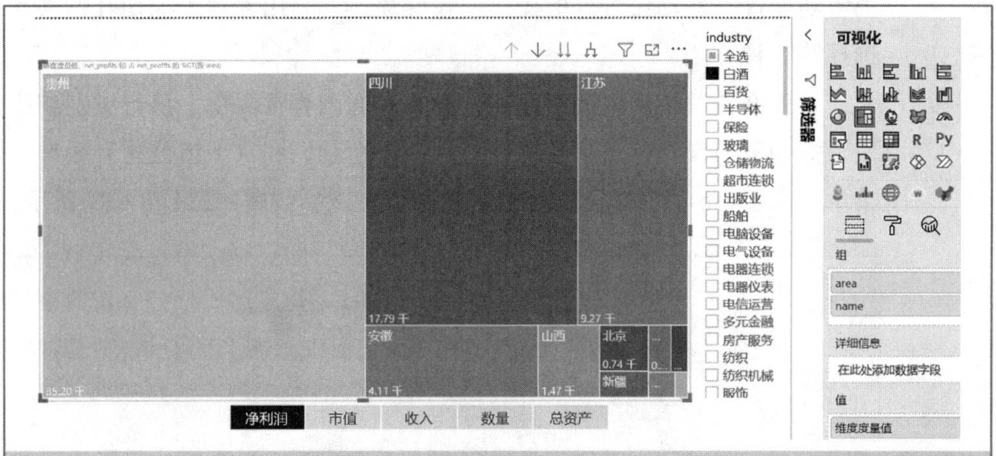

图 3-38　白酒行业的盈利分布

第 3 章图片汇总

第4章 两家公司财务报表对比分析

4.1 案例资料准备

4.2 数据采集和格式整理

4.3 建模

4.4 纵向报表分析

4.5 横向报表分析

4.1 案例资料准备

在前面章节我们分析了上市公司的整体情况，也学习了 Power BI 的一些基本功能，本章我们将使用已学知识对两家公司的财务报表进行对比分析。我们能很方便地从网络媒体上下载上市公司的财务报表，但是如果要对两家或多家公司的财务报表进行系统比较，就需要制作一个模型，对两家或多家公司的数据进行快速的可视化比较分析，这就是本章期望达到的效果。

4.1.1 下载报表数据

为了实现这个目标，我们首先在网络上下载两家公司的三大报表：资产负债表、利润表和现金流量表，下载的地址我们选择新浪财经网（https://finance.sina.com.cn/），因为该网站上的财务报告相对比较完整，如图 4－1 所示。

图 4－1 新浪财经下载界面

每张报表的最底下有一行“下载全部历史数据到 Excel 中”，点击此按钮，即可将数据下载到本地计算机，我们依次下载三一重工和中联重科的六张报表数据，存放到一个相同的子目录，如图 4－2 所示。下载以后的报表格式如图 4－1 所示都是二维表，第一列是项目，其他列是不同时间（季度）的数据，金额计量单位是“元”。注意：如果下载的报表格式是 Excel 老版本，我们要把它另存为新版本，否则在后面进行文件夹数据合并时会报错。

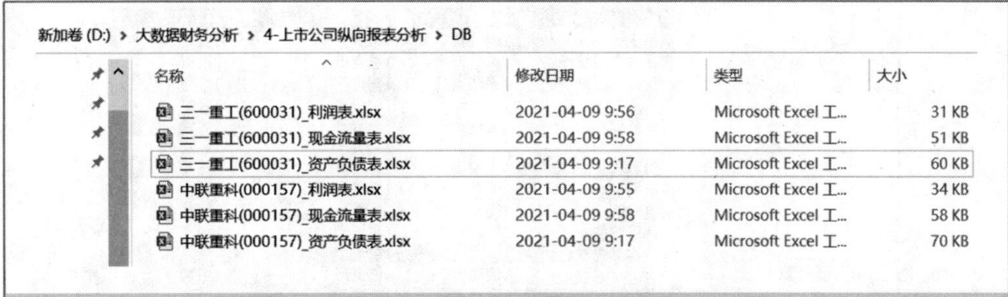

图 4－2　三一重工和中联重科的六张报表数据

4.1.2　报表框架准备

为了方便显示报表的层次结构，我们像在第 2 章一样建立了三个框架表，只是内容更加丰富和真实，资产负债表框架的内容如图 4－3 所示。项目、项目分类和项目大类是资产负债表的传统层次结构，项目分类 2 是按管理会计的口径，将资产负债表左边的资产项目分为经营资产和投资资产。注意：此处的投资资产包括常见的金融性资产，不再分为投资和理财，同时我们还要注意新浪财经报表中并没有体现最新的会计制度中的金融性资产，比如，其他权益工具投资。项目分类 2 将资产负债表右边的负债和所有者权益项目分为经营性负债、金融性负债、股东投入、留剩资源和少数股东权益。这样，我们就可以看到两种格式的资产负债表：财务会计资产负债表和管理会计资产负债表，便于我们分析企业的经营战略和盈利模式。

另外，因为下载的报表格式并没有科目编码和现金流编码，因此我们这里的框架表也没有使用编码，而是直接通过项目名称（文字）进行比对。报表中的项目名称是基于新浪财经下载的数据经计算机整理出来的，且三个框架表都是如此，目的是确保数据可以通过项目名称进行匹配，因此报表中的项目名称不能随便改动。

图 4－4 所示的是利润表框架，其非常简单，原因是现成的利润表中有我们所需的数据，因此就没有必要再设置关于利润的字段，我们只按管理会计利润表口径添加了一个项目分类，以统计收入、成本、费用和利润等。

图 4－4 中体现了营业收入、投资收益、营业外收入，即收入的三大支柱。同样值得注意的是，我们不能够随意改动项目名称，否则会影响后面的数据关联。比如，表中的营业税金及附加，实际中已改成税金及附加，但这里暂且不能改。另外，即使发现报表项目中不存在其他收益，我们也不能再增加，这说明新浪财经上的报表数据还是有缺失的。

项目	项目分类	项目大类	项目分类2
货币资金	1流动资产	1总资产	1经营
交易性金融资产	1流动资产	1总资产	2投资
衍生金融资产	1流动资产	1总资产	1经营
应收票据	1流动资产	1总资产	1经营
应收账款	1流动资产	1总资产	1经营
应收款项融资	1流动资产	1总资产	1经营
预付款项	1流动资产	1总资产	1经营
应收利息	1流动资产	1总资产	1经营
应收股利	1流动资产	1总资产	1经营
其他应收款	1流动资产	1总资产	1经营
买入返售金融资产	1流动资产	1总资产	1经营
存货	1流动资产	1总资产	1经营
划分为持有待售的资产	1流动资产	1总资产	1经营
一年内到期的非流动资	1流动资产	1总资产	1经营
待摊费用	1流动资产	1总资产	1经营
待处理流动资产损益	1流动资产	1总资产	1经营
其他流动资产	1流动资产	1总资产	1经营
发放贷款及垫款	2非流动资产	1总资产	1经营
可供出售金融资产	2非流动资产	1总资产	2投资
持有至到期投资	2非流动资产	1总资产	2投资
长期应收款	2非流动资产	1总资产	1经营
长期股权投资	2非流动资产	1总资产	2投资
投资性房地产	2非流动资产	1总资产	1经营
在建工程	2非流动资产	1总资产	1经营
工程物资	2非流动资产	1总资产	1经营
固定资产净额	2非流动资产	1总资产	1经营
固定资产清理	2非流动资产	1总资产	1经营
生产性生物资产	2非流动资产	1总资产	1经营
公益性生物资产	2非流动资产	1总资产	1经营
油气资产	2非流动资产	1总资产	1经营
使用权资产	2非流动资产	1总资产	1经营
无形资产	2非流动资产	1总资产	1经营
开发支出	2非流动资产	1总资产	1经营
商誉	2非流动资产	1总资产	1经营
长期待摊费用	2非流动资产	1总资产	1经营
递延所得税资产	2非流动资产	1总资产	1经营
其他非流动资产	2非流动资产	1总资产	1经营
短期借款	3流动负债	2负债和所有者权益	2金融性负债
交易性金融负债	3流动负债	2负债和所有者权益	1经营性负债
应付票据	3流动负债	2负债和所有者权益	1经营性负债
应付账款	3流动负债	2负债和所有者权益	1经营性负债
预收款项	3流动负债	2负债和所有者权益	1经营性负债
应付手续费及佣金	3流动负债	2负债和所有者权益	1经营性负债
应付职工薪酬	3流动负债	2负债和所有者权益	1经营性负债
应交税费	3流动负债	2负债和所有者权益	1经营性负债
应付利息	3流动负债	2负债和所有者权益	1经营性负债
应付股利	3流动负债	2负债和所有者权益	1经营性负债
其他应付款	3流动负债	2负债和所有者权益	1经营性负债
预提费用	3流动负债	2负债和所有者权益	1经营性负债
一年内的递延收益	3流动负债	2负债和所有者权益	1经营性负债
应付短期债券	3流动负债	2负债和所有者权益	2金融性负债
一年内到期的非流动负	3流动负债	2负债和所有者权益	1经营性负债
其他流动负债	3流动负债	2负债和所有者权益	1经营性负债
长期借款	4非流动负债	2负债和所有者权益	2金融性负债
应付债券	4非流动负债	2负债和所有者权益	2金融性负债
租赁负债	4非流动负债	2负债和所有者权益	1经营性负债
长期应付职工薪酬	4非流动负债	2负债和所有者权益	1经营性负债
长期应付款	4非流动负债	2负债和所有者权益	1经营性负债
专项应付款	4非流动负债	2负债和所有者权益	1经营性负债
预计非流动负债	4非流动负债	2负债和所有者权益	1经营性负债
递延所得税负债	4非流动负债	2负债和所有者权益	1经营性负债
长期递延收益	4非流动负债	2负债和所有者权益	1经营性负债
其他非流动负债	4非流动负债	2负债和所有者权益	1经营性负债
实收资本(或股本)	5所有者权益	2负债和所有者权益	3股东投入
资本公积	5所有者权益	2负债和所有者权益	3股东投入
减：库存股	5所有者权益	2负债和所有者权益	4留剩资源
其他综合收益	5所有者权益	2负债和所有者权益	4留剩资源
专项储备	5所有者权益	2负债和所有者权益	4留剩资源
盈余公积	5所有者权益	2负债和所有者权益	4留剩资源
一般风险准备	5所有者权益	2负债和所有者权益	4留剩资源
未分配利润	5所有者权益	2负债和所有者权益	4留剩资源
少数股东权益	5所有者权益	2负债和所有者权益	5少数股东权益

图 4-3　资产负债表框架

	项目	项目分类
2	营业收入	1.收入
3	营业成本	2.成本
4	营业税金及附加	5.税金
5	销售费用	3.费用
6	管理费用	3.费用
7	财务费用	3.费用
8	研发费用	3.费用
9	资产减值损失	4.其他
10	公允价值变动收益	1.收入
11	投资收益	1.收入
12	汇兑收益	4.其他
13	加:营业外收入	1.收入
14	减:营业外支出	4.其他
15	减:所得税费用	5.税金
16	五、净利润	6.利润
17	七、其他综合收益	6.利润

图 4-4 利润表框架

现金流量表框架我们未做太多改动,主要包括项目、现流小类(现金流量的小类)和现流大类(现金流量的大类)三个层次,同样因为没有计算需求,也不需要设置现流方向。现金流量项目名称很多,包括 22 项,基本上覆盖了全部内容,具体如图 4-5 所示。

	项目	现流小类	现流大类
2	销售商品、提供劳务收到的现金	1.1 经营活动现金流入	1.经营活动产生的现金流量净额
3	收到的税费返还	1.1 经营活动现金流入	1.经营活动产生的现金流量净额
4	收到的其他与经营活动有关的现金	1.1 经营活动现金流入	1.经营活动产生的现金流量净额
5	购买商品、接受劳务支付的现金	1.2 经营活动现金流出	1.经营活动产生的现金流量净额
6	支付给职工以及为职工支付的现金	1.2 经营活动现金流出	1.经营活动产生的现金流量净额
7	支付的各项税费	1.2 经营活动现金流出	1.经营活动产生的现金流量净额
8	支付的其他与经营活动有关的现金	1.2 经营活动现金流出	1.经营活动产生的现金流量净额
9	收回投资所收到的现金	2.1 投资活动现金流入	2.投资活动产生的现金流量净额
10	取得投资收益所收到的现金	2.1 投资活动现金流入	2.投资活动产生的现金流量净额
11	处置固定资产、无形资产和其他长期资产所收	2.1 投资活动现金流入	2.投资活动产生的现金流量净额
12	处置子公司及其他营业单位收到的现金净额	2.1 投资活动现金流入	2.投资活动产生的现金流量净额
13	购建固定资产、无形资产和其他长期资产所支	2.2 投资活动现金流出	2.投资活动产生的现金流量净额
14	投资所支付的现金	2.2 投资活动现金流出	2.投资活动产生的现金流量净额
15	取得子公司及其他营业单位支付的现金净额	2.2 投资活动现金流出	2.投资活动产生的现金流量净额
16	支付的其他与投资活动有关的现金	2.2 投资活动现金流出	2.投资活动产生的现金流量净额
17	吸收投资收到的现金	3.1 筹资活动现金流入	3.筹资活动产生的现金流量净额
18	取得借款收到的现金	3.1 筹资活动现金流入	3.筹资活动产生的现金流量净额
19	发行债券收到的现金	3.1 筹资活动现金流入	3.筹资活动产生的现金流量净额
20	收到其他与筹资活动有关的现金	3.1 筹资活动现金流入	3.筹资活动产生的现金流量净额
21	偿还债务支付的现金	3.2 筹资活动现金流出	3.筹资活动产生的现金流量净额
22	分配股利、利润或偿付利息所支付的现金	3.2 筹资活动现金流出	3.筹资活动产生的现金流量净额
23	支付其他与筹资活动有关的现金	3.2 筹资活动现金流出	3.筹资活动产生的现金流量净额

图 4-5 现金流量表框架

使用 Power BI 进行报表编制,主要包括三个步骤:数据采集和格式整理;建模;纵向报表分析。

4.2 数据采集和格式整理

4.2.1 数据采集

假定报表框架以及上市公司报表数据内容都已经准备好了，接下来要做的是数据采集，先对三张维度表进行采集，再一次性地对两家上市公司的六张报表数据进行采集。

对于上市公司报表数据的采集，我们采用了一种特殊的功能，即从目录中一次性汇总采集数据，Excel 2016 以前的版本没有该项功能，该功能在数据采集方面非常强大、实用、高效。

打开 Power BI，新建文件，通过系统菜单操作：主页/获取数据/Excel 工作簿，选取“报表框架”文件，再选取其中三个表格，即“利润表框架”“现金流量表框架”“资产负债表框架”，如图 4－6 所示。然后通过右下角的“转换数据”按钮进入 Power Query 界面。

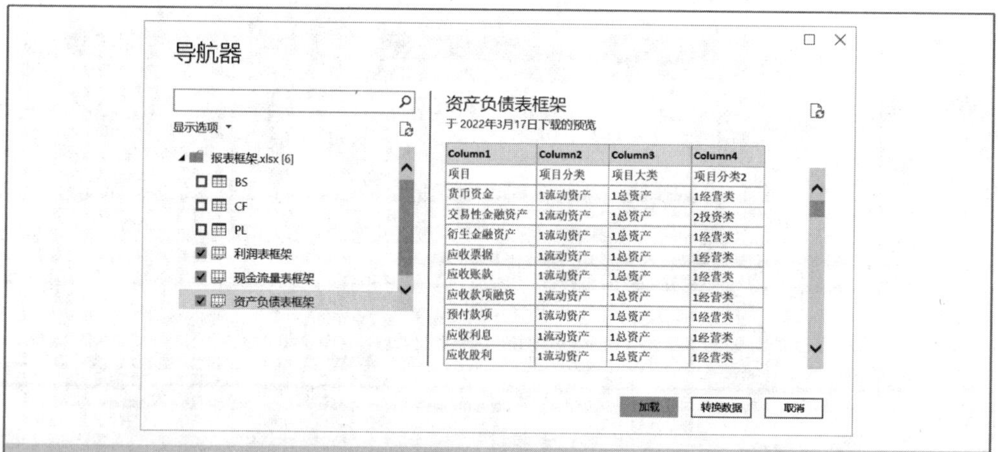

图 4－6 框架数据采集

在 Power Query 界面，继续采集报表数据，采集的路径是：新建源/更多/文件夹，再在“获取数据”窗口选择“文件夹”，如图 4－7 所示。

在“文件夹”窗口中通过“浏览”，可以选择报表数据的存放路径，如图 4－8 所示，点击“确定”，这时计算机会迅速识别目录下的所有文件，如图 4－9 所示。点击“合并并转换数据”，注意：如果点击“转换数据”，数据不会合并，只有点击“合并并转换数据”，数据才会合并。

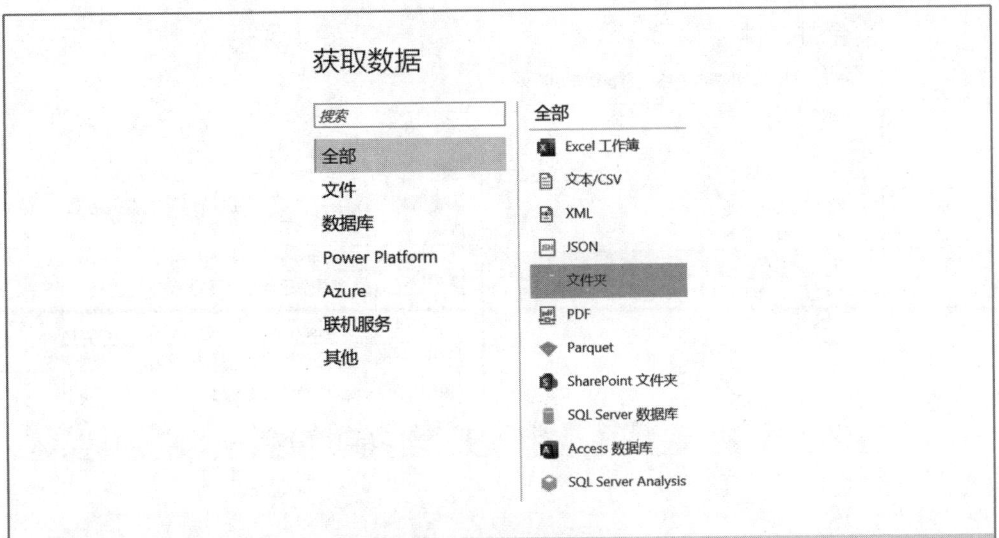

图 4-7　报表数据采集

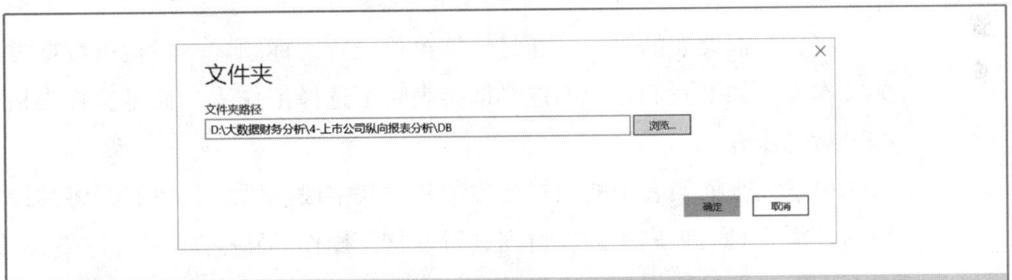

图 4-8　选择数据存放的子目录

D:\大数据财务分析\4-上市公司纵向报表分析\DB

Content	Name	Extension	Date accessed	Date modified	Date created	Attributes
Binary	三一重工(600031)_利润表.xlsx	.xlsx	2021-07-25 23:16:17	2021-04-09 9:56:26	2021-07-25 23:16:17	Record
Binary	三一重工(600031)_现金流量表.xlsx	.xlsx	2021-07-25 23:16:17	2021-04-09 9:58:49	2021-07-25 23:16:17	Record
Binary	三一重工(600031)_资产负债表.xlsx	.xlsx	2021-07-25 23:16:17	2021-04-09 9:17:27	2021-07-25 23:16:17	Record
Binary	中联重科(000157)_利润表.xlsx	.xlsx	2021-07-25 23:16:17	2021-04-09 9:55:58	2021-07-25 23:16:17	Record
Binary	中联重科(000157)_现金流量表.xlsx	.xlsx	2021-07-25 23:16:17	2021-04-09 9:58:09	2021-07-25 23:16:17	Record
Binary	中联重科(000157)_资产负债表.xlsx	.xlsx	2021-07-25 23:16:17	2021-04-09 9:17:49	2021-07-25 23:16:17	Record

图 4-9　子目录下的数据工作簿

在“合并文件”窗口中选择“参数 1”下面的“表 1”，如图 4-10 所示。注意：不能选择“三一重工（600031）_利润表”，否则不能汇总全部数据。原因是下载以后每张表都有一个缺省表格，名称为“表 1”，也就是第一个工作表中的表格，由此看来，进行文件合并必须要求是第一个工作表或者具有统一的表格名称。然后点击“确定”，进入主界面，这时我们发现六张报表的数据已经合并，系统自动将表名设为子目录名“DB”。

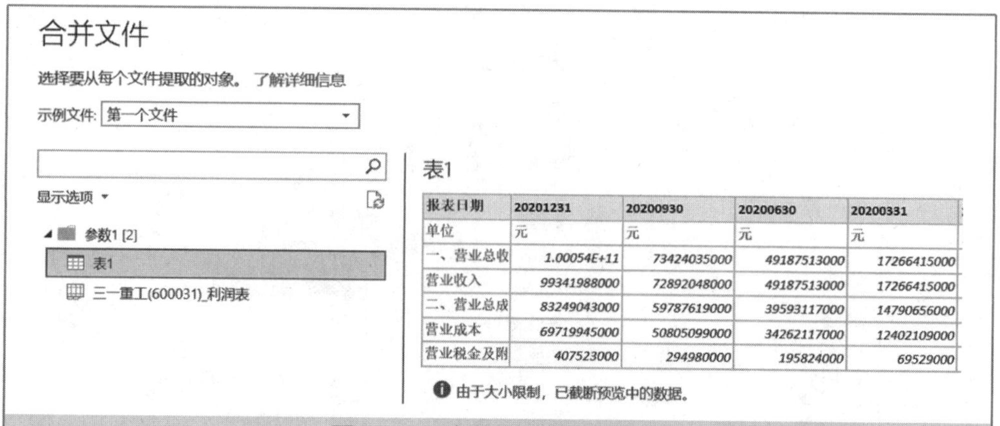

图 4 - 10　合并的工作表或表格

4.2.2　格式整理

将三张框架表的第一行通过快捷菜单设置为标题，然后检查数据类型是否均为文本型。如果我们在前面选择框架表时不选择工作表，而是选择表格名，就不需要做此步骤。

由于三张框架表中的项目名称都是关联字段，因此，我们在将其设置为标题以后，需要对三张表中的项目列进行修整，操作的路径为：转换/格式/修整。

下面我们对报表数据进行整理，因为每张报表的第一行都是计量“单位”和“元”，因此，应选择“报表日期”列，把带有“单位”的行筛掉，如图 4 - 11 所示。筛掉以后数据少了 6 行，只有 396 行了。

图 4 - 11　筛选掉单位行

接下来要进行一个非常重要的操作，就是把所有不同年月的报表数据列变成只有两列，一列月份，一列金额，该操作称为逆透视，也就是将二维表变成一维表，目的是便于计算机做多维统计分析。

选择报表数据中的第一列报表金额数据，按住 Shift 键不动，然后选择最后一列金额数据，这样可以实现同时选择多列数据，再操作系统菜单：转换/逆透视列，即可见如图 4－12 所示的结果。

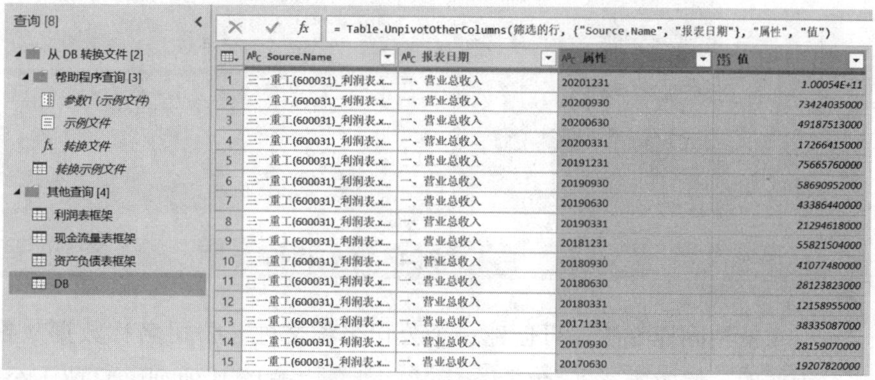

图 4－12　逆透视列

调整字段属性，将报表数据的“属性”列设置为日期格式，将“值”列设置为数值型格式。对“属性”列筛选 12 月的数据，也就是我们只分析年度数据。将第二列名称改为“项目”，并对该列数据进行修整。将第一列名称改为“公司名称”，然后对其下面的内容提取前 4 个字符，也就是只保留公司名称，最后的效果如图 4－13 所示。

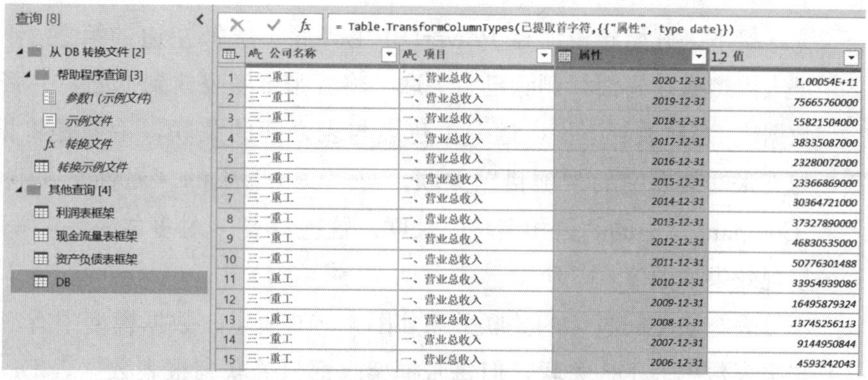

图 4－13　整理后的报表数据表

下面生成日期维度表，日期表数据从报表数据表 DB 中获取，通过报表数据表 DB 的快捷菜单，引用报表数据，将表名改为“Date”。再选中“属性”列，提取年份，并将数据类型改为文本型，删掉其他列。最后的效果如图 4－14 所示。

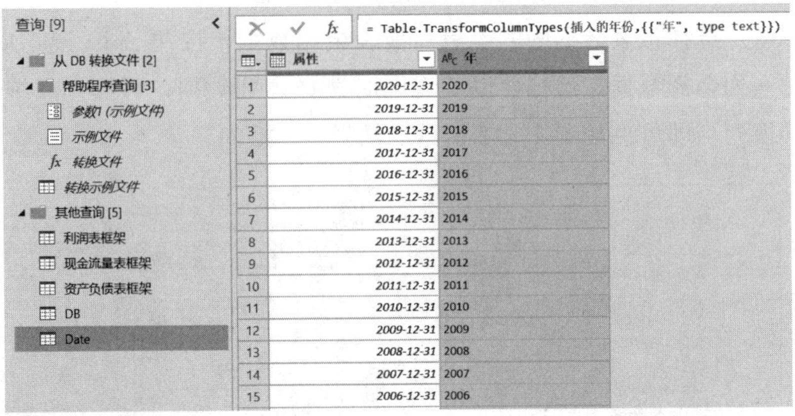

图 4-14 日期维度表

使用同样方法，可创建一个公司名称文件。公司名称数据从报表数据表 DB 中获取，修改表名为“Company”。然后，删除其他列，只留下公司名称，再对公司名称去重，删除重复行，具体操作是通过系统菜单：主页/删除行/删除重复项。

然后关闭应用，回归到 Power BI 主界面。具体操作是选择左上角系统菜单：文件/关闭应用。

4.3 建 模

接下来开始建模，在 Power BI 主界面，选择左边的第三个“模型”按钮，进入模型搭建界面，删除已有关联，将五张维度表放到上面，一张事实表（报表数据表 DB）放到下面，逐一重建表与表之间的关联，主要是将报表数据表 DB 与三张框架表中的“项目”关联，与“Date”中的“属性”关联，再与公司表“Company”中的“公司名称”关联。这些都是一对多的关系，模型建好以后的呈现效果如图 4-15 所示。

表与表之间具体的关联关系如图 4-16 所示。数据模型中有三张框架表，都与报表数据表 DB 关联，但每张框架表都只关联到报表数据表 DB 中的一部分报表项目，这种做法不太常见，也不是很容易想到，但是这样做的好处是报表数据结构非常精简。

为了使维度表项目层次结构简洁，我们还可以在模型建立以后，对框架表中的项目层次事先设置层次结构，并对部分不希望使用者看到的字段进行隐藏。

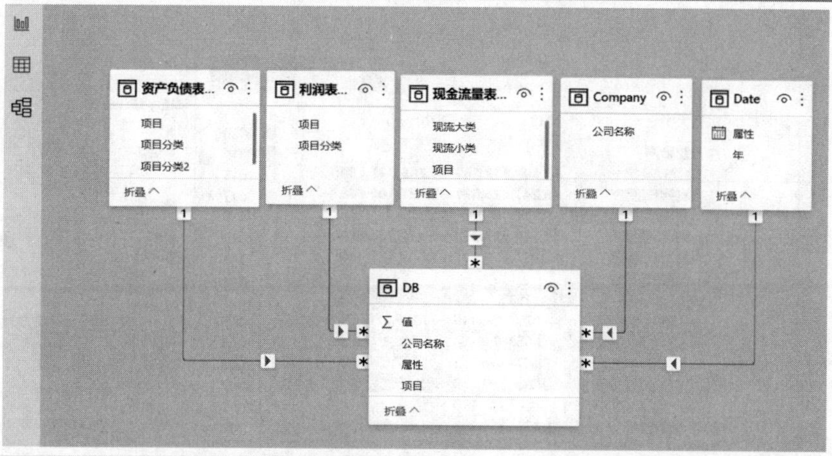

图 4-15　模型建立

管理关系

可用	从：表(列)	到：表(列)
☑	DB (公司名称)	Company (公司名称)
☑	DB (属性)	Date (属性)
☑	DB (项目)	利润表框架 (项目)
☑	DB (项目)	现金流量表框架 (项目)
☑	DB (项目)	资产负债表框架 (项目)

图 4-16　关联关系图

4.4　纵向报表分析

4.4.1　传统报表生成

建好模型，按左边的“报表”按钮，可以直接进入报表编制界面，通过“可视化”区中的“矩阵”，快速生成三大报表。

先生成资产负债表。选择“可视化”区中的“矩阵”，将右边资产负债表框架中的“项目大类”、“项目分类”和“项目”拖到“可视化”区下的行字段，将报表数据表中的“值”拖到“可视化”区下的值字段，如图 4-17 所示。通过筛选器设置“项目大类”为“不等于（空白）”，如果觉得字号太小，可以通过“可视化”区下面的“格式”选项，分别将行、列、值的字号设置为 16 或 18。资产负债表中只有两项，点击前面的加号，可以展开“项目大类”和“项目分类”。通过页面的快捷菜单中的“重命名页”，修改页面名称为“BS”。

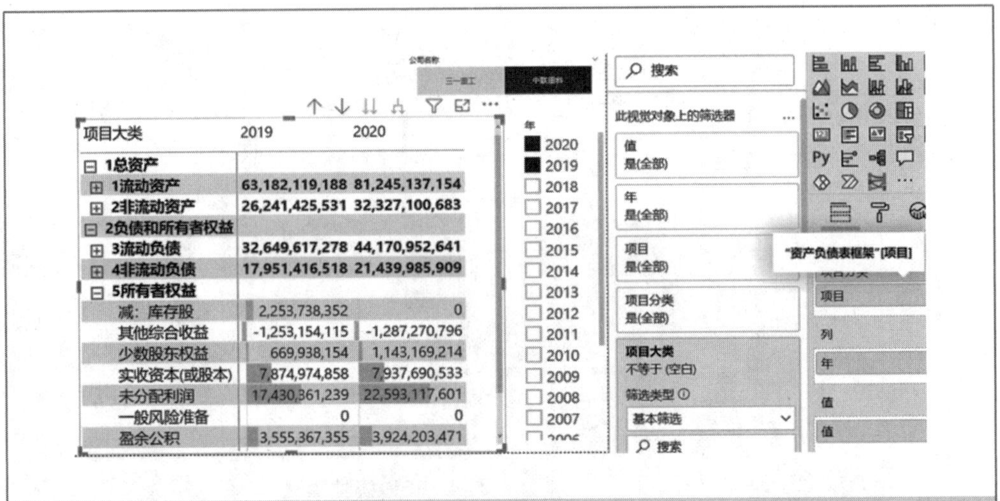

图 4-17　资产负债表设置

与第 2 章的报表编制不同，这里的期初、期末数据都是现成的，不需要通过度量值来计算。图中没有显示小计，主要是因为下载的报表项目可能不完整，重新累计以后，可能会有误差。

再生成利润表。为了节省调整格式的时间，我们可以复制资产负债表页面，将新生成的页面名称改为“PL”。选择画布中的矩阵表，将右边利润表框架中的“项目分类”和“项目”拖到“可视化”区下的行字段，删除原有行字段，将报表数据表中的“值”拖到“可视化”区下的值字段，删除原有值字段，如图 4-18 所示。删除原有项目大类筛选条件，重新设置项目分类筛选条件为“不等于（空白）”，点击项目分类前面的加号，展开收入、费用项目。

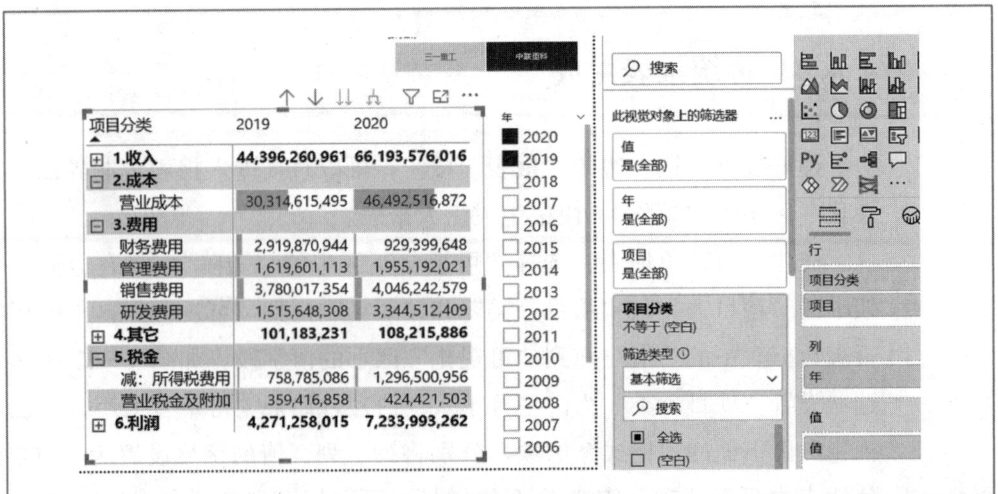

图 4-18　利润表设置

接下来，再生成现金流量表。通过快捷菜单复制已有的利润表页面，再将复制后的页面名称改为“CF”。如图 4-19 所示，选择最右边的现金流量框架表，将“现流大类”“现流小类”“项目”替换行字段中原有的“项目分类”和“项目”，删除筛选器中原有项目分类选项，重新设置现流分类的筛选条件为“不等于（空白）”，现金流量表即可生成。

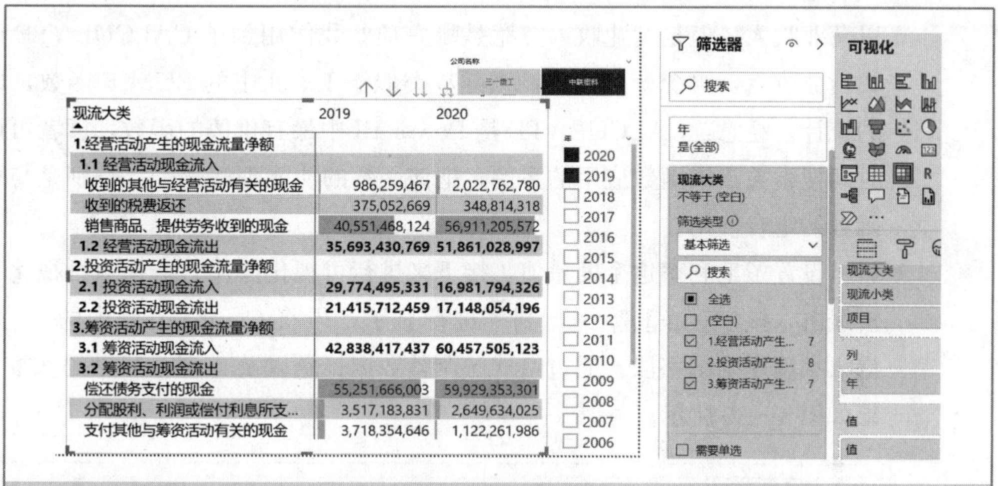

图 4-19　现金流量表设置

此处报表格式的实现与第 2 章所述内容类似，且不需要考虑内部数据的计算，但这种方法一个最大的不足之处是不能体现大数据分析思维，在报表层面不能再下钻到凭证层面，即发现问题不能马上通过下钻功能查找可疑的凭证，无法实现一钻到底的穿透式分析。

4.4.2　报表可视化分析

报表数据出来以后，除了可以用表格形式展示外，也可以用可视化图形展示。下面做几个简单实用的可视化分析。为了确定某行业是否有周期性，我们先分析利润表，通过收入、毛利率、净利率、净资产回报率查看是否体现出行业周期性。

1. 利润表可视化

我们想先看与利润表相关的毛利率，因为报表数据中没有毛利率这一项，因此首先要通过新建度量值设置一个毛利率度量值，选中右边的报表数据文件，然后再通过系统菜单操作：模型/新建度量值，计算公式如下：

```
毛利率=DIVIDE(CALCULATE(sum('DB'[值]),'DB'[项目]
    ="营业收入")-CALCULATE(sum('DB'[值]),'DB'[项目]
    ="营业成本"),CALCULATE(sum('DB'[值]),'DB'[项目]
    ="营业收入"))
```

这个公式有些长，但并不复杂，计算逻辑就是营业收入减去营业成本，再除以营业收入。但是营业收入究竟是哪一项？我们用到了 CALCULATE 函数来查找营业收入，再统计其数值，该函数类似于 Excel 中的 SUMIF 函数，即带条件的统计。注意：CALCULATE 是 Power BI 中最有价值的函数，读者可以多花些时间搜索关于该函数应用的案例，把该函数的功能理解透彻，特别是与智能日期函数的组合使用。

设置了毛利率这个度量值，接下来进行可视化操作。选择“可视化”区下的折线图，按年对净利率、毛利率进行显示，再将 Company 表中的“公司名称”拖入小型序列图字段。通过格式区调整数据标题以及 X 轴、Y 轴的文本大小，结果如图 4-20 所示。

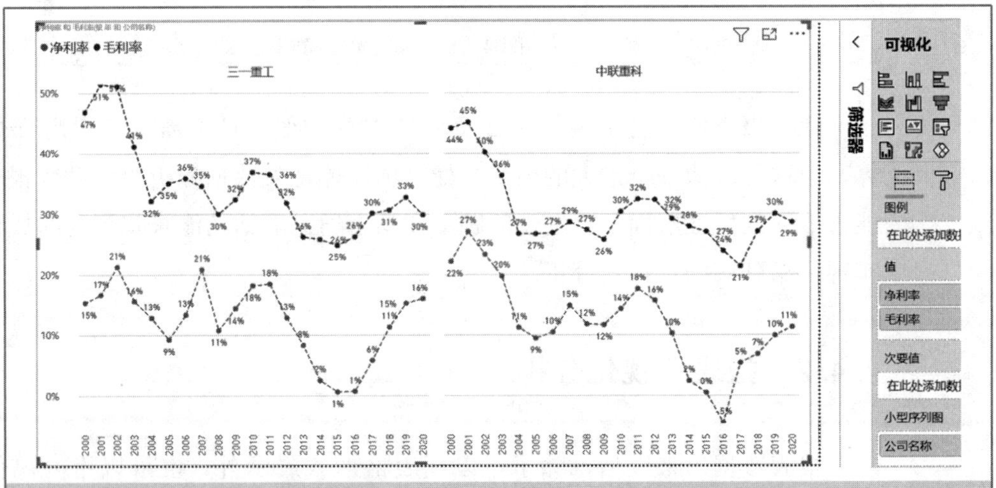

图 4-20　毛利率与净利率对比

通过净利率和毛利率的波动情况可以看出，从 2000—2020 年这 21 年内大概有三次周期性波动，第一次是 2001—2006 年，周期为 6 年；第二次是 2007—2010 年，周期为 4 年；最近一次的波动起点是 2011 年，终点应是 2020 年，周期为 9 年。在第一个周期中，中联重科的净利率和毛利率是在 2001 年出现波动，而三一重工是在 2002 年出现波动，说明中联重科对市场的反应比三一重工更敏感。三一重工在 2006 年毛利率开始下滑，但是净利率还在增长，并于 2007 年后开始急剧下滑；2019 年毛利率也达到了一个高点，2020 年开始下滑，但是净利率还在小幅增长，可以推断净利率在2020年后应该会下滑，因此2020年应该是净利率的一个高点，这与2006—2007年的情况类似。因此，2021年上半年三一重工的股价一直下跌是有逻辑可循的，因为周期性的高点已过。

另外，第一个周期中，三一重工在2006年毛利率达到了高点，但是净利率未达到高点；而中联重科的毛利率和净利率基本同步变动，这值得研究。

用类似的方法，还可以分析其他行业的周期性，比如钢铁行业和养殖行业，分析华菱钢铁可看到明显的钢铁行业的周期，分析牧原股份可看到明显的3～4年一次的猪周期，这些周期波动可以指导我们的投资决策。

接下来绘制一个关于经营活动产生的现金流量净额、净利润和营业收入的图，同样是使用折线图，轴字段下面设置“年”，值字段下放报表数据表中的“值”，小型序列图下放“公司名称”，然后通过筛选器对项目中的内容进行筛选，只显示“经营活动产生的现金流量净额”“净利润”“营业收入”，如图4-21所示。

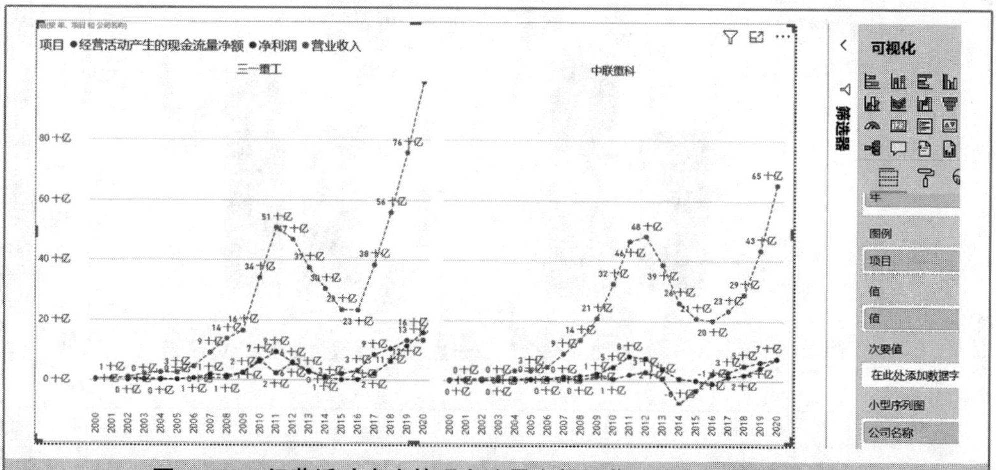

图4-21　经营活动产生的现金流量净额、营业收入、净利润对比

从营业收入的变动情况来看，第三个周期非常明显，但是前两个周期完全看不出来，因此用营业收入来评价行业的周期性可能没有净利润准确。特别是2011年之前，公司在不断成长，哪怕是2008年金融危机也未对该公司产生任何影响，甚至金融危机对工程机械行业来说是利好，公司是受益者。

从净利润与经营活动产生的现金流量净额比较来看盈利质量，三一重工明显优于中联重科，因为三一重工只在2011年经营活动产生的现金流量净额才明显低于净利润，而中联重科有九年是这种情况。近几年因为行业转暖，它们的盈利质量都得到了改善，经营活动产生的现金流量净额都高于净利润，但三一重工在2020年又出现了反转。

2. 资产负债表可视化

传统的财务会计资产负债表可视化前面已经介绍了，下面介绍管理会计资产负债表的可视化。首先将资产负债表的左边和右边的表格分别绘制成两个堆积型柱状图，两个图形的设置条件相同，轴字段下面拖放“项目分类 2”，图例下面拖放“项目分类 2”，值字段下面拖放“值”。对于左边的图，在筛选器中对“项目分类 2”进行选择，选择“1 经营类”“2 投资类”；对于右边的图，在筛选器中对“项目分类 2”进行选择，选择“1 经营性负债”“2 金融性负债”“3 股东投入”“4 留剩资源”“5 少数股东权益”。通过这种筛选，左右两边就会分别显示资产负债表经营战略和引资战略。调整图例、*X* 轴、*Y* 轴的文本大小，设置数据标签，如图 4－22 和图 4－23 所示。

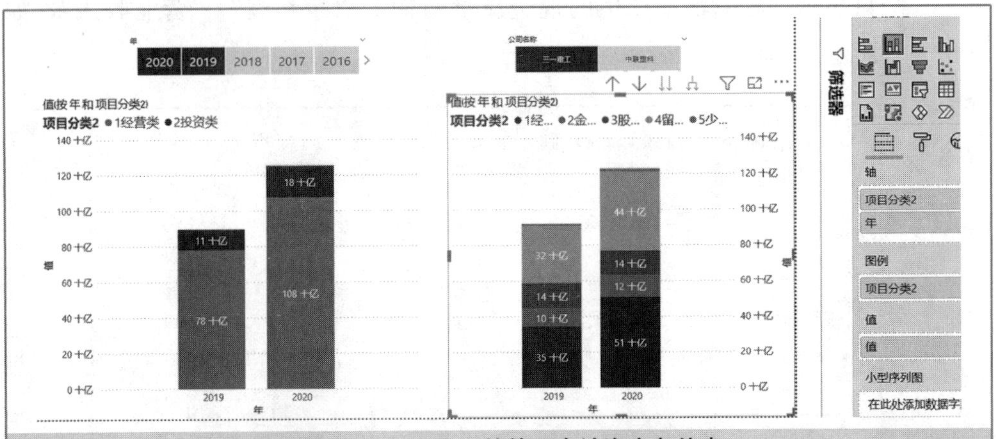

图 4－22　三一重工的管理会计资产负债表

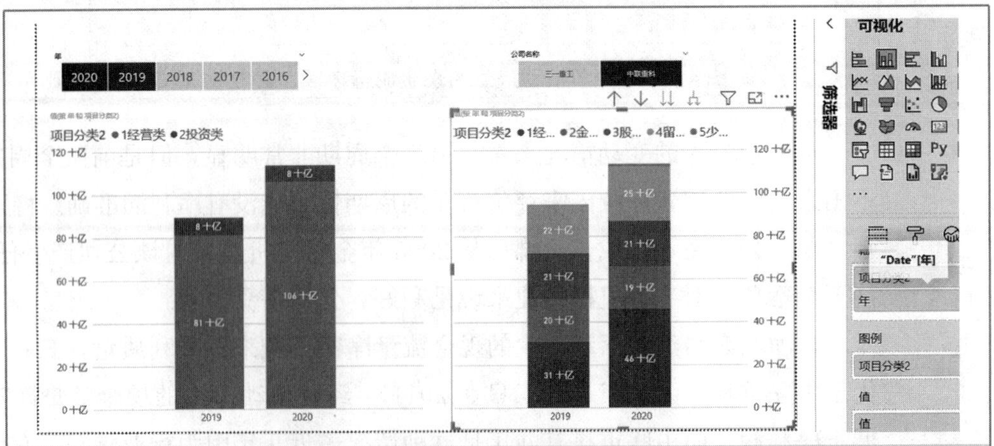

图 4－23　中联重科的管理会计资产负债表

对比图中的三一重工与中联重科，从左边可以看出两家公司都是以经营为主导，只是三一重工的投资类资产占比较高。从右边则可以发现三一重工的股东投入相对较少，留剩资源较多，具体而言，三一重工股东投入140亿元，只有中联重科的2/3，但留剩资源有440亿元，是中联重科的近2倍，说明三一重工的盈利能力比中联重科强。

如果我们将资产负债表调整为小型系列图，再将布局格式设为两行一列，如图4-24所示，可以发现，在第一、二个周期内两家公司的总资产都在增加，第三个周期前半段2011—2017年，资产增加基本上都停滞不前，但中联重科第三个周期初总资产比三一重工多300亿元左右，总资产增加的压力更大。2017年以后，三一重工的总资产不断增加，中联重科只增加了很少。近几年，两家公司都有一些投资类资产。

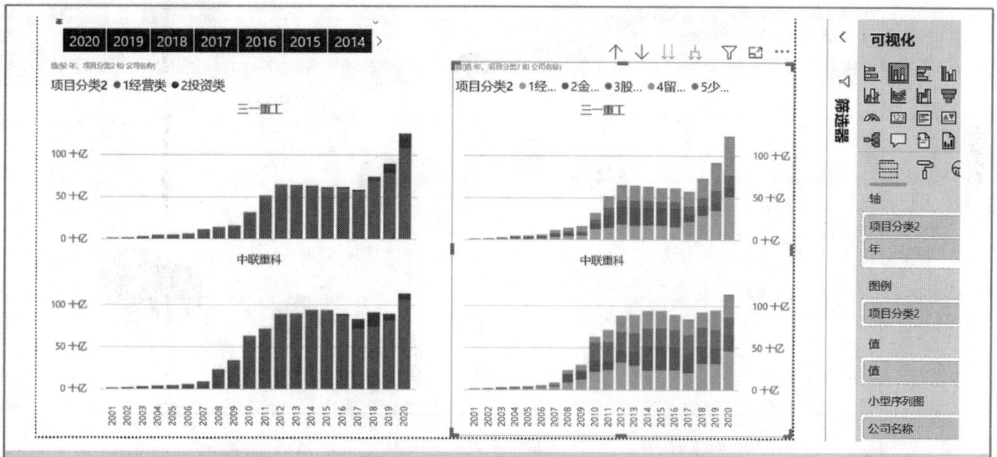

图4-24　三一重工与中联重科资产负债对比图

再看图4-24右半部分，在第三个周期前半段，两家公司的金融性负债都比较多，另外，中联重科的股东投入占比一直比较高。在第三个周期后半段市场行情好转以后，两家公司的经营性负债不断增加，体现了两家公司的产品比较畅销，竞争力不断提升，且三一重工的金融性负债明显减少。

3. 现金流量表可视化

前面已经从净利润与经营活动产生的现金流量净额方面比较查看了盈利质量，下面我们通过ROE和自由现金流来看现金流风险。先新建两个度量值：ROE和自由现金流，公式的定义与前面的毛利率计算公式类似，如下所示：

```
ROE =DIVIDE(CALCULATE(sum('DB'[值]),'DB'[项目]
    ="五、净利润"),CALCULATE(sum('DB'[值]),'DB'[项目]
    ="所有者权益(或股东权益)合计"))
```

```
自由现金流=CALCULATE(sum('DB'[值]),'DB'[项目]
        ="经营活动产生的现金流量净额")
          +CALCULATE(sum('DB'[值]),'DB'[项目]
        ="投资活动产生的现金流量净额")
```

设置好了度量值之后，就可以开始绘图。选择“可视化”区下面的散点图，在字段区下面的详细信息放“年”，图例下面放“公司名称”，*X* 轴下面放“ROE”，*Y* 轴下面放“自由现金流”，大小下面放“值”，再调整 *X* 轴、*Y* 轴以及类别标签文本大小即可，如图 4－25 所示。

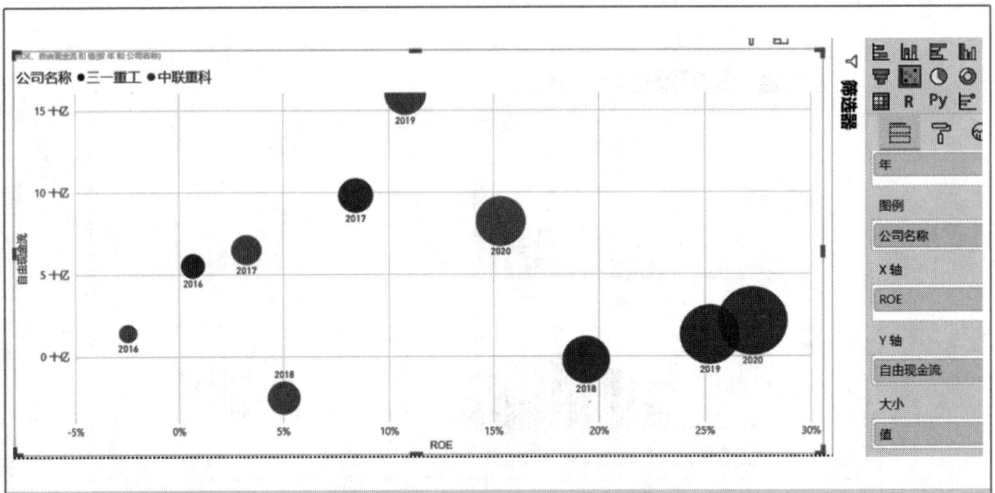

图 4－25　现金流风险可视化

从图中可以看出，在 2016—2017 年三一重工的 ROE 和自由现金流都优于中联重科，在 2018—2019 年三一重工的 ROE 高于中联重科，但是自由现金流比中联重科差，如果市场需求持续下滑，再加上资金紧张，三一重工可能会遭遇现金流恶化的困境。

4.5　横向报表分析

下面我们把纵向报表转变为横向报表，然后介绍如何简单地实现毛利率的计算。

通过系统菜单操作：主页/转换数据，再次进入 Power Query，先复制报表数据文件，并将其命名为“DB (2)”，然后通过系统菜单操作：转换/透视列，再在透视列窗口中选择对“值”字段进行列透视，如图 4－26 所示。

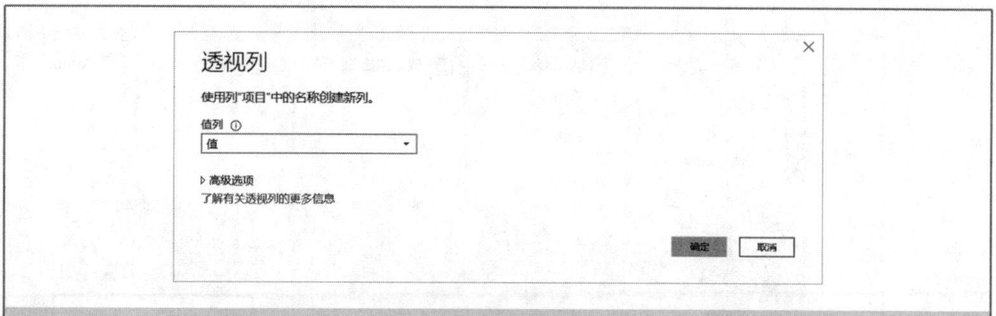

图 4－26　透视列设置

将纵向报表转变为横向报表，效果如图 4－27 所示。数据转换之前有 7 000 多行数据，转化成横向报表以后只有 42 行，这 42 行对应两家上市公司，意味着每家上市公司有 21 行数据。

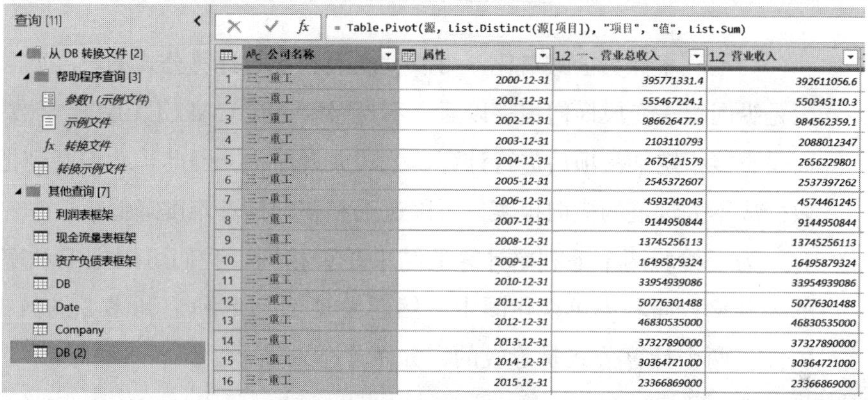

图 4－27　横向报表格式

接下来回到 Power BI 主界面，进入建模界面，增加报表数据表“DB（2）”与两张维度表，即将 Data 表中的“属性”和 Copmany 表中的“公司名称”关联，效果如图 4－28 所示。

建好模型后回到报表可视化界面，再新建一个度量值：毛利率 2，计算公式如下：

```
毛利率 2=DIVIDE(sum('DB (2)'[营业收入])
        -sum('DB (2)'[营业成本]),sum('DB (2)'[营业收入]))
毛利率=DIVIDE(CALCULATE(sum('DB'[值]),'DB'[项目]
     ="营业收入")-CALCULATE(sum('DB'[值]),'DB'[项目]
     ="营业成本"),CALCULATE(sum('DB'[值]),'DB'[项目]
     ="营业收入"))
```

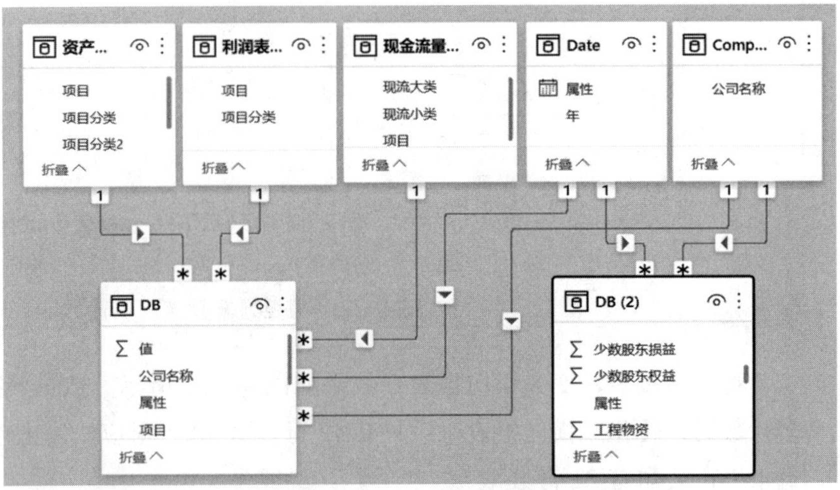

图 4-28　调整后的模型图

与毛利率计算公式对比，可以发现毛利率 2 计算公式的长度明显缩短，主要原因是纵向报表变成横向报表以后，不再需要通过 CALCULATE 函数去查找某一项，而是直接指定某一项后进行计算，公式大大简化。因此，我们看到把规范的纵向报表变成不太规范的横向报表，可以让毛利率的计算难度降低。

为了检验两个毛利率计算的结果是否相同，我们可以把毛利率 2 也拖入前面的毛利率、净利率可视化图中，然后发现毛利率和毛利率 2 的数据线完全重合，因此，两个计算公式是等效的，如图 4-29 所示。

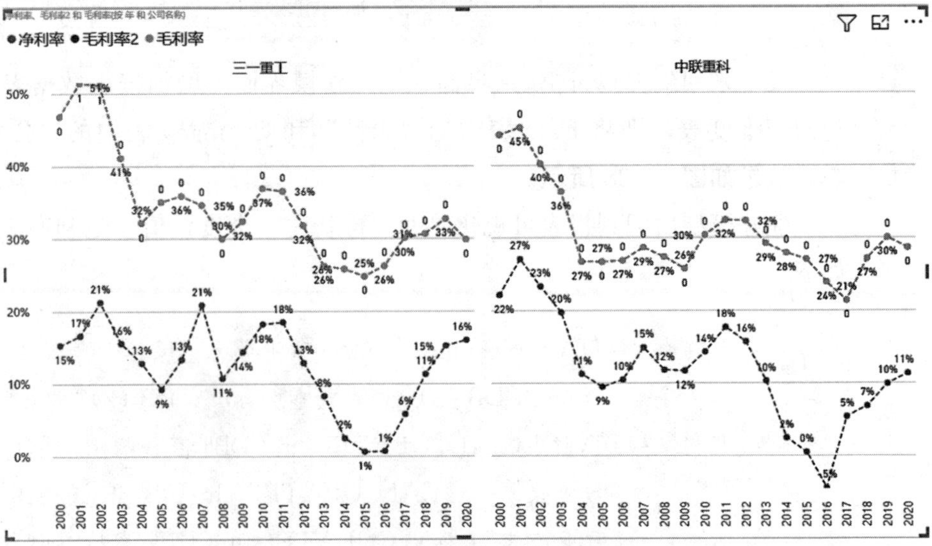

图 4-29　毛利率和毛利率 2 数据线重合图

至此，我们学习了如何通过文件夹采集的方式，快速把两家或多家公司的报表数据纵向合并，然后通过逆透视、透视列转换成横向报表，再通过简单的计算公式进行指标的可视化分析，这对于公司的会计人员、业务人员来说，是一种很好的分析净利润的路径。现在模型基本上已设置完毕，其他指标的计算也可采用类似的方法。

假定现在你对另外两家公司很感兴趣，想绘制它们的毛利率和净利率可视化图，那么只需将这两家公司的报表数据下载到一个目录，通过系统菜单操作：文件/选项和设置选项/数据源设置，修改数据源设置窗口中的报表数据文件的路径，如图 4-30 所示。

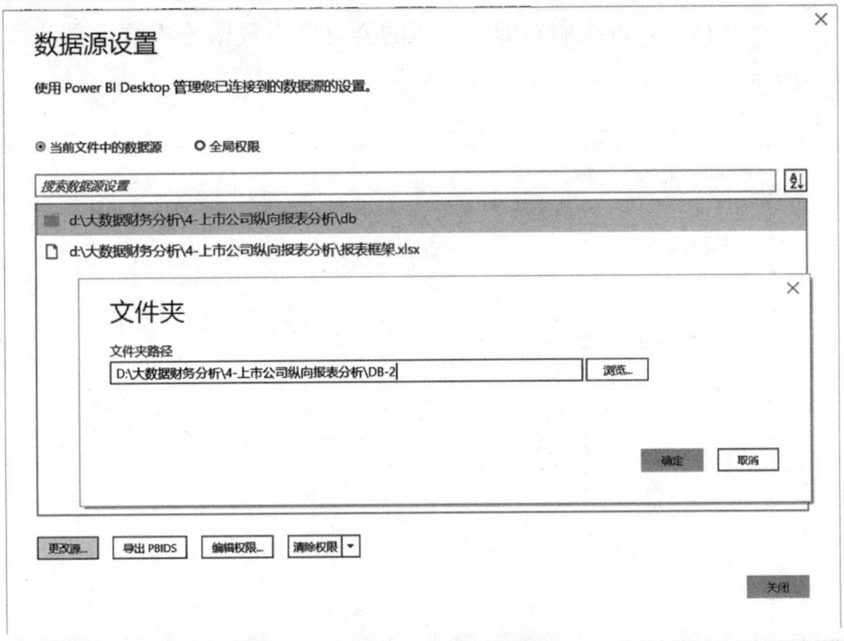

图 4-30　修改报表数据文件路径

然后再通过系统菜单操作：主页/刷新。如果下载的两家公司的报表数据年份数相同，则刷新会很顺利；如果年份数不一致，可能会报错，若报错，我们则再次进入 Power Query，找到报表数据表 DB，在右边的应用查询窗口找到出错位置行“更改的类型”，点击这一行前面的叉号，删除这一行即可，如图 4-31 所示。

为什么直接删除就可以呢？因为不同上市公司上市的时间不同，或新浪财经网站收集的每个上市公司的季度报表数据可能有所缺失，所以报错，删除以后就不会更改每个季度的数据类型了，没有更改类型影响也不大，因为后面会操作逆透视列，这个数据就变成了只有一列，然后我们对这一列值进行数据类型的调整，就不会影响后面的结果了。

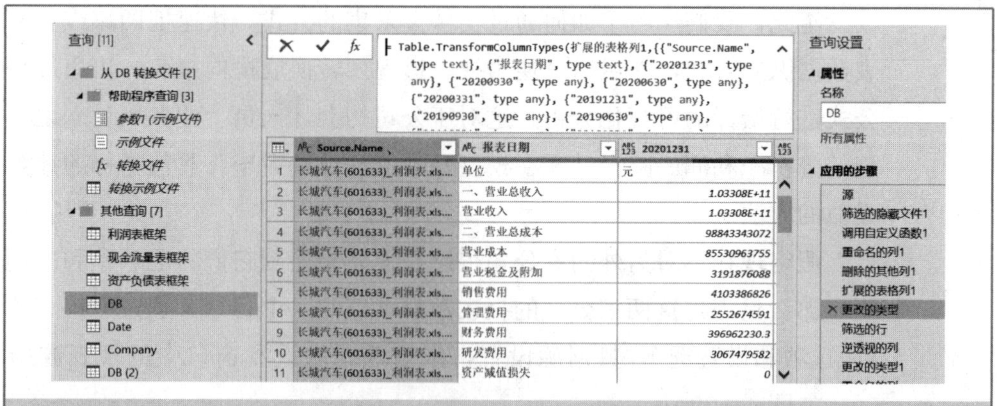

图 4-31　删除更改的类型

调整后，再次刷新即可。新的公司报表数据分析结果自动呈现，如图 4-32 所示。

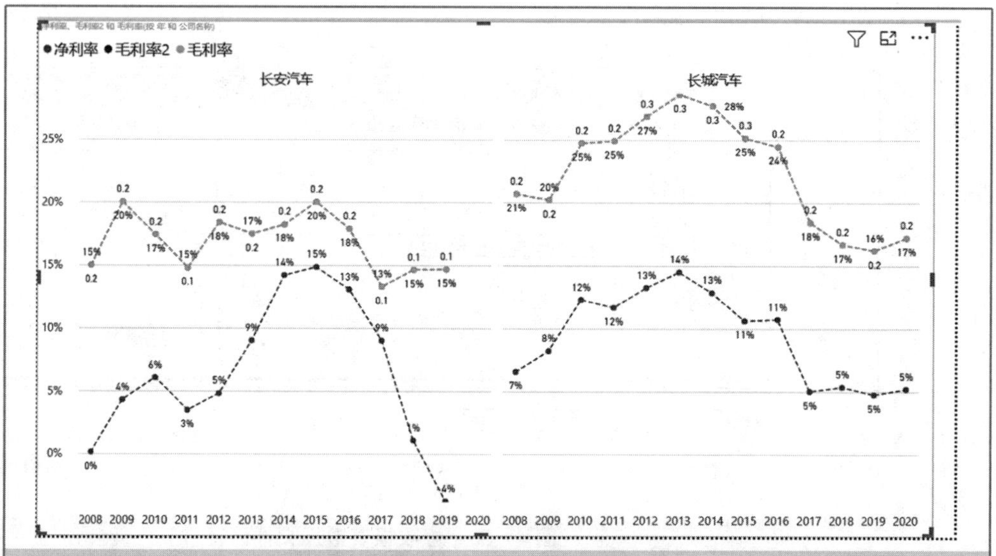

图 4-32　调整后的效果图

感兴趣的读者还可以试着删除报错更改类型的这一行，逆透视操作后，再手动调整类型，由于此处涉及 M 语言，所以具体内容不再深入介绍。

第 4 章图片汇总

第5章 横向报表分析模型

5.1 分析前准备工作

5.2 经营主线分析

5.3 管理能力分析

5.4 风险分析

5.5 社会责任分析

5.6 行业分析

财务报表分析的用户群体是企业管理者和外部投资者。进行财务报表分析时，有两大注意要点：第一，财务报表分析要有看点，列出主要指标；第二，财务报表分析时执行效率要比手算和使用 Excel 计算高。本章试图解决两个问题：第一，提出财务报表分析的新框架，即经营主线分析—管理能力分析—风险分析—社会责任分析，组成一个观点系统；第二，建立上市公司通用财务报表分析模型，提高分析决策效率，模型分析时间跨度为 14 年，可充分识别公司经营战略的变化和行业周期，了解公司的历史和当前盈利情况，对公司做出客观的评价。

本章的实验数据来自国泰安数据库，其中既有三大报表的具体数据，又有重要的报表附注数据。

5.1 分析前准备工作

5.1.1 下载数据

搭建通用财务报表分析模型，需要利用国泰安的合法授权账号，从国泰安数据库中下载三大报表及基本信息数据。下载网址为：https://www.gtarsc.com，报表数据下载的具体路径为：首页/数据中心/单表查询/公司研究系列/财务报表，如图 5-1 所示。数据下载的开始时间为 2007-12-31，结束时间为 2020-12-31，选择所有字段导出，导出的文件类型格式为 Excel 2007。

图 5-1 用国泰安下载报表数据

上市公司代码对照表和治理结构表下载的具体路径为：首页/数据中心/单表查询/公司研究系列/治理结构，在其中选择公司基本情况文件、治理综合信息文件，并分别下载即可。

5.1.2　数据采集和格式整理

1. 数据采集

进入 Power BI，通过菜单：开始/外部数据/获取数据/Excel 工作簿，选取下载的资产负债表文件，点击转换数据按键，进入 Power Query 查询编辑器，将查询名称改为“BS”；在查询编辑器中通过系统菜单：开始/新建源，用相同的方法加载利润表，将查询名称改为“PL”；加载现金流量表，将查询名称改为“CF”；加载利润现金流量表附表，将查询名称改为“CF－FB”；加载上市公司代码对照表（内含行业名称），将查询名称改为“CODE”；加载治理结构表，将查询名称改为“CG”；加载上市公司所在城市表，将查询名称改为“code_city”；加载报表附注收入明细表，将查询名称改为“SR”。最终得到如图 5－2 所示的结果。

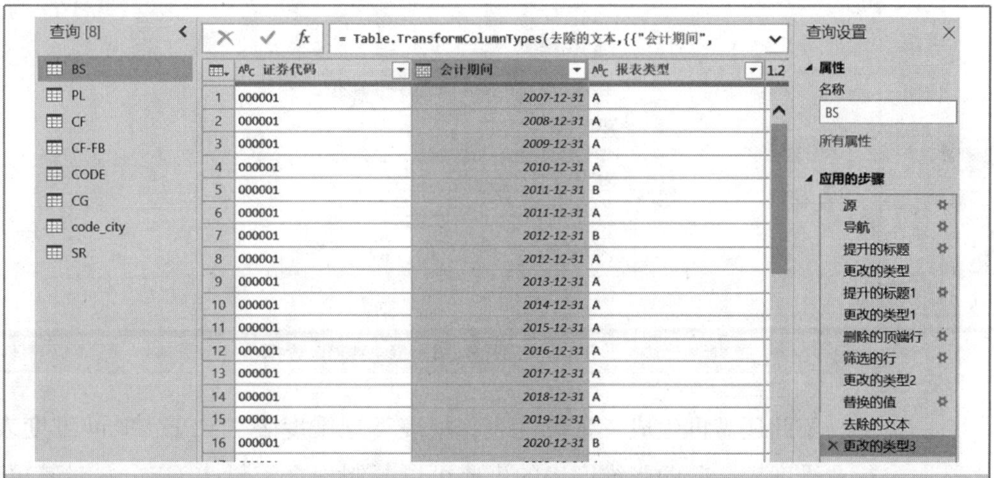

图 5－2　数据采集界面

2. 格式整理

将 CODE 表的第一行升级为标题，删除第一行计量单位数据，检查确认所有表的证券代码、会计期间、报表类型均为文本型，并对其中的内容进行修整，以免有不可见的空格字符或控制字符，具体的操作路径为：转换/格式/修整。如

图 5－3 所示，筛选会计期间数据为日期型年度数据，筛选条件为“－12－”。选择从货币资金开始至最后的所有字段，并将数据类型设为数值型，替换其中的“null”为数值“0”，如图 5－4 所示。然后，对其他表格也进行类似的数据整理。

图 5－3　筛选年度数据

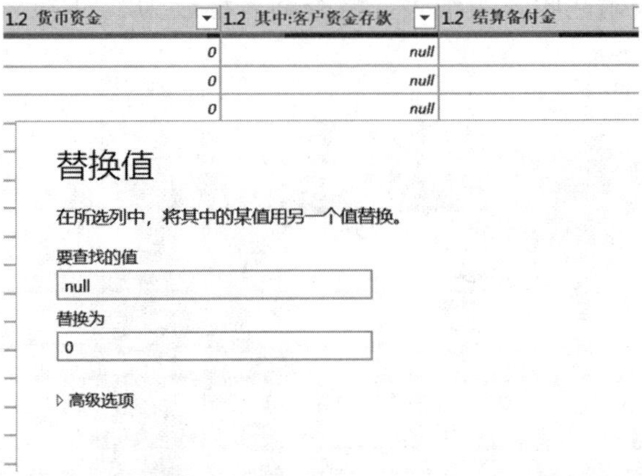

图 5－4　替换空值数据

至此还需再生成三张维度表：报表类型维度表 TYPE、时间维度表 DATE、行业维度表。前两张维度表的生成可以复制现金流量表 CF，并对其更名，选择要统计的维度，再删除其他列，最后去除重复项即可。具体操作为：转换/删除行/删除重复项。此外，时间维度表中还需添加年份列，具体操作为：添加列/日期/年/年，填写年份即可。

行业维度表可利用上市公司代码对照表 CODE 中“行业代码”“行业名称 C”生成，具体实现方法与上述操作类似。行业数据只在上市公司代码对照表中出现，因此，也可省略生产行业维度表，直接调用“行业名称 C”。

5.1.3　建模

通过系统菜单：文件/关闭与应用，返回 Power BI，在关系按钮区调整表格的位置，将 CODE_CITY、INDUSTRY 两张维度表放在第一排，将 CODE、DATE、TYPE 三张维度表放在第二排，将报表数据文件放在第三排，然后逐一检查事实表与维度表之间的关系是否建立，若未建立关系则进行增补，最后的模型参考式样如图 5－5 所示。

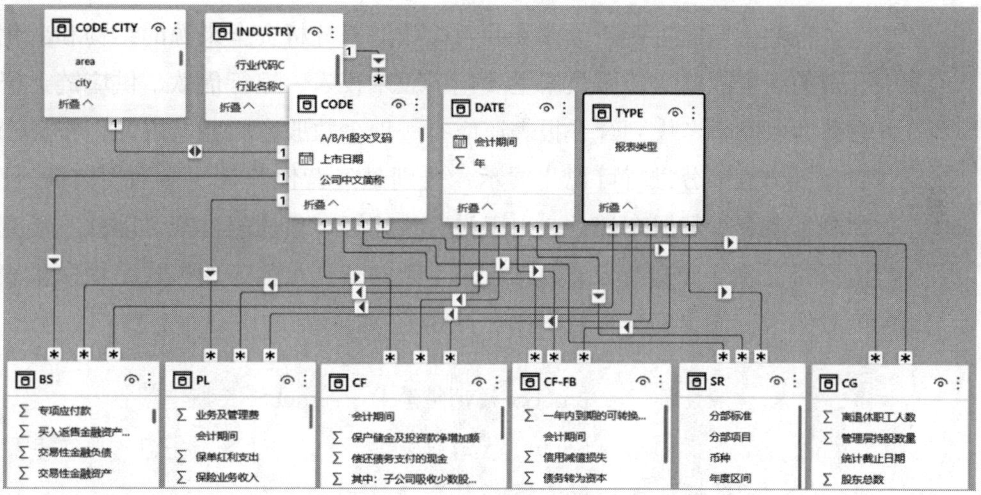

图 5－5　财务报表分析建模

表与表的关联设置，如图 5－6 所示。需要注意公司治理结构表 CG 中没有报表类型这一项，其中的职工人数代表合并报表后的职工人数。

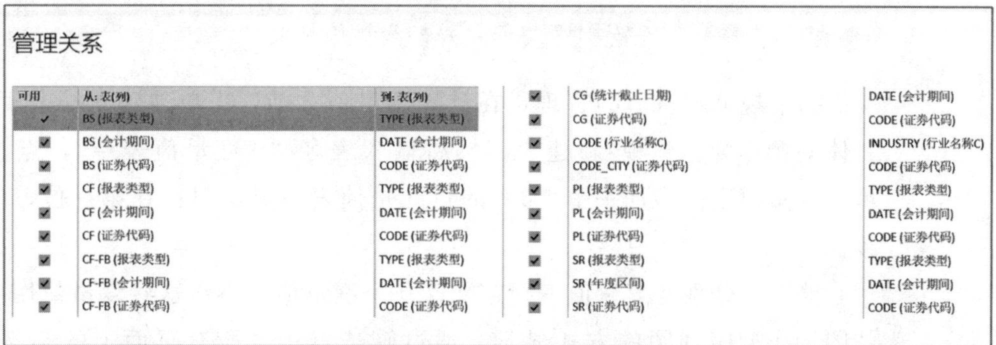

管理关系

可用	从：表(列)	到：表(列)
✓	BS (报表类型)	TYPE (报表类型)
✓	BS (会计期间)	DATE (会计期间)
✓	BS (证券代码)	CODE (证券代码)
✓	CF (报表类型)	TYPE (报表类型)
✓	CF (会计期间)	DATE (会计期间)
✓	CF (证券代码)	CODE (证券代码)
✓	CF-FB (报表类型)	TYPE (报表类型)
✓	CF-FB (会计期间)	DATE (会计期间)
✓	CF-FB (证券代码)	CODE (证券代码)
✓	CG (统计截止日期)	DATE (会计期间)
✓	CG (证券代码)	CODE (证券代码)
✓	CODE (行业名称C)	INDUSTRY (行业名称C)
✓	CODE_CITY (证券代码)	CODE (证券代码)
✓	PL (报表类型)	TYPE (报表类型)
✓	PL (会计期间)	DATE (会计期间)
✓	PL (证券代码)	CODE (证券代码)
✓	SR (报表类型)	TYPE (报表类型)
✓	SR (年度区间)	DATE (会计期间)
✓	SR (证券代码)	CODE (证券代码)

图 5－6　表与表的关联设置

5.2 经营主线分析

公司经营主线主要是从经营战略和经营成果的视角分析，具体包括资产负债表右边的引资战略、左边的经营战略和盈利模式，以及利润表的盈利结构、盈利水平和盈利质量等。

5.2.1 引资战略

我们主要通过资产负债表的右边数据来分析资金来源的结构和变化，以确定公司的引资战略，使用数据主要包括股东投入、银行借款、供应链上资金的占用和留存收益，考虑到合并报表还应有一项少数股东权益。因此，将资产负债表的右边分为五部分进行可视化展示，分别是经营性负债、金融性负债、股东投入、留剩资源和少数股东权益。由于没有构建资产负债表框架，因此不能直接通过纵向项目汇总统计这些分类数据，但下载的资产负债表的格式是横向报表，可通过度量值进行简单的计算后得出，计算公式如下：

```
金融性负债=sum(BS[短期借款])+sum(BS[长期借款])
          +sum(BS[应付债券])+sum(BS[一年内到期的非流动负债])
经营性负债=sum(BS[负债合计])-[金融性负债]
股东投入=sum(BS[实收资本(或股本)])+sum(BS[资本公积])
        +sum(BS[其他权益工具])
留剩资源=sum(BS[所有者权益合计])-[股东投入]-[少数股东权益]
        -sum(BS[其他综合收益])
少数股东权益=sum(BS[少数股东权益])
```

为了规范度量值的管理，在计算度量值之前，需单独建立一个度量值表，具体的操作为：建模/新建表，然后输入表名“0 度量值表=”，点击确定即可。度量值表前多加一个“0”的目的是使表在显示时排在第一位，以便于后续操作。

接下来分别在度量值表中定义这几个度量值，再将这些度量值用堆积型柱状图加小型序列图的方式显示，通过筛选器中“所有页面上的筛选器”，在“证券代码”项下选择格力电器和美的集团两家公司，再增设四个切片器，分别为相关维度表中的行业、公司名称、会计期间和报表类型，得到图 5-7。

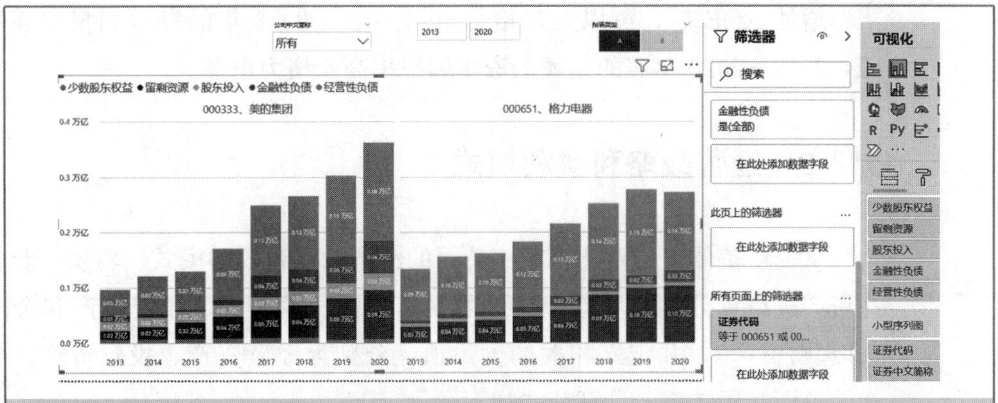

图 5-7　资产负债表的右一

美的集团在 2013 年上市后才有报表数据，因此，时间范围选择 2013—2020 年，报表类型选择“A”合并报表。从图中可以看到，格力电器的股东投入、金融性负债比美的集团少，但格力电器的留剩资源比美的集团多 100 多亿元；近三年，美的集团的总资产增长比较快。

格力电器的资金来源主要是经营性负债和留剩资源，而美的集团的资金来源是除了少数股东权益之外的四项，因此美的集团相对而言资金来源比较均衡。

对于资产负债表，还可以选择折线图和堆积型柱状图，再增加 ROE、ROA 作为行值（Y 轴次坐标），这样就能更直观地看到投资回报率。增加 ROE、ROA 后，可调整折线图的显示形式，具体操作为：通过“可视化”区下方格式字段的形状，调整线条样式为虚线，并打开显示标记，最终效果如图 5-8 所示。

```
ROE=DIVIDE(sum(PL[净利润]),sum(BS[所有者权益合计]))
ROA=DIVIDE(sum(PL[净利润]),sum(BS[资产总计]))
```

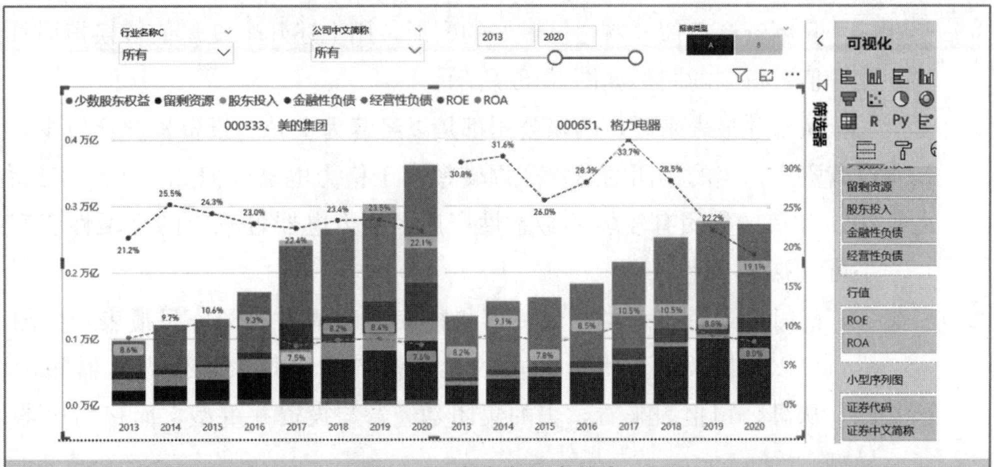

图 5-8　资产负债表的右二

增加 ROE 后，可以发现格力电器 2013—2018 年的资本回报率高于美的集团，2019—2020 年美的集团的资本回报率高于格力电器。

5.2.2 经营战略和盈利模式

从资产负债表的左边可观察公司的经营战略和盈利模式。将资产负债表的左边资产进行重分类，从管理会计的视角分为经营资产、投资资产和金融性资产(即理财资产)，并定义相关的度量值，分别为经营资产、投资资产、金融性资产、总资产周转率，计算公式如下：

```
经营资产=sum(BS[资产总计])-[投资资产]-[金融性资产]
投资资产=sum(BS[长期股权投资净额])+sum(BS[其他应收款净额])
        +sum(BS[预付款项净额])
金融性资产=sum(BS[交易性金融资产])
          +sum(BS[可供出售金融资产净额])
          +sum(BS[持有至到期投资净额])+sum(BS[债权投资])
          +sum(BS[其他债权投资])+sum(BS[其他权益工具投资])
          +sum(BS[其他非流动金融资产])
总资产周转率=DIVIDE(sum(PL[营业收入]),sum(BS[资产总计]))
```

投资资产的公式可以进一步优化，其中的其他应收款净额、预付款项净额应等于各自母公司报表中的金额减去合并报表中的相应金额，此处计算从简。

金融性资产的公式较长，主要原因是兼顾了新旧会计制度的改革，既有以前的四分类涉及的报表项目，也有现在的三分类涉及的报表项目。

复制资产负债表右边已做好的图形，用上述几个度量值替换掉原页面的图形度量值，得到的图形如图 5-9 所示。

从合并报表来看，两家公司都是以经营为主导，投资资产比较少，大部分是经营资产；美的集团的总资产周转率高于格力电器，但二者近三年都有所下滑；2020 年美的集团有较多的金融性资产，格力电器近三年的金融性资产很少，几乎可以忽略不计。

此时，通过报表类型切片器将报表类型调整为母公司报表，如图 5-10 所示，可以发现美的集团母公司的投资资产占比很大，格力电器相对较小。因此，从母公司报表来看，美的集团是经营与投资并重型，而格力电器是经营主导型。

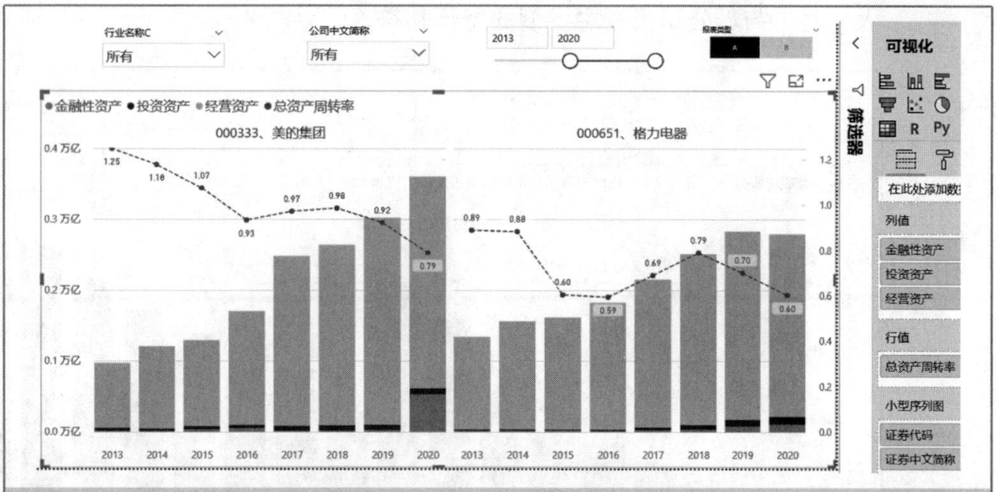

图 5-9　合并资产负债表的左边

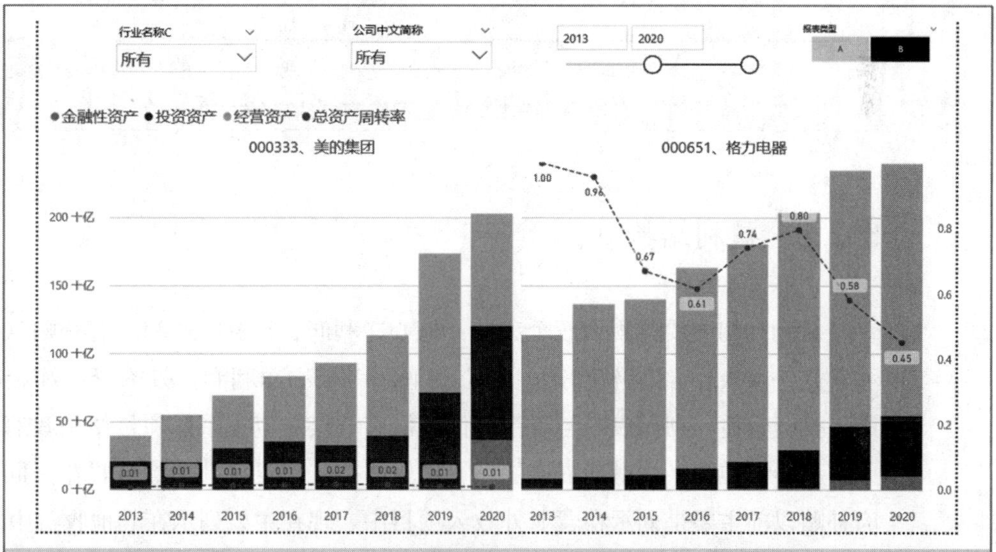

图 5-10　母公司资产负债表的左边

注意：其实美的集团的母公司是完完全全的投资型公司。它的资产负债表的右边既没有应付账款，也没有预收款项和合同负债；资产负债表的左边没有应收账款和存货，这就说明其母公司没有经营业务。那么，图 5-11 中的经营性负债是什么呢？仔细分析年报后可发现，经营性负债其实是其他应付款 1 231 亿元，格力电器的经营性负债中也有其他流动负债 643 亿元。

美的集团母公司的总资产周转率很小，说明其收入很少，不参与经营管理，是一个控股型的集团公司。

另外，对比合并资产负债表和母公司资产负债表可以发现，格力电器的总资产变化不是很大，这也与其经营主导型的特征相吻合。而美的集团的总资产变化大一些，与母公司投资主导型的特征相符。

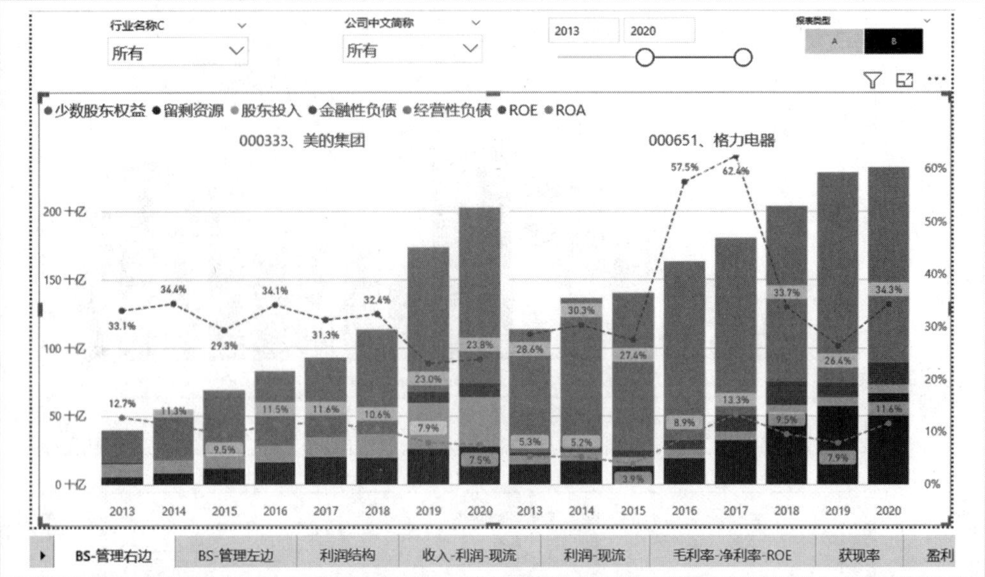

图 5-11　母公司资产负债表的右边

5.2.3　盈利结构

盈利结构主要体现为三个支柱：核心净利润、投资收益和政府补贴（其他收益和营业外收入）。经营资产产生核心利润或者核心净利润，投资资产和金融性资产产生投资收益，利润表中与资产负债表没有直接对应关系的项目便是政府补贴。考虑到新会计准则，金融性资产的核算比较复杂，需要把其他综合收益一同考虑。政府补贴以前主要是列示在营业外收入项目中，现在主要列示在其他收益中。

毛利率、核心利润和核心净利润采用度量值进行计算，公式如下：

```
核心利润=sum(PL[营业收入])-sum(PL[营业成本])
        -sum(PL[营业税金及附加])-sum(PL[销售费用])
        -sum(PL[管理费用])-sum(PL[财务费用])
        -sum(PL[研发费用])
核心净利润=[核心利润]-sum(PL[所得税费用])
毛利率=DIVIDE(sum(PL[营业收入])-sum(PL[营业成本]),
      sum(PL[营业收入]))
```

其他指标则直接采用利润表中的报表填报项目进行列示，如图 5-12 所示。

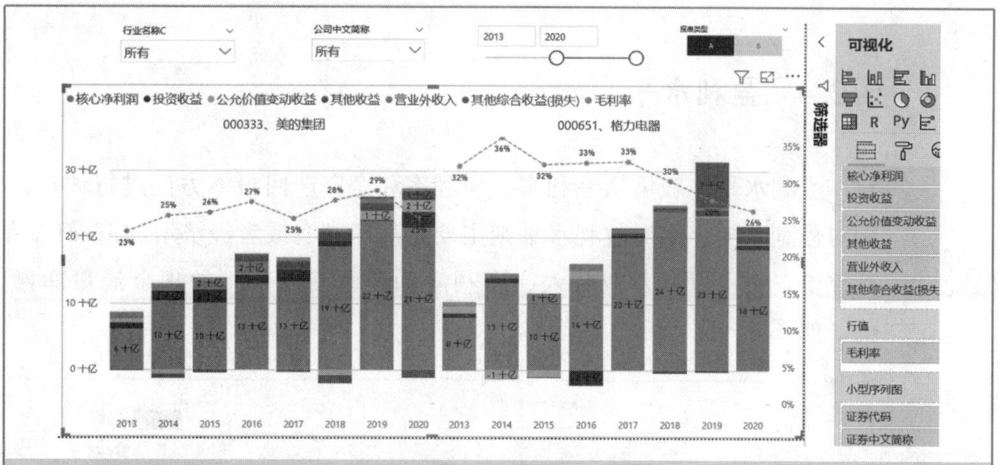

图5-12　合并利润表盈利结构对比

从图中可以看出，两家公司都是经营主导型，因此，它们盈利结构中的主要内容是核心净利润，这与其经营战略和盈利模式基本吻合。美的集团的投资收益比格力电器多，近两年公允价值变动收益也较多，政府补贴也多于格力电器。值得注意的是，2019年格力电器的其他综合收益有近70亿元。此外，2013—2018年格力电器的毛利率高于美的集团。

通过报表类型切片器将报表类型切换至母公司报表，如图5-13所示，可以发现美的集团母公司报表的盈利结构主要是投资收益，而格力电器的盈利结构主要是核心净利润，但近几年也有不少投资收益；在毛利率方面，格力电器平均为26%左右，而美的集团达到97%以上，因此，对于美的集团母公司而言，毛利率指标已经失真，意义不大。

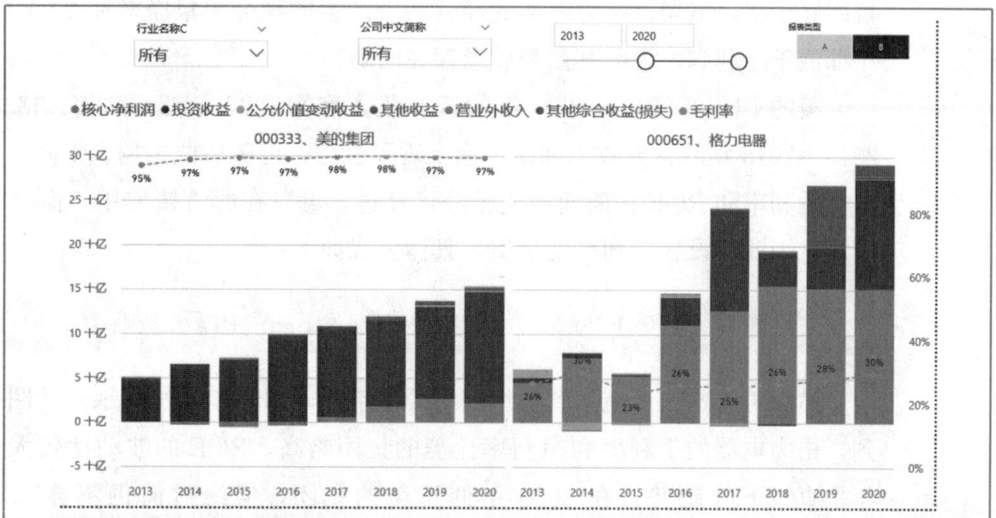

图5-13　母公司利润表盈利结构对比

5.2.4 盈利水平

盈利水平一般可从毛利率、净利率和净资产回报率方面进行评价，得到的是相对盈利水平。绝对盈利水平则主要是从净利润或者经济增加值（EVA）方面进行评价，也可以从营业收入、净利润和经营活动产生的现金流量净额方面来评价，如图 5 - 14 所示。

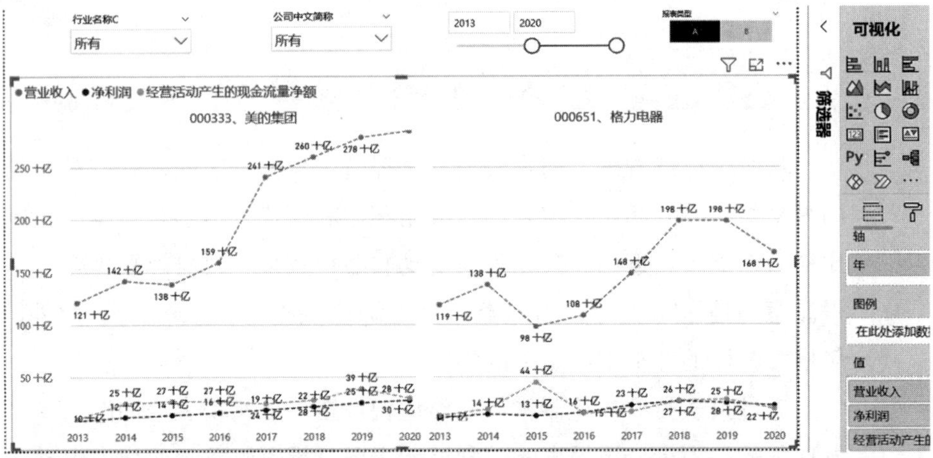

图 5 - 14　营业收入、净利润、经营活动产生的现金流量净额对比

从图中可以看出，美的集团近年来营业收入的成长性不高，格力电器的营业收入在 2020 年有一定程度的下滑。从经营活动产生的现金流量净额来看，美的集团好于格力电器。格力电器的经营活动产生的现金流量净额在 2017 年和 2020 年都低于净利润，说明其盈利质量存在问题。

美的集团在 2015—2020 年的营业收入和净利润实现了翻倍；格力电器在 2015—2018 年的营业收入和净利润实现了翻倍，但随后两年稍有下降。

毛利率和 ROE 在前面章节已经计算过，可以在此直接使用，但净利率还未计算，因此，设置净利率度量值，具体公式如下：

```
净利率=DIVIDE(sum(PL[净利润]),sum(PL[营业收入]))
```

然后再将这三者拖放到折线图中的值字段，如图 5 - 15 所示。从图中可以看到，格力电器的毛利率和净利率比美的集团略高，ROE 的波动性较大，且近几年呈直线下降趋势，在 2020 年低于美的集团，但绝对值仍不算低，达到了 19.1%。

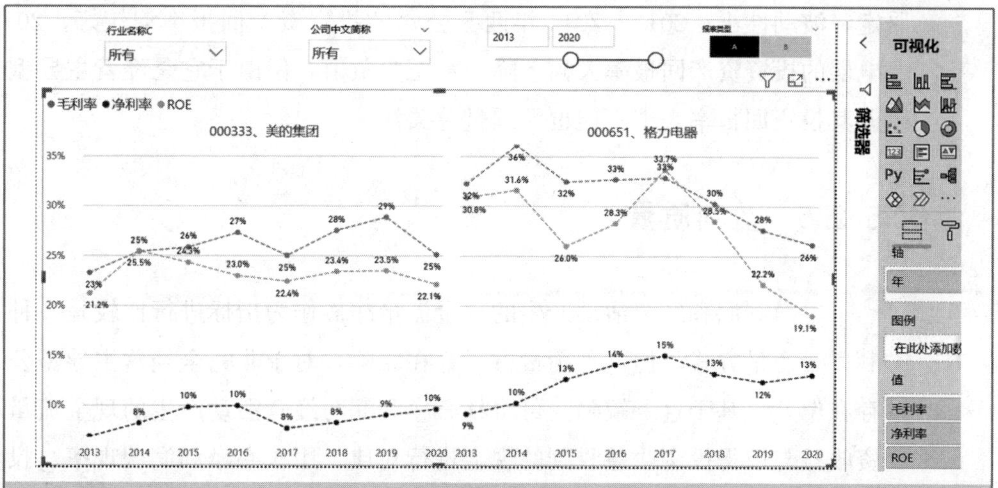

图 5-15　毛利率、净利率、ROE 对比

净利率和 ROE 都是相对盈利水平，属于整体评价，还可以从经营战略和盈利模式的角度分析经营资产和投资资产分别带来的投资回报率，度量值公式如下：

```
投资回报率-经营=DIVIDE([核心净利润],[经营资产])
投资回报率-投资=DIVIDE(sum(PL[投资收益]),
                sum(BS[长期股权投资净额])+[金融性资产])
```

“投资回报率-投资”的公式中可考虑增加公允价值变动收益、其他综合收益投资回报率对比结果如图 5-16 所示。

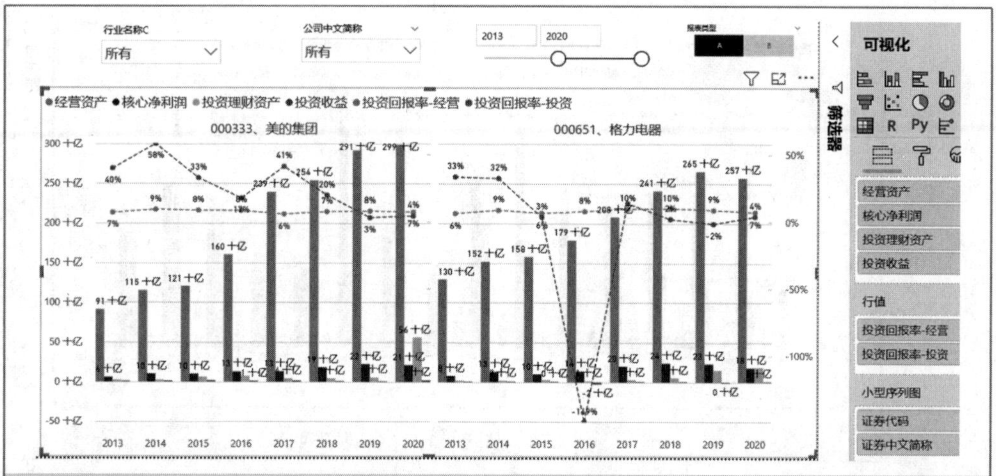

图 5-16　投资回报率对比

从图中可以看出，两家公司的经营资产回报率在 2013—2020 年一直十分稳

定，波动性小；2013—2014 年两家公司的投资资产回报率均较好，2016 年格力电器的投资资产回报率大幅下降，甚至为负值，但由于它是经营主导型公司，因此其投资回报率表现不佳也无须过分关注。

5.2.5 盈利质量

以净利润和经营活动产生的现金流量净额作为指标进行比较是一种常见的盈利质量衡量方式，但这种衡量方式存在缺陷，对于非完全经营主导型公司的评判存在偏差。基于这一缺陷，可将核心净利润与经营活动产生的现金流量净额、投资收益与取得投资收益收到的现金进行对比，用核心净利润获现率、投资获现率这两个指标来衡量盈利质量。这两个度量值的计算公式如下：

```
核心净利润获现率＝DIVIDE(sum(CF[经营活动产生的现金流量净额]),
                [核心净利润]＋sum('CF－FB'[固定资产折旧、
                油气资产折耗、生产性生物资产折旧])
                ＋sum('CF－FB'[财务费用(收益以“—”号填列)]))
投资获现率＝DIVIDE(sum(CF[取得投资收益收到的现金]),
          sum(PL[投资收益]))
```

获现率对比结果如图 5－17 所示。

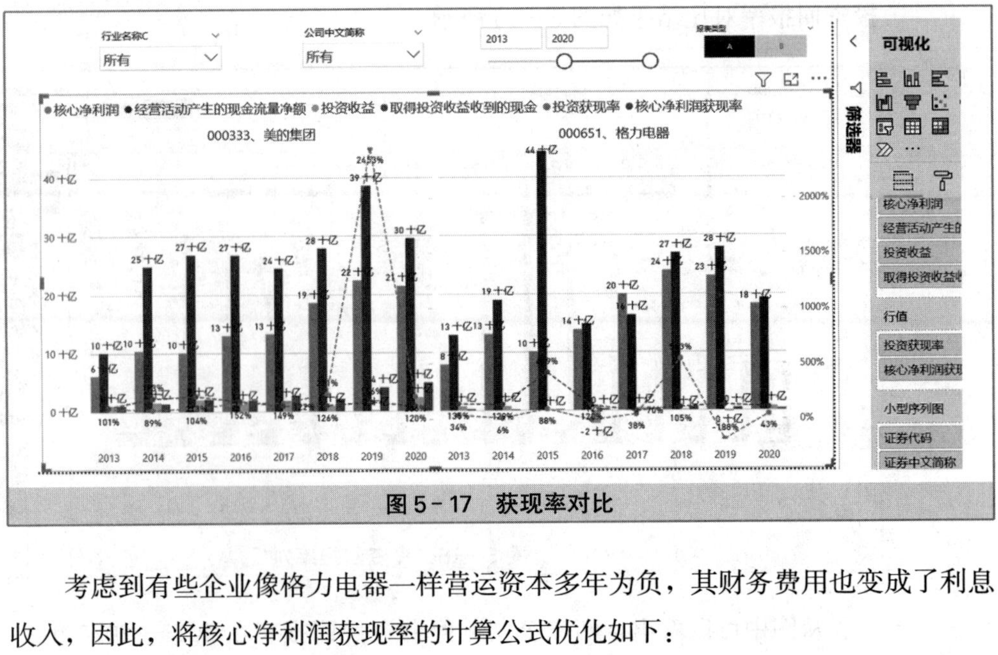

图 5－17　获现率对比

考虑到有些企业像格力电器一样营运资本多年为负，其财务费用也变成了利息收入，因此，将核心净利润获现率的计算公式优化如下：

```
核心净利润获现率+=var cw=if(sum('CF-FB'[财务费用(收益以"-"号
                    填列)])>0,sum('CF-FB'[财务费用(收益以"-"
                    号填列)]),0)
return
DIVIDE(sum(CF[经营活动产生的现金流量净额]),[核心净利润]
  +sum('CF-FB'[固定资产折旧、油气资产折耗、生产性生物资产折旧])
  +cw)
```

从绝对值来看，美的集团经营活动产生的现金流量净额基本都高于核心净利润，说明其盈利质量较好；从相对值来看，核心净利润获现率都大于1。反观格力电器，多数年份经营活动产生的现金流量净额低于核心净利润，且其核心净利润获现率存在小于1的情况，但近两年有所改善。

在投资收益方面，从绝对值看，美的集团的投资收益明显要比格力电器高；从相对值看，美的集团的投资获现率较好，而格力电器在大部分年份均较差。

5.3 管理能力分析

本节从以下五个角度来进行管理能力分析：一是营运资本管理模式，二是市场开拓与研究开发模式，三是销售管理模式，四是资金管理模式，五是贷款管理模式。

5.3.1 营运资本管理模式

营运资本（WCR）也称营运资金、周转性经营投入。营运资本管理模式分析包括以下步骤：第一，根据财务报表分析整体营运资本的金额大小及其变动；第二，分析营运资本的结构，比如应收账款、应付账款、存货等科目的金额及其占比。营运资本的计算口径也有大小之分，只考虑应收账款、应付账款、存货等为小口径，增加考虑应收票据、应付票据为中口径，再增加考虑预收款项、预付款项、其他应收款、其他应付款等为大口径。本书中若未明确说明计算口径，均指小口径的营运资本。

首先，考虑公司整体营运资本的情况，分别从绝对值（金额）和相对值（速度）的角度进行考量，相对值用现金周期衡量（周转天数或周转率）。相关的计算公式如下：

```
应收周转天数=DIVIDE(360,DIVIDE(sum(PL[营业收入]),
            sum(BS[应收账款净额])+sum(BS[应收款项融资])
            +sum(BS[合同资产])))
存货周转天数=DIVIDE(360,DIVIDE(sum(PL[营业成本]),
            sum(BS[存货净额])))
应付周转天数=DIVIDE(360,DIVIDE(sum(PL[营业收入]),
            sum(BS[应付账款])))
WCR=sum(BS[应收账款净额])+sum(BS[存货净额])
      -sum(BS[应付账款])+sum(BS[应收款项融资])
      +sum(BS[合同资产])-sum(BS[合同负债])
现金周期=[存货周转天数]+[应收周转天数]-[应付周转天数]
```

营运资本和现金周期对比结果如图 5-18 所示。

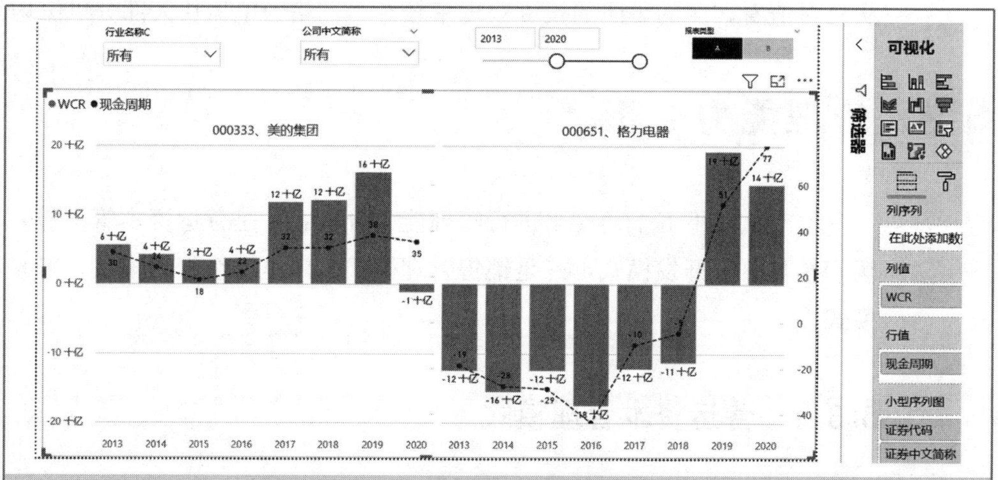

图 5-18　营运资本和现金周期对比

美的集团 2016—2019 年的营运资本增加，但现金周期控制较好，2020 年营运资本急剧减少甚至为负值，说明公司产品的竞争力提升。格力电器则与之相反，2013—2018 年的营运资本都为负值且绝对值大，说明其产品的竞争力很强，占用的供应链资金较多，与此同时现金周期也为负；2019—2020 年营运资本突然由负转正且绝对值大，现金周期也在不断拉长，说明其产品的竞争力在下降。

两家公司的营运资本分项内容以及现金周期如图 5-19 所示。格力电器的应收账款控制水平较好，以前应收票据使用较多，主要是应收款项融资，但近两年有所降低，且存货在不断增加，这不是一个好信号。格力电器的应付账款一直处于高位，2020 年预收款项达 120 亿元，这是一个好信号，究其原因，可发现原材料减少了 13 亿元，产成品增加了 46 亿元。美的集团的应收账款和存货一直处于高位，应付账款这几年也在大幅增加，2020 年预收款项较多，达到 184 亿元。

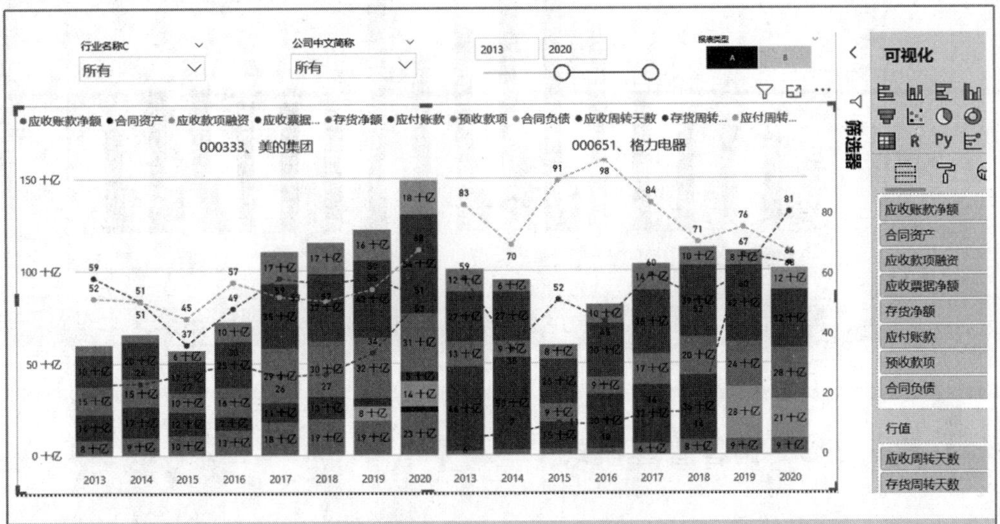

图 5-19　营运资本分项及现金周期对比

格力电器的应付周转天数在大多数年份比美的集团多；美的集团的应收周转天数在 2013—2018 年高于格力电器，近两年低于格力电器；两家公司的存货周转天数相差不大。

5.3.2　市场开拓与研究开发模式

从销售费用和研发费用可以看出公司的管理重心是以销售为主还是以研发为主。同样地，我们既可以看绝对值，又可以看相对值。相对值是销售费用占销售收入的比例以及研发费用占销售收入的比例，度量值的计算公式如下：

```
销售费用占比=DIVIDE(sum(PL[销售费用]),sum(PL[营业收入]))
研发占比=DIVIDE(sum(PL[研发费用]),sum(PL[营业收入]))
```

如图 5-20 所示，两家公司研发费用的绝对值差距较大，相对值差距不大。美的集团的销售费用高一些，且近两年其销售费用占比与格力电器差 2～3 个百分点。格力电器的销售费用从 2014 年开始不断下降，而美的集团的销售费用则在 2014—2019 年小幅上升，证明其销售费用控制得非常好。

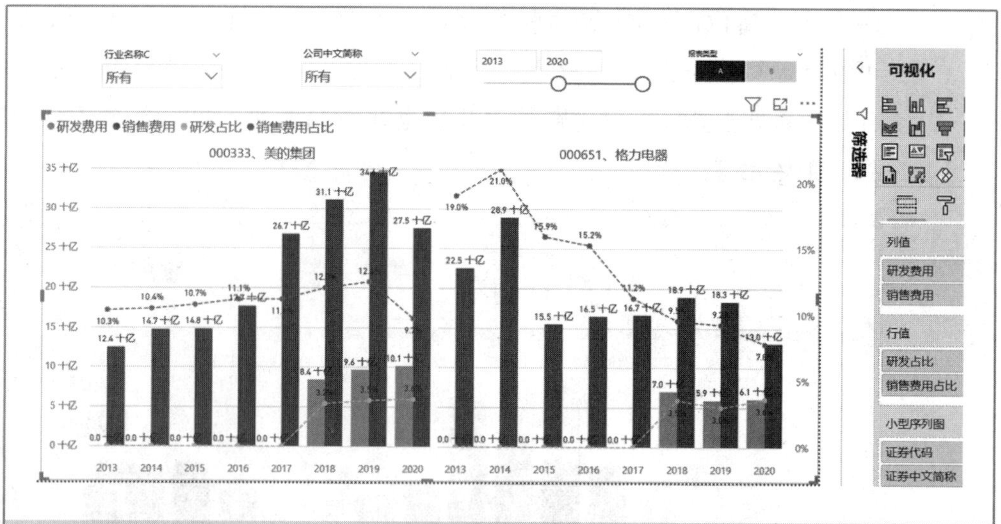

图 5 - 20　销售费用和研发费用占比对比

5.3.3　销售管理模式

从集团公司的架构来看，销售管理有两种模式，分别是集权管理和分权管理。通过对比合并报表和母公司报表中的销售费用数据，可判别公司是集权管理还是分权管理。如图 5 - 21 所示，美的集团只有合并报表的销售数据，没有母公司报表的销售数据，说明它是高度的分权管理；与之相反，格力电器销售费用在合并报表与母公司报表中几乎一致，说明它是高度的集权管理。

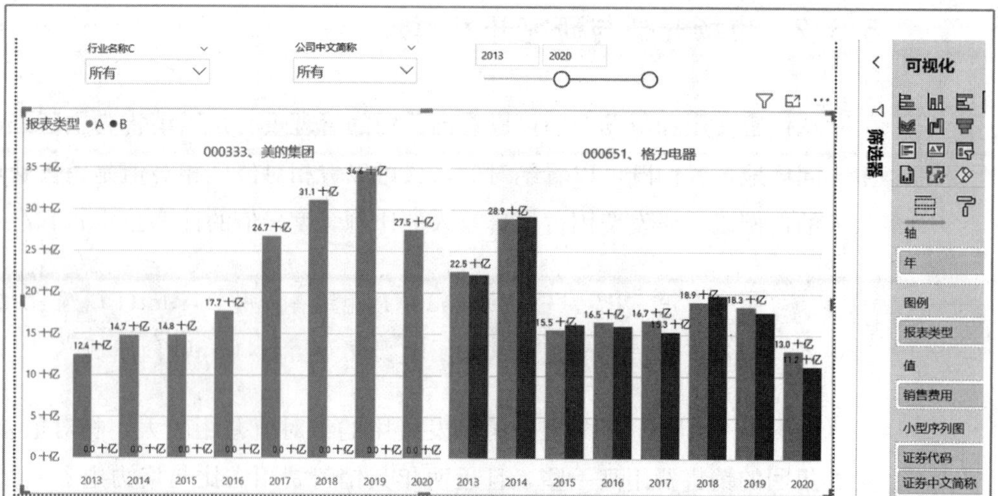

图 5 - 21　销售管理模式对比

5.3.4 资金管理模式

资金管理模式的分析思路与销售管理模式一致，我们将合并报表与母公司报表中的数据进行对比，就可以得出公司的资金管理模式是集权管理还是分权管理。除此之外，还可以把现金含量（货币资金占总资产的比例）一起显示在图上，计算公式如下：

```
现金含量=DIVIDE(sum(BS[货币资金]),sum(BS[资产总计]))
```

如图5-22所示，格力电器的现金含量比美的集团高，平均为50%，说明格力电器的现金充足。从货币资金的绝对值来看，格力电器的合并报表与母公司报表数据几乎一致，说明其资金管理也是集权管理；美的集团的资金管理在2017年之前基本上与母公司报表数据一致，说明其2017年之前是集权管理，2017年以后两者有很大差距，说明资金集中度不是很高，可能与并购库卡后海外资金没有统一管理有关。

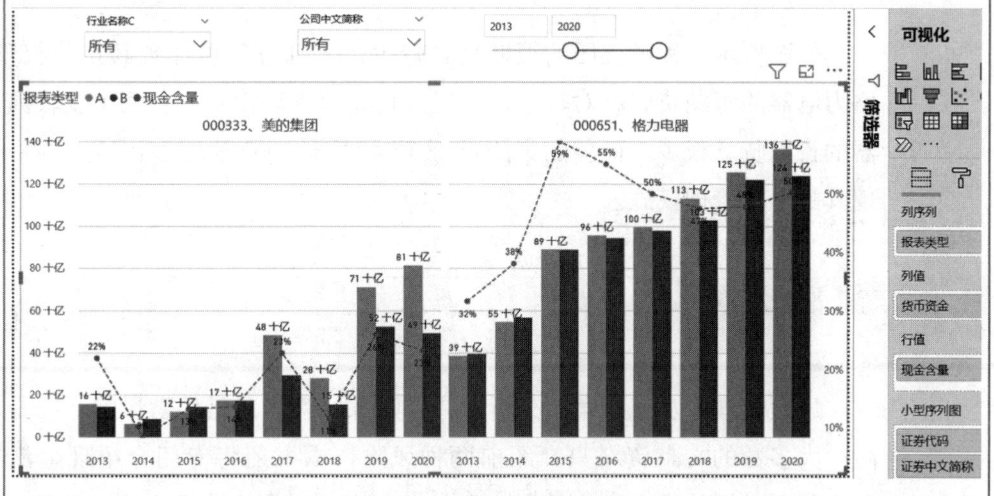

图5-22 资金管理模式对比

5.3.5 贷款管理模式

贷款管理模式同样也要分析是分权管理还是集权管理。注意：要把短期贷款和长期贷款分开来看。如图5-23所示，上半部分是短期贷款，下半部分是长期贷款。这种排版方式不是用小型序列图实现的，而是先单独做两个图，然后在其中使用一个技巧：短期贷款金额相对较小，长期贷款金额相对较大，因此在短期贷款的图中手动将 Y 轴的坐标设置为 400 亿元，这样两个图形的比例才不会失真。

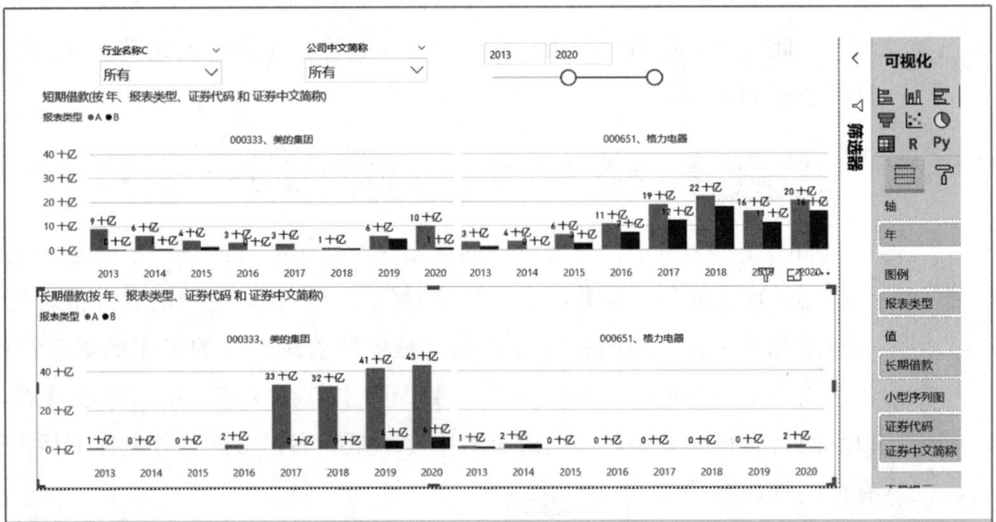

图 5-23　贷款管理模式对比

如图所示，美的集团的短期贷款较少，大部分年份体现其是分权管理模式；格力电器的短期贷款相对较多，体现其是集权管理模式，且集中度较高。格力电器的长期贷款很少，而美的集团自 2017 年后长期贷款增多，达三四百亿元，体现其是分权管理模式。

5.4　风险分析

风险管理要从三个角度分析：一是财务风险，二是经营风险，三是现金流风险。大多数的文献资料只介绍前两种风险，本书还将专门介绍现金流风险。例如，华夏幸福的净资产收益率一直在 20%以上，属于优质企业，但其为什么会爆雷？其主要原因就是存在现金流风险。因此，现金流风险也应该是重点关注的风险之一。

5.4.1　财务风险

大多数公司出现问题都是源于财务风险。衡量财务风险的简单指标就是资产负债率，再进一步探讨，还包括有息负债率、商誉对负债率的影响等，相关度量值的计算公式如下：

> 资产负债率＝DIVIDE(sum(BS[负债合计]),sum(BS[资产总计]))
> 有息负债率＝DIVIDE(sum(BS[长期借款])＋sum(BS[短期借款])
> ＋sum(BS[应付债券])＋sum(BS[一年内到期的非流动负债]),sum(BS[资产总计]))
> 负债率-商誉＝DIVIDE(sum(BS[负债合计]),sum(BS[资产总计])
> －sum(BS[商誉净额]))

从图5－24中可以清晰地看到，美的集团的资产负债率较高，最高达到75.4％；格力电器的资产负债率从73％一直下降到58％。若考虑商誉，美的集团的负债率达到71％，要比资产负债率高约5个百分点。如果看有息负债率，两家公司都不高，美的集团的有息负债率稍微比格力电器高一点，但是最高只达到16％，说明两家公司都占用了供应链上的大量资金。

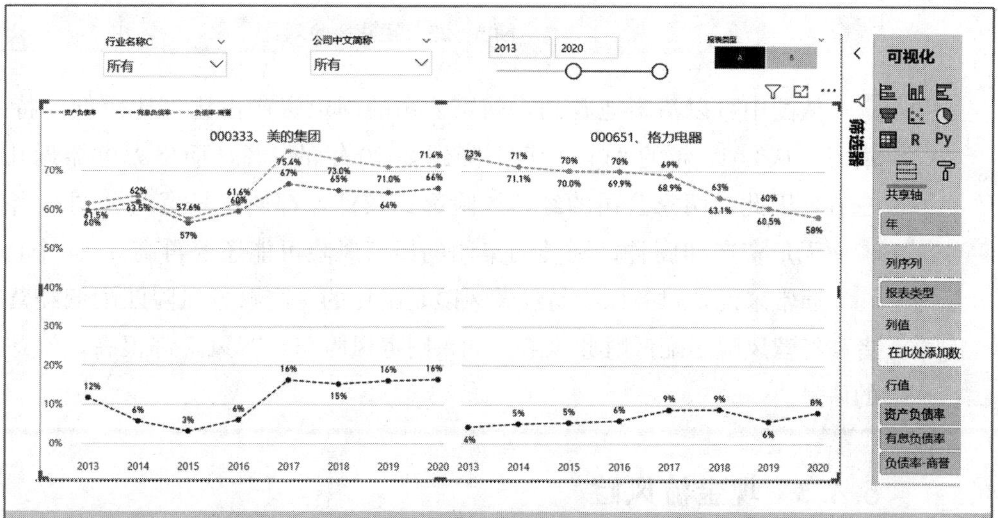

图5－24　财务风险对比

5.4.2　经营风险

经营风险一般是指固定资产和在建工程占总资产的比例，其中也可以包括无形资产，其形成的固定费用是企业经营风险的主要来源之一，其计算公式如下：

经营风险=DIVIDE(sum(BS[固定资产净额])
+sum(BS[在建工程净额]),sum(BS[资产总计]))

为了便于对比，将财务风险与经营风险同时显示，绘制图 5-25。

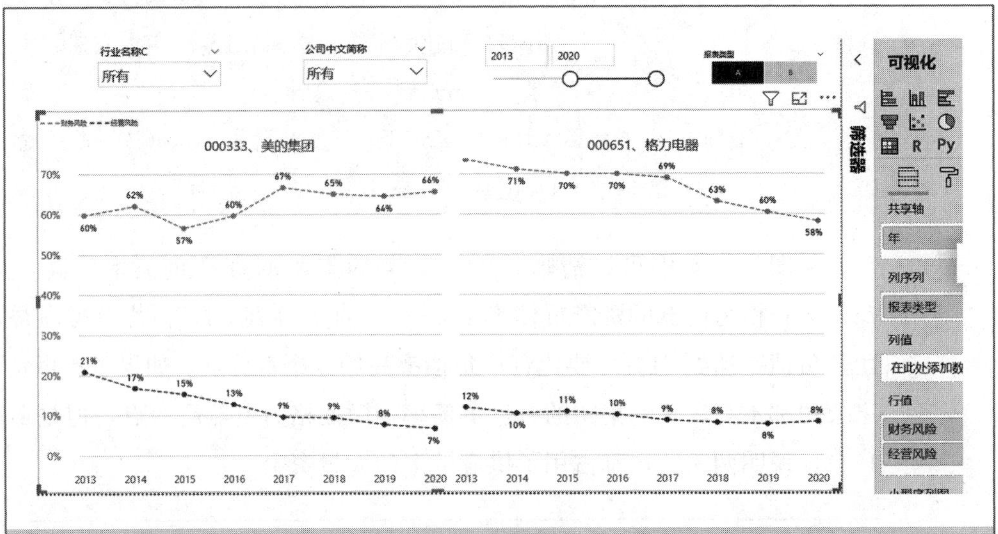

图 5-25　经营风险对比

从图中可以清晰地看到，两家公司的固定资产占比都比较低，特别是美的集团，从 2013 年的 21%一直下降到 2020 年的 7%，而格力电器近几年在 8%左右，因此，两家公司的经营风险都比较低，都属于轻资产公司。当然，如果考虑无形资产和商誉，则美的集团的经营风险可能还要再高 3～4 个百分点。

通常来说，财务风险与经营风险是配比的，高财务风险匹配低经营风险，或者高经营风险匹配低财务风险。如果财务风险与经营风险都很高，就是一个糟糕的信号。

5.4.3　现金流风险

现金流风险主要从 ROE 和自由现金流两个方面分析，其中，ROE 的计算公式前面章节已经介绍，自由现金流的计算公式如下：

自由现金流=sum(CF[经营活动产生的现金流量净额])+sum(CF[投资活动产生的现金流量净额])

两家公司的现金流风险矩阵如图 5-26 所示。

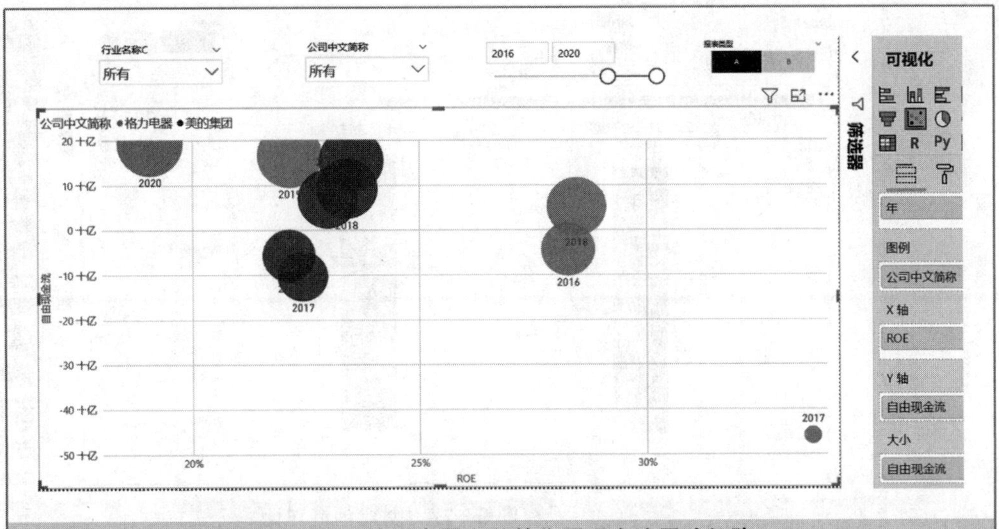

图 5－26　格力电器和美的集团现金流风险矩阵

从图中可以清晰地看到，格力电器的 ROE 逐步下降，自由现金流逐步改善。2020 年美的集团的自由现金流低于格力电器，且为负，这可能与其资产增幅过大有关；美的集团的 ROE 稍高于格力电器，但两者差距很小，且都处于较高的水平。

5.5　社会责任分析

5.5.1　财富创造

财富创造可以通过净利润的累积值来衡量，我们也可以把 2020 年的职工人数进行统计，反映公司为社会提供的就业机会，就业人数的计算公式如下：

```
就业人数=CALCULATE(sum(CG[员工人数]),'Date'[年]=2020)
```

两家公司的财富创造如图 5－27 所示。从图中可以看出，两家公司在 2020 年一共提供的就业机会达 23 万个。两家公司在 2013—2020 年的累计净利润比较接近，格力电器累计实现的净利润为 1 493 亿元，而美的电器为 1 424 亿元。从利润构成来看，两家公司的绝大部分利润都是核心利润，美的集团还有 110 亿元的投资收益。格力电器有 74 亿元其他综合收益。另外，两家公司的政府补贴都比较多。

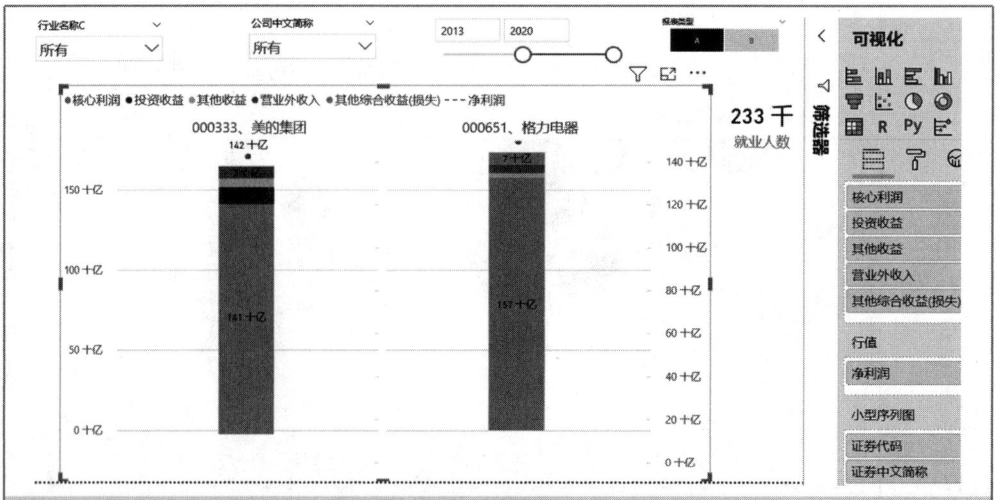

图 5-27　财富创造对比

5.5.2　财富分配

财富分配主要从四个方面来看，分别是职工工资、政府税收、银行借款利息、分配给股东的净利润。两家公司的财富分配情况如图 5-28 所示。

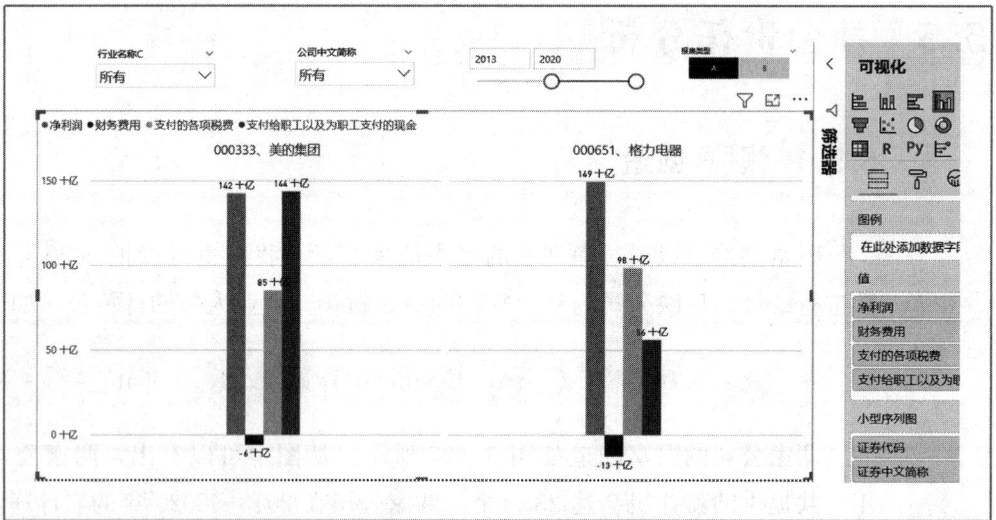

图 5-28　财富分配对比

从图中可以看出，两家公司支付给股东的净利润都很多。美的集团支付给职工以及为职工支付的现金最多，虽然美的集团的职工人数较多，但是从相对值来看，美的集团支付给职工的工资占比也是格力电器支付给职工的工资占比的两倍。格力电器支付的各项税费比美的集团多。两家公司有一个共同的特点，就是都没有银行借款利息（财务费用），而且还有不少利息收入。

5.5.3　高管薪酬

高管薪酬主要从绝对值角度来看，同时我们将公司的净利润显示出来，分析高管薪酬与净利润的变化是不是正相关。其实，也可以计算高管薪酬占净利润的比例，但像美的集团、格力电器这种好公司，高管薪酬再高占净利润的比例可能也很小，一些业绩不好的公司高管薪酬占净利润的比例会很大。两家公司的高管薪酬如图 5 - 29 所示。

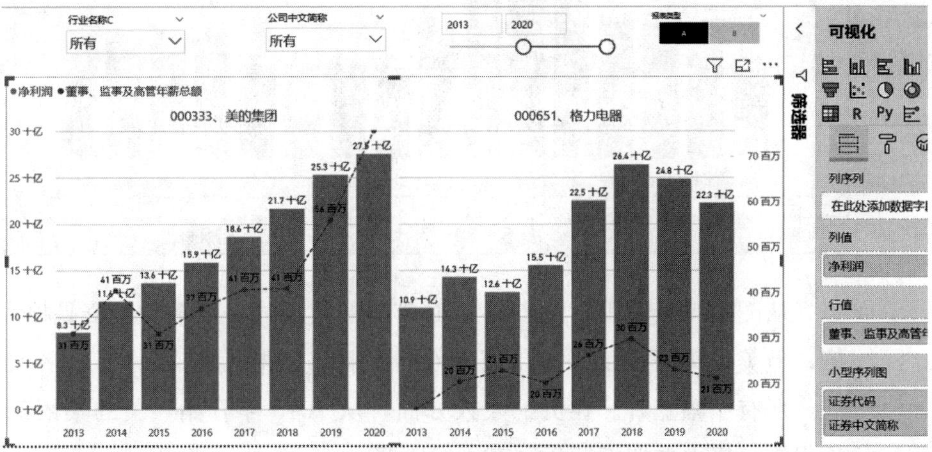

图 5 - 29　高管薪酬对比

如图所示，美的集团的高管薪酬明显高于格力电器，2020 年是格力电器的 3 倍左右，尽管格力电器的高管薪酬比美的集团低很多，但是从绝对值来看，2 100 多万元的高管薪酬也不是一个小数字。

从 2015 年开始，美的电器的高管薪酬与净利润呈正相关，近两年增长幅度更大；从 2016 年开始，格力电器的高管薪酬与净利润也基本呈正相关，净利润增长，高管薪酬增加；净利润下滑，高管薪酬降低。

5.5.4　员工薪酬

员工薪酬的考量应看每年的平均工资变化情况以及员工人数的变化情况，员工人数数据取自公司治理结构表中的员工人数，平均工资的计算公式如下：

平均工资=DIVIDE(sum(CF[支付给职工以及为职工支付的现金]),
sum(CG[员工人数]))

两家公司的平均工资和员工人数如图 5-30 所示。

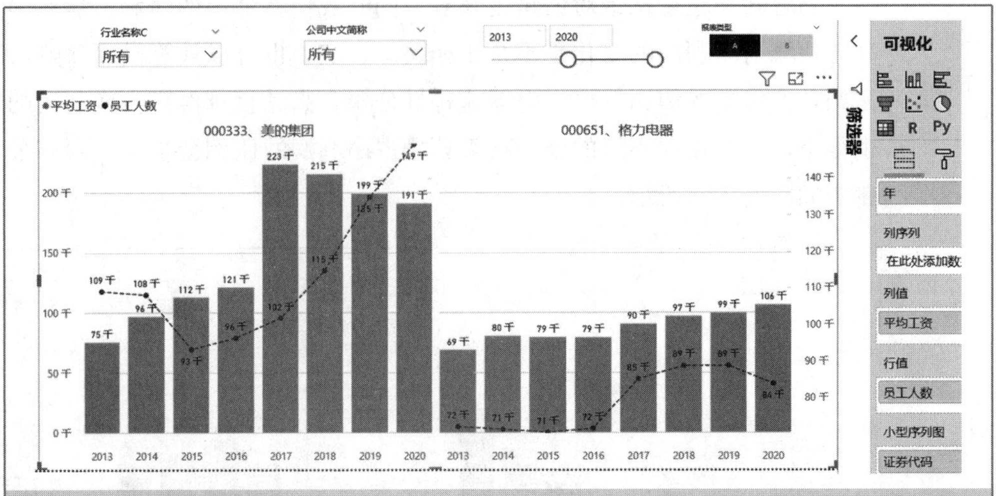

图 5-30 平均工资与员工人数对比

从图中可以看出，2017—2020 年美的集团的员工平均工资是格力电器的近 2 倍，但美的集团员工平均工资有小幅下降，而格力电器的员工平均工资虽然较低，但有小幅上升。在员工人数方面，从 2015 年开始，美的集团的员工人数增长很快，格力电器近两年则有小幅下降。

5.6 行业分析

除了单个公司分析，有时还需要对行业进行全面了解，因此，行业分析是必要的。在单个公司分析的页面上，有“所有页面上的筛选”这一项功能，它会对相关的行业切片器有所影响，因此，如果进行行业分析，就要去除“所有页面上的筛选”，但这又会涉及其他很多已经分析过的单个公司的图形，因此我们只能另存一个行业分析文件，对其单独进行行业分析。

5.6.1 行业简单分析

行业分析与单个公司分析的思路基本一致，只是分析的范围不一样，单个公司分析是选择上市公司名称，而行业分析是选择行业，或者选择某行业中的多个上市公司进行对比分析。电气机械及器材制造业中的主要公司的现金流风险矩阵如图5-31所示。

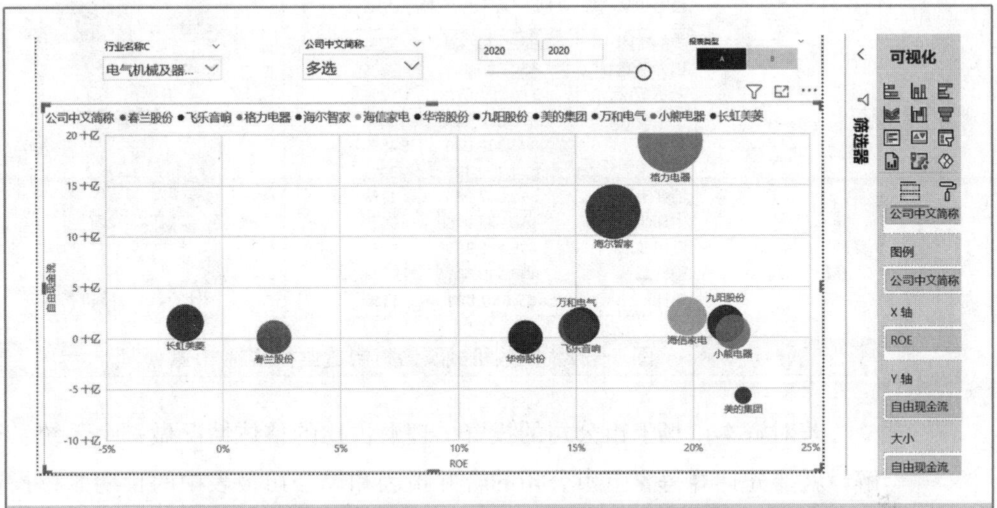

图5-31　电气机械及器材制造业主要公司现金流风险矩阵

在做行业分析时，还需新建相关的度量值，再进行筛选统计。例如，对补贴做一个全面了解，或对电气机械及器材制造业的补贴情况进行了解，就要新建补贴度量值、补贴占净利润度量值，具体公式如下：

```
补贴=sum(PL[营业外收入])+sum(PL[其他收益])
补贴占比=DIVIDE(sum(PL[营业外收入])+sum(PL[其他收益]),
        sum(PL[净利润]))
```

建好度量值，我们就可以做一个矩阵表，对2020年电气机械及器材制造业的数据进行筛选，可以发现美的集团和格力电器的补贴很多，补贴占比约7%，海尔智家、海信家电也有很多补贴，海信家电的补贴占比居然达到了24%，如图5-32所示。

5.6.2　行业深度分析

简单行业分析就是先进行行业筛选，再对其他指标统计排序，而重分类统计分析则比较麻烦。例如，我们这里对投资和理财占比进行合并报表和母公司报表的重分类统计，需要先创建一个“投资-理财”新表，然后再对其进行统计分析。

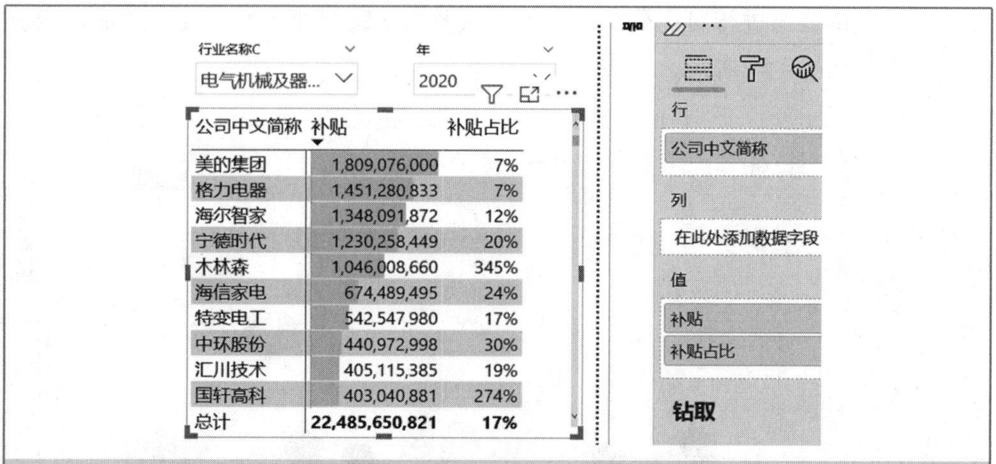

图 5-32　电气机械及器材制造业补贴前 10 家公司

若对资本市场上市公司的投资、理财占比的整体情况做一个系统、全面的了解，就要先计算每家上市公司的合并报表和母公司报表中的长期股权投资和金融投资的占比，公式如下：

长期股权投资 A 占比＝DIVIDE(CALCULATE(sum(BS[长期股权投资净额]),'Type'[报表类型]="A"),CALCULATE(sum(BS[资产总计]),'Type'[报表类型]="A"))

长期股权投资 B 占比＝DIVIDE(CALCULATE(sum(BS[长期股权投资净额]),'Type'[报表类型]="B"),CALCULATE(sum(BS[资产总计]),'Type'[报表类型]="B"))

金融投资 A 占比＝DIVIDE(CALCULATE([金融性资产],'Type'[报表类型]="A"),CALCULATE(sum(BS[资产总计]),'Type'[报表类型]="A"))

再通过系统菜单：建模/新建表，创建一个“投资-理财”新表，公式如下：

投资-理财＝SUMMARIZE(BS,'Date'[年],CODE[证券代码],CODE[证券中文简称],'CODE_CITY'[area],CODE[行业名称C],"长期投资 A",[长期股权投资 A 占比],"长期投资 B",[长期股权投资 B 占比],"理财投资 A",[金融投资 A 占比],"理财投资 B",[金融投资 B 占比])

然后在新建的“投资-理财”表中新增两列，操作路径是系统菜单：建模/新建表列，分别对长期股权投资在合并报表和母公司报表中的占比进行重分类，公式如下：

长投A分类=SWITCH(TRUE(),[长期投资A]>=0.7,"大于等于70%",[长期投资A]>=0.4,"40%～70%",[长期投资A]>=0.1,"10%～40%","0%～10%")

长投B分类=SWITCH(TRUE(),[长期投资B]>=0.7,"大于等于70%",[长期投资B]>=0.4,"40%～70%",[长期投资B]>=0.1,"10%～40%","0%～10%")

上面的分类函数SWITCH就是多条件的IF函数，其使用规则比多个IF函数嵌套简洁。上面公式的含义是将长期股权投资占总资产的比例进行分段统计，分为大于等于70%、40%～70%、10%～40%、0%～10%。有了这个数据，我们再对整个资本市场中上市公司的投资、理财分类进行统计，示例结果如图5-33所示。

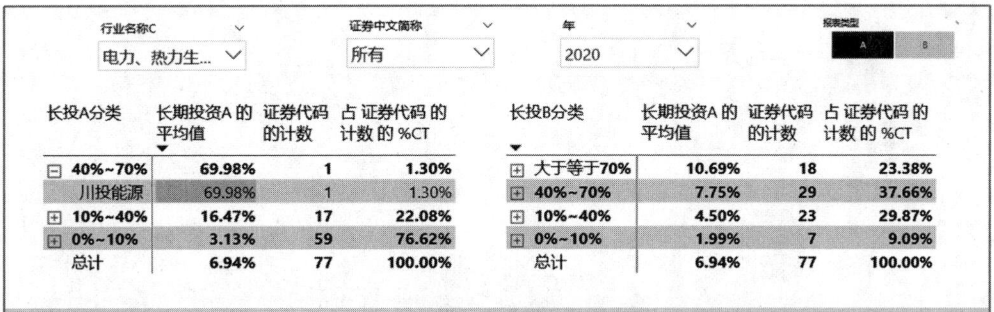

长投A分类	长期投资A的平均值	证券代码的计数	占证券代码的计数的%CT
40%~70%	69.98%	1	1.30%
川投能源	69.98%	1	1.30%
10%~40%	16.47%	17	22.08%
0%~10%	3.13%	59	76.62%
总计	6.94%	77	100.00%

长投B分类	长期投资A的平均值	证券代码的计数	占证券代码的计数的%CT
大于等于70%	10.69%	18	23.38%
40%~70%	7.75%	29	37.66%
10%~40%	4.50%	23	29.87%
0%~10%	1.99%	7	9.09%
总计	6.94%	77	100.00%

图5-33　电力、热力生产和供应业长期股权投资占比分类

第5章图片汇总

第6章

经营主导型：贵州茅台

6.1 公司经营战略

6.2 经营战略和成果分析（一）：传统投资主线

6.3 经营战略和成果分析（二）：母公司投资主线

6.4 管理能力分析

6.5 风险分析

6.6 社会责任分析

本章我们将利用前面章节的知识，对贵州茅台进行可视化分析。首先，介绍公司的主营业务和战略；其次，采用传统财务报表分析方法进行分析；最后，通过对合并报表及母公司报表的对比分析，得出贵州茅台属于经营主导型公司的结论，并对这一结论进行解读。

6.1 公司经营战略

分析一家上市公司的步骤包括：第一，了解该公司的主营业务；第二，分析该公司的竞争优势；第三，明确该公司的战略定位。为了了解该公司的战略计划是否如期完成，可以将公司公告中披露的战略计划与财务报表数据进行对比分析，以此来验证计划与实际结果的差异。

6.1.1 主营业务及经营模式

1. 主营业务

公司的主营业务是茅台酒及系列酒的生产与销售。其主导产品“贵州茅台酒”是世界三大蒸馏名酒之一，也是集国家地理标志产品、有机食品和国家非物质文化遗产于一身的白酒品牌。

2. 经营模式

公司的经营模式为：采购原料—生产产品—销售产品。其中，采购原料根据公司的生产和销售计划进行；产品生产工艺流程为：制曲—制酒—贮存—勾兑—包装；销售模式以扁平化的区域经销为主，公司直销为辅。公司产品通过直销和批发代理渠道销售。直销渠道指自营渠道，批发代理渠道指社会经销商、商超、电商等渠道。

3. 财务情况

2020年财务报表显示，公司全年营业收入为949亿元，净利润为466亿元，经营活动产生的现金流量净额为517亿元，归属于母公司所有者的权益为1 613亿元，总资产为2 134亿元，每股收益为37.17元，加权平均净资产收益率为31.4%。

4. 行业情况

根据国家统计局数据，2020年全国规模以上白酒企业完成酿酒总产量740万千升，同比下降2.46%；实现销售收入5 836亿元，同比增长4.61%；实现利润总额 1 585 亿元，同比增长 13.35%。

6.1.2 核心竞争力

公司拥有由著名的品牌、卓越的品质、悠久的文化、厚重的历史积淀、独特的环境、特殊的工艺等优势组成的核心竞争力。根据贵州茅台年度财务报告可以得知，其销售毛利率稳定在 91%左右。

6.1.3 发展战略

“十四五”规划期间，公司立足新发展阶段，贯彻新发展理念，融入新发展格局，坚持稳中求进工作总基调，以高质量发展统揽全局，以聚主业、调结构、强配套、构生态为发展思路，筑牢“质量、安全、环保”三条生命线，推进品质茅台、绿色茅台、活力茅台、文化茅台和阳光茅台建设，巩固茅台酒世界蒸馏酒第一品牌地位，推动公司高质量发展、大踏步前进。

6.1.4 控股股东与实际控制人

如图 6－1 所示，公司控股股东为中国贵州茅台酒厂（集团）有限责任公司，持有 54%的股份，是公司的第一大股东，对公司绝对控股。公司实际控制人为贵州省人民政府国有资产监督管理委员会。

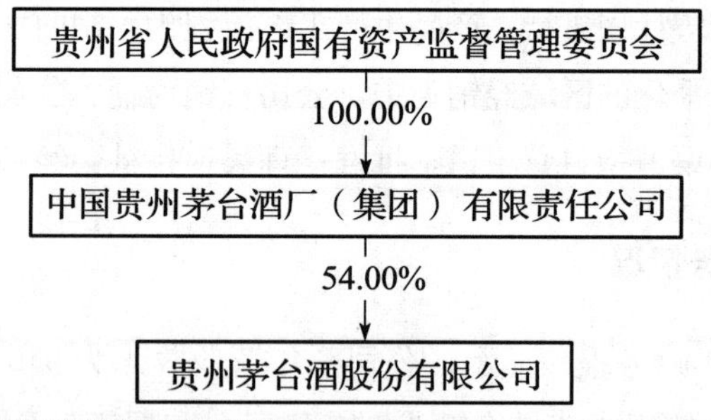

图 6－1　公司、控股股东与实际控制人关系图

6.1.5 产业链图谱

2020 年财务报表显示，公司主营产品为茅台酒和茅台系列酒。其中，茅台

酒的产值占 87.63%，茅台系列酒的产值占 12.37%。主要涉及的产品有高端酱香型白酒、奢侈酱香型白酒和葡萄酒（红酒），其中，高端酱香型白酒占比最大。高端酱香型白酒的产业链图谱如图 6－2 所示。

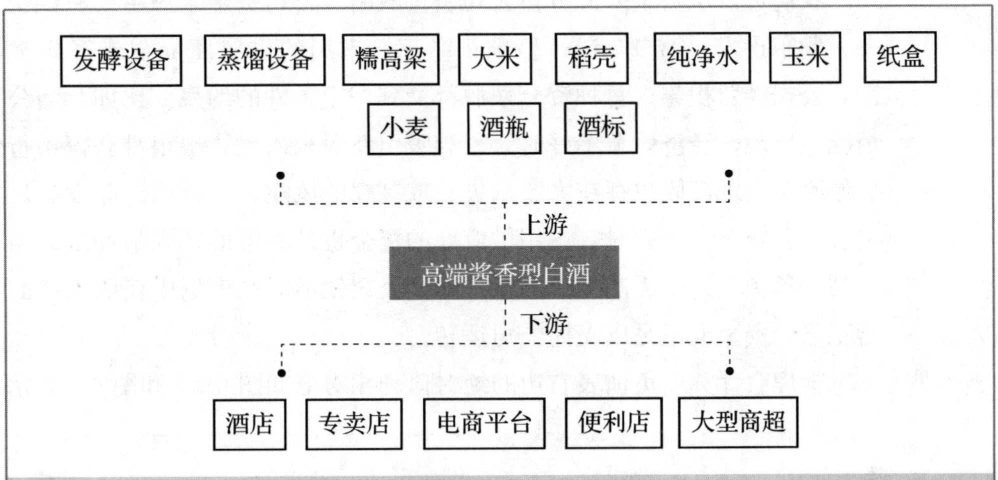

图 6－2　高端酱香型白酒的产业链图谱

6.2　经营战略和成果分析（一）：传统投资主线

根据年度财务报表可知，公司战略主要聚焦于主营业务，其次强调提高主营业务的品质，这说明公司的战略定位为专业化经营模式。公司战略执行结果反映在资产负债表的左半部分，即各资产项目的结构上。资产结构反映不同资源的配置情况，专业化经营公司往往经营资产投入较大，投资资产投入相对较少甚至没有。投资资产较少意味着长期股权投资以及商誉较少。另外，公司强调提高产品品质，增强差异化，这可以给公司带来更高的毛利率。经济效益增加后，公司可以进行更多的市场推广和产品研发，形成良性循环。

财务报表分析涉及资产负债表、利润表以及所有者权益变动表。其基本框架包括：第一，观察资产负债表的右半部分，即负债和所有者权益项目的来源，分析公司引资战略；第二，观察资产负债表的左半部分，即资产项目的来源，分析公司经营战略和盈利模式；第三，观察利润表的收入、成本、费用以及净利润等项目，分析公司盈利结构及盈利水平，盈利结构可以反映盈利的可持续性；第四，观察现金流量表中的现金流相关项目，主要是经营活动产生的现金流量净额，以此来分析公司盈利质量，这里的盈利质量主要指现金流质量。

6.2.1 引资战略

我们可以从资金来源分析公司引资战略。公司资金来源主要有四个方面：第一，股东投入；第二，银行借款；第三，占用的供应商资金或客户预收款；第四，公司经营积累。每种资金来源都受到一定条件的约束。比如，当公司的经营情况不乐观、经济效益不好时，很难吸引新股东入股，也很难获得银行借款，想要原股东增资扩股也存在大股东失去控制权的风险；当公司产品没有足够的市场占有率、缺乏竞争力时，占用供应商的资金也是有限的；当市场缺乏需求，或者产品不具备差异化无法吸引消费者时，公司就不能在市场中获取更高的利润，经营积累的资金也不足以支撑公司运转。

管理会计资产负债表右边的绝对值和相对值如图 6-3 和图 6-4 所示。

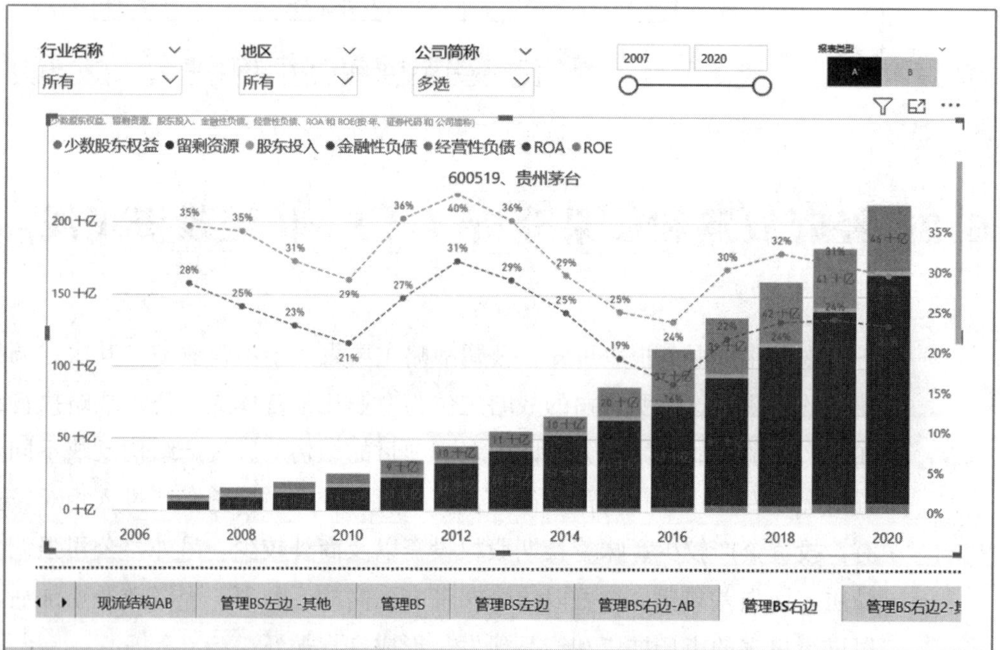

图 6-3　管理会计资产负债表的右边——绝对值

首先，可以看到 2007—2020 年公司的留剩资源不断增加，说明公司盈利能力很强，为股东创造了更高的价值。注意：此处为扣除每年分红后的留存收益。从 2012 年开始，少数股东权益一直维持在 3%左右。近几年股东投入占比虽然很少，稳定在 26 亿元左右，但股权结构稳定，这有利于公司长远发展。

其次，公司的经营性负债金额以及占比较小，即对供应商和客户资金的占用较少，该占比基本在 20%～30%。公司的金融性负债占比非常小甚至没有，即公

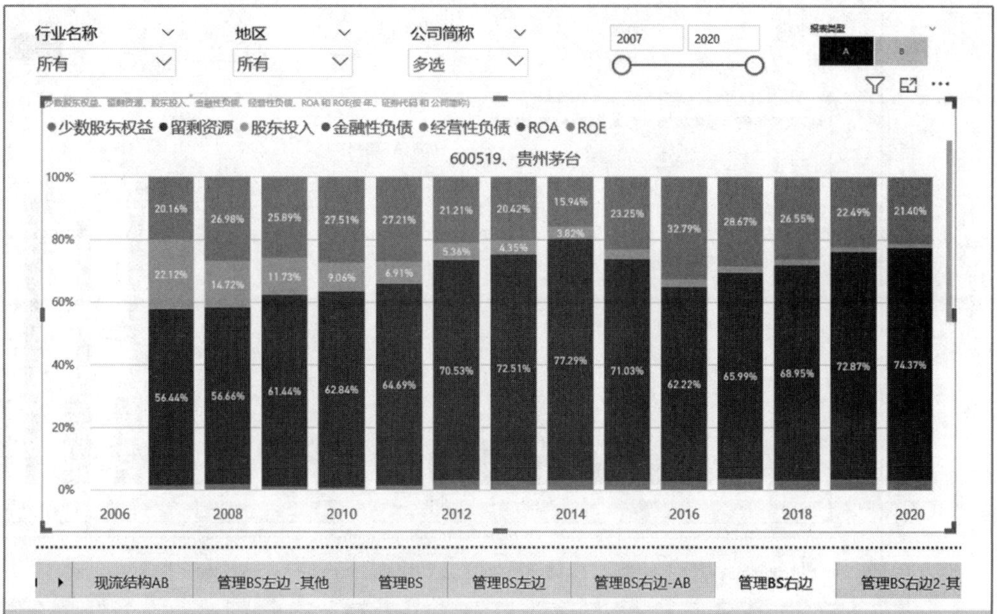

图 6-4　管理会计资产负债表的右边——相对值

司几乎未向银行借款，说明公司依靠其自身的经营积累就可以满足日常经营，经济效益较好。

最后，公司的 ROE 在 2012 年达到峰值 40%，2016 年达到低谷 24%，波动较大，反映了白酒行业的消费周期性。究其原因，2012 年相关政策出台后，消费者的高消费行为受到抑制，加之酒鬼酒塑化剂事件，消费者对白酒的需求下降，公司经济效益降低，ROE 由 2012 年的峰值迅速降到了 2016 年的低谷，2016 年后有所回升。同时，ROA 与 ROE 的波动基本一致，而且经营性负债占比比较稳定，这说明公司财务杠杆较小。注意：更大的时间跨度分析可以帮助分析者了解公司所处行业的周期阶段，这对于公司估值有一定作用。行业是否具有周期性，公司目前处于周期的哪个阶段，对于财务报表分析来说十分重要。

另外，为了说明公司经营性负债的真实来源，将存货净额、预收款项（新会计准则将预收款项更改为合同负债）进行比较，如图 6-5 所示。2008—2011 年预收款项高于存货净额，说明这几年产品销量可观，2012 年后，预收款项急剧减少然后缓慢回升，到 2016 年达到了另一高点，说明白酒的销量存在周期性，与前面所述 ROE 的变化规律基本一致。

注意：在绘制图 6-5 时，应使左右 Y 轴坐标刻度一致，具体的调节方式是在 Y 轴坐标下的次坐标录入结束值，手动输入 500 亿，即用同一个尺度来对比预收款项与存货净额的对应关系。

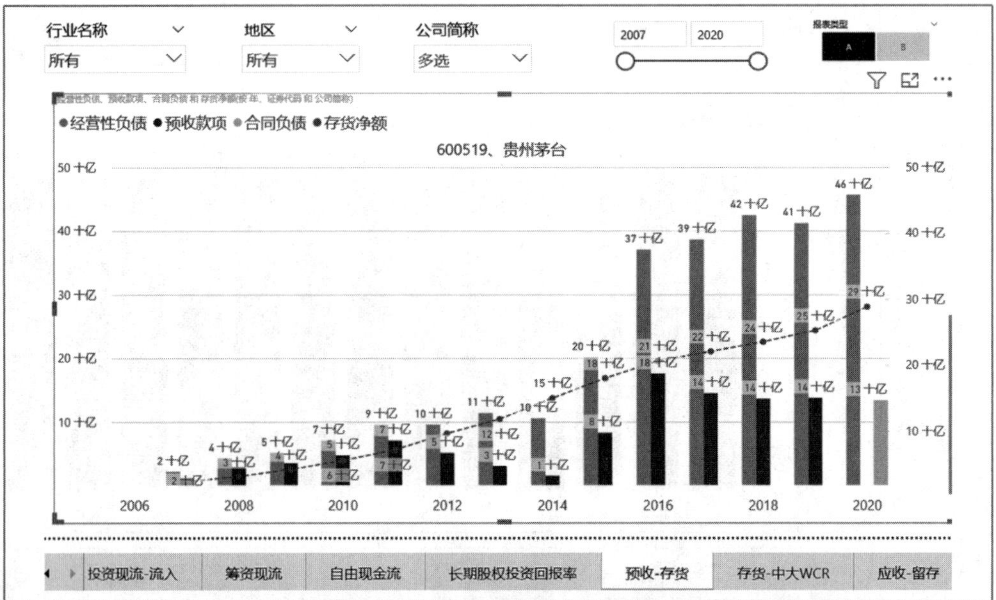

图 6-5　预收款项与存货净额的对比

6.2.2　经营战略和盈利模式

接下来，通过分析资产负债表的左半部分，即资产结构，可以得到公司战略执行结果，因为公司资源分配在一定程度上体现其盈利模式。如图 6-6 所示，在分析期内公司经营资产逐步增加，说明公司盈利主要依靠生产经营，同时，其投资资产金额很少。毛利率稳定在 90%左右，说明公司的品牌竞争力强。公司经营风险也较低，从 2014 年的 21%一直下降到 2020 年的 9%。根据上述分析，可知公司披露的战略计划与财务指标反映的结果一致，即公司聚焦主业，注重提升产品品质。同时，这也印证了一个结论，轻资产模式的公司一般采用差异化竞争策略，反映在财务指标上即拥有较高的毛利率。

接下来从相对值角度分析公司的金融性资产和投资资产。如图 6-7 所示，投资资产占比在 2012 年达到峰值 8.92%，之后基本呈下降趋势，2015 年占比只有 1.77%，2016—2019 年占比不到 1%，2020 年仅有 0.44%，这说明公司的投资资产很少，占比极低，基本可以忽略不计。

我们可以通过公司披露的战略计划对利润表中的盈利结构进行预判。公司属于经营主导型，其盈利结构应为核心利润较多、投资收益较少。如果核心利润较少，则说明公司经营资产利用效率较低，与公司战略可能不太匹配。如果投资收益较多，则说明投资资产回报率高于预期。

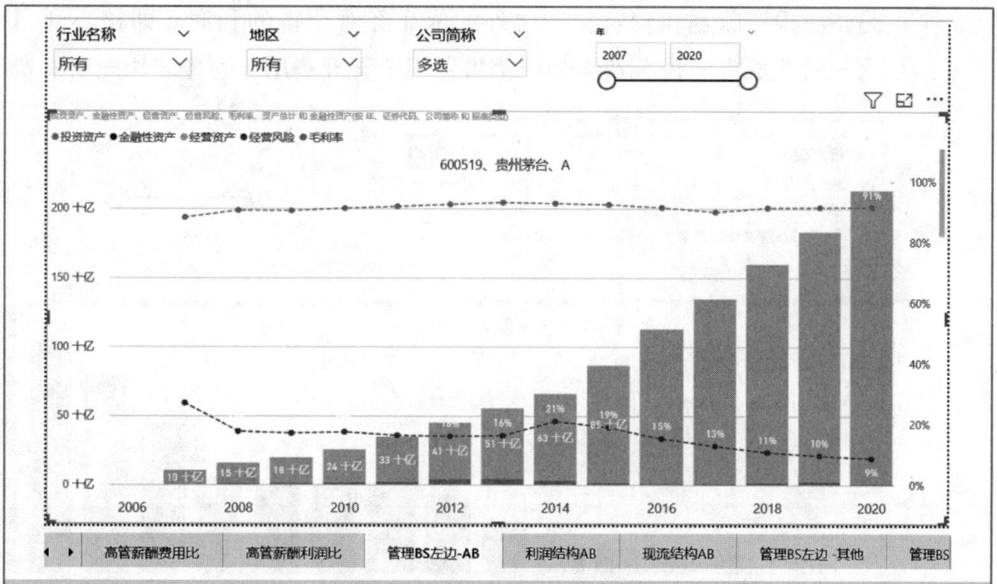

图 6-6　公司经营战略和盈利模式

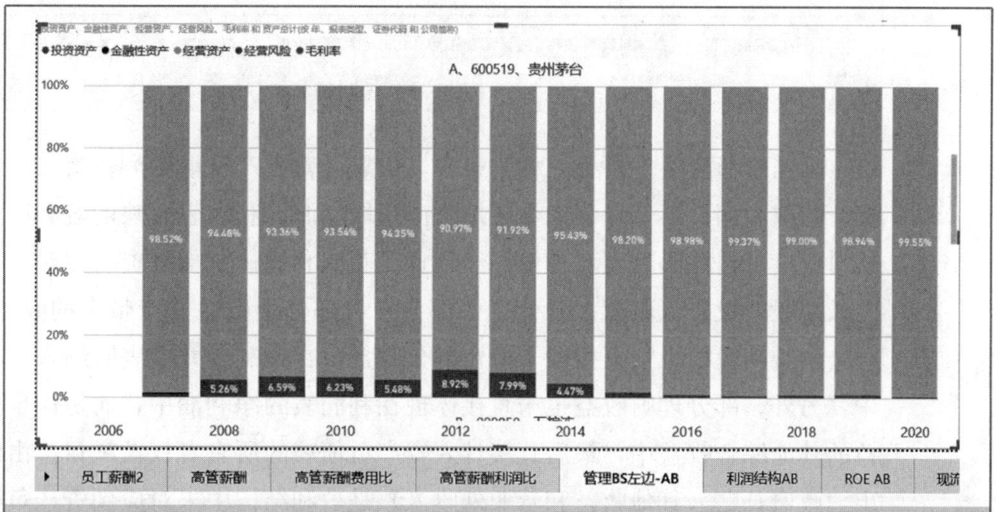

图 6-7　公司投资资产占比

6.2.3　盈利结构

根据前面所述，公司主要依靠经营资产盈利，我们可以通过盈利结构进行印证。如图 6-8 所示，公司核心利润金额较大，且分两个阶段上了两个台阶，第一阶段是 2010—2013 年，第二阶段是 2016—2020 年，第二阶段增长速度较快。同时，公司投资收益较少几乎为零，且没有其他收益（政府补贴），这也印证了公司战略，可以说明公司是通过经营资产来获取核心利润。这里的核心利润主要是指除投资收益和政府补贴之外的依靠经营获得的利润，即核心利润＝营业收入－营业成本－税金及附加－销售费用－管理费用－财务费用－研发费用。

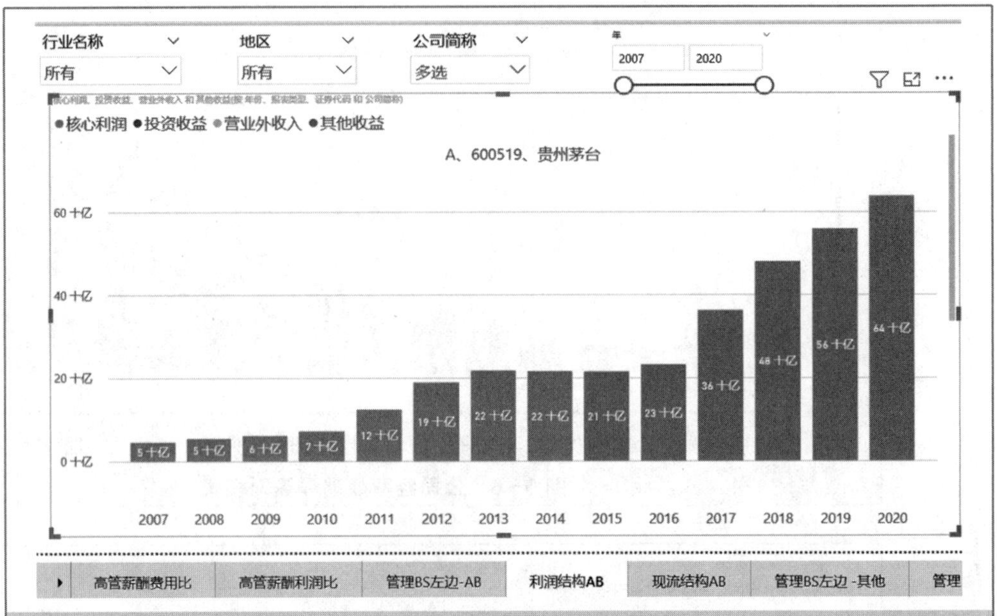

图 6-8　盈利结构

公司经营战略主要有三种：第一，依靠经营资产获取利润；第二，依靠投资资产获取利润；第三，依靠金融性资产获取利润。利润表反映的盈利结构应与之相对应：公司核心利润对应依靠经营资产获取利润；公司投资收益对应合并报表中长期股权投资（联营、合营企业部分）和部分金融性资产带来的收益。注意：母公司长期股权投资下控股子公司部分收益，在编制合并报表时纳入了核心利润中，另外，部分理财收益也未直接体现在利润表的净利润中，而是体现在表外损益的其他综合收益中，最后直接计入资产负债表的所有者权益项目。由此可以看出，政府补贴（其他收益和营业外收入）是盈利结构中未对应到资产负债表中的项目，因为它直接进入了现金流量表的经营活动产生的现金流入中。

成长型企业一般是第一种战略，即依靠经营资产获取利润。成熟型企业可能会选择多元化经营，存在长期股权投资。一般来说，上市公司还会留存一些机动资金，用于补充流动资金的缺口，占比在 5%～10%相对合理。

6.2.4　盈利水平

公司盈利水平采用以下几个财务指标进行分析，分别是毛利率、净利率、净利润增长率以及 ROE，还可能用到经济增加值（EVA）。

根据图6-6可知，贵州茅台的毛利率稳定在90%左右，说明有足够的毛利支撑公司进行营销和研发活动，形成良性循环。净利率也相对稳定，基本在50%左右，如图6-9所示。

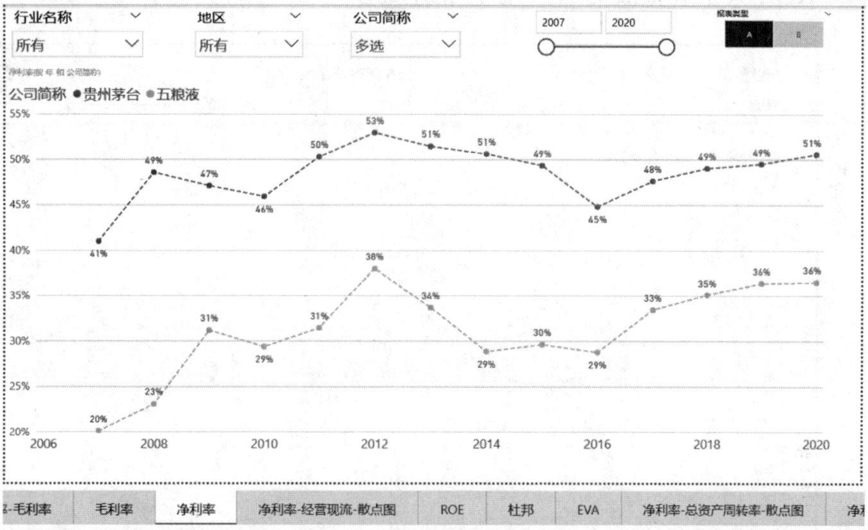

图6-9　净利率变化

从净利润增长率来看，如图6-10所示，净利润增长速度最快的时间段是2010—2011年，2011年达到73%，其次是2016—2017年，2017年达到62%；净利润下降速度最快的年份是2012年。2020年净利润增长率仅有13%。

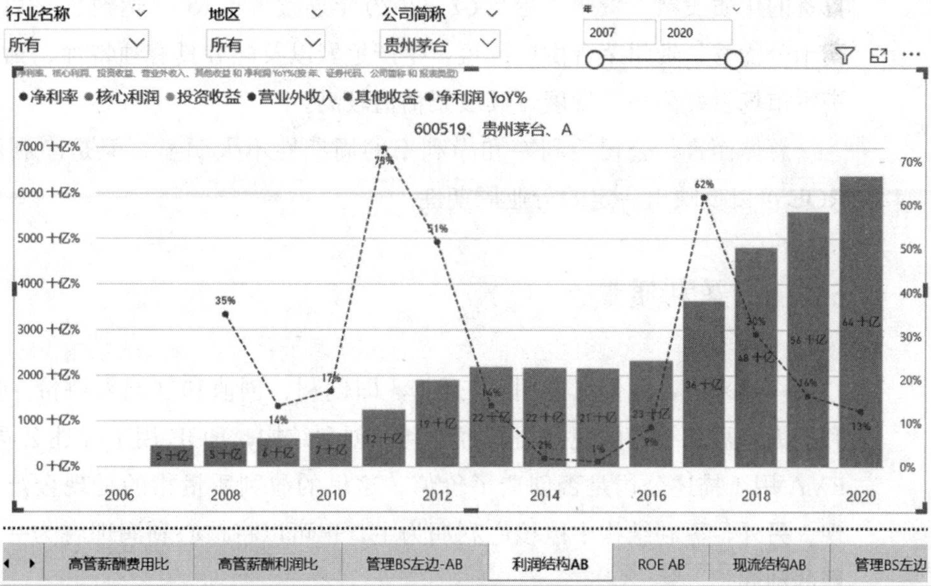

图6-10　净利润增长率变化

如图 6－11 所示，将贵州茅台与五粮液的 ROE 进行对比，可以发现两家公司的 ROE 变化基本同步，说明白酒行业存在周期性，更加理想的方法是将两家公司的 ROE 与整个白酒行业的 ROE 进行对比，从而发现规律。贵州茅台的 ROE 大于五粮液的 ROE，且相差最多为 20 个百分点。

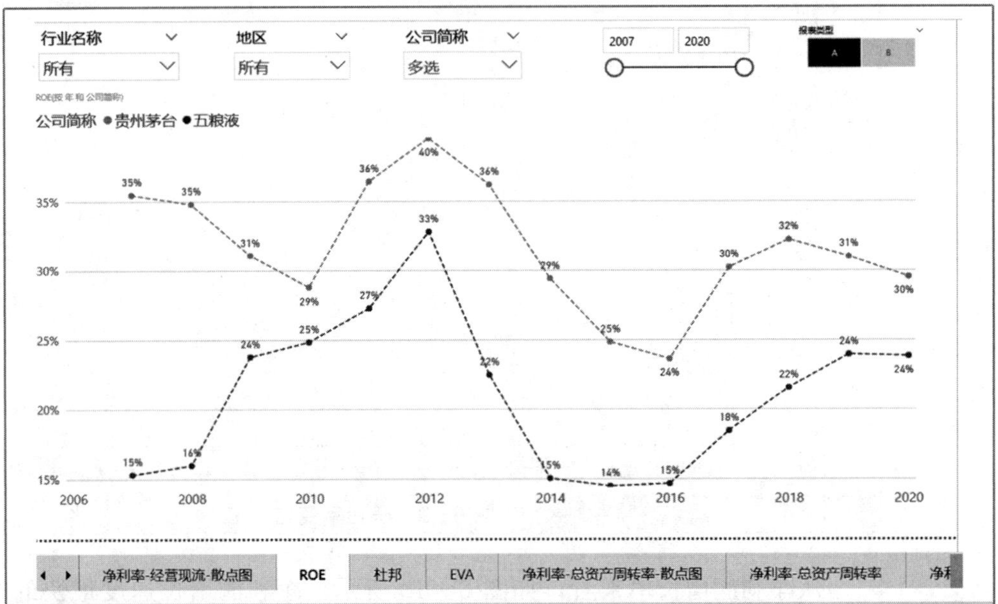

图 6－11 ROE 变化

按照巴菲特选股的标准，ROE 连续多年超过 20％的公司，其股票即为值得投资的优质股票。贵州茅台 2007—2020 年连续多年 ROE 达到 20％以上，说明公司十分优秀。贵州茅台供应链短，生产地域以及配方具有独特性、稀缺性，使得资本市场看好公司的发展，其股票估值较高。

总体而言，公司毛利率和净利率的周期性不太明显，但是净利润增长率和 ROE 可以反映出一定的行业周期性。

6.2.5 盈利质量

一般来说，我们可以用“三创”，即创利、创值和创现来评价一家公司的盈利能力。盈利结构体现公司是否创利、创利结构，ROE 用于描述公司创利水平，EVA 用于描述公司是否创造了价值。这里的盈利质量指的是现金流质量，即创现。另外，盈利结构中以核心利润为主，也可以将核心利润理解为一种可持续发展的利润。

如图 6－12 所示，公司的核心利润与经营活动产生的现金流量净额匹配程度较高，说明公司利润更多以现金的方式实现，核心利润质量较好，其中，2016 年经营活动产生的现金流量净额明显大于核心利润。

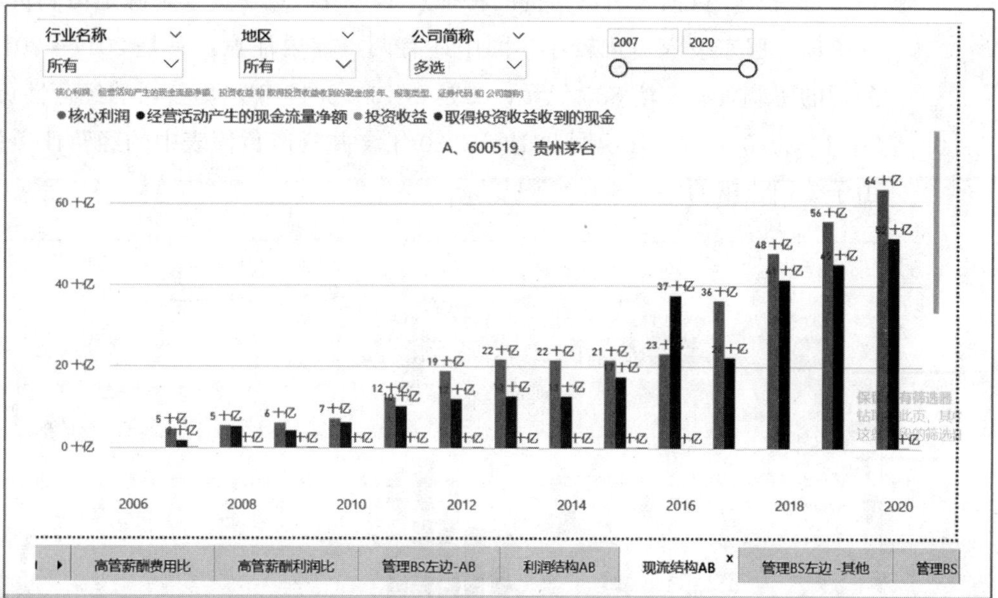

图 6 - 12　创现情况

要想计算累计核心利润与累计经营活动产生的现金流量净额，可以将图 6 - 12 中时间轴上的年份去掉。经过统计，分析期内累计核心利润为 3 457 亿元，累计经营活动产生的现金流量净额为 2 800 亿元，两者相差 657 亿元，该差额反映在应收账款科目中。然而，当我们观察公司的资产负债表时，发现应收账款余额竟然为 0（应收票据也仅有 15 亿元），说明其中存在更深层的问题。

核心利润与净利润的差异主要是因为所得税费用，所得税费用包括在净利润中而未包括在核心利润中。分析期内累计所得税费用为 910 亿元，累计净利润为 2 670 亿元，两者相加为 3 580 亿元，与核心利润 3 457 亿元相差不大。根据分析可知，通过核心利润计算出来的核心利润获现率，实际上存在一些逻辑问题，最好采用核心净利润或者扣非净利润计算核心利润获现率。

6.3　经营战略和成果分析（二）：母公司投资主线

6.3.1　引资战略

本节进一步将合并资产负债表与母公司资产负债表进行对比分析。

如图 6－13 所示，左半部分 A 代表公司合并资产负债表，右半部分 B 代表母公司资产负债表（母公司个别报表）。右边母公司资产负债表引资结构的特征与左边合并资产负债表引资结构的特征基本一致，主要资金来源是留剩资源和经营性负债，股东投入占比较小。图中还有两点需要注意：一是 2017—2018 年，母公司的留剩资源突增 385 亿元；二是 2013—2017 年，母公司的经营性负债增多，2018—2020 年减少，说明 2018—2020 年合并资产负债表中的经营性负债多数是由子公司贡献的。

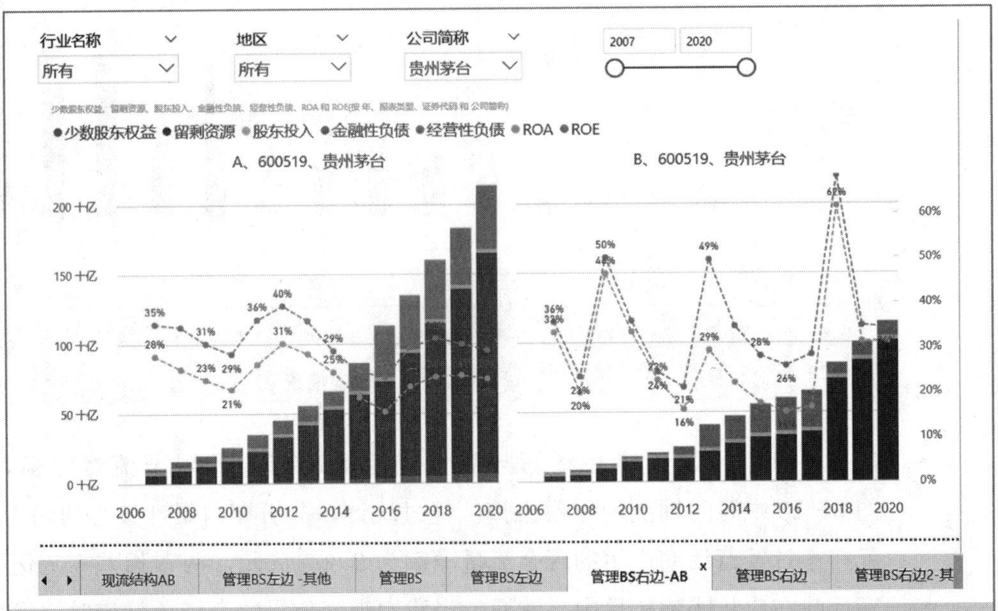

图 6－13　引资战略对比

另外，与合并资产负债表一样，母公司资产负债表中也未显示金融性负债，即不存在银行借款。母公司资产负债表中的 ROE 和 ROA 的波动性比合并资产负债表大，且峰值整体来看高于合并资产负债表，特别是 2018 年分别达到了 68％和 62％。

6.3.2　经营战略和盈利模式

接下来，分析合并资产负债表与母公司资产负债表中的经营战略和盈利模式是否有差异。如图 6－14 所示，上半部分是合并资产负债表的资产结构，下半部分是母公司资产负债表的资产结构，两者的结构类似，均属于经营型，且投资资产很少。从合并报表来看，公司对外投资较少，仅有 9.3 亿元；从母公司报表来看，母公司对子公司的投资也较少，为 25.3 亿元。

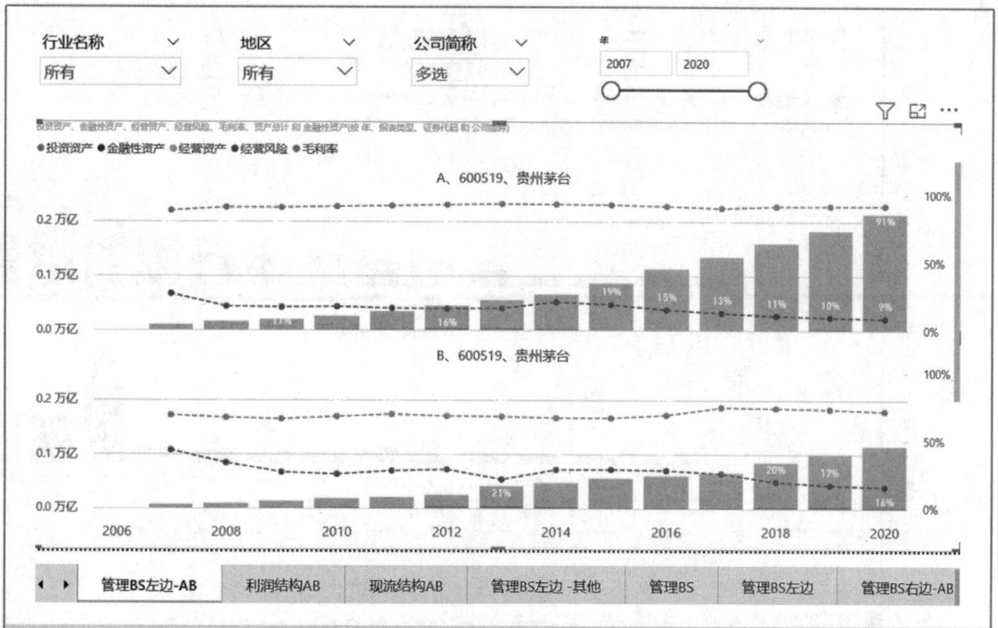

图 6－14　经营战略和盈利模式对比

注意：图中母公司的投资资产包括长期股权投资、其他应收款以及预付款项（预付款项约 8.9 亿元）。为了简便，对于其他应收款和预付款项，未准确计算合并报表与母公司报表之间的差异，仅对其进行粗略估算。

6.3.3　盈利结构

通过利润表分析公司盈利结构。如图 6－15 所示，上半部分是合并利润表的盈利结构，下部分是母公司利润表的盈利结构。合并利润表中的核心利润金额较大，占比较高；母公司利润表中的投资收益金额较大，占比较高，说明母公司主要以投资收益为主，核心利润很少。根据上面所述，母公司投资资产很少，请思考公司是如何获取高额投资收益的？

为了寻求这个问题的答案，可以查阅 2020 年年报中母公司对外投资的数据。如图 6－16 所示，母公司对子公司的投资金额是 16.2 亿元，主要投资对象为贵州茅台集团财务有限公司、贵州茅台酱香酒营销有限公司、贵州茅台酒销售有限公司等，分别投资 12.75 亿元、2 亿元、950 万元。而当期采用成本法核算的长期股权投资收益为 349.4 亿元。

另外，也可以通过大数据分析方式来处理，即下载长期股权投资相应的数据，再进行可视化分析。

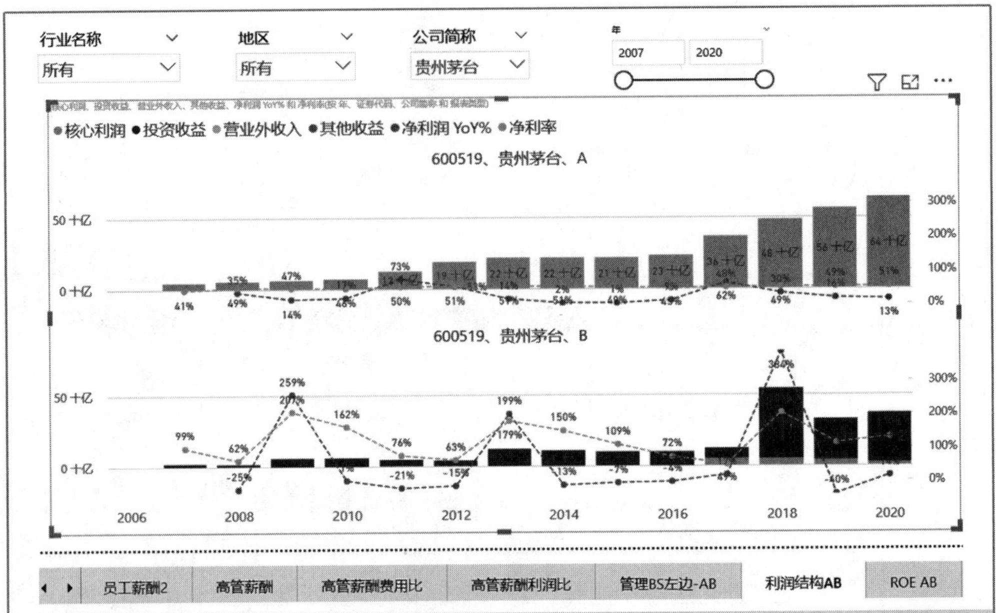

图 6-15　利润表盈利结构对比

（1）对子公司投资

√适用 □不适用

单位：元　　币种：人民币

被投资单位	期初余额	本期增加	本期减少	期末余额	本期计提减值准备	减值准备期末余额
贵州茅台酒销售有限公司	9,500,000.00			9,500,000.00		
贵州茅台酒进出口有限责任公司	5,600,000.00			5,600,000.00		
贵州茅台集团财务有限公司	1,275,000,000.00			1,275,000,000.00		
国酒茅台定制营销（贵州）有限公司	14,000,000.00			14,000,000.00		
北京友谊使者商贸有限公司	18,000,000.00	4,507,157.75		22,507,157.75		
贵州茅台酒巴黎贸易有限公司	80,728,429.80			80,728,429.80		
贵州赖茅酒业有限公司	17,200,000.00			17,200,000.00		
贵州茅台酱香酒营销有限公司	200,000,000.00			200,000,000.00		
合计	1,620,028,429.80	4,507,157.75		1,624,535,587.55		

图 6-16　母公司投资的子公司年报截图

6.3.4　盈利水平

如图 6-17 所示，母公司的 ROE 波动性较大，与前面所述的母公司资产负债表中的引资战略相一致。总体而言，合并资产负债表与母公司资产负债表中的 ROE 都较高，母公司最高为 68%，最低为 21%。公司利润的主要贡献者是投资收益。

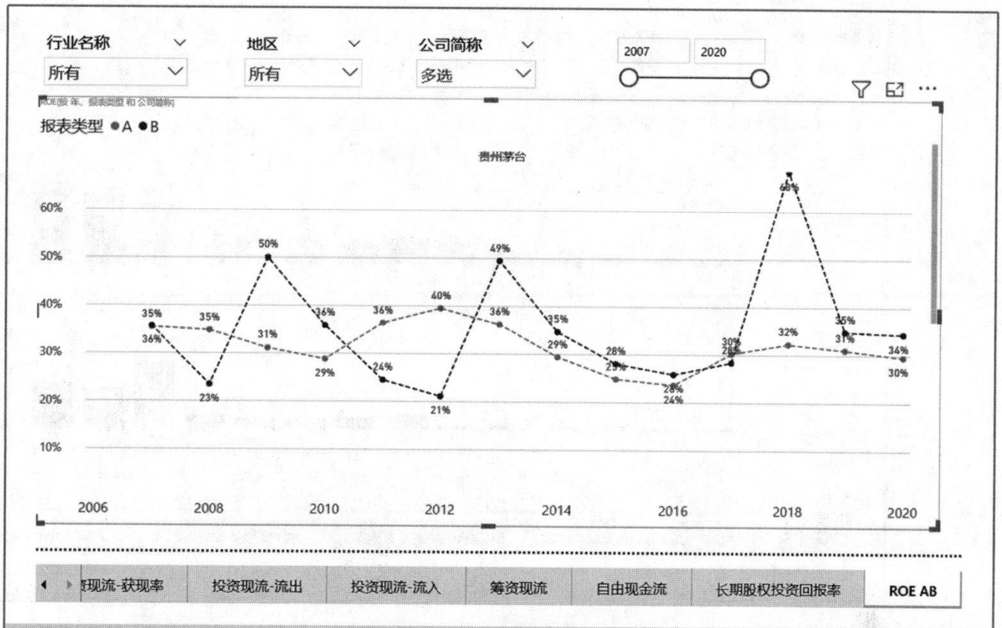

图 6-17 ROE 对比

对于投资回报率，可以采用两种方法来计算。第一，计算经营资产带来的核心利润回报率；第二，计算投资资产带来的投资收益回报率。经营资产回报率的计算公式如下：

经营资产回报率=DIVIDE([核心利润],[经营资产])

注意：上述公式中的核心利润也可以用核心净利润代替，核心净利润为核心利润减去所得税费用。

如图 6-18 所示，公司合并报表中经营资产回报率峰值出现在 2012 年，达到 46%，低谷在 2016 年，达到 21%，这种波动与前面所述的行业周期存在相关性。母公司报表中经营资产回报率在前几年为负值，2017 年由负转正达到 8%，2020 年为 2%。由此可见，母公司报表中的经营资产回报率不高，主要是投资资产带来了高额的投资回报率。

如图 6-19 所示，公司合并报表中经营资产回报率在 21%～46%之间波动，与投资资产回报率几乎重叠。母公司报表中投资资产回报率在 2008—2011 年较高，2010 年达到 240 多倍。另外，因 2007—2020 年投资资产回报率波动较大，所以我们将分析期缩短至 2013—2020 年，其中，投资资产回报率在 2017 年达到低点 9.4 倍，2018 年达到高点 65.2 倍，2019 年为 17.6 倍，2020 年为 21.2 倍。将公司投资回报率与行业内其他公司回报率对比发现，口子窖的投资回报率是白酒行业的天花板，达到 29 倍左右；五粮液的投资回报率仅达到 1 倍左右。

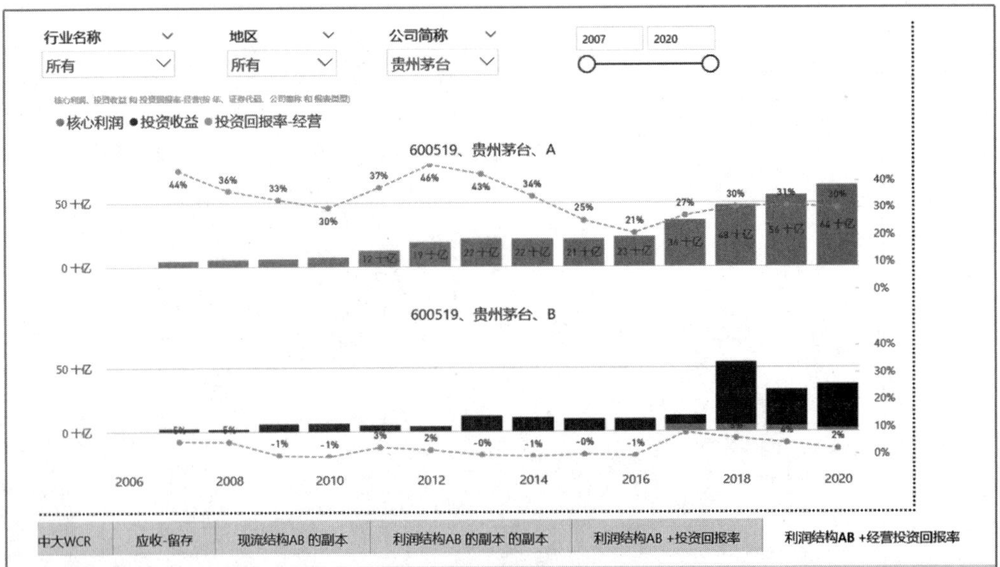

图 6-18　经营资产回报率对比

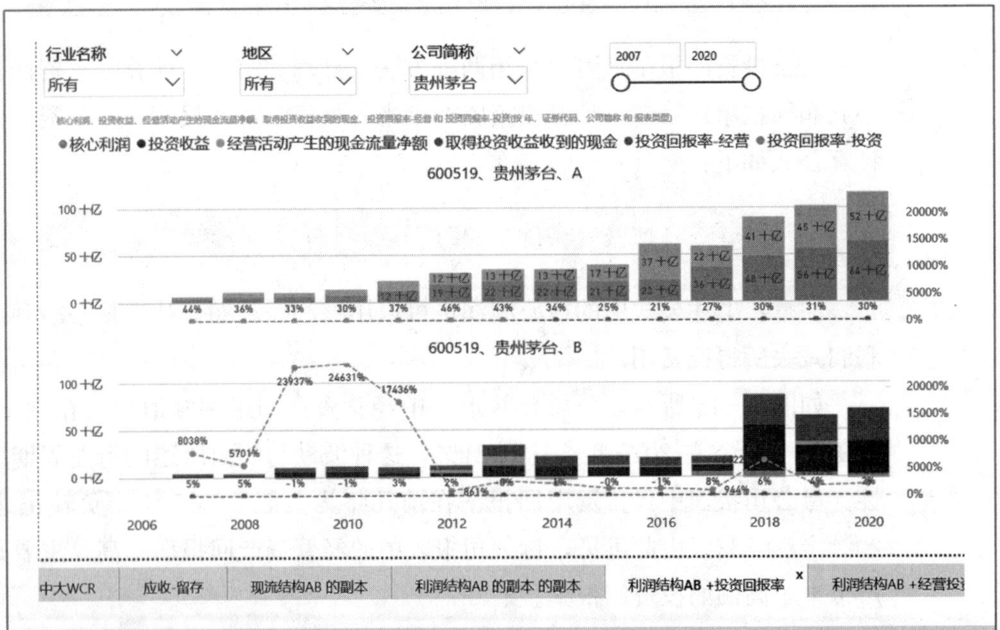

图 6-19　经营资产回报率和投资资产回报率对比

为了进一步分析公司的投资回报率，扣除贵州茅台财务公司的投资收益，即每年的 30 多亿元，可以发现贵州茅台销售公司投入不足 1 000 万元，却带来 300 多亿元的收益，简单推算其投资回报率达到了 3 000 多倍。

注意：合并报表中贵州茅台财务公司收取利息、手续费及佣金达 30 多亿元，而支付利息、手续费及佣金达 1 亿元左右。这些金额在合并利润表和合并现金流量表中都有单独体现。

根据上面的分析，公司投资资产较少，却获取了较高的投资回报率，究其原因，是消费税避税设计的结果。如图6-20所示，母公司年度财务报告显示，白酒行业的消费税最新政策标准：酒类产品销售收入分从价税和从量税，从价税为20%，从量税为0.5元/500克。

六、税项

1.主要税种及税率

主要税种及税率情况

√适用 □不适用

税种	计税依据	税率
增值税	产品销售收入计算销项税额与进项税额相抵	13%
消费税	酒类产品销售收入计税价格、销售数量	20%、0.5元/500克
城市维护建设税	应纳流转税额	7%
企业所得税	应纳税所得额	25%
教育费附加	应纳流转税额	3%
地方教育附加	应纳流转税额	2%

图6-20　酒类产品消费税计税标准

接下来对公司避税行为进行分析。由于白酒行业的消费税税率很高，同时消费税属于价内税，实行单一环节征收，在生产、委托加工和进口环节缴纳，在以后的批发、零售等环节不再缴纳。针对上述特点，白酒企业找到了有效的筹划方案，具体办法是：白酒企业分设独立的生产公司和销售公司，生产公司以低价将白酒卖给销售公司，销售公司再以市场价对外销售，通过关联交易的方式，降低计税价格，达到降低税负的目的。

举例说明，为了简化起见，暂不考虑0.5元/500克的从量税。某白酒企业避税前一瓶白酒的出厂价为100元，适用20%的从价税，则需要缴纳20元，消费税税负为20%。实施避税方案后，该企业分设生产公司A和销售公司B，A以每瓶酒40元的价格卖给B，按规定应在生产环节缴纳消费税，A需缴纳20%的从价税即8元，B再以100元的价格批发给经销商，无须缴纳消费税，整体看来，税负仅为8%。前后对比，消费税税负足足下降了12个百分点，避税效果明显，上述方案是白酒行业最通行的做法，所以白酒企业都分设了独立的销售公司。大量利润留给了销售公司，销售公司再通过现金分红的方式反馈给母公司，这就是母公司投资资产回报率高的原因。

如图6-21所示，我们看到2020年母公司的消费税还有约110亿元。若未避税，估计消费税将达到300亿元，因此这种方案的节税效果是190亿元，相当于净利润的约40%。

32、税金及附加

√适用 □不适用

单位：元 币种：人民币

项目	本期发生额	上期发生额
消费税	10,958,391,087.32	9,962,045,427.48
城市维护建设税	1,574,078,013.46	1,510,075,076.78
教育费附加	670,869,561.91	613,748,083.71
房产税	142,475,530.38	140,850,718.02
城镇土地使用税	34,836,782.87	31,082,604.20
车船税	269,578.61	309,526.86
印花税	58,095,473.30	65,884,395.86
地方教育附加	447,326,056.68	409,099,670.94
环境保护税	175,206.25	196,896.94
合计	13,886,517,290.78	12,733,292,400.79

图 6－21 2020 年年报中母公司的消费税数据

这种避税模式是否长期可行，主要受政策影响。从政策导向看，未来几年将调整优化消费税的征收范围和税率，实行征收环节后移，这意味着消费税可能在批发、零售环节或者消费终端征收。若如此，现在的避税方法就行不通了。

6.3.5 盈利质量

我们这里主要考虑盈利的现金流质量，根据盈利模式把核心利润带来的经营活动现金流量净额，与投资收益带来的现金进行分开比较。考虑到核心利润获利率计算公式的不足，我们将核心利润调整为核心净利润，计算公式如下：

核心利润获现率＝DIVIDE(sum(CF[经营活动产生的现金流量净额])，[核心利润]＋sum('CF－FB'[固定资产折旧、油气资产折耗、生产性生物资产折旧])＋sum('CF－FB'[财务费用(收益以"－"号填列)]))

核心净利润获现率＝DIVIDE(sum(CF[经营活动产生的现金流量净额])，[核心利润]－sum(PL[所得税费用])＋sum('CF－FB'[固定资产折旧、油气资产折耗、生产性生物资产折旧])＋sum('CF－FB'[财务费用(收益以"－"号填列)]))

投资资产获现率＝DIVIDE(sum(CF[取得投资收益收到的现金])，sum('PL'[投资收益]))

如图6-22所示，分别从绝对值和相对值的角度进行分析。绝对值主要涉及核心利润、经营活动产生的现金流量净额、投资收益、取得投资收益收到的现金。相对值包括核心利润获现率、核心净利润获现率和投资资产获现率。对于合并报表，应该重点关注核心利润获现率和核心净利润获现率；而对于母公司报表，则应重点关注投资资产获现率。

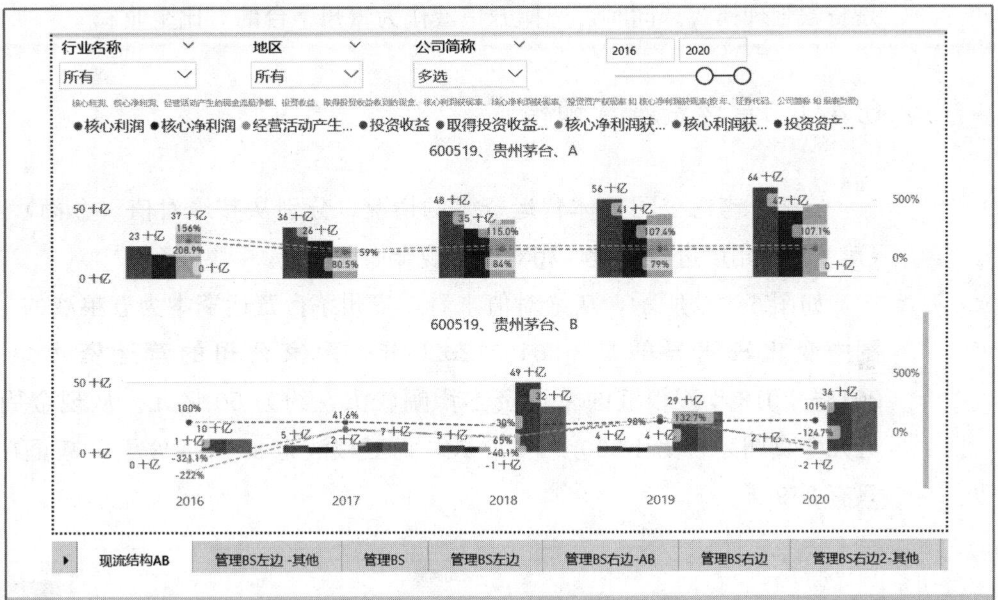

图6-22 获现率对比

合并报表中的核心净利润获现率在2018—2020年均超过了100%，2016年达到最高点约209%。而投资资产获现率在2013—2017年均约为100%，2018年达到最低点约65%。从获现率的角度来看，特别是投资资产获现率，公司现金流质量较高。如此高的盈利水平和盈利质量，说明其中应该有消费税避税设计的贡献。

注意：在未剔除所得税费用之前，合并报表中的核心利润获现率在2018—2020年基本达到80%左右，而剔除所得税费用以后，核心净利润获现率超过了100%，变化显著，可知所得税费用对核心利润获现率的计算产生了很大的影响。

一般情况下，外部投资者比较看重公司经营活动产生的现金流量净额，不太看重投资收益是否会带来现金，以及带来现金的稳定性。贵州茅台母公司的投资收益十分稳定，因为公司的投资标的为实业公司，并通过特殊的组织架构设计，提高了投资回报率，可获得稳定的现金流。因此，对于贵州茅台母公司而言，无论是经营活动产生的现金流量净额，还是取得投资收益收到的现金都十分稳定且可靠，说明公司现金流质量较高。

6.4 管理能力分析

本节将从五个方面对贵州茅台的管理能力进行分析：一是营运资本管理模式；二是市场开拓与研究开发模式；三是销售管理模式；四是资金管理模式；五是贷款管理模式。同时，选择五粮液作为贵州茅台的对比企业。

6.4.1 营运资本管理模式

首先，考虑公司整体营运资本的情况。分别从其绝对值（金额）和相对值（速度）的角度进行考量，相对值用现金周期衡量。

如图 6-23 所示，从绝对值来看，贵州茅台营运资本为五粮液的 1 倍以上。图中变化较明显的是：2019—2020 年，两家公司的营运资本急剧减少；2018—2019 年五粮液的营运资本增幅较大，约为 50 亿元。从现金周期来看，近几年贵州茅台为 1 200～1 300 天，而五粮液为 300～400 天，甚至在 2020 年只有 259 天。

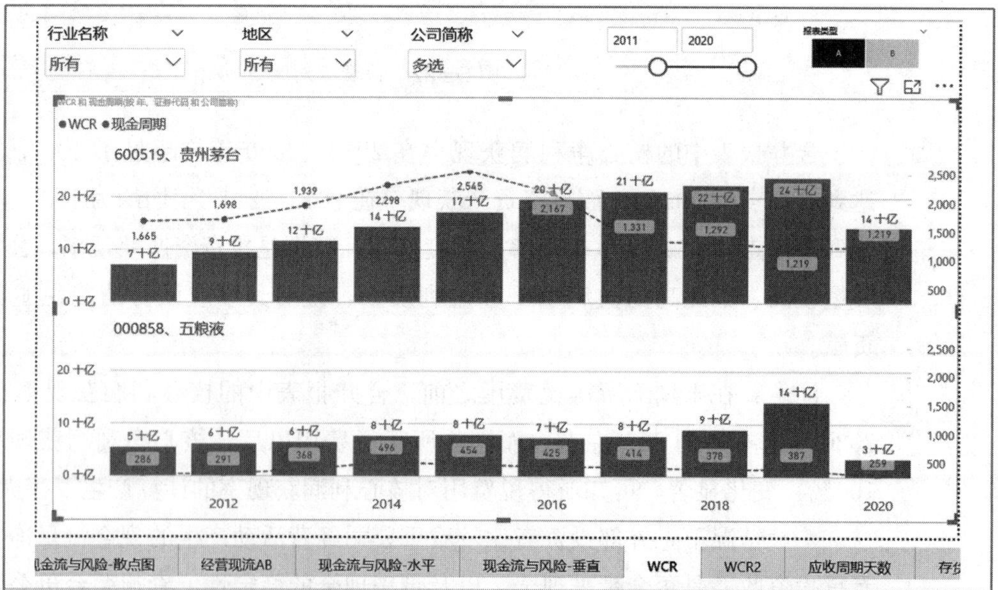

图 6-23 营运资本和现金周期对比

贵州茅台的营运资本在 2016—2019 年为 200 多亿元，2020 年稍低一点，约为 140 亿元，同时，公司近几年的存货也维持在 200 多亿元，说明公司的营运资本可能是由存货支撑。此处的营运资本属于小口径的营运资本，不包含预收款项，考虑到每年 100 多亿元的预收款项，说明可能有一半存货的资金是由客户在支撑。另外，公司应收账款为 0，预收款项却有 100 多亿元，说明公司对下游客户的议价能力强，公司竞争力很强。公司应付账款较少，没有做到用别人的钱赚钱，这与公司的价值观相匹配，即从老百姓手里采购红高粱原材料是现款现货，对老百姓和其他供应商非常友好，有利于保证原材料的供应和质量。

其次，分析公司营运资本的结构。如图 6－24 所示，将营运资本分解为三个项目：应收账款、应付账款及存货，分别观察这三个项目的金额及变动速度。现金周期的主要影响因素是存货周转天数，2020 年贵州茅台存货周转天数是 1 200 多天，2015 年达到最高点 2 554 天；2020 年五粮液的存货周转天数仅有 300 多天，2014 年达到最高点 505 天。两家公司的应收周转天数和应付周转天数都很少，金额也很小。五粮液的存货只有贵州茅台的一半，但是其应付账款相对占比比贵州茅台高。贵州茅台的存货在 2011—2020 年增加了 3 倍左右，五粮液在 2011—2020 年仅增加 1 倍左右。

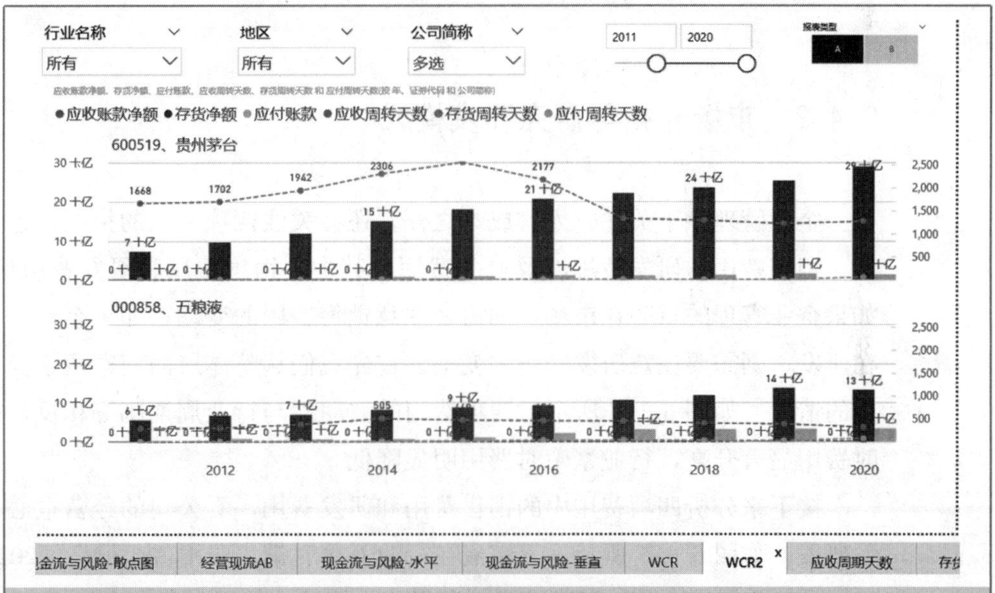

图 6－24　营运资本分解项目对比

由于贵州茅台的白酒非常紧俏，从营运资本中看不出特点，如图 6－25 所示，对大口径的营运资本进行分析，主要观察预收款项和预付款项。近几年贵州茅台的预收款项为 130 多亿元，说明公司在市场上有很大的话语权。从 2015 年开始，预收款项大幅提高，说明近年来其竞争力下降。预收款项的变化反映了一家公司产品竞争力的变化，同时也体现了行业周期。五粮液预收款项的变动情况与贵州茅台类似，说明两家公司均受到了行业周期的影响。

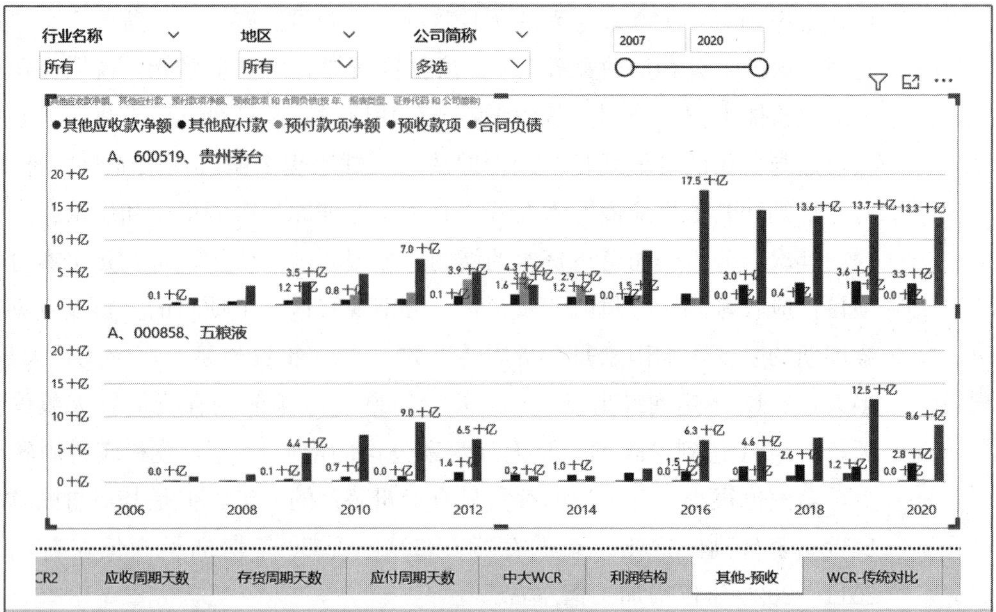

图 6-25 大口径的营运资本分项对比

6.4.2 市场开拓与研究开发模式

企业管理除了关注收入、成本之外，还会关注四项费用的情况，包括管理费用、销售费用、研发费用以及财务费用。其中，销售费用和研发费用最为重要。如果企业管理的重心在市场，则需要注意销售费用的变动；如果企业管理的重心在研发，则需要注意研发费用的变动。首先我们从整体层面观察两家公司四项费用的情况。如图 6-26 所示，四项费用的波动性与行业周期刚好相反，行业低迷时费用显著升高，行业繁荣时费用明显降低。

接下来分析四项费用中的销售费用和研发费用，看公司的经营重心是销售还是研发，如图 6-27 所示。五粮液在行业低迷时销售费用占比很高，2014 年达到最高点 21%，2020 年达到 10%。贵州茅台的销售费用占比在 2013 年达到最高点 6%，2020 年达到 3%，从绝对值来看其销售费用远远低于五粮液，说明贵州茅台的品牌优势非常明显。

根据 2018 年修订的企业会计准则可知，研发费用是从管理费用中独立出来的一个新科目，2018—2020 年两家公司的研发费用远低于销售费用。研发费用并不是越高越好，还要取决于研发成功概率的高低。但是对于某些行业来说，如高科技、生物制造行业，没有研发就没有未来。

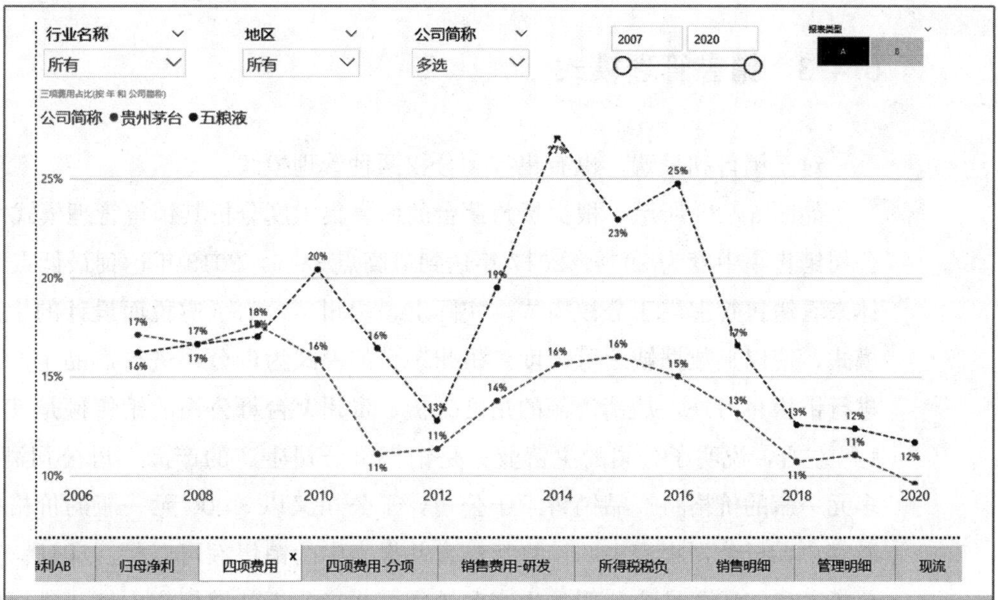

图 6－26　四项费用对比

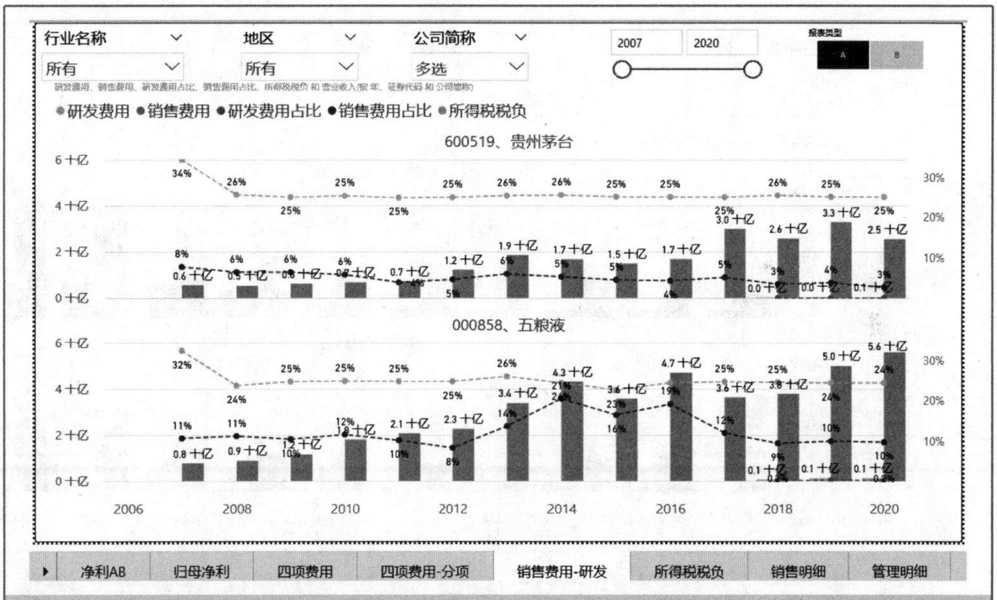

图 6－27　销售费用和研发费用占比对比

由于两家公司的销售费用占比远高于研发费用占比，因此，可知两者均是以市场为中心，它们较高的毛利率不是依靠研发而来，而是依靠品牌和市场推广。

另外，两家公司的所得税税率均约为 25%，说明两家公司没有享受税收优惠政策。

6.4.3　销售管理模式

对于销售和采购，也有集权和分权两种管理模式。

如图 6－28 所示，根据贵州茅台的销售集中度分析其销售管理模式。2020 年公司销售集中度为 29%，2017 年达到最高点 38%，2013 年达到最低点 21%，整体来看销售管理属于分权模式。实际上，贵州茅台为了避税而设计的生产与销售模式，使以上数据缺乏可信度。贵州茅台的模式为母公司进行产品生产，子公司进行销售。另外，从销售额的角度分析，贵州茅台母公司的销售额是其子公司的 1/3 左右，说明子公司的主营业务是销售母公司生产的产品。母公司酒厂以 900 多元一瓶的价格将产品销售给子公司，子公司又以 3 000 元一瓶的价格销售给下游客户，母公司报表中的销售额与合并报表中的销售额可以相互印证。根据上述分析，我们需要结合公司的生产和销售模式来分析其销售集中度，进而明确其销售管理模式。五粮液产品的生产和销售则均由子公司承担。

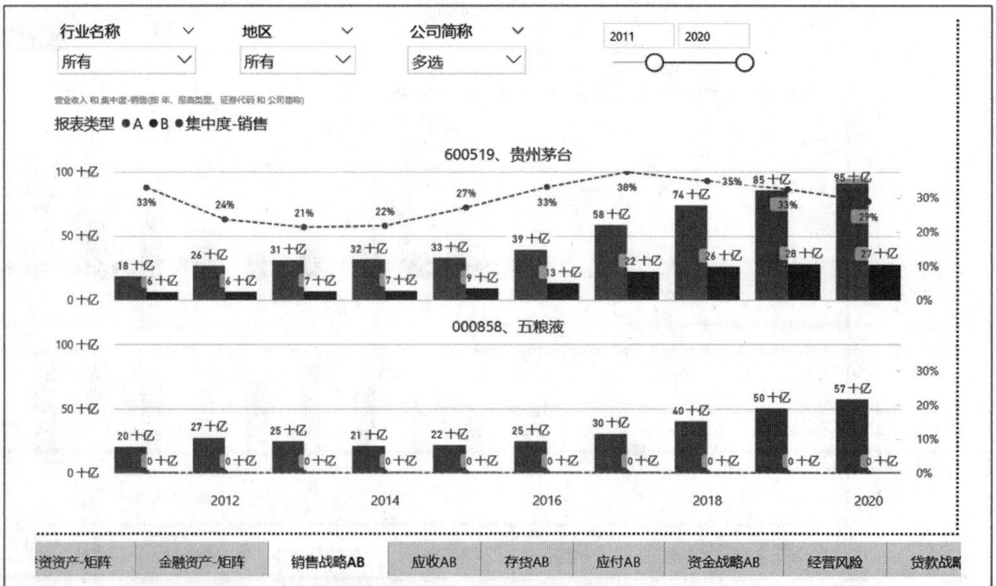

图 6－28　销售集中度对比

6.4.4　资金管理模式

资金管理模式也存在集权与分权之分。如图 6－29 所示，根据贵州茅台的货币资金集中度分析其资金管理模式。货币资金集中度越高，集权的可能性越高。贵州茅台的货币资金集中度在 2013 年达到第一个高峰 47%，说明 2013 年以前公司的资金管理为分权模式，2013 年为半集权半分权模式；2014—2018 年有小幅放松；2019 年达到第二个高峰 308%，为高度集权；2020 年又有小幅放松，但仍为集权模式。其中有两点值得注意，第一，2018 年以前贵州茅台合并报表中的货币资金为 1 120 亿元，2019 年突然下降到 130 亿元，其差额用于成立子公司——贵州茅台财务公司，货币资金转移到了拆出资金科目。第二，2019—2020 年，合并报表中的货币资金小于母公司报表中的货币资金，说明贵州茅台子公司的货币资金存放在财务公司，财务公司再贷款给其他子公司，这会导致整个集团的货币资金减少，但是子公司财务报表上的货币资金金额不会变动。五粮液也有财务公司，但是不属于合并报表的合并范围。从图中可以看出，贵州茅台在经济低迷时倾向于资金集权管理；五粮液的货币资金集中度在逐步提升，2020 年达到 52%，但是整体不高，因此属于分权模式。

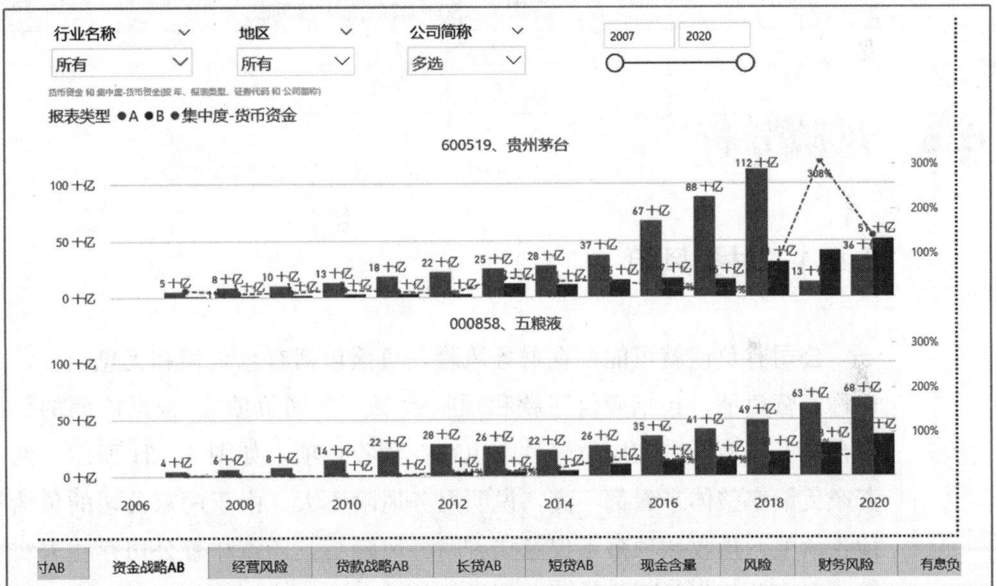

图 6-29　货币资金集中度对比

6.4.5　贷款管理模式

贷款管理模式也存在集权与分权之分。如图 6-30 所示，根据贵州茅台的借款集中度分析其贷款管理模式。可以看出，两家公司基本没有贷款，仅在 2014 年贵州茅台贷款 6 300 多万元。从财务管理的角度来说，若公司整体平均资金成本（weighted average cost of capital，WACC）提高，则可以进行适当的贷款。

当贷款投资的项目回报率较高时，可以相应提高公司的 ROE。

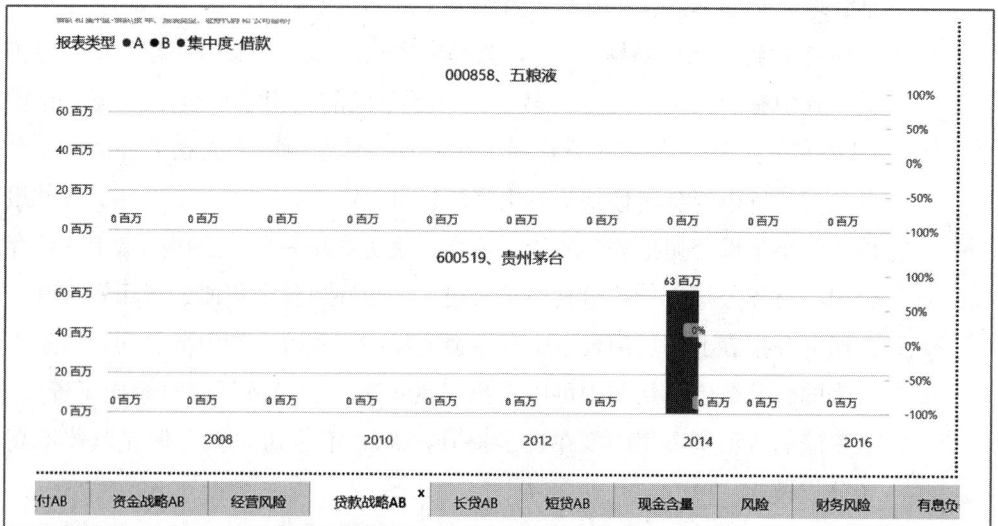

图 6-30　借款集中度对比

6.5　风险分析

6.5.1　财务风险

公司有负债就可能存在财务风险，负债包括有息负债和无息负债。无息负债也称经营负债，包括应付账款和预收款项（合同负债）。根据前面的分析，贵州茅台和五粮液既存在应付账款，也存在预收款项。如图 6-31 所示，两家公司的资产负债率整体来看都不高，说明财务风险不大。由于两家公司的负债都主要是预收款项，预收款项多不仅意味着财务风险小，还意味着公司存在未实现的毛利润，资产负债率与预收款项金额呈正相关。

6.5.2　经营风险

固定资产、在建工程、无形资产与总资产之比，可以衡量公司的经营风险。如图 6-32 所示，贵州茅台和五粮液的经营风险都在逐步降低，贵州茅台的经营风险从 2014 年的 21%，下降到 2020 年的 9%；五粮液的经营风险从 2014 年的 13%，下降到 2020 年的 6%，均下降了一半以上。虽然两家公司的固定资产并未减少，但是近几年总资产增长太快，增长了约一倍，因此固定资产与总资产之比下降了 50%。

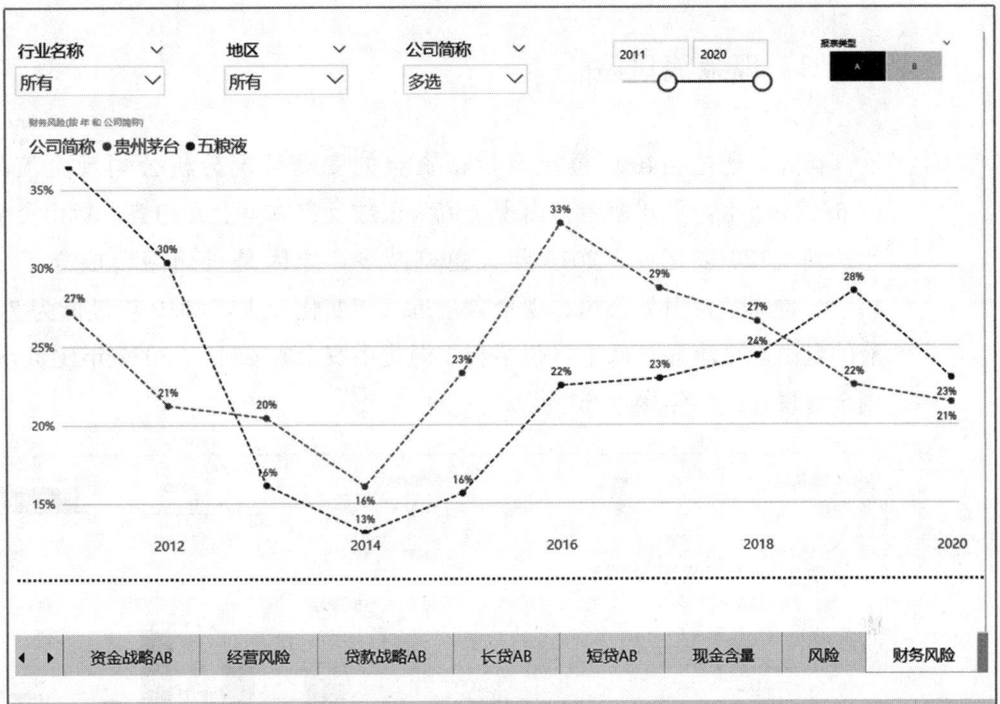

图 6－31　财务风险对比

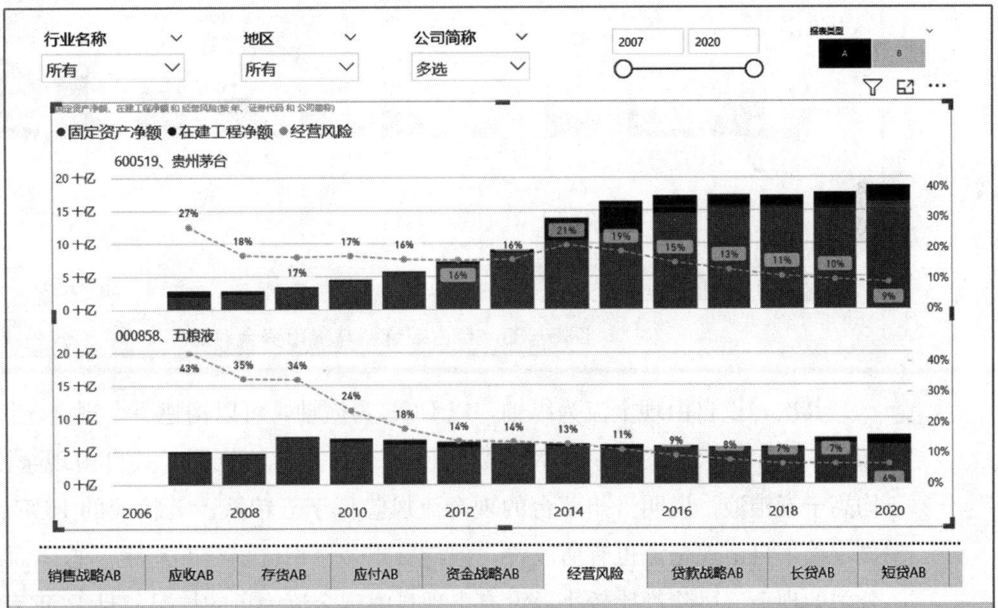

图 6－32　经营风险对比

权威统计数据显示，高端白酒近几年总销量并未增加，反而有所下降。从图中也可以看出，近年来两家公司的固定资产并没有显著增加，也可以说明其产能控制在一定的范围内，公司实现优质效益主要是依靠提高价格。

6.5.3 现金流风险

首先，通过自由现金流及货币资金的变动情况分析公司现金流风险。如图 6－33 所示，贵州茅台自由现金流为正数且整体呈上升趋势；货币资金在 2018 年达到 1 120 多亿元，2019 年又急剧减少，原因是贵州茅台成立了一个子公司——贵州茅台财务公司；现金含量近三年变化较大，2019 年最低为 7％。五粮液的自由现金流显著低于贵州茅台，但货币资金在 2019—2020 年比贵州茅台高，现金含量连续多年接近 60％。

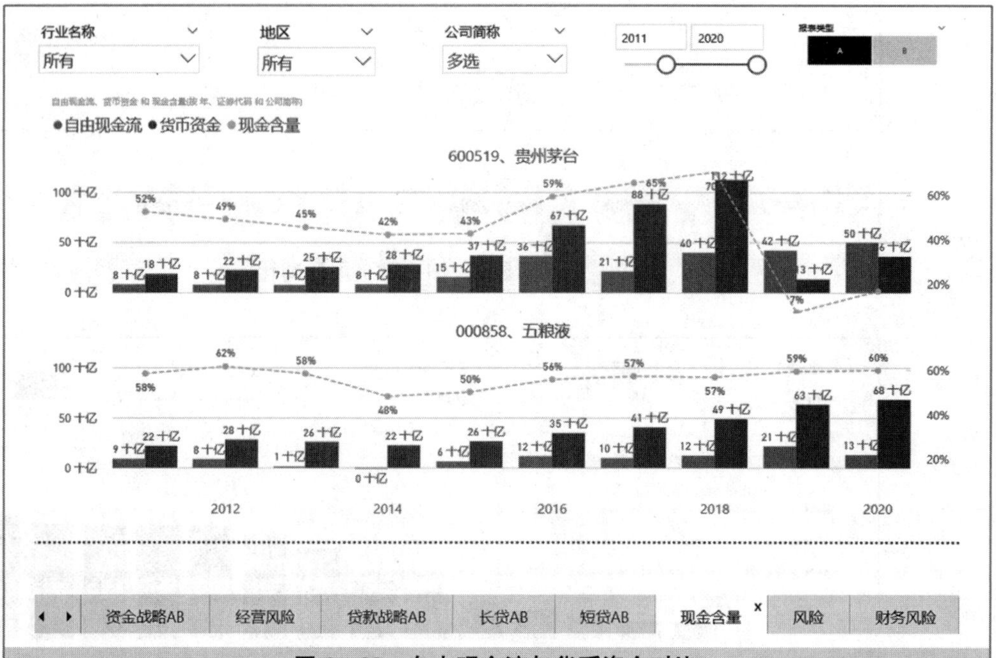

图 6－33 自由现金流与货币资金对比

其次，以自由现金流为纵轴，以 ROE 为横轴，可以构建一个现金流风险矩阵，如图 6－34 所示。贵州茅台大多数年份处于右上角的位置，其自由现金流和 ROE 均高于五粮液，说明贵州茅台的现金流风险低于五粮液；五粮液的 ROE 随时间明显改善，自由现金流也有所改善，但与贵州茅台相比仍存在差距。总体而言，两家公司的现金流风险都比较小，没有出现自由现金流为负的情况，且 ROE 都较高。

最后，对酒、饮料和精制茶制造业中的主要酒类公司进行现金流风险评估。如图 6－35 所示，将近 1/3 的公司的 ROE 都很低，并且自由现金流也不充足，说明这些公司的现金流风险比较大。整体来看，贵州茅台明显优于同行业中的其他公司，其次是五粮液，再次是山西汾酒、洋河大曲、泸州老窖等。注意：图中

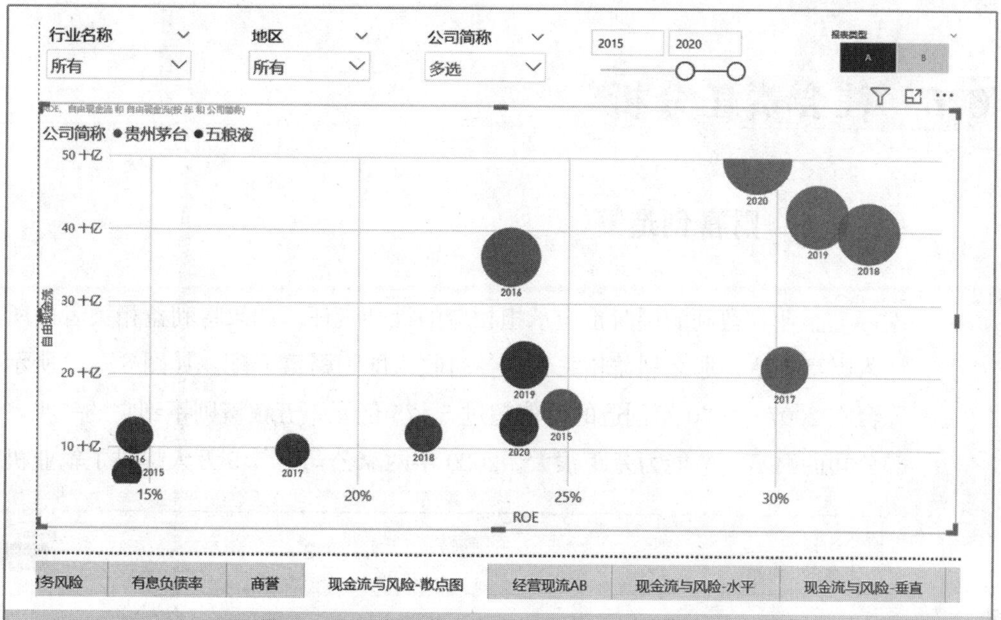

图 6-34　贵州茅台和五粮液现金流风险矩阵

剔除了几个包含异常值的公司，包括皇台酒业、重庆啤酒、通葡股份。另外，一些公司的自由现金流为负值，比如白酒行业中的伊力特、青青稞酒、兰州黄河，啤酒行业中的珠江啤酒等；一些公司的投资回报率也不高，比如燕京啤酒仅为2%，中葡股份为-3%，威龙股份最低达到-19%；葡萄酒行业中除了张裕红酒之外，其他公司的现金流风险都很高。

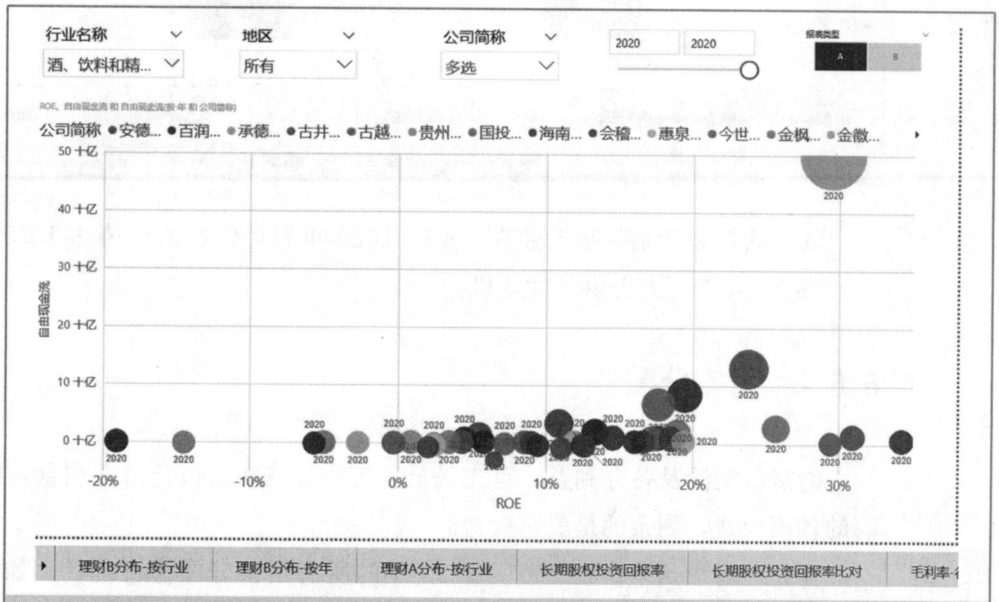

图 6-35　主要酒类公司现金流风险矩阵

6.6 社会责任分析

6.6.1 财富创造

企业在盈利的同时也应承担相应的社会责任。如果将利益相关者的所有收入归入财富创造，那么利益相关者的各自收入即为财富分配。如图 6－36 所示，贵州茅台在 2007—2020 年创造的价值超过 5 475 亿元，五粮液则不到它的一半，说明两家公司的财富创造能力差距很大。2020 年两家公司为 5.5 万人提供了就业机会。

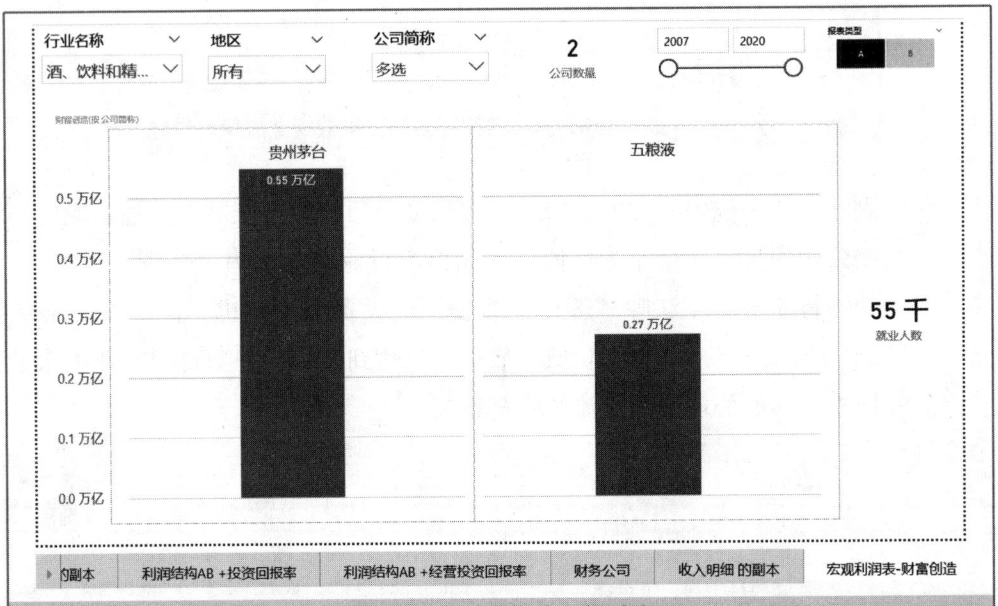

图 6－36 财富创造金额对比

酒、饮料和精制茶制造业在 2007—2020 年累计创造的价值达 1.75 万亿元，2020 年为 24.1 万人提供了就业机会。

6.6.2 财富分配

财富分配涉及各方利益，首先是员工工资，其次是银行借款利息，再次是政府的各项税费，剩余的是股东权益。

首先，对贵州茅台在 2007—2020 年的所有财富分配进行统计，如图 6－37 和图 6－38 所示。其支付的员工工资总共约 530 亿元，占所有财富分配的比例为

9.56%；没有银行借款利息，反而拥有约 20 亿元的利息收入；支付给政府的各项税费共有约 2 300 亿元，占比 41.65%；股东权益共有约 2 670 亿元，占比 48.39%，其中分红约 1 070 亿元，占股东权益的 40%。总体而言，股东权益占比偏大，员工工资占比偏小。从相对值来看，员工工资还有比较大的上升空间；从绝对值来看，贵州茅台近几年人均收入已经达到了 20 多万元，在同行业公司中并不低。

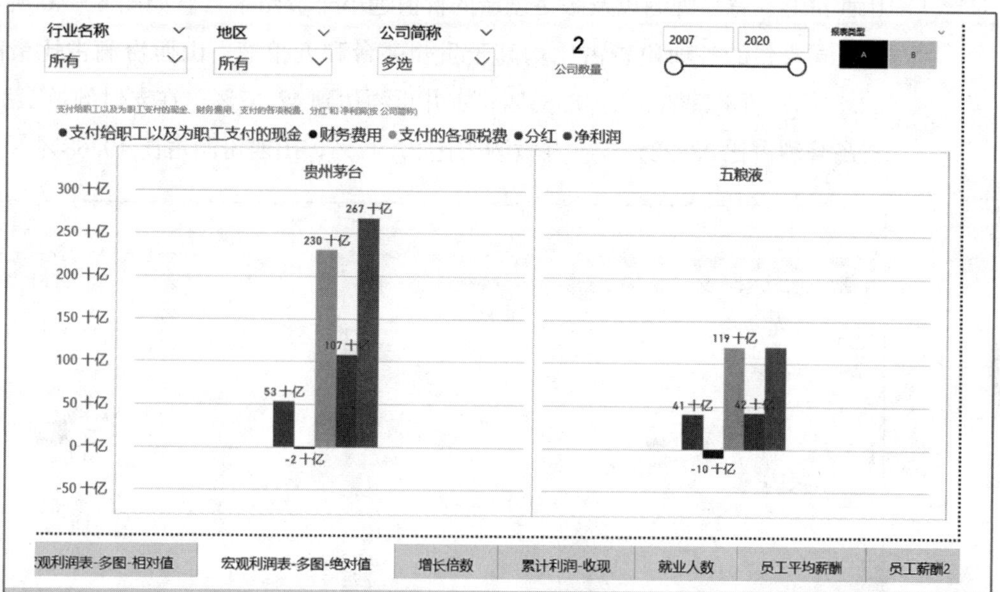

图 6－37　财富分配金额对比

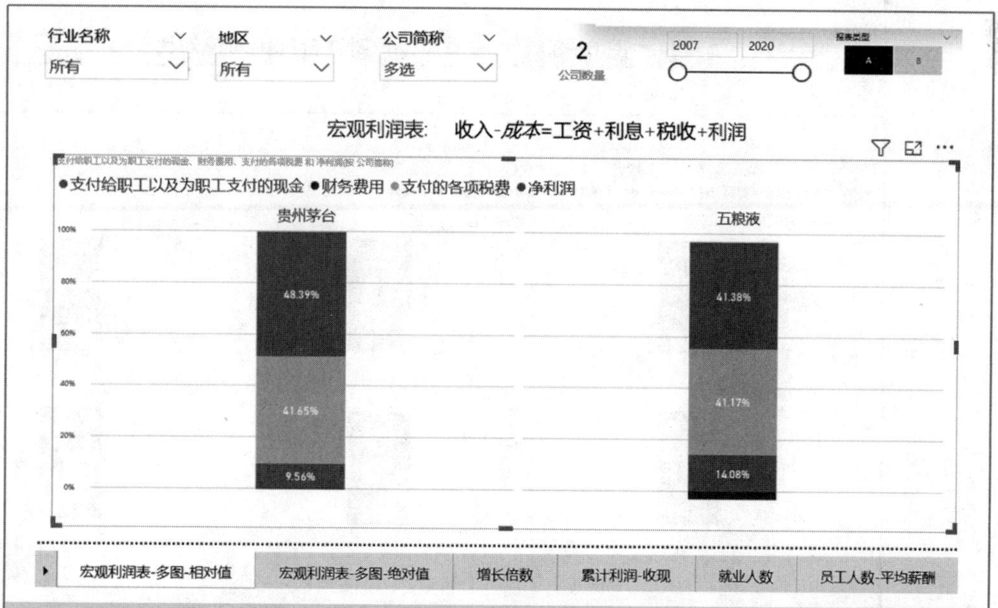

图 6－38　财富分配比例对比

其次，分析五粮液在2007—2020年的财富分配情况。员工工资占比14.08%，相较贵州茅台高约4个百分点；股东权益占比41.38%，相较贵州茅台低约7个百分点；利息收入约为100亿元，约为五粮液的5倍，说明五粮液的理财水平较高。

最后，分析同行业中其他公司的财富分配情况。如图6-39所示，古井贡酒、山西汾酒、青岛啤酒以及张裕创造的价值远小于贵州茅台。如图6-40所示，这四家公司支付的各项税费占比均高于贵州茅台和五粮液，山西汾酒占比最高，达到53.54%；青岛啤酒达到48.65%；古井贡酒达到47.57%。在支付的员工工资方面，青岛啤酒占比33.22%，古井贡酒占比27.42%，山西汾酒占比19.68%。

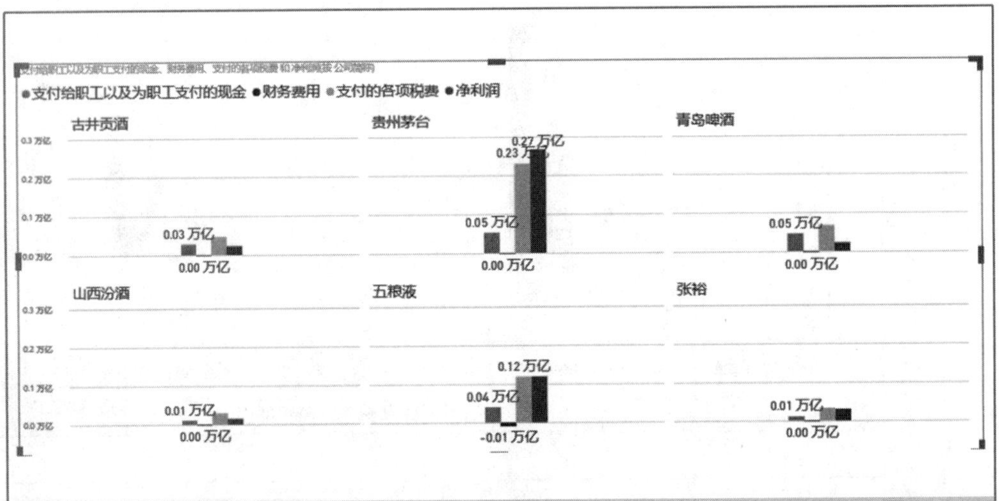

图6-39　六家酒类公司财富分配绝对值对比

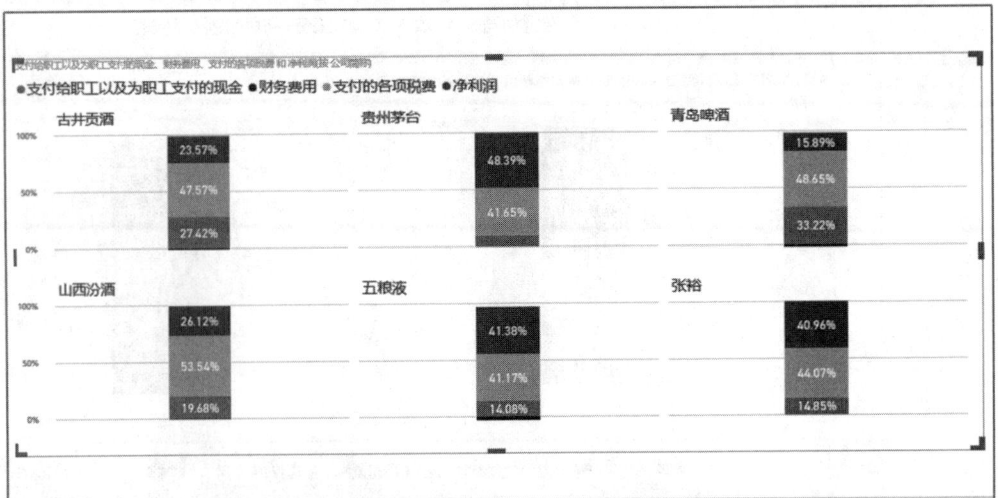

图6-40　六家酒类公司财富分配相对值对比

除此之外，贵州茅台在社会公益事业方面表现优异，其在2020年共支出1.3亿元用于精准扶贫。其中，教育扶贫公益项目中，公司继续与中国青少年发展基金会联合开展“中国茅台·国之栋梁”大型公益助学活动，捐资1亿元，资助全国2万名困难学生；持续开展“茅台王子·明亮少年”“贵州大曲·点滴有爱”等社会公益活动。这些均体现了公司的社会责任感，践行了公司共同致富的光荣承诺。

6.6.3　高管薪酬

本小节分析贵州茅台和五粮液的高管薪酬情况。如图6-41所示，贵州茅台在行业低迷期间对高管存在一定的激励，在行业恢复期间高管薪酬相当低。五粮液的高管薪酬整体水平远远高于贵州茅台。具体来看，在2013—2017年行业低迷期间，五粮液的高管薪酬水平不断降低，在2018年及以后公司业绩好转时，高管薪酬水平随之升高，可以说明五粮液的高管薪酬与公司业绩挂钩，有一定的正向激励效应。近几年贵州茅台的高管薪酬与公司业绩变化方向不一致甚至相反，这可能是因为公司业绩对高管的依赖程度不高。

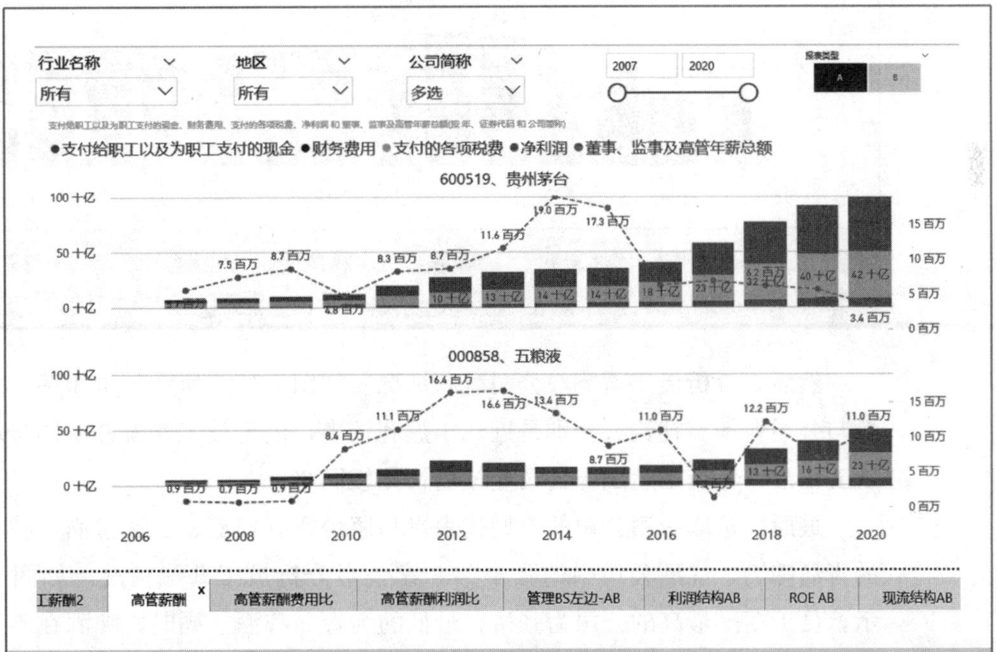

图6-41　高管薪酬对比

6.6.4 员工薪酬

本小节分析贵州茅台和五粮液的员工薪酬情况。如图 6-42 所示，贵州茅台的员工人数从 2007 年的 7 000 人，增加到 2020 年的 2.9 万人，增加了大约 3 倍；年平均工资从 2007 年的 8.5 万元，增加到 2020 年的 28.1 万元，增加了大约 2.3 倍。对于五粮液来说，其员工人数从 2007 年的 1.6 万人，增加到 2020 年的 2.6 万人，增长不到 1 倍；年平均工资从 2007 年的 4.4 万元，增加到 2020 年的 22.2 万元，增加了大约 4 倍。总体而言，贵州茅台近年来提供的就业岗位较多，五粮液的平均工资起点较低但增长较快。

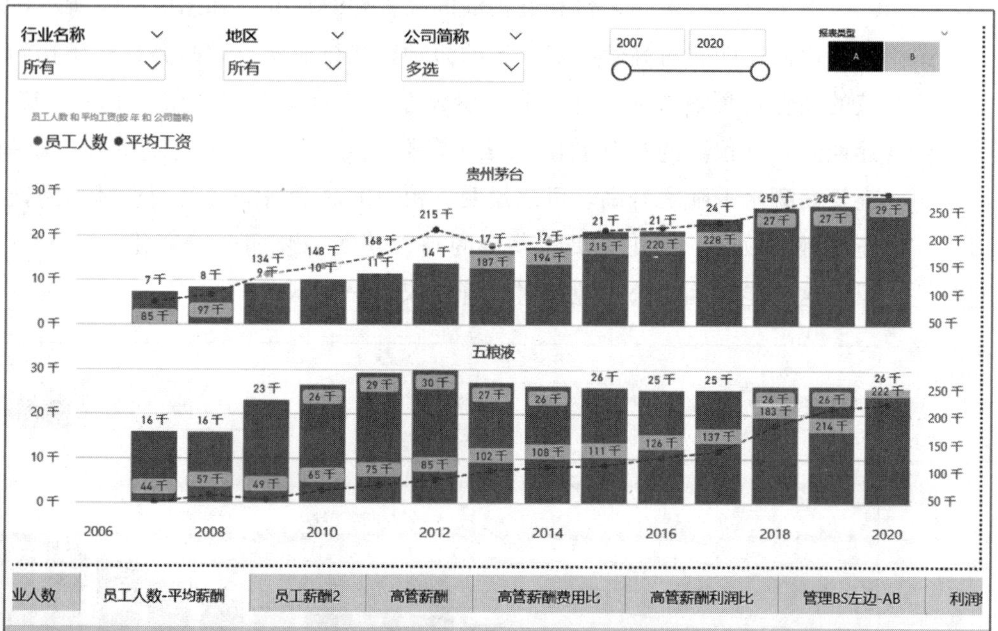

图 6-42　员工人数与平均工资对比

然后，分析员工薪酬与公司盈利情况。如图 6-43 所示，贵州茅台的员工薪酬与公司业绩不挂钩，特别是近几年盈利较多，但是员工薪酬并未同步增长。反观五粮液，其员工薪酬与公司业绩增长比较同步。

最后，选取白酒公司的典型代表贵州茅台、五粮液、山西汾酒，啤酒公司中的青岛啤酒，红酒公司中的张裕共 5 家公司分析员工薪酬情况。如图 6-44 所示，员工薪酬最高的公司为张裕，最低的为青岛啤酒。同时，啤酒在酒类中毛利率也是最低的。张裕的员工年薪在 2016 年以后有稳步增长，只在 2020 年稍微回落。

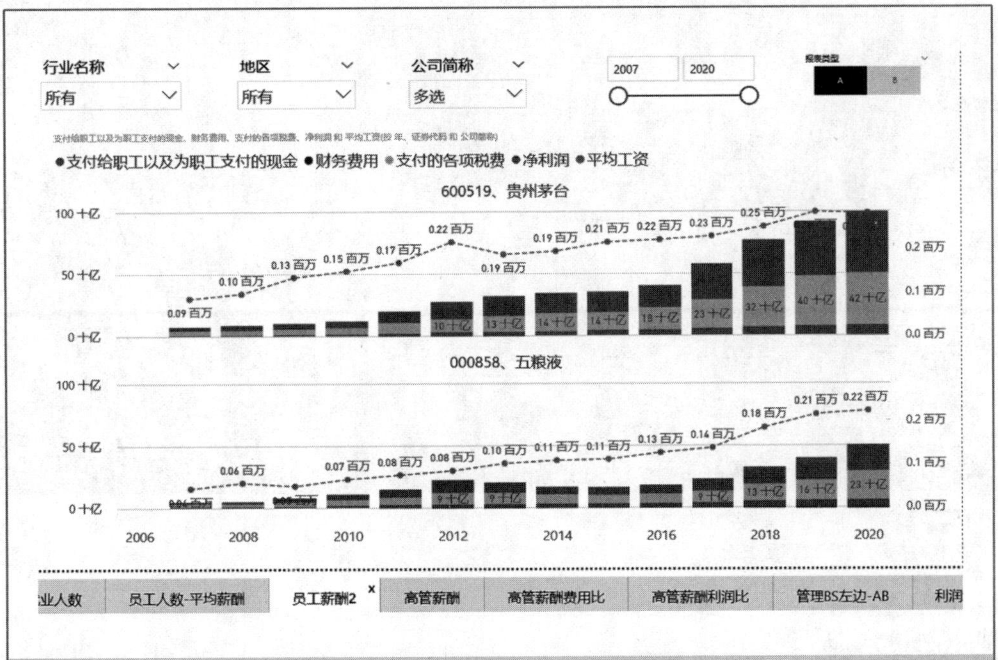

图 6－43　员工薪酬与公司业绩对比

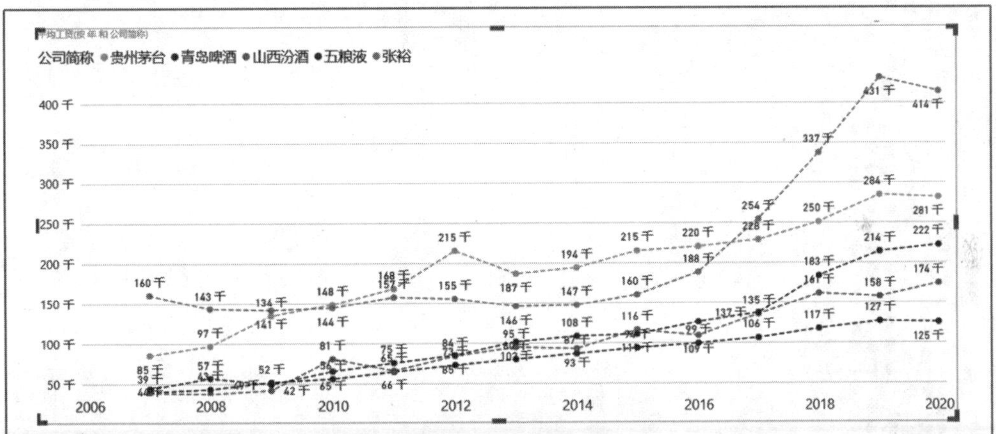

图 6－44　多家酒企员工薪酬对比

第 6 章图片汇总

第 7 章

经营与投资并重型：雅戈尔

7.1　公司经营战略

7.2　经营战略和成果分析

7.3　管理能力分析

7.4　风险分析

7.5　社会责任分析

早年就流传雅戈尔有“炒股王”的称号，其某年第1季度的财务报表中，账面显示获利90多亿元，然而上年年末却是亏损状态。不同人对此持不同态度。

补充阅读

一家公司大部分的利润都来自投资其实是一件非常悲哀的事情。

2021年2月5日，曾经的男士服装行业龙头雅戈尔因为投资获利百亿元而登上了热搜。根据媒体报道，在几天前，宁波银行披露了公告，截至2月2日，股东雅戈尔减持计划完成，共减持宁波银行2.96亿股，半年时间合计套现达100亿元。

这并不是雅戈尔第一次因为投资获利登上热搜。作为A股的老股之一，雅戈尔在1998年上市之后就开始涉足投资业务，并在随后的22年时间通过投资豪赚超过400亿元，被投资者称为“中国的伯克希尔·哈撒韦”。不过，与投资业务大赚相反，雅戈尔的主营业务——纺织服装业务却停滞不前，9年时间服装业务的营收几乎是零增长，不少投资者吐槽其不如改名为“雅戈尔投资公司”。

一面是通过投资疯狂获利，一面是主营业务停滞不前，发展畸形的雅戈尔未来将走向何方？同样都是赚钱，依靠投资来获利和依靠主业来获利，背后又有怎样的区别？

资料来源：投资大赚400亿，主业却停滞不前！雅戈尔“原地踏步”9年．侃见财经，2021-02-07.

补充阅读

如果要问服装企业的主业是什么，难道不是做衣服吗？对于我国的服装业巨头雅戈尔来说，可能真的不是做衣服。22年的时间雅戈尔凭借炒股获利400亿元，“不务正业”可比经营主业赚钱。为什么雅戈尔走上了这条道路？

一、雅戈尔22年炒股赚了400亿元？

根据报道，“股神”巴菲特旗下的伯克希尔·哈撒韦是全世界最成功的投资公司之一，而很多人不知道，伯克希尔·哈撒韦的前身是一家濒临破产的纺织公司。

在A股市场中，有一家上市公司因发展经历与其相似，被外界称为“中国的伯克希尔·哈撒韦”，这就是以服装业务起家，然后跨界股权投资的雅戈尔。2021年2月3日晚间，宁波银行公告称，截至2月2日，雅戈尔减持计划已实施完毕，共计减持2.96亿股，占公司总股本的4.94%。半年的时间，雅戈尔从宁波银行一共套现100亿元。

2月4日，宁波银行股价一度超41元，再创新高，总市值超2 400亿元。雅戈尔此前发布的 2020 年业绩预报显示，公司投资业务实现净利润 44.7 亿元，而同期时尚服装板块净利润仅有 10.1 亿元。Wind 数据显示，22 年间，炒股等为雅戈尔贡献了约 400 亿元的利润。

二、“不务正业”的雅戈尔为何这么赚钱？

看到雅戈尔依靠投资赚了这么多钱，很多人一脸疑惑，我们试着分析一下。

首先，从整个世界的角度来看，从纺织业到投资业是很多纺织公司转型的共同规律，在巴菲特收购伯克希尔·哈撒韦之前，该公司的主营业务就是纺织。从整个产业生命周期的角度来看，纺织业在产业发展的初级阶段是最赚钱的。比如英国工业革命初期，以及中国清朝末年纺织业都经历了大规模发展。但是纺织业作为轻工业，有其局限性，即发展到一定阶段之后，其利润水平必然下滑，盈利能力也会下降，在这种情况下，纺织公司必须转型。因此，纺织公司转型为投资公司就成了很多纺织公司的一个共同特征。

其次，我们再来看雅戈尔这家公司。雅戈尔最初也是依靠服装起家，可以说从服装行业起家是雅戈尔的一个市场优势所在，当前雅戈尔在中国男装市场中仍占据了非常大的份额。但是正如我们之前所说，雅戈尔的主营业务并不赚钱，因此在这种情况下，通过投资获利也是一个很正常的现象。同时，我们看到雅戈尔非常具有“投资眼光”，大部分投资于金融机构以及最赚钱的一些行业，这就使得雅戈尔能够在 22 年的时间内，一直保持很高的盈利水平。除此之外，中国金融业的蓬勃发展，也给雅戈尔创造了足够的条件。因此，在本质上，雅戈尔是一家投资公司，而不是单纯的服装公司。

资料来源：雅戈尔 22 年炒股赚了 400 亿，男装巨头不务正业咋还这么赚钱？. 瀚海观察，2021-02-05.

本章选取的雅戈尔的对标企业不是海澜之家等服装企业，而是杉杉股份有限公司（简称杉杉股份），主要原因是杉杉股份初创时的经营范围就是服装、针织品、皮革制品的批发与零售。另外，它也是一家宁波企业，目前主营业务是锂电池正极材料、负极材料、电解液的研发、生产和销售。可以看到，纺织行业内不同企业的转型方向存在许多差异。

7.1 公司经营战略

下面我们通过财务报告了解一下雅戈尔的经营战略和竞争优势，再通过报表数据来验证其是否与实际情况一致。

7.1.1　主营业务及经营模式

1. 主营业务

公司的主营业务包括品牌服装销售、地产开发和投资业务。

2. 财务情况

2020年年末，公司总资产达800亿元，同比增长－0.8%；归属于上市公司股东的净资产达285.38亿元，同比增长2.62%；每股收益为1.65元，加权净资产收益率为26.03%，总股本为46.29亿股，年度收盘价总市值为309.68亿元。

3. 行业情况

（1）品牌服装。纵观近年来的经济发展，服装行业展现出强大的韧性。随着新冠疫情防控取得了重大战略成果，服装行业复工复产复市稳步推进，消费需求逐渐恢复，消费信心明显提振，服装鞋帽、针纺织品零售额自2020年8月开始实现正增长。

（2）地产开发。2020年，房地产行业继续坚持“房住不炒、因城施策”的政策主基调，落实城市主体责任，实现稳地价、稳房价、稳预期长期调控目标，调控手段从宏观调控、规模调控转为事先调控、质量调控。对宁波市房产交易信息服务网公示数据进行整理、统计得到：宁波市五区2020年商品住宅成交面积达552.02万平方米，同比上升7%；成交均价为27 733元/平方米，同比上升10%；市五区住宅类用地成交金额达1 106.19亿元，同比上升36%，平均溢价率为24%。

7.1.2　核心竞争力

（1）品牌服装。公司坚持创新驱动，不断巩固男装行业龙头地位。同时，公司拥有丰富的产品结构，已形成多产品、多品牌战略协同的业务格局，直营渠道优势明显，也为互联网时代的在线离线（O2O）转型奠定了坚实的基础。

（2）地产开发。公司在区域市场具有较好的品牌影响力、高效的运营管理优势、丰富的管理经验优势，并能积极探索转型业务的发展模式。

7.1.3 发展战略

根据公司确定的战略“用三十年的奋斗，将雅戈尔建成世界级的时尚集团”，公司始终围绕三大变革：一是如何将现有的多元化产业进行有效的整合与取舍；二是如何将传统的运行模式向数字化、智能化转型；三是如何将第一代人开创的基业向二代传承。雅戈尔从改变企业文化着手，加快团队建设，改革企业组织，加大科技投入，引进更多的品牌，严控企业运行风险；为社会提供优质服务，为企业长远发展助力，为股东创造更大价值，为员工谋取幸福与尊严，为创造世界级的企业、让人们生活更加美好付出更多的努力！

7.1.4 控股股东与实际控制人

如图 7-1 所示，公司的控股股东是宁波雅戈尔控股有限公司，其持有上市公司雅戈尔集团股份有限公司 33.03%的股份。而第一大股东、公司实际控制人是李如成，他担任公司董事长、宁波盛达发展有限公司执行董事兼总经理、宁波雅戈尔控股有限公司执行董事兼总经理。

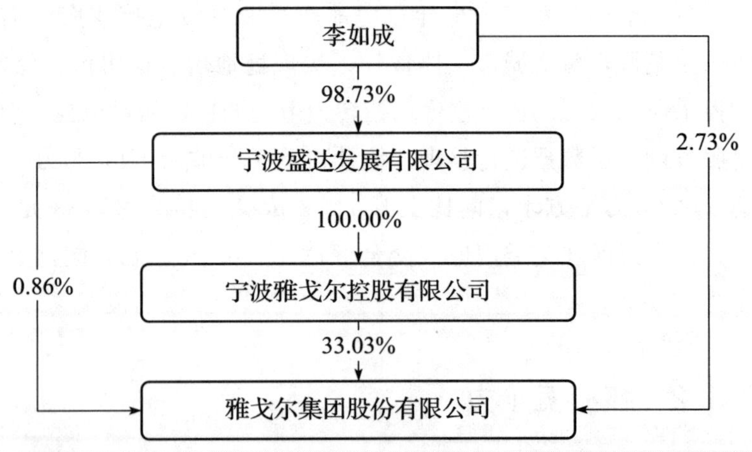

图 7-1 公司、控股股东、实际控制人关系图

7.1.5 产业链图谱

2020 年的财务报告显示，公司的主要产品包括：品牌上衣，占比 32.93%；品牌衬衫，占比 29.53%；品牌西服，占比 19.78%。服装产业链图谱如图 7-2 所示。

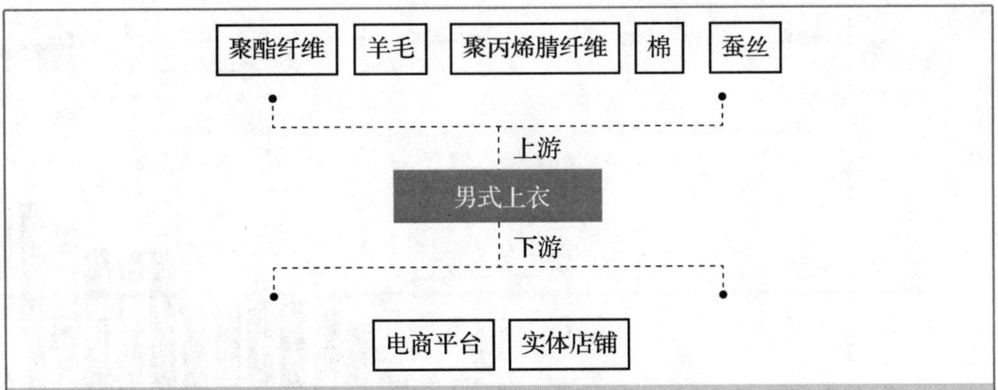

图 7-2　服装产业链图谱

7.2　经营战略和成果分析

7.2.1　引资战略

我们把雅戈尔与杉杉股份进行比较，既分析合并报表又分析母公司报表，既看绝对值也看相对值，对两家公司的资本结构实现整体把握。

首先，我们从绝对值入手。如图 7-3 所示，两家公司体量差别较大，杉杉股份总资产为 200 多亿元，而雅戈尔总资产有 800 多亿元，后者约为前者的4 倍。雅戈尔大部分资金来自金融性负债（银行借款），另外，其留剩资源不断增加，说明公司每年获利较多。2020 年，雅戈尔留剩资源达 287 亿元，比杉杉股份足足多 220 亿元；股东投入 50 多亿元，2019 年为 70 多亿元，变化较大，说明可能存在回购行为；金融性负债达 260 亿元，比杉杉股份多 205 亿元；经营性负债为 252 亿元，比杉杉股份多 202 亿元。总的来说，雅戈尔的留剩资源、金融性负债和经营性负债都比杉杉股份多 200 亿元以上。

此外，雅戈尔的 ROE 波动性较大，2017 年只有 1%，2015 年、2020 年又分别为 21%、25%；杉杉股份的 ROE 波动性也较大。两家公司均有其他综合收益，因此它们都可能存在理财业务，特别是雅戈尔，2020 年的其他综合收益为−55 亿元，并且前几年其他综合收益出现了两次正负交替，而杉杉股份则未出现正负交替现象。

其次，我们从相对值的角度来看两家公司的资本结构。如图 7-4 所示，两家公司在三个方面差别较大。第一，金融性负债占比不同。雅戈尔在 2015—2018 年的占比较高，其中 2018 年达到 47.52%，2020 年为 28.62%；杉杉股份在 2020 年

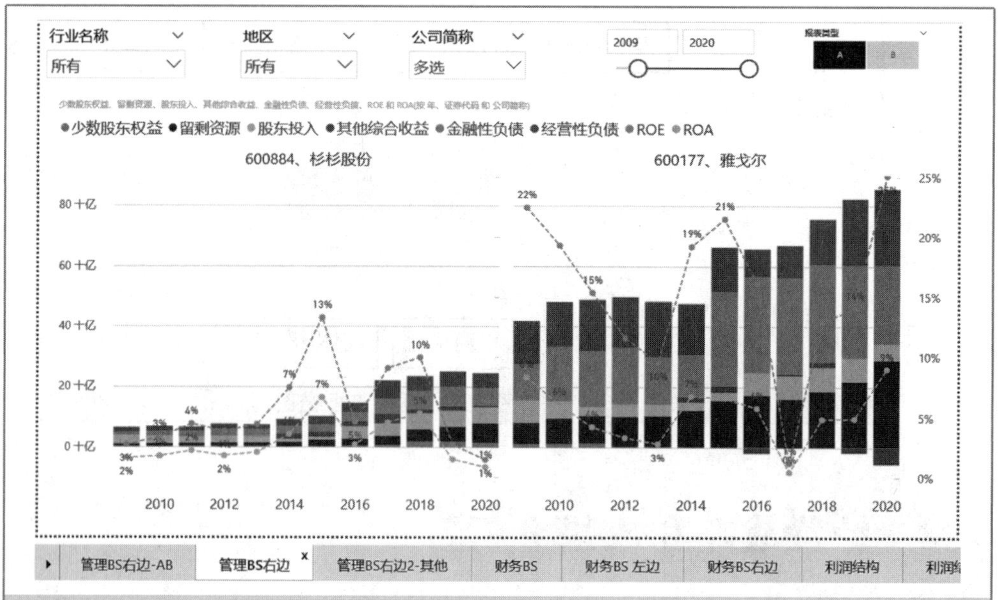

图 7-3　合并资产负债表引资战略绝对值对比

只有 22.79%。第二，股东投入占比不同。雅戈尔占比较小，2020 年只有 5.87%，最高也只有 11.48%；反观杉杉股份 2020 年则达到 20%左右。第三，其他综合收益占比不同，从两家公司的其他综合收益均较多的 2014 年和 2015 年来看，杉杉股份在这两年的占比分别为 19.49%、16.62%，相比雅戈尔高得多。

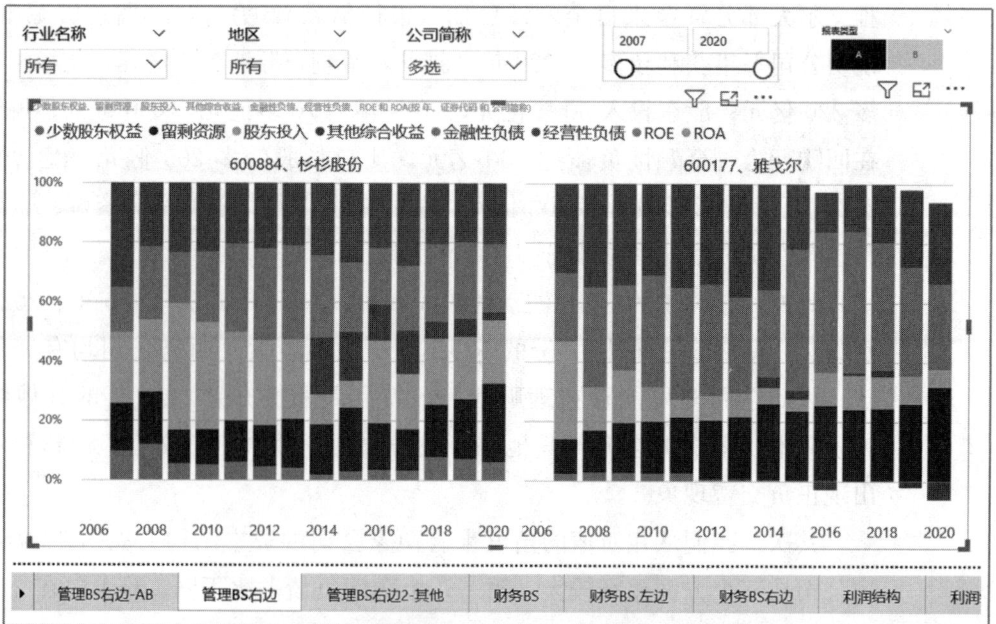

图 7-4　合并资产负债表引资战略相对值对比

接下来，我们转向观察母公司资产负债表中的数据。如图7-5所示，为了使数据标识更加清楚、直观，我们将时间范围调整为2013—2020年。从绝对值的角度看，杉杉股份的留剩资源比雅戈尔少189亿元，同时，其金融性负债、经营性负债、股东投入也分别比雅戈尔少150亿元、48亿元、16亿元。

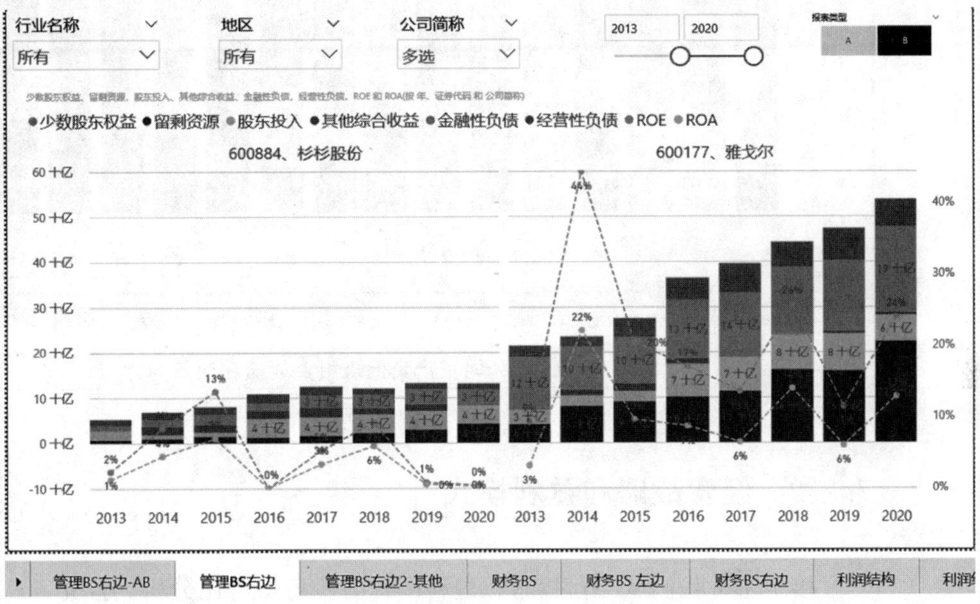

图7-5　母公司资产负债表引资战略绝对值对比

我们通过合并资产负债表分析引资战略，雅戈尔的资金来源较为均衡，包含股东投入、金融性负债和经营性负债。通过对比雅戈尔的合并报表和母公司报表，我们可以看出：第一，2015—2018年的金融性负债，合并报表中的金额比母公司报表中的大，说明子公司也有部分金融性负债；第二，两张报表中经营性负债的差异，也同样是因为子公司有部分经营性负债。

另外，对于ROE，雅戈尔母公司报表中的数据整体来看比合并报表中的大，特别是2017年母公司ROE为13%，而子公司很低，说明子公司在2017年亏损较多。

最后，从相对值来看母公司资产负债表中的数据。如图7-6所示，雅戈尔的留剩资源占比比杉杉股份高很多，雅戈尔平均在30%以上，杉杉股份则不到20%；雅戈尔的股东投入占比小于杉杉股份，但是金融性负债高于杉杉股份；杉杉股份在2014—2019年的其他综合收益占比要远大于雅戈尔。

图 7-6　母公司资产负债表引资战略相对值对比

7.2.2　经营战略和盈利模式

接下来，我们从经营战略和盈利模式的视角来对比分析。首先，从合并资产负债表中的数据入手。如图 7-7 所示，我们可以从资产负债表左边的数据观察其经营战略和盈利模式。雅戈尔和杉杉股份两家公司的资产结构很相似，均由三部分组成：经营资产、金融性资产以及投资资产。2020 年，雅戈尔的投资资产有 223 亿元，比杉杉股份多 190 亿元；金融性资产有 143 亿元，比杉杉股份多 113 亿元；经营资产有 433 亿元，比杉杉股份多 250 亿元。

从相对值来看，雅戈尔的经营资产占比比杉杉股份低，而投资资产和金融性资产占比比杉杉股份高。2020 年，雅戈尔的经营资产占比只有 54%，而杉杉股份高达 74%；雅戈尔的投资资产占比为 27%，杉杉股份只有 13%；雅戈尔的金融性资产占比为 18%，杉杉股份为 12%。因此，雅戈尔是经营与投资并重型企业，而杉杉股份属于经营主导型企业。另外，雅戈尔的总资产周转率低于杉杉股份，这可能与其投资资产和金融性资产占比比杉杉股份高有关。

接下来，我们转向分析母公司合并资产负债表。如图 7-8 所示，两家公司母公司的经营战略均是以投资为主导。雅戈尔的投资资产达到 358 亿元，占比 66.6%；杉杉股份的投资资产为 102 亿元，占比 78.5%。两家公司的金融性资产占比整体来看都在减少，雅戈尔从高点 69%下降到 10%左右，杉杉股份从高点

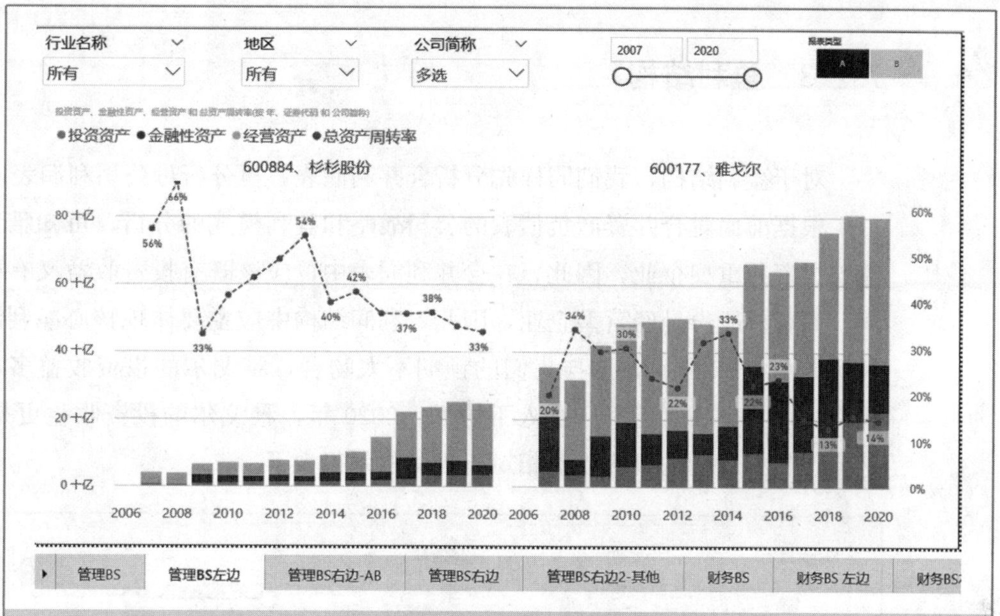

图7-7　合并资产负债表经营战略和盈利模式对比

49%下降到2.5%左右。两家公司的经营资产都比较少，雅戈尔2020年占比达23%，比杉杉股份高。以上说明这两家公司都是以管控为主，是集团控股公司。

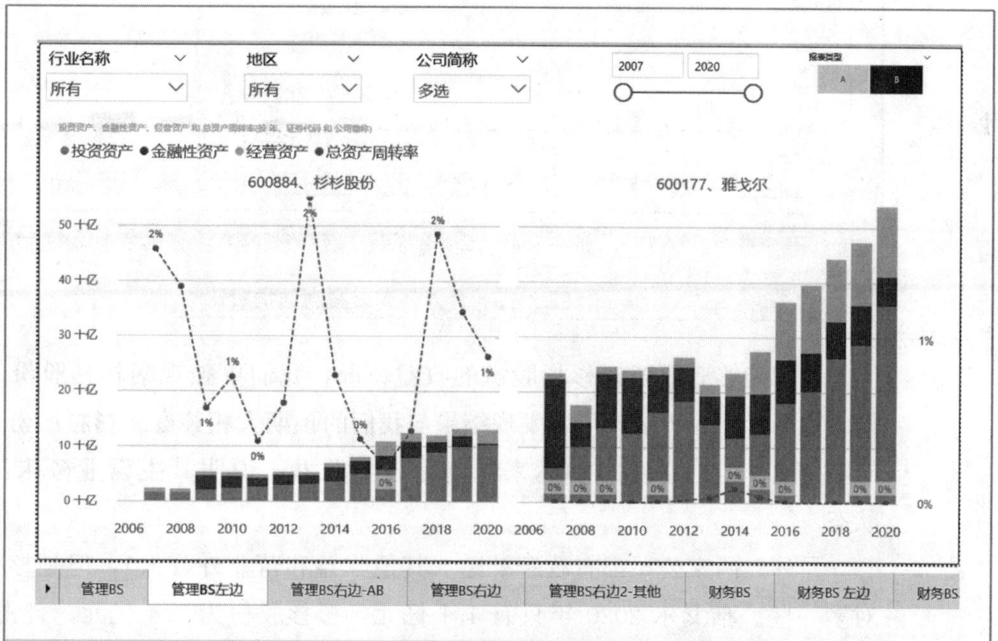

图7-8　母公司资产负债表经营战略和盈利模式对比

7.2.3 盈利结构

对于盈利结构，我们同样先分析合并利润表，再分析母公司利润表。

根据前面对合并资产负债表的公司战略和盈利模式的分析，可知雅戈尔是经营与投资并重型企业，因此，在合并利润表中，应该既有投资收益又有核心净利润；而杉杉股份是经营型企业，因此，利润结构中应主要体现核心净利润。实际情况如图 7－9 所示，这与我们的预期不太吻合，雅戈尔的投资收益多，核心净利润少，与其高经营资产投入不协调。2020 年，雅戈尔的投资收益更是高达 76 亿元，杉杉股份的投资收益相对于雅戈尔就很少了。

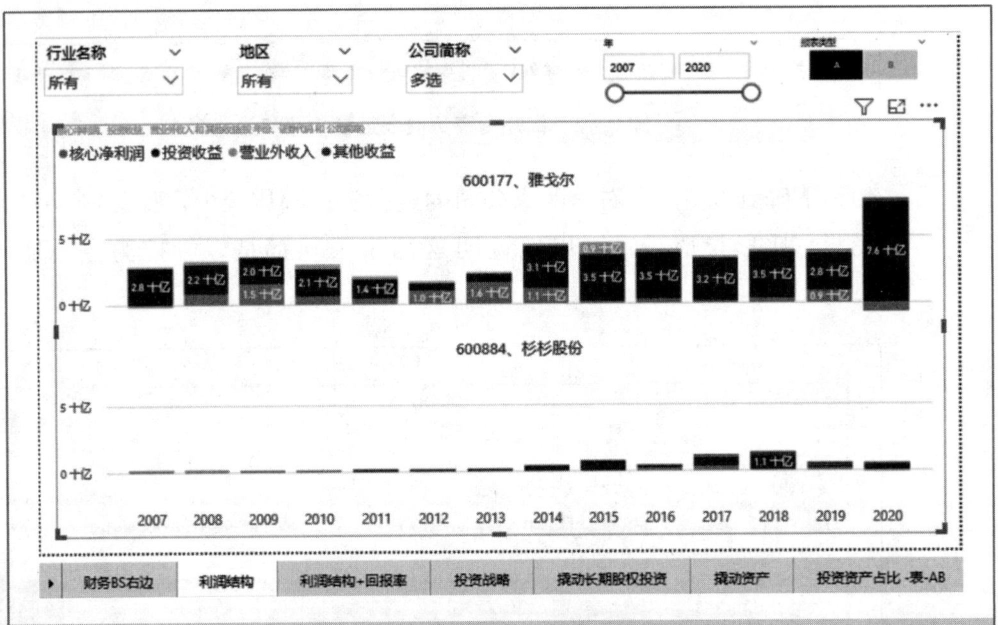

图 7－9　合并利润表盈利结构对比

为了能够清晰了解杉杉股份的收益情况，我们单独观察杉杉股份的盈利结构。如图 7－10 所示，可以发现结果与我们的预期大相径庭。杉杉股份是经营主导型企业，但是主要的利润来源却是投资收益，说明其主营业务未达到理想状态。

另外，两家公司都有政府补贴（其他收益和营业外收入），但是杉杉股份相对多一些。雅戈尔 2020 年只有 1.1 亿元，杉杉股份为 1.4 亿元，且占比较大。总体而言，两家公司的主营业务发展均不理想，投资收益相对较好。

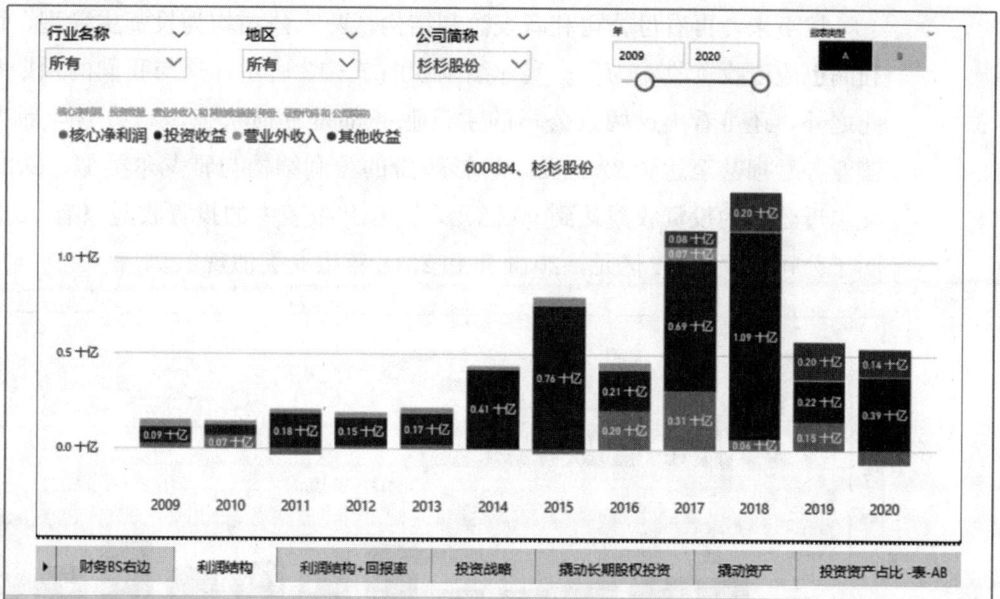

图 7-10　杉杉股份合并利润表盈利结构

理论上，其他综合收益应该也属于收益，但是会计准则不允许其体现在净利润中，如果我们把其他综合收益考虑进盈利结构，结果会大不相同。如图 7-11 所示，雅戈尔在 2009 年和 2017 年有 20 多亿元的其他综合收益，在 2016 年和 2020 年有－30 多亿元的其他综合收益，如果将其考虑到盈利结构中对冲投资收益，那么其他综合收益就会像蓄水池一样，对投资收益进行调节。

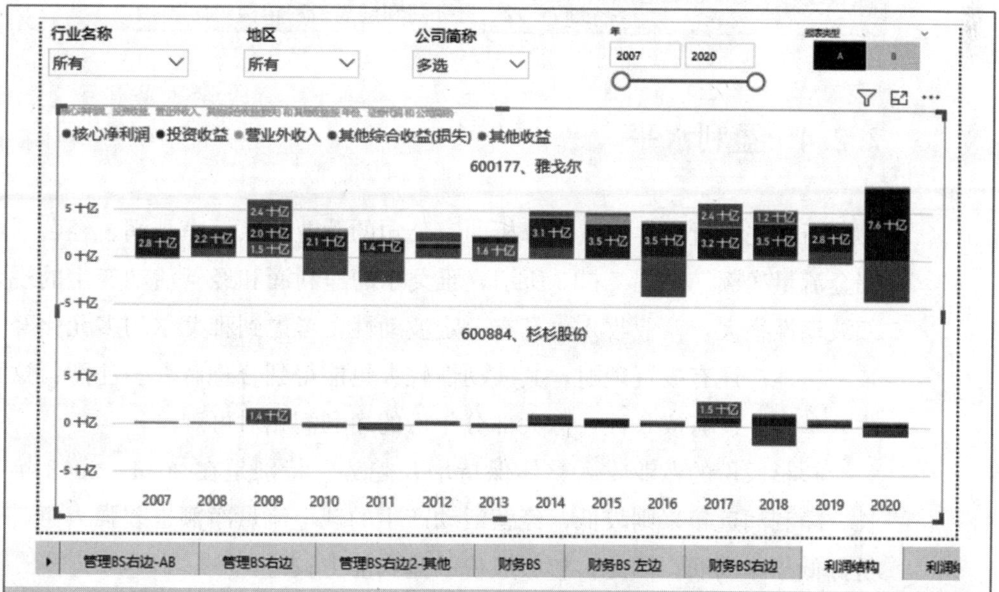

图 7-11　考虑其他综合收益的盈利结构

接下来，再看母公司利润表盈利结构。两家公司均为投资主导型，因此，其利润也应以投资收益为主。实际结果如图 7 - 12 所示，这与我们的预期相符。除此之外，还可看出这两家公司的主营业务都是亏损状态，2020 年，雅戈尔的主营业务亏损甚至达到 22 亿元，杉杉股份的盈利结构与雅戈尔类似。2020 年，雅戈尔母公司的投资收益达到 90 亿元，而合并报表中的投资收益只有 76 亿元，说明子公司亏损了 24 亿元，2014 年和 2018 年也有类似现象。

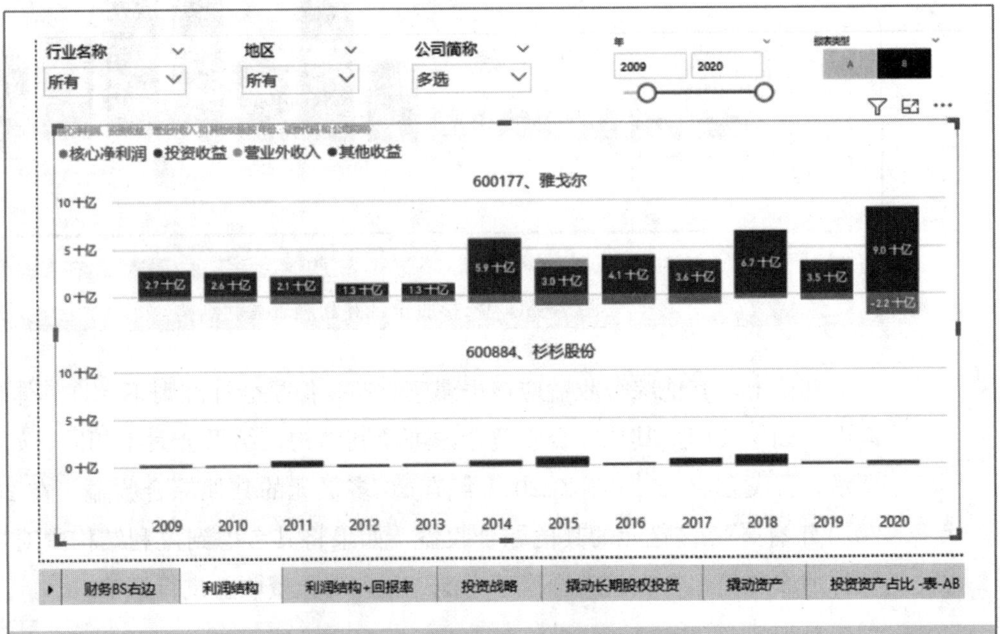

图 7 - 12　母公司利润表盈利结构对比

7.2.4　盈利水平

下面先通过合并报表来分析两家公司的营业收入、净利润、经营活动产生的现金流量净额。如图 7 - 13 所示，雅戈尔的净利润和经营活动产生的现金流量净额波动性很大，营业收入也具有一定波动性，考虑到雅戈尔的多元化经营既有服装、房地产还有投资理财，其波动性较大也能得到合理解释。注意：这里的营业收入基本上没有成长性，但大部分年份的净利润相对可观。

杉杉股份的营业收入整体保持增长趋势，特别是在 2014—2018 年有明显增长。净利润近年来则较低，经营活动产生的现金流量净额也差强人意，大部分年份都低于净利润，因此，杉杉股份的盈利能力较差。

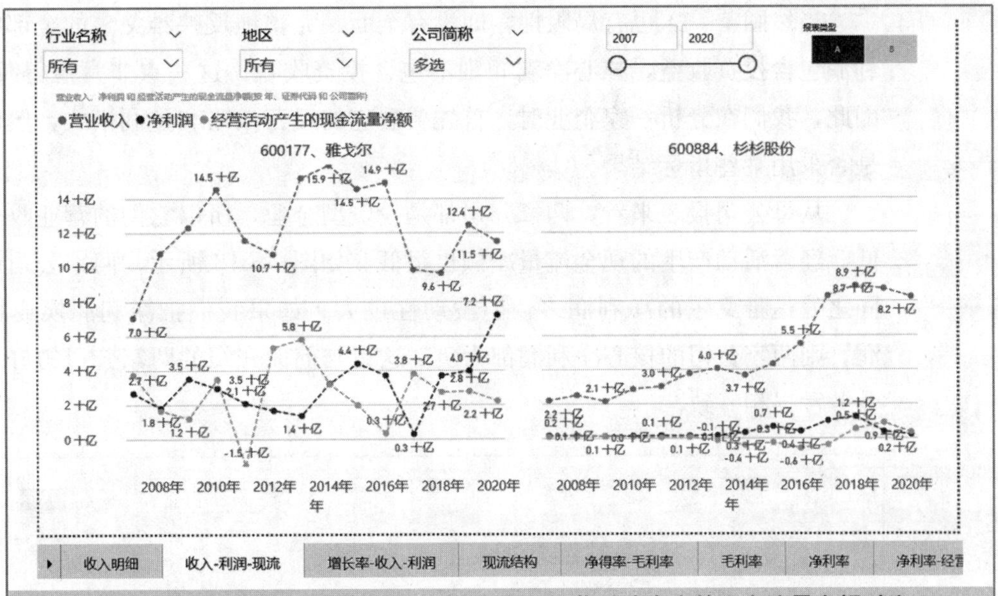

图 7－13　合并报表的营业收入、净利润、经营活动产生的现金流量净额对比

图 7－13 并未真实反映雅戈尔的经营利润与经营活动产生的现金流量净额的对应关系，所以我们把净利润优化为核心净利润，再进行对比，如图 7－14 所示。从图中不难发现，此时的经营活动产生的现金流量净额与核心净利润的匹配关系更加协调，大部分年份经营活动产生的现金流量净额均高于核心净利润，只是缺乏成长性。

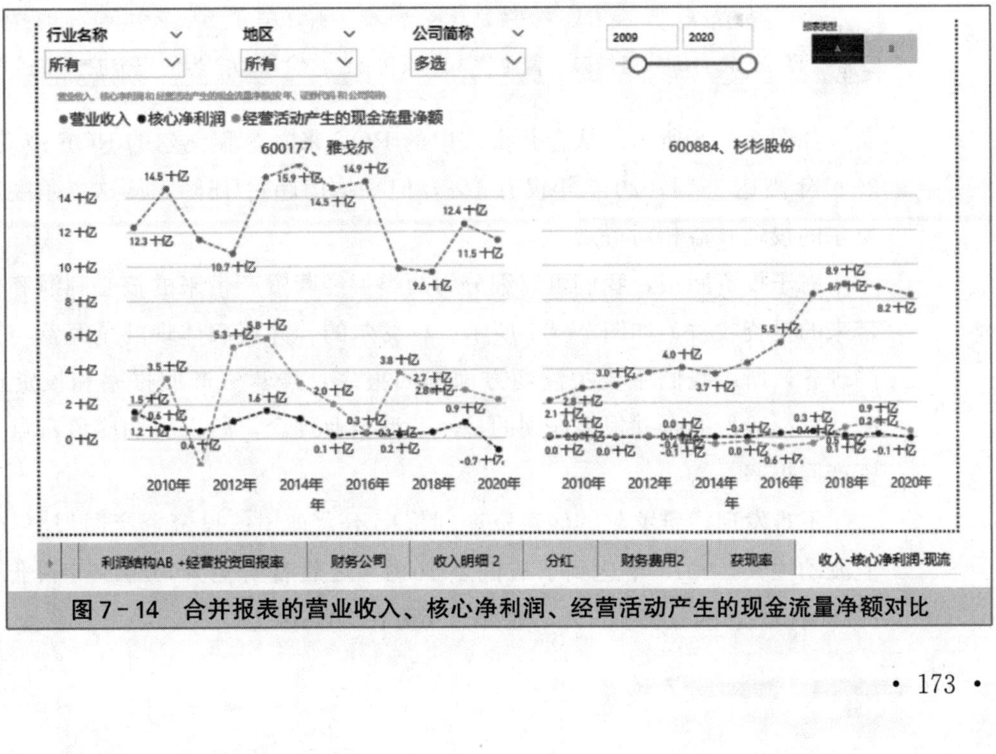

图 7－14　合并报表的营业收入、核心净利润、经营活动产生的现金流量净额对比

当然图 7 - 14 也有局限性，即没有全面、完整地反映雅戈尔的全部收益。净利润包含投资收益，核心净利润则不包含投资收益，这一点非常值得我们注意。因此，我们在分析一家企业时，首先要看它的经营战略和盈利模式，然后再决定是否采用某些指标结果。

从母公司报表来看，两家公司都是投资型企业，所以它们的营业收入都比较低，经营活动产生的现金流量净额也很低。如图 7 - 15 所示，两家公司最大的不同之处是雅戈尔的净利润多，但波动性也大。如果我们把净利润换成核心净利润，则两家公司的核心净利润都为负，这也与前面介绍的两家公司的母公司主营业务亏损相一致。

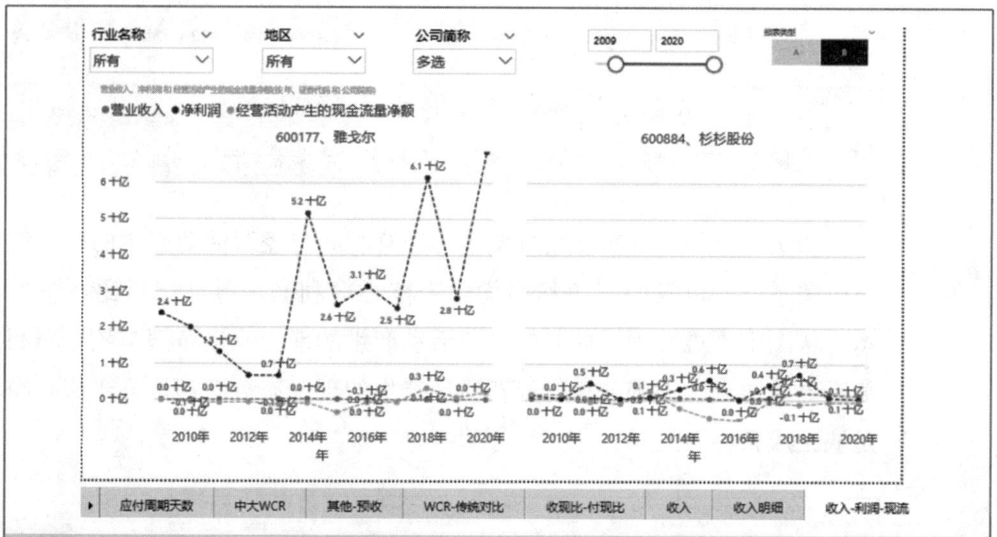

图 7 - 15　母公司报表的营业收入、净利润、经营活动产生的现金流量净额对比

如图 7 - 16 所示，从合并报表中的 ROE 来看，雅戈尔的 ROE 波动性较大，2020 年高达 25%，2017 年仅有 1%，但平均值超过 15%，从这个角度来讲，雅戈尔的投资收益相对可观。

对于投资回报，我们可以细分为两类：经营资产带来的核心利润和投资资产带来的投资收益，如图 7 - 17 所示。雅戈尔的合并报表体现的是经营与投资并重的理念，所以我们主要关注两方面的回报率：经营资产回报率和投资资产回报率。杉杉股份的合并报表体现的是经营型企业理念，所以我们应该重点关注经营资产回报率。

不难发现，雅戈尔的经营资产回报率不太理想；投资资产回报率整体较高，但波动性大，2013 年达到了最低点 10%，之后有所上升，2019 年降低至 19%，2020 年又上升，达到 58%，大部分年份在 20%以上。

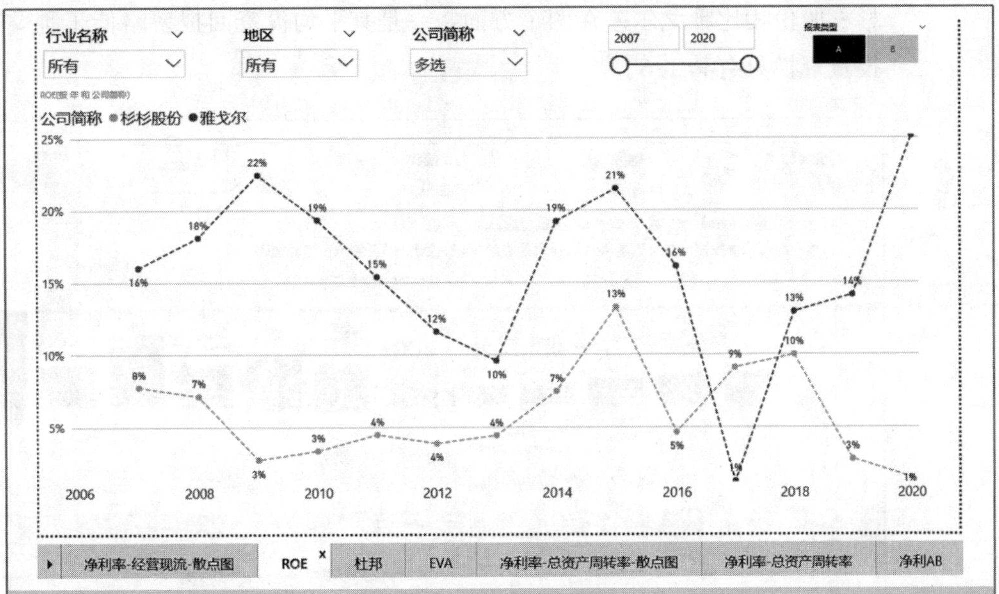

图 7-16　合并报表 ROE 对比

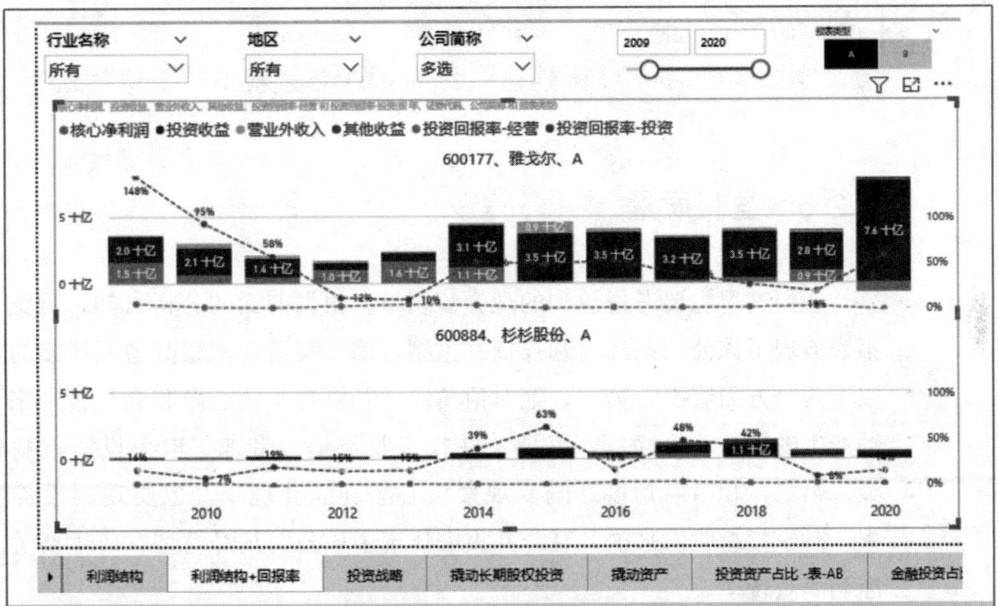

图 7-17　合并报表投资回报率对比

杉杉股份的经营资产回报率偏低，投资资产回报率却不错，但因其投资规模太小，所以与雅戈尔不具有可比性。

我们再看母公司报表中的投资回报率。如图 7-18 所示，两家公司均为投资型企业，因此我们应重点关注投资资产回报率。雅戈尔的投资资产回报率整体来看高于杉杉股份，特别是在 2014 年、2018 年以及 2020 年，最高甚至达到 60%。

杉杉股份相比雅戈尔差在两个方面：一是其平均投资回报率略低于雅戈尔；二是投资规模只有其 1/3。

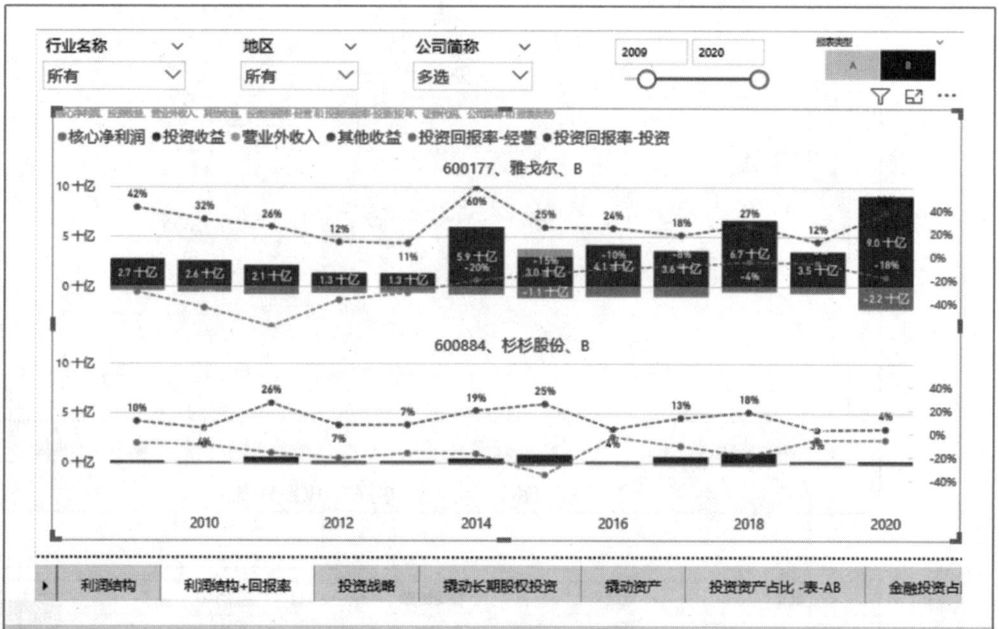

图 7－18　母公司报表投资回报率对比

7.2.5　盈利质量

我们这里主要考虑盈利的现金流质量。根据前面的分析可知，雅戈尔的合并报表体现了该公司是经营和投资并重型，因此我们在观察其盈利质量时，可以从以下两个方面着手：第一，绝对值角度。既要观察核心净利润是否带来了经营活动产生的现金流量净额，又要关注投资收益是否带来了取得投资收益收到的现金。第二，相对值角度。既要观察核心净利润获现率，也要观察投资资产获现率。对于杉杉股份来说，其合并报表体现了该公司是经营型，应主要关注其核心净利润获现率。

如图 7－19 所示，雅戈尔大部分年份经营活动产生的现金流量净额的绝对值较大，2008—2020 年中只有 2011 年和 2016 年的数值较差，且波动性大，这可能与房地产行业的长周转期特点有关。而从相对值来看，其波动性更为明显。

我们还可以看到雅戈尔的投资收益对应取得的现金明显较少，2020 年投资资产获现率只有 16％，其他年份基本都不高于 50％，赚的钱几乎都在账面上，也许这就是我们常说的“纸上富贵”。

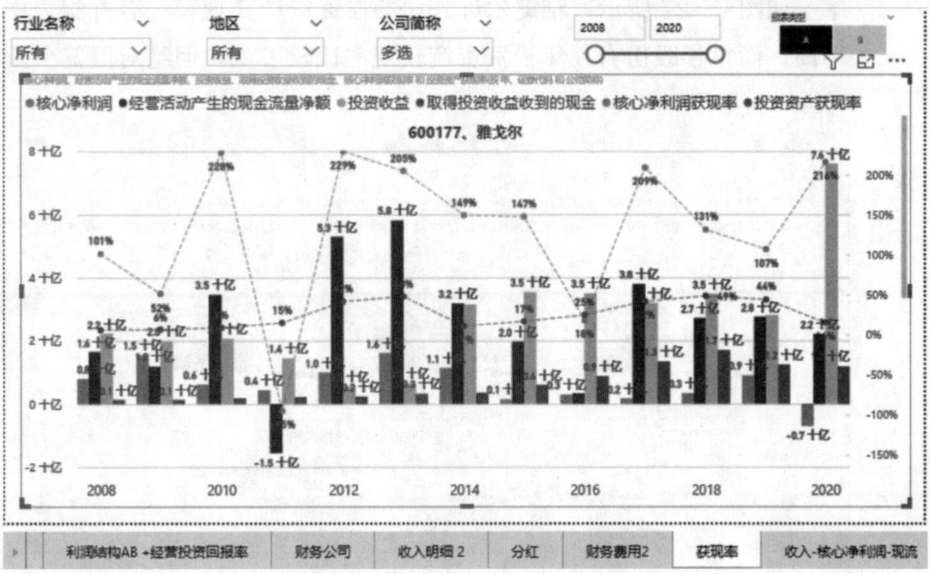

图 7－19　雅戈尔合并报表获现率

从合并报表来看，杉杉股份是经营主导型企业，所以我们重点关注经营活动产生的现金流量净额、核心净利润获现率。如图 7－20 所示，杉杉股份在 2013—2017 年经营活动产生的现金流量净额都为负，之后两年才明显好转。从相对值来看，核心净利润获现率波动性较大，2019 年达到了峰值 104％。

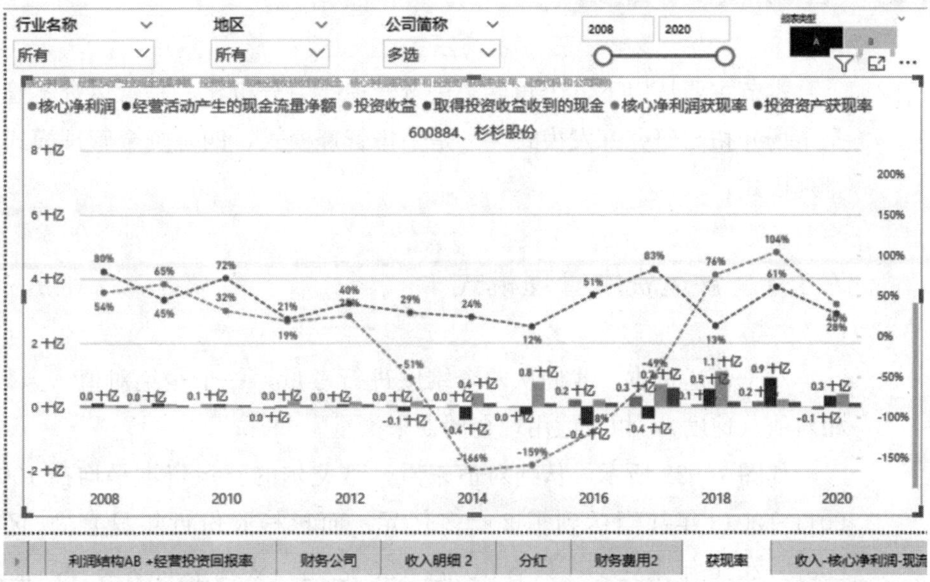

图 7－20　杉杉股份合并报表获现率

从母公司报表来看，两家公司均为投资型，所以我们重点关注投资资产获现率。如图 7－21 所示，雅戈尔母公司的投资资产获现率与合并报表中的类似，均不高；而杉杉股份有几年投资资产获现率比较可观，但绝对值偏小。

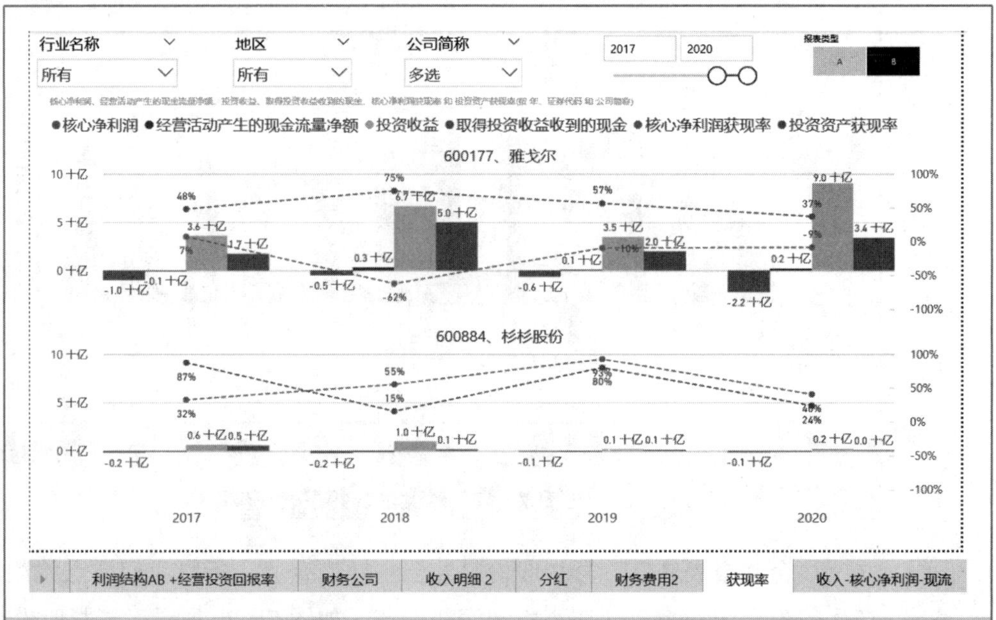

图 7－21　母公司报表获现率对比

7.3　管理能力分析

本节主要从以下五个角度来进行管理能力分析：一是营运资本管理模式，二是市场开拓与研究开发模式，三是销售管理模式，四是资金管理模式，五是贷款管理模式。

7.3.1　营运资本管理模式

对于营运资本，我们从两个维度进行考量，一个是绝对值（金额），一个是相对值（速度），相对值用现金周期来衡量。

如图 7－22 所示，从绝对值来看，雅戈尔的营运资本平均在 100 亿元以上，2011—2013 年甚至达到了 200 多亿元。而杉杉股份近年只有 30 亿～40 亿元，2007—2016 年则更少，只有 10 亿～20 亿元。从现金周期来看，雅戈尔相对较长，2012 年达到最长期限为 1 525 天，最短也有 474 天，这一现象可能与房地产业务有关；而杉杉股份一般在 140～180 天，明显短于雅戈尔。

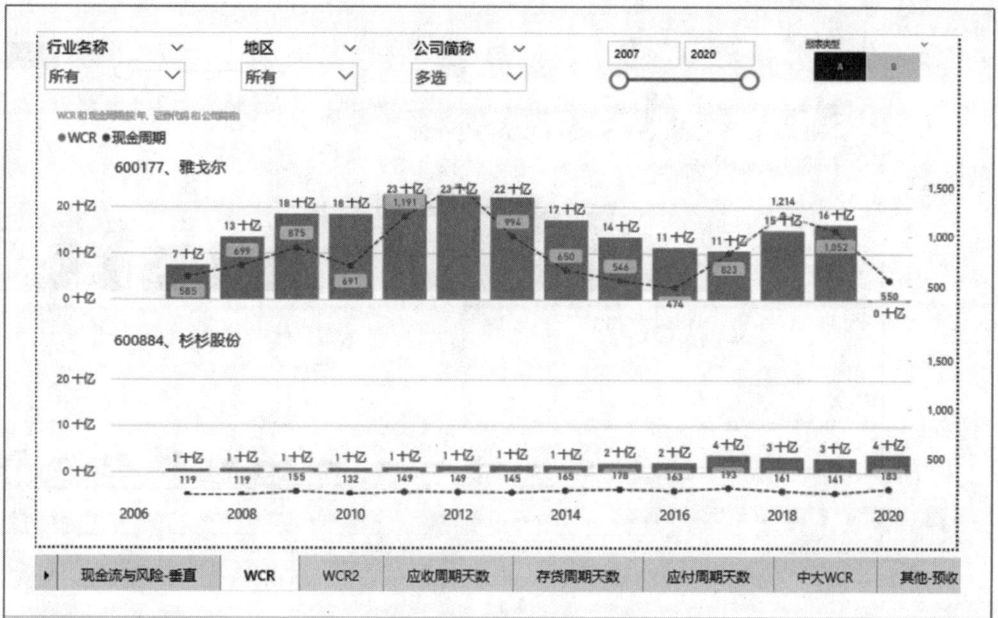

图 7－22　营运资本和现金周期对比

我们把营运资本分解为三个子项目：应收账款、应付账款及存货，并分别看其金额、速度。雅戈尔的主要特征是存货较多，且周转速度较慢，如图 7－23 所示。从大口径角度分析，我们会发现其预收款项也比较多（见图 7－24），这进一步印证了雅戈尔具有房地产公司的特点。

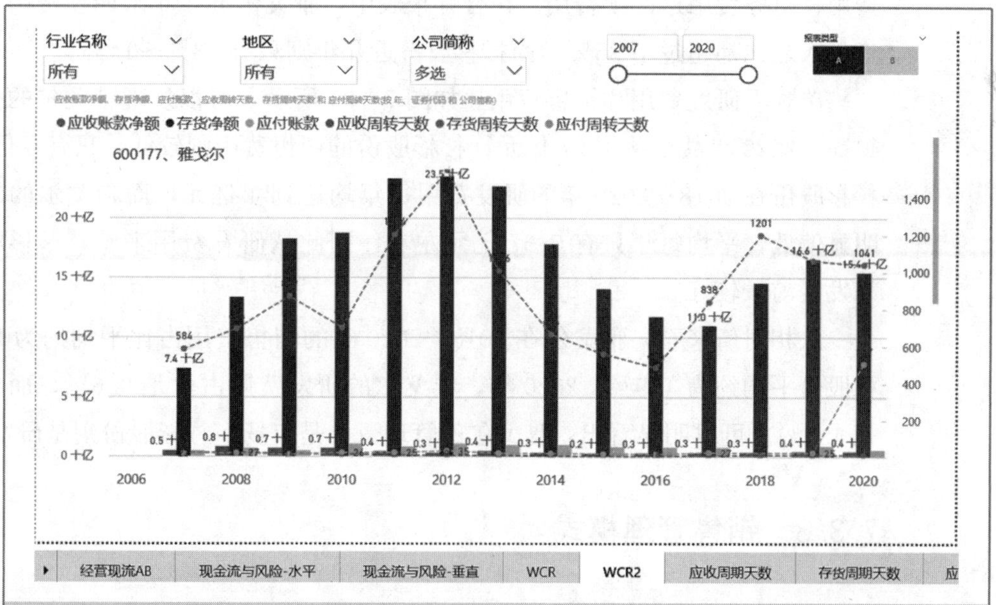

图 7－23　营运资本分解项目对比

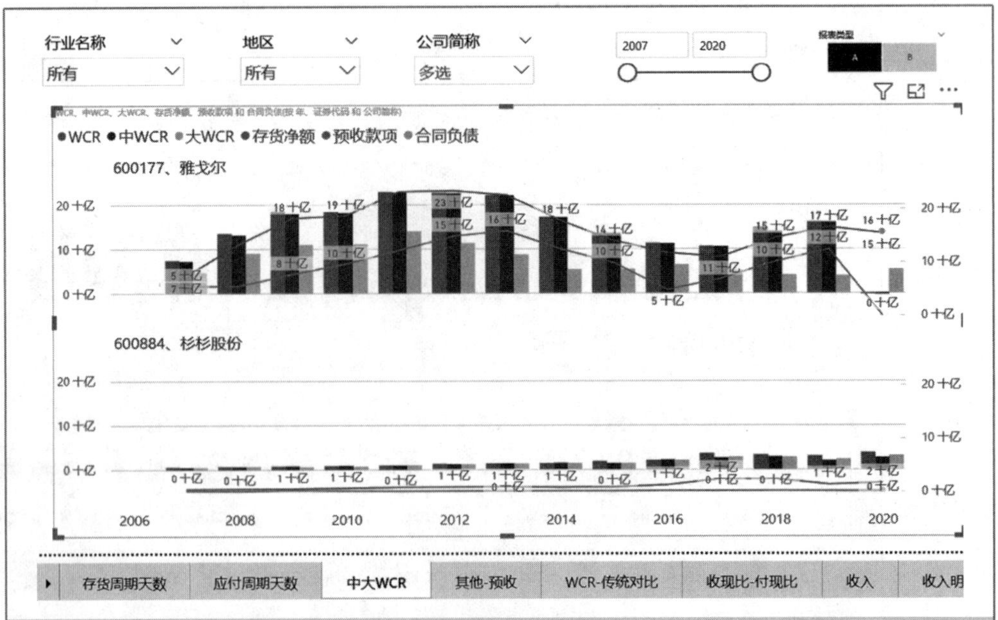

图 7-24 不同口径营运资本

7.3.2 市场开拓与研究开发模式

企业管理除了关注收入和成本之外，还比较关注管理费用、销售费用、研发费用、财务费用这四项费用。在合并报表中，雅戈尔近 4 年来四项费用之和与销售收入之比都超过了 35%，而杉杉股份近几年则只有 13%～14%。

单独看研发费用和销售费用，如图 7-25 所示，可以发现雅戈尔的销售费用很高，2020 年甚至达到 27 亿元；杉杉股份的销售费用则较低，只有 3 亿元左右。杉杉股份在 2018—2020 年的研发费用每年均达到 4 亿元，而雅戈尔的研发费用明显偏低，平均每年只有 0.67 亿元左右，因此从研发费用来看，杉杉股份的未来发展前景较好。

从相对值来看，雅戈尔在 2018—2020 年的销售费用占比平均约为 20%，杉杉股份平均约为 4.5%。2020 年，雅戈尔的研发费用占比是 0.6%，而杉杉股份是 4.8%。可以明显看出，雅戈尔的管理重心是市场，杉杉股份则是研发。

7.3.3 销售管理模式

如图 7-26 所示，两家公司的销售管理模式均为分权管理。雅戈尔是多元化公司，其采用分权管理比较容易理解；杉杉股份属于经营型公司，也采用分权管

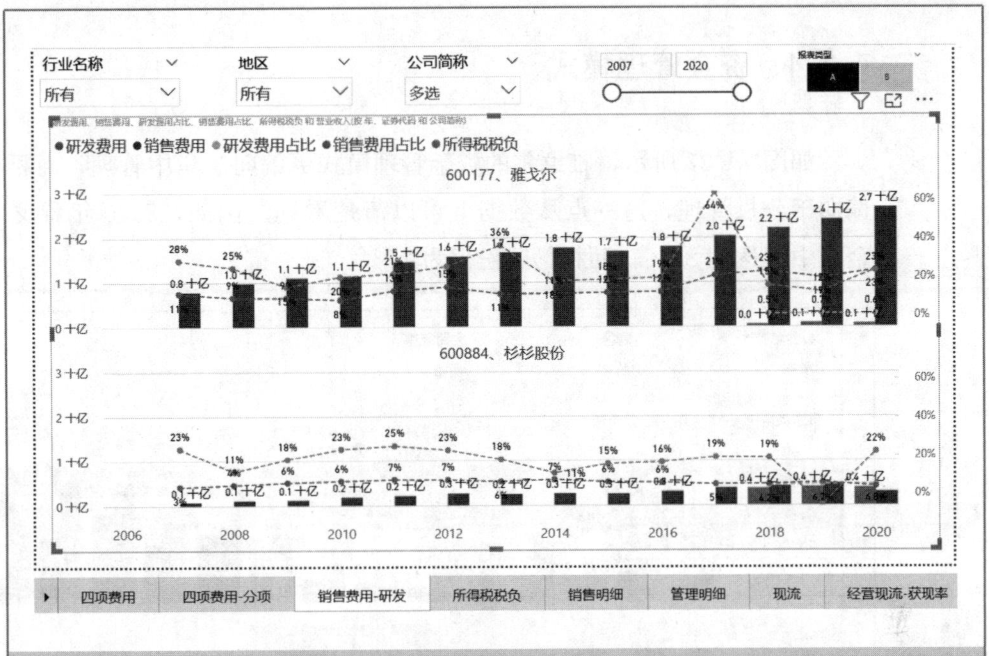

图 7－25　销售费用和研发费用占比对比

理，这可能与锂电池产品有关，属于产品相关多元化，主要涉及正极材料、负极材料以及电解液等不同产品。

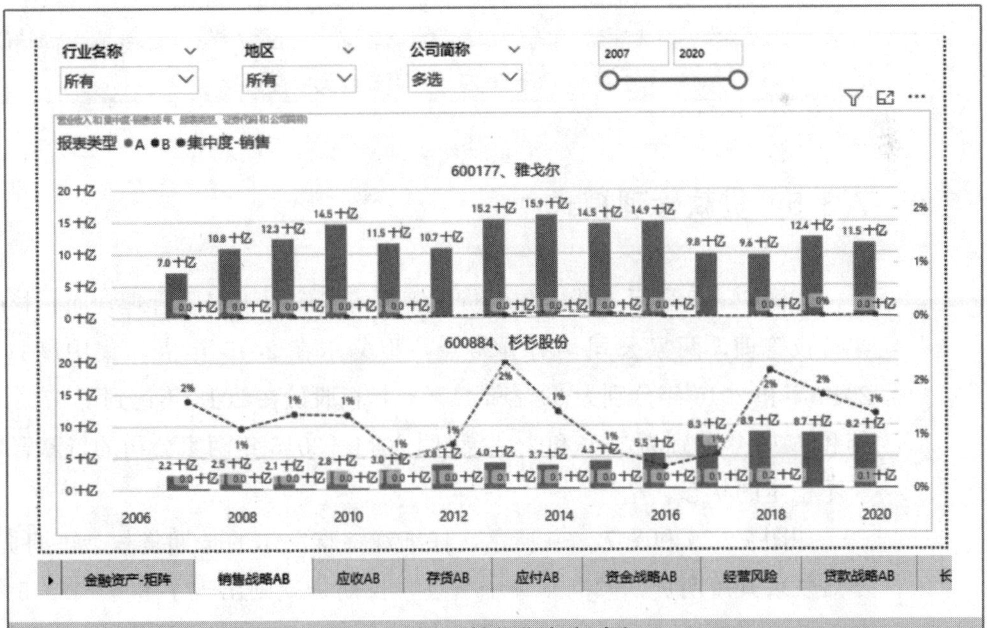

图 7－26　销售集中度对比

7.3.4 资金管理模式

如图 7－27 所示，雅戈尔的资金管理模式更偏向于集中管理，而杉杉股份则偏向于分权管理，这一点从数据上可以清楚看到。例如，2020 年雅戈尔货币资金集中度达到 83%，而杉杉股份仅为 29%。

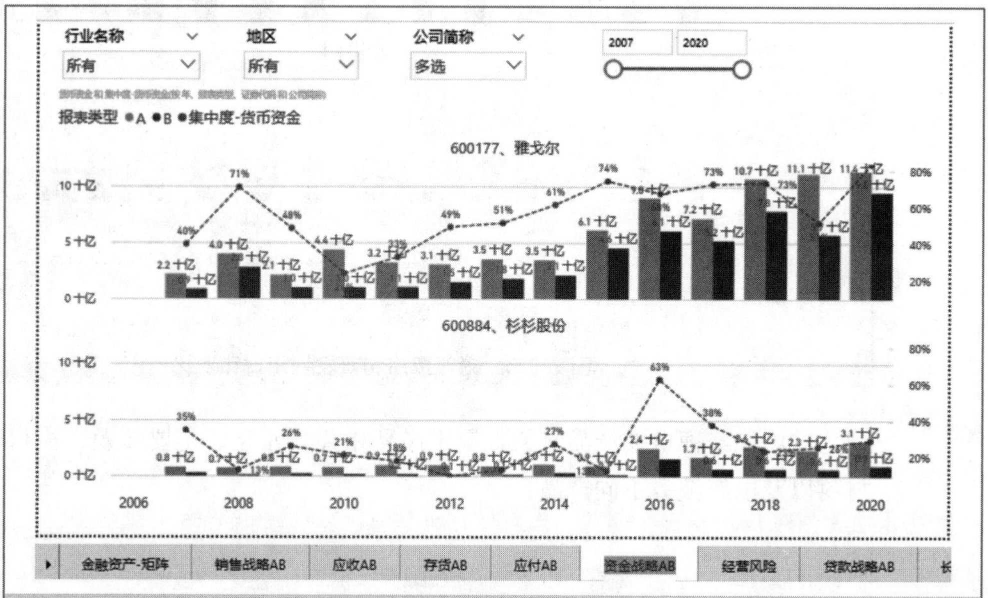

图 7－27 货币资金集中度对比

7.3.5 贷款管理模式

如图 7－28 所示，雅戈尔的贷款管理模式偏向于集中管理，而杉杉股份则为半分权管理。两家公司均有异常点，雅戈尔在 2015 年借款集中度只有 33%，2014 年和 2016 年分别为 69%和 41%；杉杉股份在 2015 年达到了 87%，而 2014 年和 2016 年分别为 16%和 2%，说明 2014—2016 年两家公司的贷款管理模式处于不稳定的状态。

如图 7－29 和图 7－30 所示，仔细观察雅戈尔的长期贷款、短期贷款情况，不难发现其短期贷款倾向于集中管理，长期贷款则出现了 3 年（2015 年、2016 年和 2018 年）的分权管理。如果我们结合图 7－7 资产负债表左边的资产配置，就可以发现其长期贷款资金主要用于金融性资产。

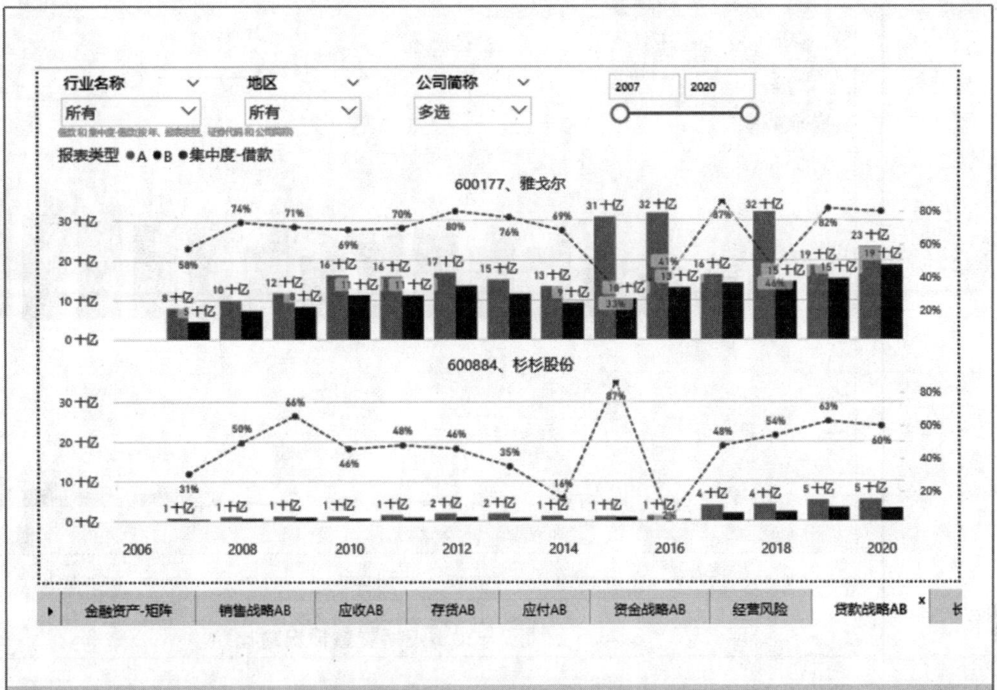

图 7－28　借款集中度对比

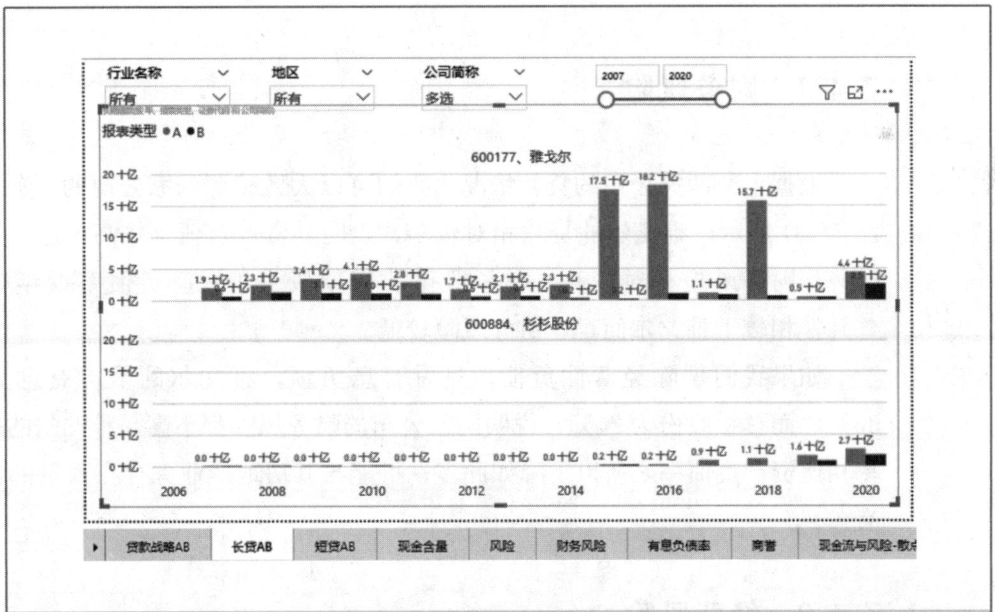

图 7－29　长期贷款情况对比

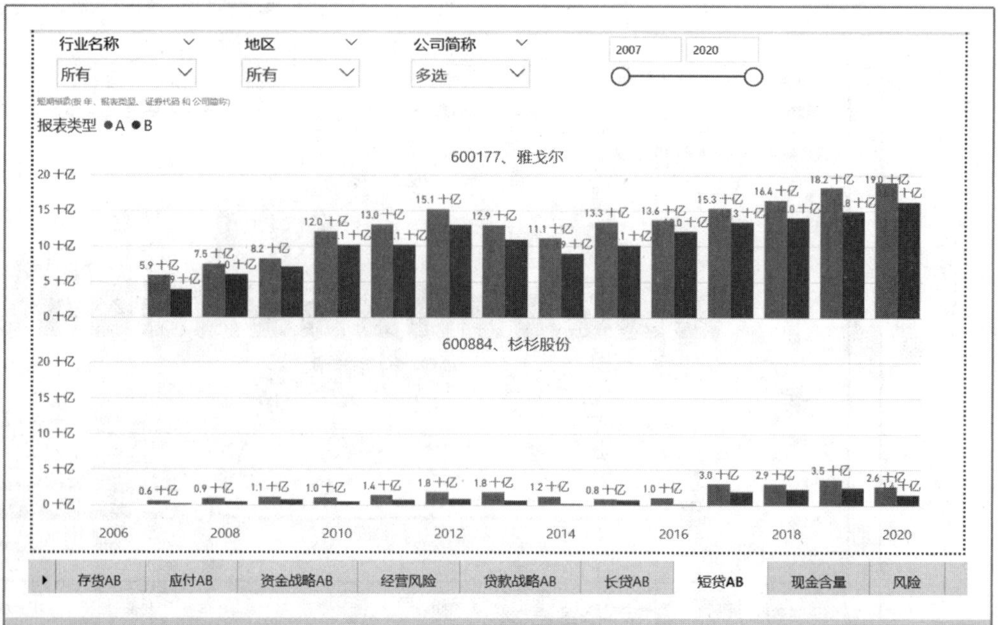

图 7-30　短期贷款情况对比

7.4　风险分析

7.4.1　财务风险

根据上节两家公司的贷款情况，我们可以大致猜测两家公司的财务风险。如图 7-31 所示，雅戈尔的贷款相对较多，表明其资产负债率较高，近年来平均为 64%，财务风险相对较高。杉杉股份的贷款较少，资产负债率近年来平均为 46%，相较于雅戈尔而言，财务风险较低。

如果我们剔除经营性负债，只看有息负债，雅戈尔的平均有息负债率是 36%，而杉杉股份为 24%，说明两家公司的财务风险都不高，雅戈尔的有息负债率相比资产负债率之所以下降如此多，可能与其房地产业务存在大量的预收款项有关。

7.4.2　经营风险

我们用固定资产和在建工程与总资产的比值来衡量经营风险。如图 7-32 所示，雅戈尔的经营风险一直在 10%左右，相对较低。那么它是否属于轻资产企

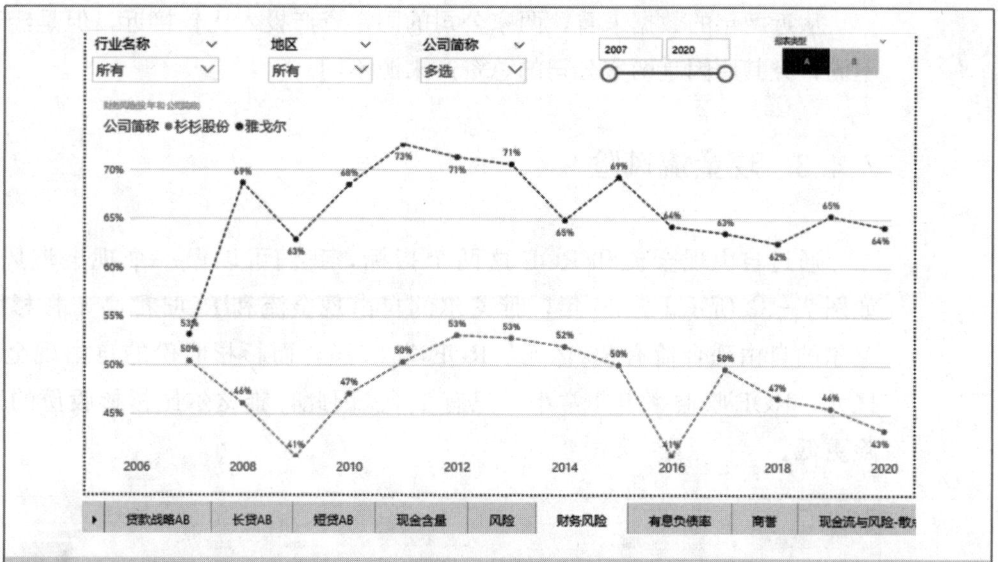

图 7-31　财务风险对比

业？不属于，因为雅戈尔的资产来源比较多元化，有将近一半的投资资产，因此，固定资产和在建工程占比较小，并不能说明其经营风险较低。严格来讲，我们可以用固定资产和在建工程与总资产的比值来反映其经营风险。近年来杉杉股份的经营风险逐年上升，从 2014 年的低点 9%一直上升到 2020 年的 28%，其在建工程在 2014—2020 年也在明显增加。

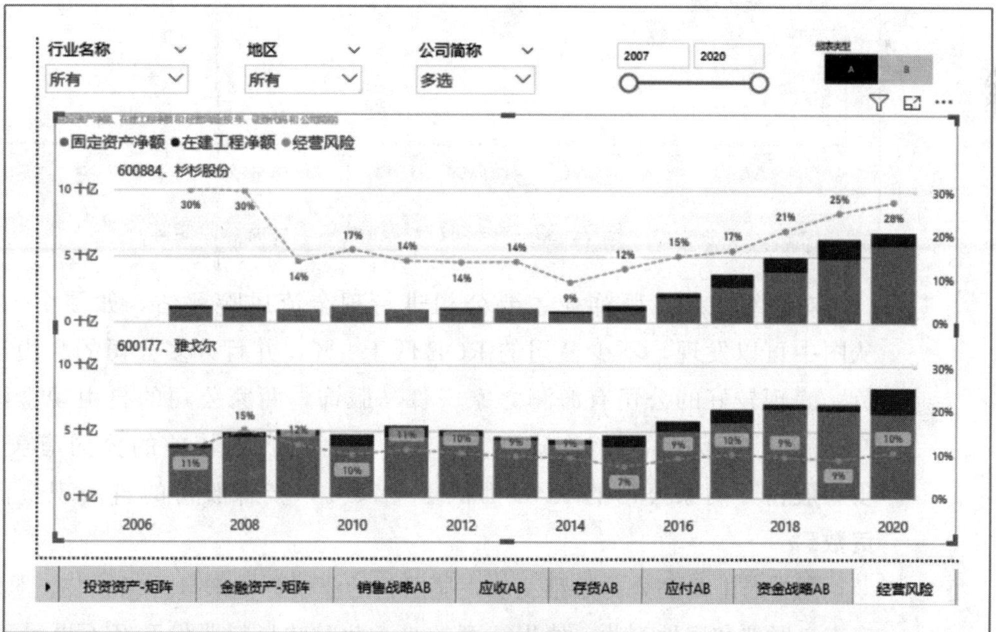

图 7-32　经营风险对比

从近两年的数据来看，两家公司的固定资产投入比较接近，但是经营风险却不同，究其原因是两家公司的总资产来源不同。

7.4.3 现金流风险

通过自由现金流和 ROE 这两个指标，我们可以做一个现金流风险矩阵，如图 7－33 所示。2020 年，雅戈尔的自由现金流和 ROE 都高于杉杉股份。雅戈尔的自由现金流有 80 亿元，ROE 为 25%，而杉杉股份的自由现金流只有 9 亿元，ROE 收益率也非常小，只有 1%。因此，雅戈尔比杉杉股份的现金流风险更低。

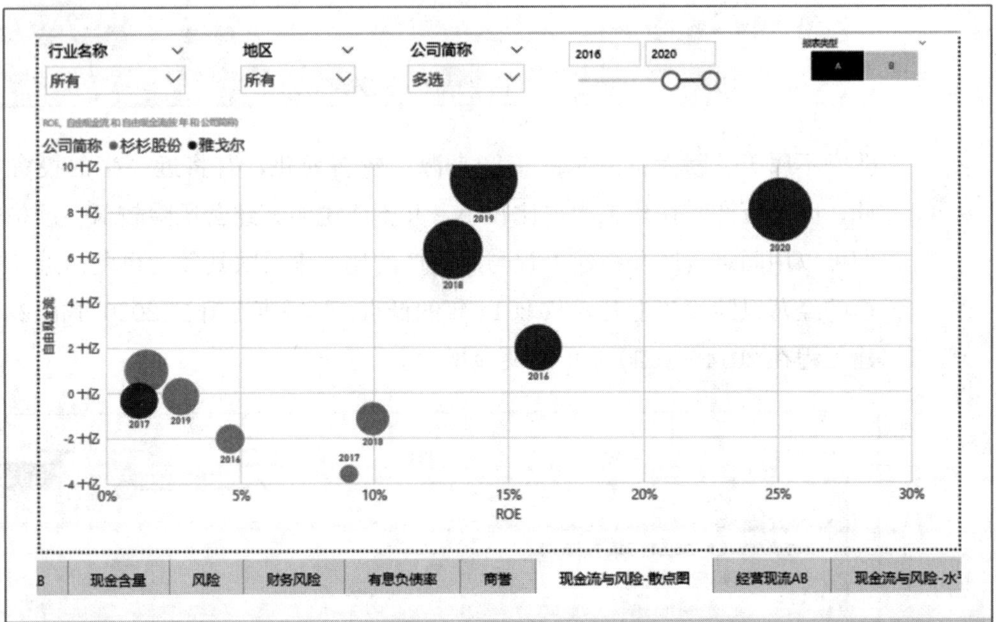

图 7－33　杉杉股份和雅戈尔现金流风险矩阵

对纺织服装、服饰业主要公司进行现金流风险评估，如图 7－34 所示。从图中可以发现，不少公司的 ROE 低于 5%，并且许多公司的自由现金流为负。表现较好的公司有海澜之家、森马服饰，两家公司的自由现金流分别为 24 亿元、38 亿元，ROE 分别为 7%、12%。表现较差的公司有美邦服饰、步森股份，两家公司的 ROE 都低于－70%，步森股份的自由现金流甚至为负数。

图中右上角的公司是雅戈尔，显然它的业绩不是来自纺织服装、服饰业，更多来自股票和房地产业。值得注意的是，此时的杉杉股份已经不再属于纺织业，而是转型为电气机械和器材制造业，主营业务是新能源行业的锂电池材料制造。

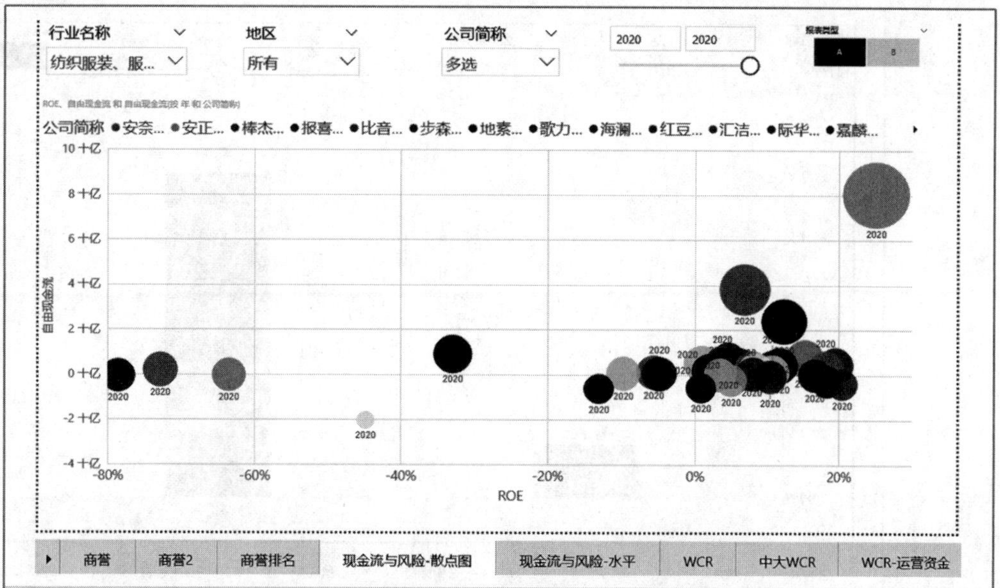

图7-34　纺织服装、服饰业主要公司现金流风险矩阵

7.5　社会责任分析

7.5.1　财富创造

作为企业，盈利是一方面，同时也承担着很多社会责任。我们可以把盈利理解成财富创造，把利润分配定义为财富分配。从财富创造的角度来看，雅戈尔与杉杉股份这两家公司有相同的特点——既有核心利润又有投资收益，因此我们要同时考虑这两种收益。如图7-35所示，我们看到雅戈尔在2007—2020年这14年中，创造的价值达992亿元，杉杉股份则有163亿元，这说明二者的财富创造能力有较大差别。另外，2020年这两家公司一共为2.5万人提供了就业机会。

纺织服装、服饰业共40家上市公司在2020年为17.6万人提供了就业机会，2007—2020年创造的价值累计达3 910亿元，可以看出雅戈尔的盈利能力在同行业中非常优秀。注意：杉杉股份现已转型，不再归入纺织服装、服饰业。

7.5.2　财富分配

财富的分配涉及各方利益，首先是员工工资，其次是银行借款利息，再次是政府的各项税费，剩余的是股东权益。图7-36和图7-37对2007—2020年的所

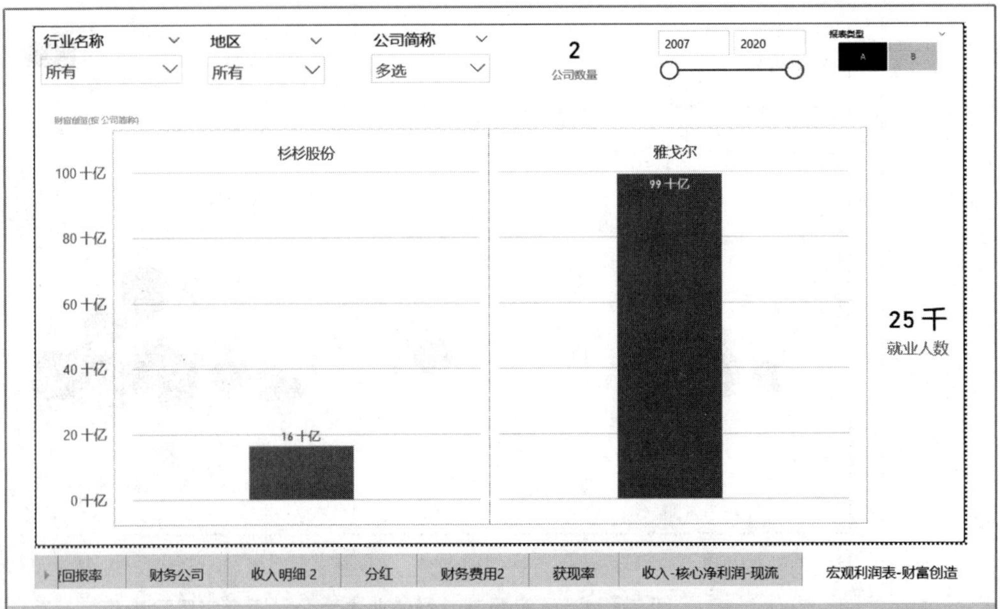

图 7-35　财富创造金额对比

有财富分配进行了统计，雅戈尔支付给员工的工资总共为 204 亿元，占比 20.56%；支付的银行借款利息为 102 亿元，占比 10.34%；支付给政府的各项税费为 262 亿元，占比 26.42%；股东权益为 423 亿元，占比 42.68%。因此，从财富分配来看，股东权益占比最大。

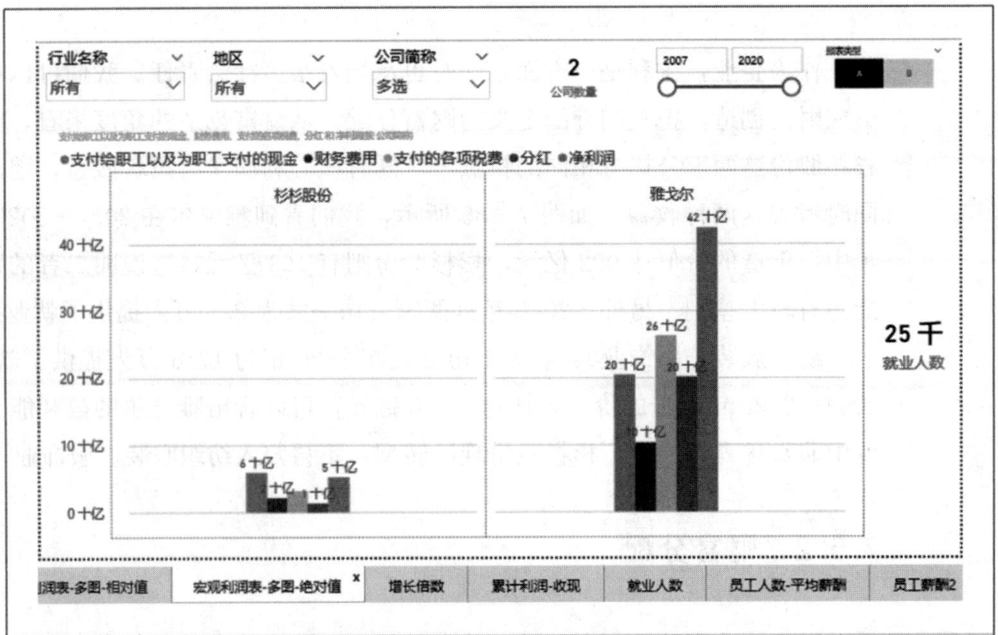

图 7-36　财富分配金额对比

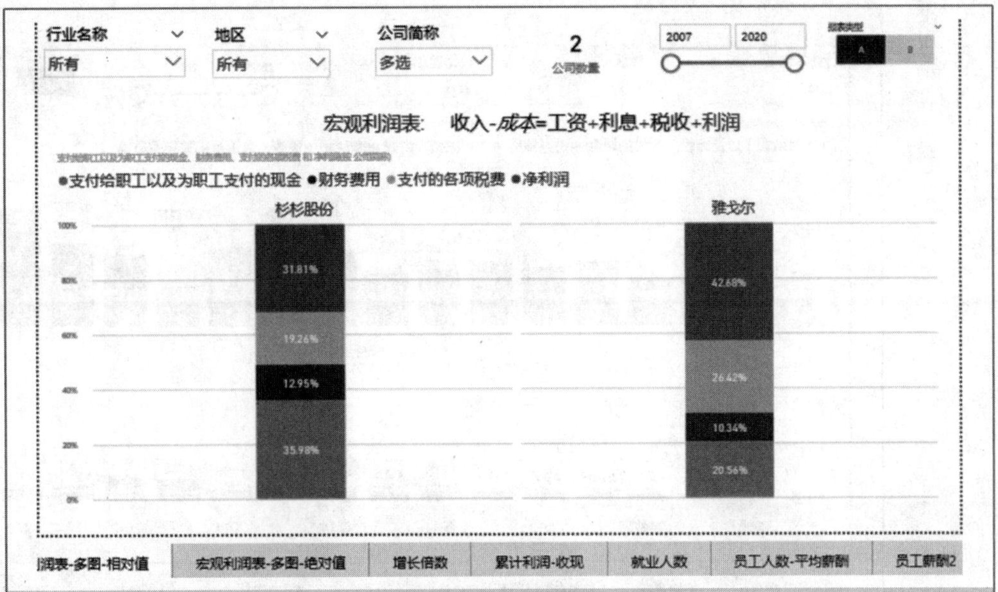

图 7－37　财富分配比例对比

整个纺织服装、服饰业共有 40 家上市公司，为 17.6 万人提供了就业机会。

从绝对值来看，雅戈尔各项指标比杉杉股份高很多；从相对值来看，杉杉股份的员工工资占比比雅戈尔高约 15 个百分点。另外，雅戈尔的税收贡献比杉杉股份高约 7 个百分点，股东权益占比比杉杉股份高约 11 个百分点。

7.5.3　高管薪酬

如图 7－38 所示，雅戈尔的高管薪酬最高约为杉杉股份的 10 倍，结合雅戈尔的盈利情况，这似乎是无可厚非的。值得注意的是，雅戈尔的高管薪酬远远高于整个资本市场高管的平均薪酬，几乎为平均薪酬的 4 倍左右。

7.5.4　员工薪酬

如图 7－39 所示，从员工人数来看，近年来雅戈尔的员工人数是杉杉股份的 4 倍左右，达到 2 万人。从平均工资来看，近几年雅戈尔的平均工资不高，杉杉股份的平均工资几乎是雅戈尔的 2 倍。

如图 7－40 所示，从纺织服装、服饰业员工人数来看，2010 年行业员工人数约 13.6 万，连续 5 年几乎未增长，2018 年达到最高点为 22.4 万，此后一直下降，在 2020 年达到 17.6 万。

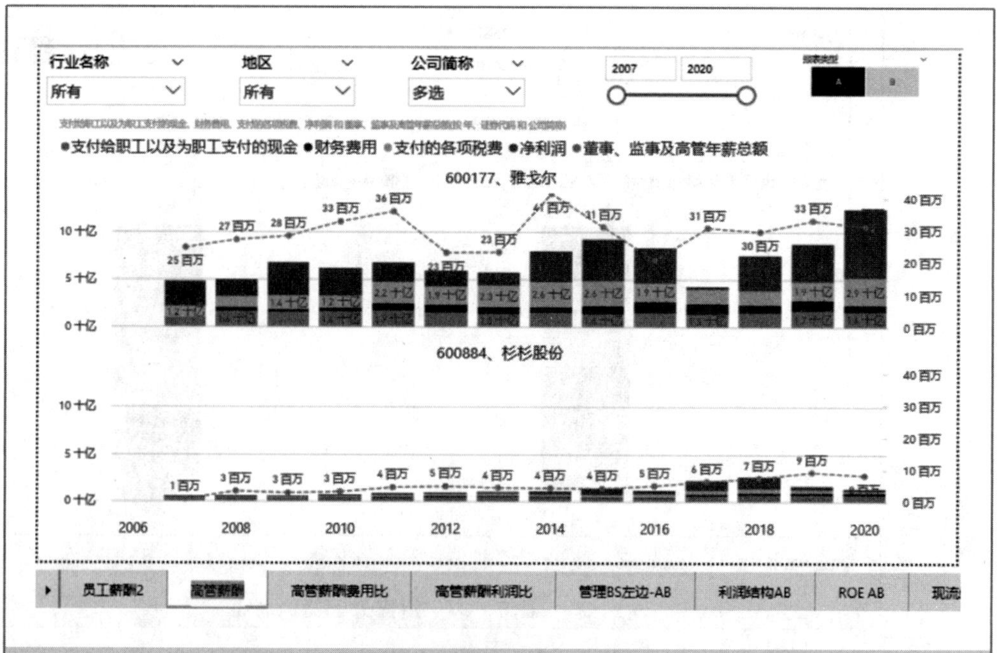

图 7-38 高管薪酬对比

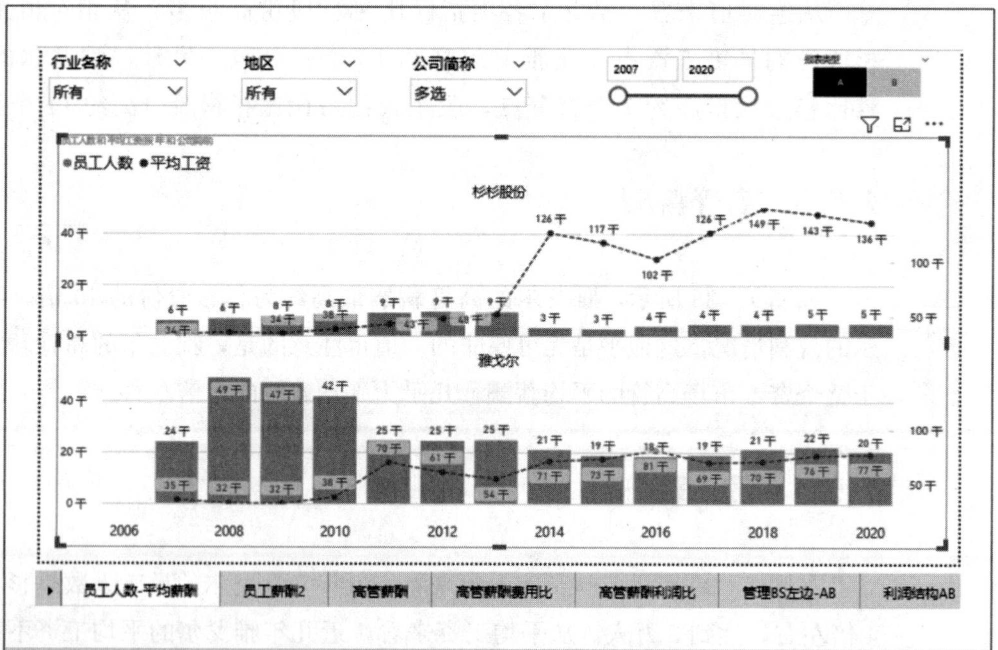

图 7-39 员工人数与平均工资对比

从纺织服装、服饰业平均工资来看，2007—2019 年一直稳步增长，2020 年发生回调，结合员工人数变化情况可知，这个行业可能面临不景气的风险。

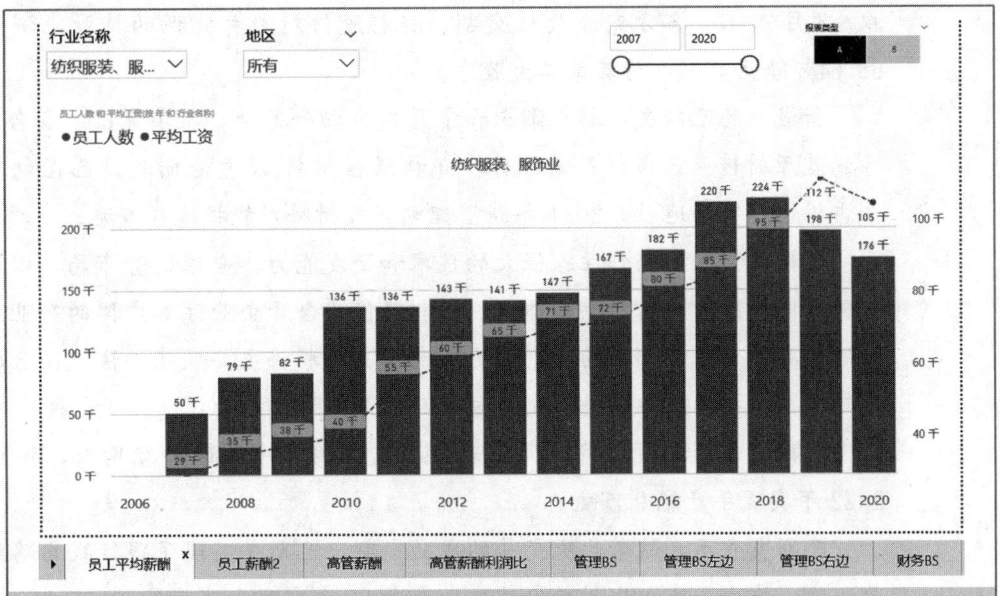

图7-40 纺织服装、服饰业员工人数与平均工资

补充阅读

2021年8月31日，全球化工巨头、世界500强企业巴斯夫收购杉杉能源51%的股权，合资组建巴斯夫杉杉电池材料有限公司（简称巴斯夫杉杉）。新公司将由巴斯夫持有多数股权（巴斯夫持股51%；杉杉股份持股49%）。

杉杉能源属于国内较早从事锂电池正极材料研发和生产的企业，多年正极材料总体出货量排名第一。杉杉能源原第一大股东为杉杉股份，持股比例约为68.64%。

据杉杉股份发布的2021年半年报显示，当年上半年小动力和新能源汽车市场需求快速增长，带动正极公司三元材料出货量上升，正极材料实现出货量16 722吨，同比增长84.98%。上半年，正极公司实现主营业务收入27.45亿元，同比增长105.35%；实现净利润2.57亿元，同比增长1 039.46%；实现归属于上市公司股东的净利润1.76亿元，同比增长1 039.46%。业绩同比大幅增长主要原因包括：一是下游动力和小动力市场需求快速增长，带动公司正极材料销量大幅提升；二是2021年上半年原材料钴和锂等产品价格上涨，带动正极材料价格提升，公司研判市场变化因素，优化供应链体系和采购结构，使得公司正极材料售价的增幅高于成本的增幅，单吨毛利同比大幅提升。

2021年5月，杉杉股份宣布引入巴斯夫作为合资方，并向其转让杉杉能源约20%的股份，交易价格为17亿元。同时，巴斯夫将向除杉杉股份旗下宁波新能源和甬湘投资之外的杉杉能源的其他小股东购买其所持杉杉能源合计约31.36%的股权。8 月 31 日，各方完成股权交割，杉杉股份对杉杉能源的持股比例由原来的 68.64%降至 49%，为其第二大股东。

新成立的巴斯夫杉杉在湖南和宁夏建有四处基地，拥有 1 600 多名员工，业务涵盖原材料、正极材料前驱体、正极活性材料 及电池回收，已在电池材料产业占据优势市场地位，2021 年新型锂电正极材料产能将达 6 万吨。

巴斯夫为双方合作注入强大的技术和研发能力、全球运营布局，以及同战略伙伴共同构建的原材料供应体系。杉杉股份为合资企业注入广博的行业经验、全面的产品组合以及领先的量产能力，巴斯夫杉杉将主要聚焦于快速增长的电动汽车市场，并持续服务于全球消费电子及储能市场。

巴斯夫和杉杉股份将共同推动巴斯夫杉杉在中国的持续增长，按计划将在 2022 年实现年产能 9 万吨。

巴斯夫表示，随着此次交易的成功交割，巴斯夫实现了践行战略路线图的重要一步：建立全球电池材料价值链，在 2022 年实现全球产能 16 万吨。巴斯夫的全球生产和研发布局将确保巴斯夫能在所有主要市场为电池制造商和汽车厂商提供定制化的正极活性材料，并实现高效、就近和协同效应。

资料来源：巴斯夫成杉杉能源控股股东 明年在华正极材料年产能将达 9 万吨．我的电池网，2021 - 09 - 01.

第 7 章图片汇总

第 8 章

投资主导型：川投能源

8.1 公司经营战略

8.2 经营战略和成果分析

8.3 管理能力分析

8.4 风险分析

8.5 社会责任分析

本章我们将对川投能源这家具有独特财务报表数据的公司进行盈利模式分析，其独特性如图 8－1 所示：近 7 年净利润远高于营业收入，但经营活动产生的现金流量净额却低于净利润。

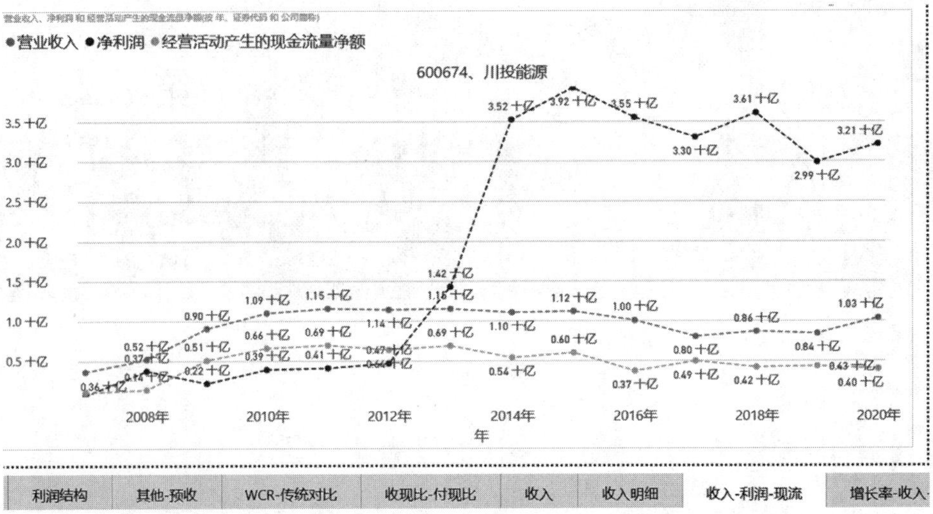

图 8－1　营业收入、净利润、经营活动产生的现金流量净额对比

我们通过对相关财务指标的计算分析，可以得知川投能源的净利润率高达 400%，且存在极少的营运资本，此时总资产周转率、销售费用率、财务费用率等常规指标都缺乏分析意义。弄清差异背后的原因，正是我们本章探寻其独特盈利模式的目的所在。

8.1　公司经营战略

首先通过财务报告了解川投能源的经营战略与竞争优势，再通过报表数据来验证其是否与实际情况一致。

8.1.1　主营业务及经营模式

1. 主营业务

公司以投资开发、经营管理清洁能源为主业，研发、生产、销售轨道交通电气自动化系统，生产经营光纤光缆等高新技术产品。

2. 经营模式

公司以清洁能源为战略方向，直接投资控、参股7家水电企业，参股1家新能源企业，参股1家售电企业。能源产业占公司资产、利润的95%以上，主要利润来源为雅砻江流域水电开发有限公司（简称雅砻江水电）的投资收益。公司目前清洁能源主业业绩稳定，资产规模和装机水平在四川省省属国资电力上市公司以及四川省省内电力上市公司中名列前茅。

3. 财务情况

2020年年末，公司总资产达413.29亿元，同比增长10.34%；归属于上市公司股东的净资产达287.96亿元，同比增长6.14%；总股本44.02亿股；年度收盘价总市值442亿元。

4. 行业情况

2020年，全国全社会用电量75 110亿千瓦时，同比增长3.1%。分产业看，第一产业用电量859亿千瓦时，同比增长10.2%；第二产业用电量51 215亿千瓦时，同比增长2.5%；第三产业用电量12 087亿千瓦时，同比增长1.9%。城乡居民生活用电量10 949亿千瓦时，同比增长6.9%。

全国6 000千瓦及以上电厂发电设备累计平均利用小时为3 758小时，同比减少70小时。其中，水电设备平均利用小时为3 827小时，同比增加130小时。全国电源新增装机容量19 087万千瓦，其中，水电1 323万千瓦、风电7 167万千瓦、太阳能发电4 820万千瓦。

8.1.2 核心竞争力

川投能源最核心的竞争力是其独特的清洁能源主业优势。

公司主要依托具有独特资源优势的雅砻江、大渡河、田湾河流域，以及金沙江、青衣江、天全河流域等水电站进行开发建设运营。2020年，公司持股48%的雅砻江水电独家享有全国第三大水电基地开发权，业绩贡献突出。目前，雅砻江下游已投产1 470万千瓦水电装机，具有规模大、水能利用率高、低度电成本等优势，由于下游五级水电站已全面投产发电，中游两河口、杨房沟、卡拉水电站开发建设科学推进，“一条江”的联合优化调度优势显著，实现了梯级发电效益最大化，具有不可比拟和替代的竞争优势。同时，雅砻江水电还在稳妥推进沿江风电、光伏发电项目的并购和开发。

公司持股10%的国能大渡河公司拥有大渡河干流、支流及西藏帕隆藏布流域水电资源约3 000万千瓦，投产水电装机规模已达1 173.5万千瓦。

公司控股的田湾河流域梯级水电站是四川电网的优质电源点，总装机74万千瓦，具备年调节能力。自投产发电以来，电站设备设施运行稳定，经济效益显著。

公司战略性并购中国信达位于大渡河支流青衣江、天全河流域4项水电站资产，整体运行情况较好。同时，公司控股的攀枝花水电公司金沙江银江水电站正推进建设，力争打造成为四川省水电开发的“精品工程”和“样板工程”，进一步壮大和夯实公司清洁能源主业。

公司参、控股电力总装机达2 945万千瓦（不含三峡新能源）、权益装机978万千瓦，资产规模、装机水平和盈利能力在四川省138家上市公司、7家电力上市公司中均名列前茅，具有较强的市场竞争优势。

8.1.3 发展战略

“十四五”期间，公司将在董事会和控股股东的坚强领导下，遵照中央政府、四川省政府及控股股东的重大政策、战略谋划和决策部署，正确把握全国和四川省经济社会发展新的阶段性特征，主动融入国内大循环为主体，国内国际双循环相互促进的新发展格局，积极参与成渝地区双城经济圈建设，立足公司“一主两辅”产业发展战略布局，致力于做强做优做大清洁能源核心主业。同时，紧紧抓住国家“碳达峰、碳中和”和能源体系绿色低碳转型的战略机遇，把握风电、光伏发电发展的难得契机，力争实现在新的领域创新发展，探索培育新的利润增长点，努力提升公司的核心竞争力和综合实力，为股东创造最大价值，以良好的业绩回报出资人、股东和社会。

面对经济复苏态势和实现“3060双碳目标”的行业环境，公司将继续坚持稳中求进、稳中有为的工作总基调，保持战略定力，深耕能源核心主业，寻求光伏发电和风力发电发展机遇，坚决打好“优化管理、提档升级、创新突破”攻坚战，不断提升经营管理水平，推动企业经营发展再上新台阶。

8.1.4 控股股东与实际控制人

如图8-2所示，公司控股股东为四川省投资集团有限责任公司，其持有上市公司四川川投能源股份有限公司53.26%的股份，为第一大股东，相对控股。

公司实际控制人为四川省政府国有资产监督管理委员会。

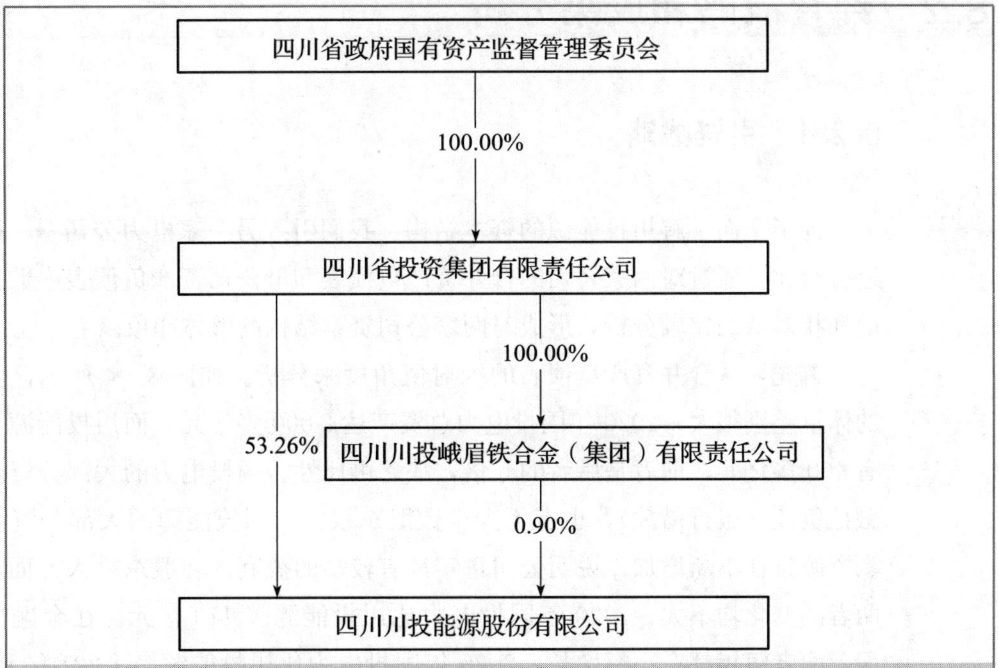

图 8-2　公司、控股股东与实际控制人关系图

8.1.5　产业链图谱

2020 年公司的财务报告显示，川投能源的主要产品包括：电力，占比 86.85%；硬件产品，占比 4.88%；软件产品，占比 4.68%。电力产业链图谱如图 8-3 所示。

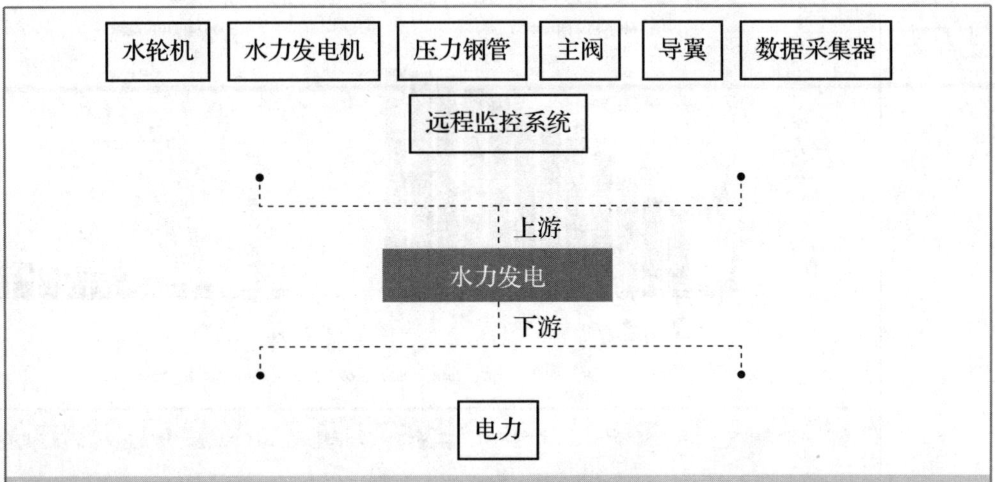

图 8-3　电力产业链图谱

8.2 经营战略和成果分析

8.2.1 引资战略

为了全面了解川投能源的资本结构，我们引入另一家电力公司——国投电力进行对比，通过对两家公司的合并资产负债表和母公司资产负债表中数据的绝对值和相对值的比较分析，形成对两家公司资本结构的整体印象。

首先，从合并资产负债表的绝对值角度来分析。如图 8－4 所示，两家公司的体量差别很大，2020 年国投电力总资产达 2 000 多亿元，而川投能源总资产只有 400 多亿元，前者是后者的 5 倍，缺乏可比性。国投电力的大部分资金来自金融性负债（银行借款），也有不少少数股东权益；川投能源的大部分资金来自留剩资源且在不断增加，说明公司每年都有较多的盈利。在股东投入方面，近年来两者的变化均不大，2020 年国投电力比川投能源多 113 亿元。在金融性负债方面，两者每年都有小幅增长，2020 年国投电力比川投能源多 1 221 亿元。此外，川投能源的经营性负债很少；ROA、ROE 的整体波动性较大，但近两年都维持在较为稳定的状态，如 ROE 在 2012—2014 年急剧增长，之后便从 2014 年的最高点 28%一路下降，至 2020 年仅为 11%。

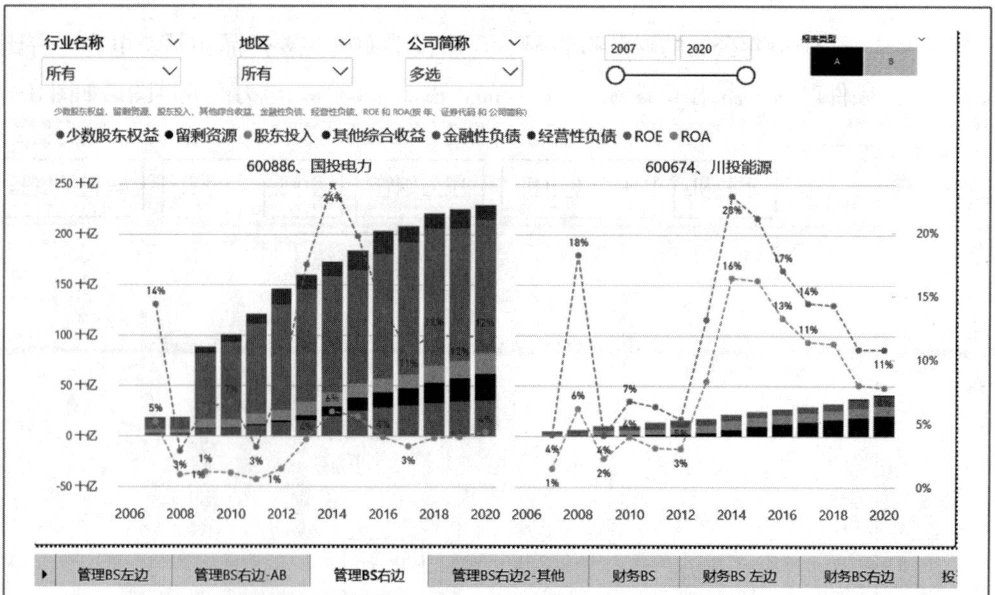

图 8－4　合并资产负债表引资战略绝对值对比

值得注意的是，2011 年，国投电力的股东投入约 102 亿元，留剩资源约 13 亿元，少数股东权益在 102 亿元左右；到了 2020 年，股东投入约 204 亿元，留剩资源约 269 亿元，少数股东权益约 353 亿元。2011 年，川投能源的股东投入约 46 亿元，留剩资源约 15 亿元；到了 2020 年，股东投入约 91 亿元，留剩资源约 196 亿元。在这 10 年间，两家公司的股东投入基本都翻倍了，留剩资源均大幅增长，国投电力的少数股东权益增长了 2.5 倍。

两者的 ROE 有相同的变化趋势，即在 2011—2014 年急剧上升，2014—2020 年波动下降，主要原因是两家公司都投资了雅砻江梯级水电站，国投电力持股 52%，川投能源持股 48%，雅砻江水电因此并入国投电力的财务报表中，而该子公司在 2013 年、2014 年一期工程下游电站逐步建成投产。

下面从合并资产负债表的相对值角度来分析两家公司的资本结构。如图 8-5 所示，川投能源的留剩资源占比从 2012 年不断上升，2018 年达到最高点 51%，而股东投入占比从 2013 年的 42%下降到了 2020 年的 22%，金融性负债占比从 2011 年的 48%下降到了 2018 年的 19%。经营性负债占比一直维持在较低水平，即使近两年有一定增长，但仅约 5%，这需要引起我们的注意，是该公司的产品不具有竞争力，还是该公司自身没有太多自营业务？

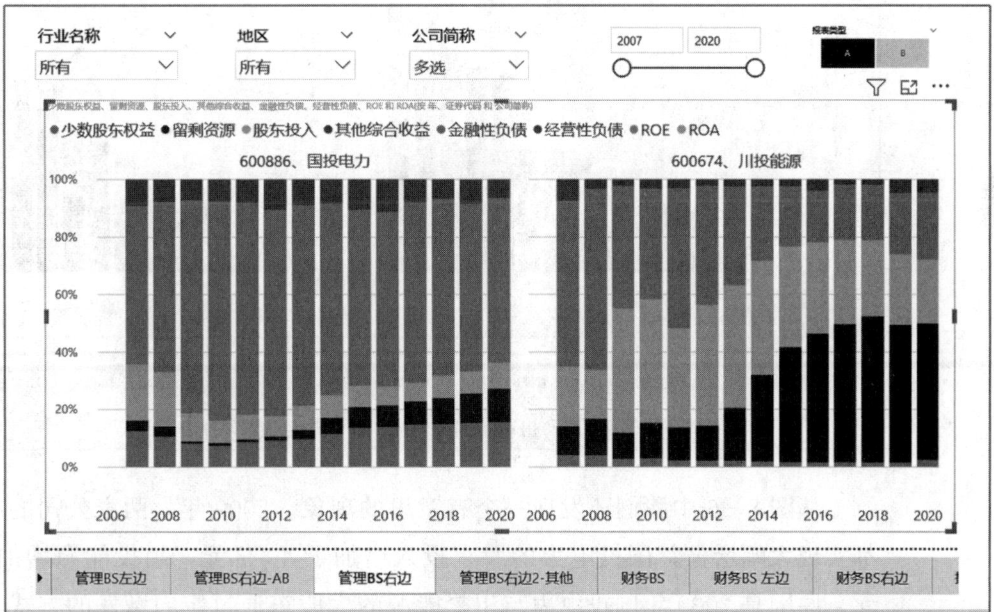

图 8-5　合并资产负债表引资战略相对值对比

国投电力的金融性负债占比虽然有所下降，但仍然维持在一个较高水平，2010 年为最高点，占比为 76%，2020 年占比 57%；2020 年其留剩资源占比 11.7%，股东投入占比 8.9%，经营性负债仅占比 6.5%，而近 10 余年中 2016

年的经营性负债占比最高，达到了 11%。

综上所述，可以得出以下结论：从合并资产负债表来看，国投电力的金融性负债太多，可能影响其收益，从较低的 ROA 上也可以推断出其收益可能大部分用于支付银行借款利息。而川投能源的股东投入占比较大，银行借款或债务适度，总资产规模比较小，进而导致 ROA 比较高，在支付银行借款利息之后还有剩余收益。

接下来，我们对母公司资产负债表中的数据进行分析。在合并资产负债表层面，两家公司的整体情况差别很大。但在母公司资产负债表层面，二者差别不是很大，如图 8-6 所示。从绝对值来看，2016—2020 年两家公司的留剩资源几乎同步增长；国投电力的股东投入约为川投能源的 2.6 倍；前些年国投电力的金融性负债比川投能源多一些，但近两年两家公司比较接近；两家公司还有一个共同特点，经营性负债一直很少。

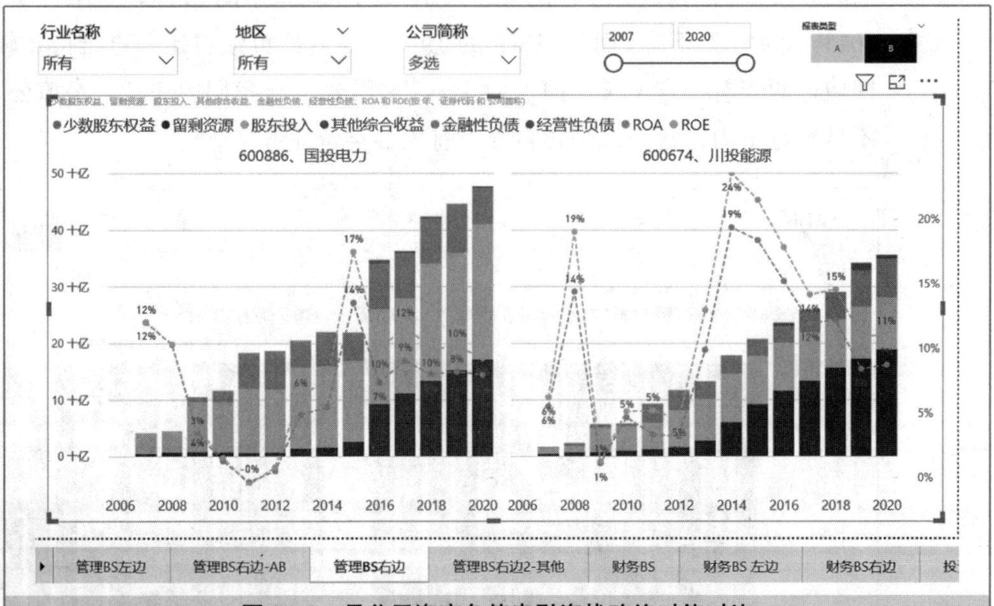

图 8-6　母公司资产负债表引资战略绝对值对比

从图 8-6 中我们还发现一个有意思的现象。2009 年，两家公司的股东投入都实现大幅增长，国投电力的股东投入增加了 40 亿元，川投能源增加了 32 亿元。原因是 2009 年国投电力与川投能源的大股东通过定向增发的方式，分别将各自持有的 48%的二滩水电的股份注入上市公司，2010 年国投电力又通过大股东提供的 10 亿元长期低息贷款，收购了华电集团持有的 4%的二滩水电股份，从而以 52%的持股比例获得对二滩水电的控股权，此处的二滩水电即为前面所提及的两者的子公司——雅砻江水电。此后 4～5 年的时间，两家公司的留剩资源都开始大幅增长，这证明雅砻江梯级水电站项目开始产生丰厚的效益。由此我们也可以推算，雅砻江梯级水电站的一期工程建设周期大概是 4～5 年。对于国投电力而言，可能由于项目建设周期内其他的收益比较少，所以期间投资回报率很低，ROE、ROA 均接近于 0，甚至降至－1%。

在项目建设期结束并开始盈利后，国投电力所获得的雅砻江梯级水电站现金分红应该比川投能源多，但我们从图 8－6 中看到，2013 年以后川投能源的留剩资源增加得多一些，国投电力少一些，可能是因为国投电力本身也进行了分红。我们看到的留剩资源是子公司分红给母公司，母公司再分红以后的留剩资源，所以留剩资源增加额并不完全等同于子公司的现金分红，但两者呈正相关。因此，我们再对两家公司的分红情况进行分析。如图 8－7 所示，2014 年国投电力分红 9.39 亿元，川投能源分红 0.18 亿元，少分红约 9.21 亿元，这也在一定程度上印证了这一推论。

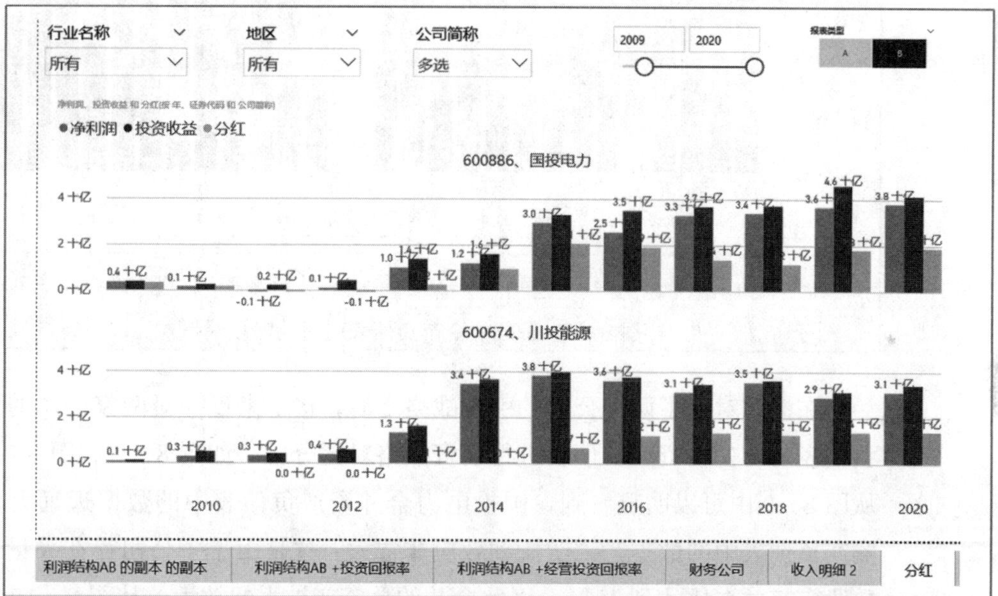

图 8－7 投资收益与分红对比

从图 8－7 中我们还可以看到，两家公司的投资收益在 2014 年之后一直维持在一个较高水平。假定水电站建设周期是 5 年，第一期工程竣工后，2015 年开始建设第二期，根据我们对其未来投资收益的预判，其 2020 年以后投资收益应再上一个台阶。目前，雅砻江中游水电站已进入密集投产时期，公司价值有望再度提升。雅砻江中游杨房沟水电站两台机组于 2021 年 6—7 月份相继投产，截至 2021 年 8 月，雅砻江中游水电站已投产水电机组累计装机量达 1 507.5 万千瓦，杨房沟、两河口水电站剩余水电机组将陆续投产发电，预计公司投资收益将持续增长。

我们通过相对值来分析母公司资产负债表中的数据，如图 8－8 所示。川投能源的留剩资源占比比国投电力高得多，2020 年，国投电力的留剩资源占比是 35%，川投能源则高达 53%。国投电力的股东投入占比接近 50%，而川投能源只有 25%左右。因此，我们可知国投电力的股东投入较多，但创造的效益并没有川投能源高。

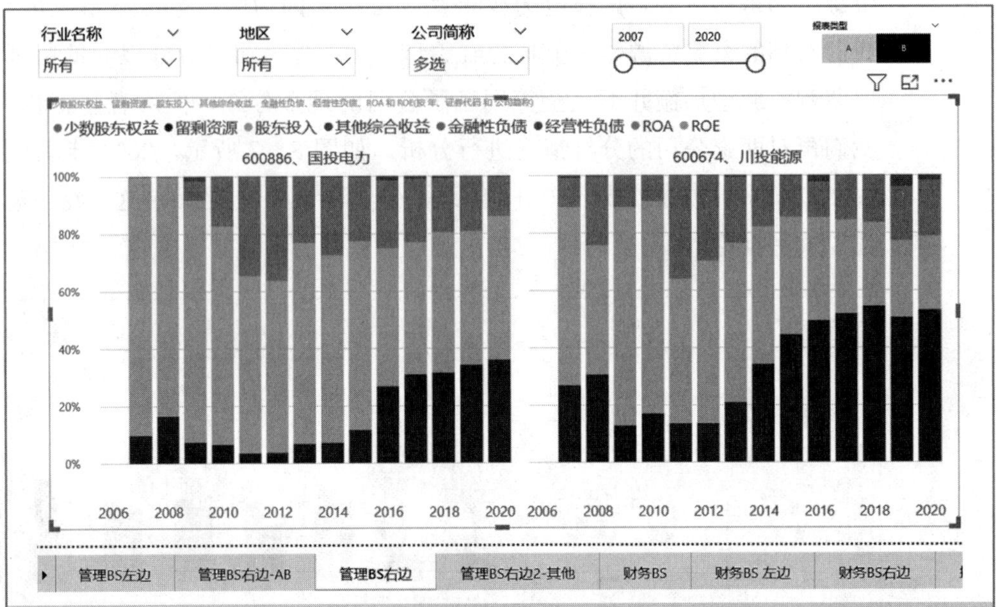

图 8－8　母公司资产负债表引资战略相对值对比

在横向对比了两家公司的引资战略之后，接下来逐一对两家公司的合并资产负债表与母公司资产负债表进行引资战略对比分析，如图 8－9 和图 8－10 所示。从图 8－9 中可以明显看到，国投电力合并资产负债表中的数据远远大于母公司资产负债表中的数据，说明撬动效应非常大，这是由于子公司存在大量负债，少数股东权益占比达到 15%，因此合并的总资产被大幅放大。从图 8－10 中分析川投能源的合并资产负债表和母公司资产负债表中的数据，其总资产差异很小，说明撬动效应很小。造成这种差异的一个主要原因是，川投能源对雅砻江水电 200 多亿元的长期股权投资仅占股 48%，并未形成相对控股，无法并表，而国投电力达到了相对控股，并表了雅砻江水电。雅砻江水电站开发项目因开发资金需求高，可能存在大量的银行借款，导致国投电力的总资产急剧膨胀。同时，子公司的金融性负债多，财务费用较高，进而影响了净利润，拉低了国投电力合并财务报表中的 ROA。

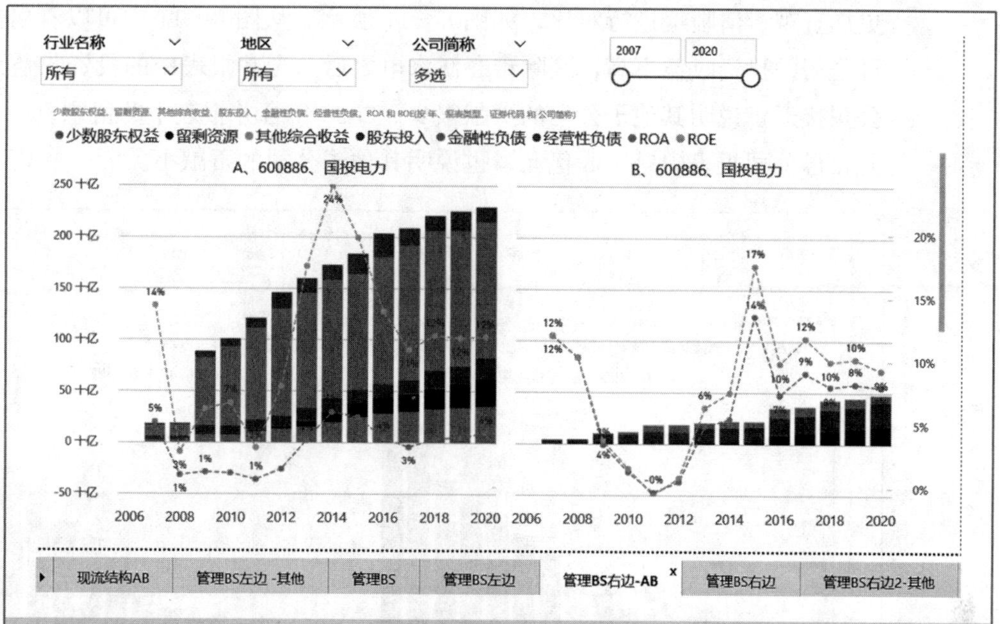

图 8－9 国投电力合并资产负债表与母公司资产负债表引资战略对比

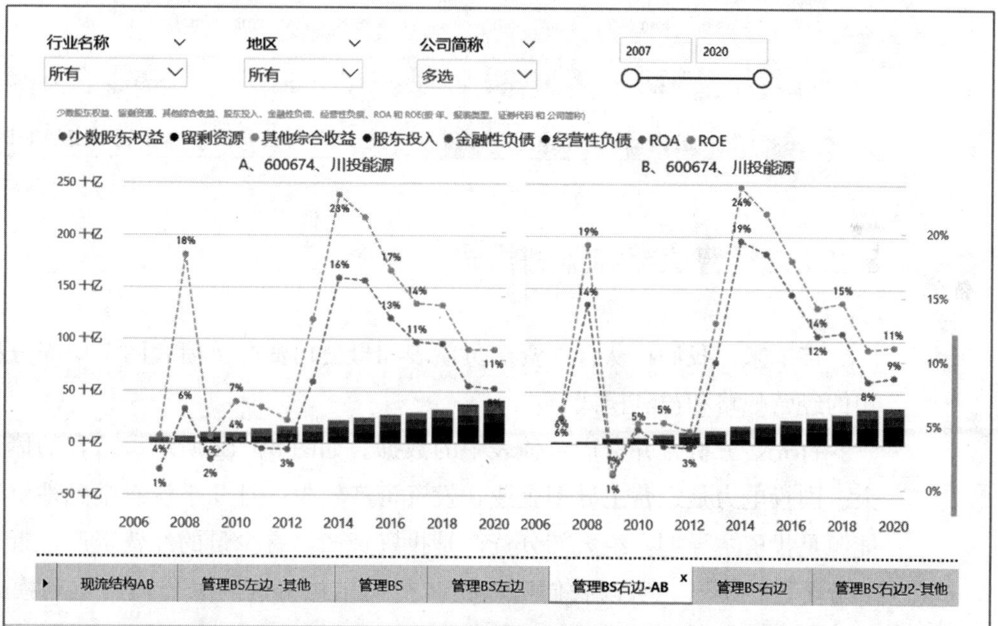

图 8－10 川投能源合并资产负债表与母公司资产负债表引资战略对比

将图 8－9 和图 8－10 放置在同一个数据处理表格中，其纵坐标会按照二者的较大者，即国投电力的数据来排列，这导致图 8－10 中的柱状图被压缩，数据较难分辨，因此我们在该表格中对公司进行切片器的筛选，只选川投能源，不选国投电力，这样纵坐标就只按川投能源的数据来显示，图形自然变大了许多，可以更加直观、清晰地进行对比，如图 8－11 所示。从图 8－11 中可以看出川投能源母公司的投资收益不高，剔除雅砻江水电之后，合并报表中的投资收益几乎与母公司接近，说明其他子公司的贡献很少。2020 年合并报表中的留剩资源是 196 亿元，母公司报表中是 188 亿元，也说明其他子公司的贡献小。

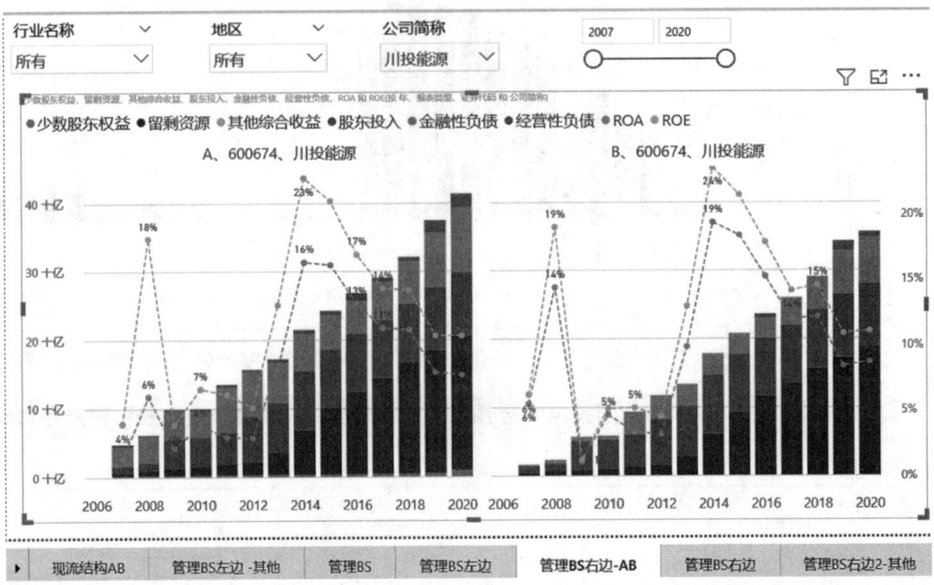

图 8－11　放大后的川投能源合并资产负债表与母公司资产负债表引资战略对比

8.2.2　经营战略和盈利模式

接下来，我们再从合并资产负债表和母公司资产负债表两个层面分析两家公司的经营战略和盈利模式。

首先，分析合并资产负债表中的数据。如图 8－12 所示，二者的体量差别很大。国投电力是经营主导型企业，投资资产较少，且几乎没有金融性资产。川投能源是投资主导型，绝大部分资产是投资资产，有少量的经营资产，近年来还有部分金融性资产，所以我们可以初步得出结论，这两家公司的盈利模式截然不同，国投电力依靠经营，川投能源依靠投资。

另外，我们可以看出国投电力属于重资产型企业，因为其总资产周转率较低，大多数年份在 13%～19%。而分析川投能源的总资产周转率似乎没有太大意义，因为它的总资产中绝大部分是投资资产，并不产生营业收入。

如果想从相对值角度进行分析，可以把图形切换成百分比堆积型柱状图。国投电力的投资资产占比大概是 4.6%，川投能源的投资资产占比大概是 70%，

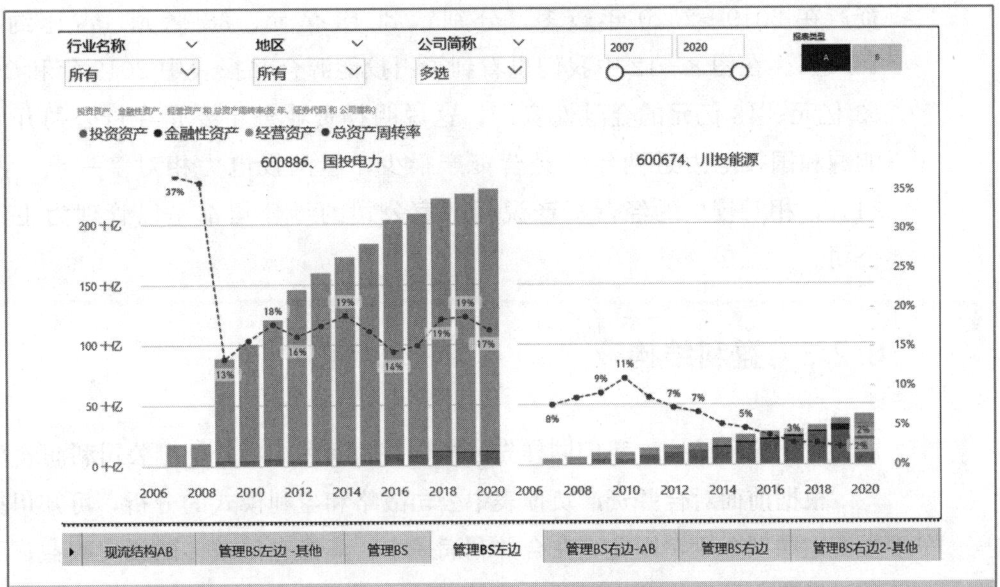

图 8-12 合并资产负债表经营战略和盈利模式对比

2018 年甚至达到 82%。除此之外，川投能源还有占比 10%以上的金融性资产，2019 年达到了 14%，这也从侧面证明了川投能源的资金比较充裕。

其次，分析母公司资产负债表中的数据。如图 8-13 所示，两家公司的母公司均是投资主导型企业。2020 年，国投电力的投资资产为 409 亿元，占总资产的 85%；川投能源为 315 亿元，占总资产的 88%。国投电力的金融性资产在 2018—2020 年每年都有约 11 亿元，占总资产的比例较小，而川投能源的金融性

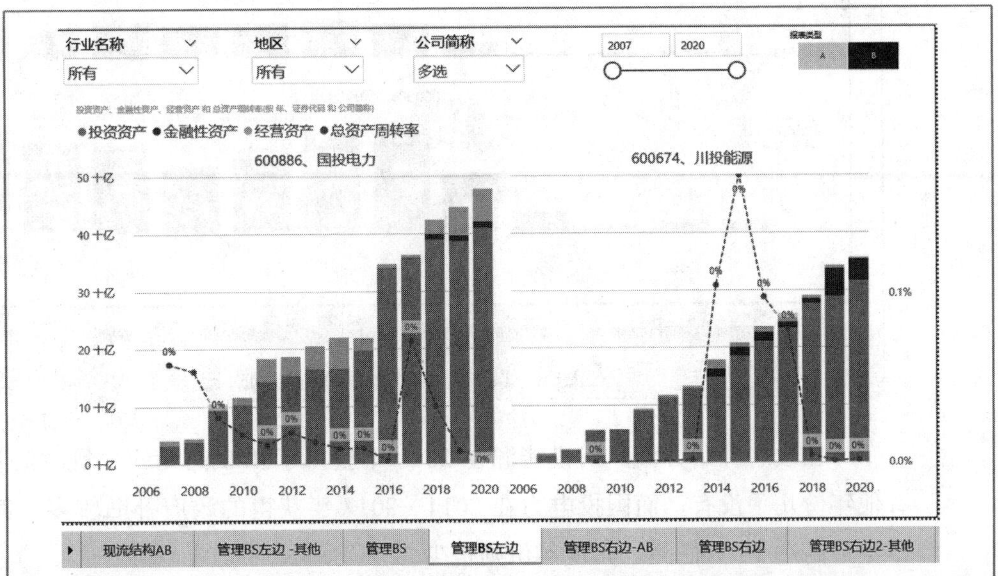

图 8-13 母公司资产负债表经营战略和盈利模式对比

资产在 2019—2020 年较多，分别达到 48 亿元、38 亿元，占比约 14.2%、10.7%。在图 8－12 中我们也看到了川投能源合并报表中 2019 年和 2020 年有 53 亿元、48 亿元的金融性资产，这说明投资业务主要是在母公司开展。川投能源和国投电力近两年的经营资产很少，但国投电力相对多一点，占比达到 11%，相对较少的经营资产说明两家公司的母公司都是以管理为主，是控股公司。

8.2.3 盈利结构

对于盈利结构，我们同样先分析合并利润表，再分析母公司利润表。

根据前面对合并资产负债表中公司战略和盈利模式的分析，可知川投能源是投资主导型企业，因此，在合并利润表中，应该有比较多的投资收益；而国投电力是经营主导型企业，因此，其盈利结构中应主要体现核心利润。如图 8－14 所示，实际情况与我们的预期比较吻合，2020 年，川投能源的投资收益为 33 亿元，国投电力的核心净利润为 88 亿元。

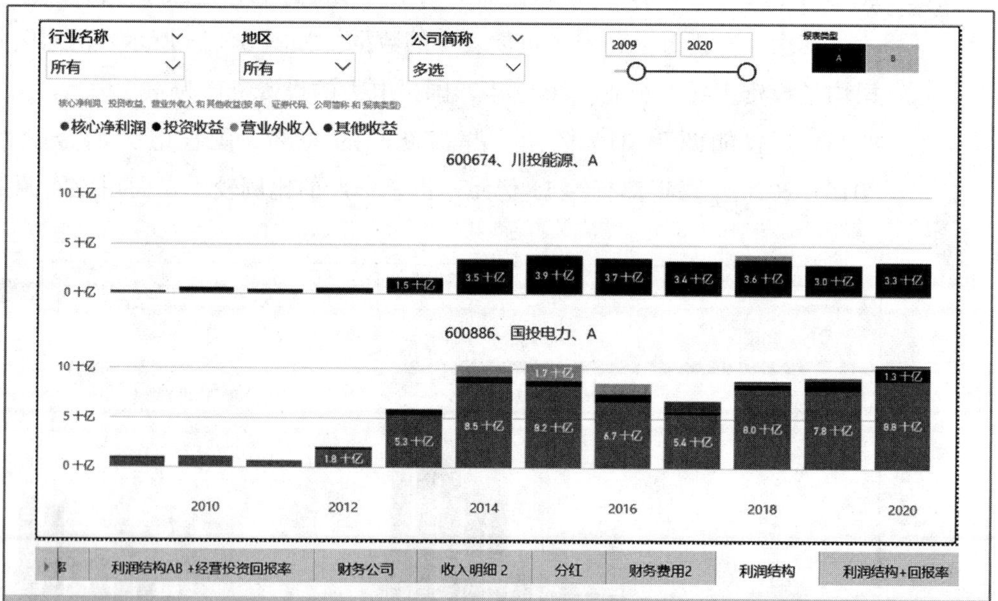

图 8－14 合并利润表盈利结构对比

在政府补贴方面，川投能源在 2018 年获得了 4.2 亿元的少量政府补贴，其他年份几乎没有，而国投电力在 2014—2017 年获得的政府补贴较多，其中 2015 年最高达 16.6 亿元，其他年份则很少。

接下来，再看母公司利润表的盈利结构。如图 8－15 所示，两家公司都是投资主导型，这符合我们的预期。川投能源在2014—2020年每年都有30多亿元的稳定现金分红，国投电力在2015—2018年每年也有30多亿元的现金分红，2019—2020年超过了40亿元。从图中也可以看出，川投能源2019—2020年的投资收益相比前几年有所降低，这是否与上网发电定价有关？请读者思考。

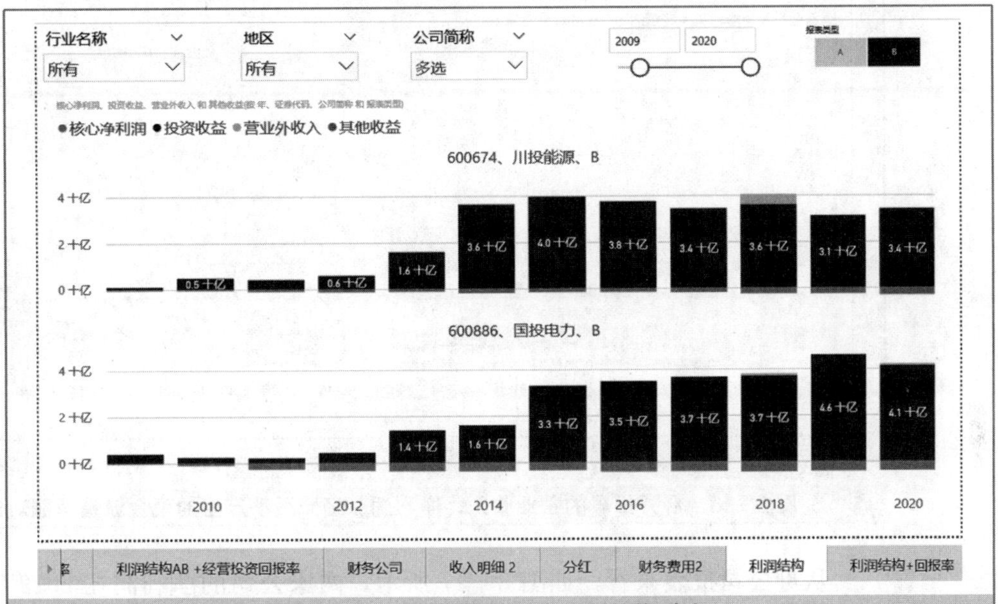

图8-15　母公司利润表盈利结构对比

根据前面的分析可知，雅砻江水电对于两家公司的发展都十分重要。川投能源将雅砻江水电的投资收益列示为经常性损益项目，但实际上，跳出传统财务思维，这部分投资收益完全可以视为公司的核心净利润。所以，不要一看到某家公司的投资收益占利润总额的比例很大，就认为该公司没有聚焦主业，还需要具体情况具体分析。

8.2.4　盈利水平

我们一般用相对值ROE和绝对值净利润来衡量盈利水平，下面先从营业收入、净利润、经营活动产生的现金流量净额开始分析。

从合并报表来看，如图8-16所示，国投电力的相关指标数值较高，整体呈波动上升趋势，经营活动产生的现金流量净额长期处于高于净利润的理想状态；而川投能源因为指标数值较小，看不出太多变化，其实放大后就是图8-1，其呈现出净利润远远高于营业收入的奇怪现象，背后的原因已在前面进行了详细分析。2020年，国投电力的营业收入达到了393亿元，经营活动产生的现金流量净额达到 207 亿元，净利润为 98 亿元；而川投能源本身没有多少业务，所以没有太多的营业收入。

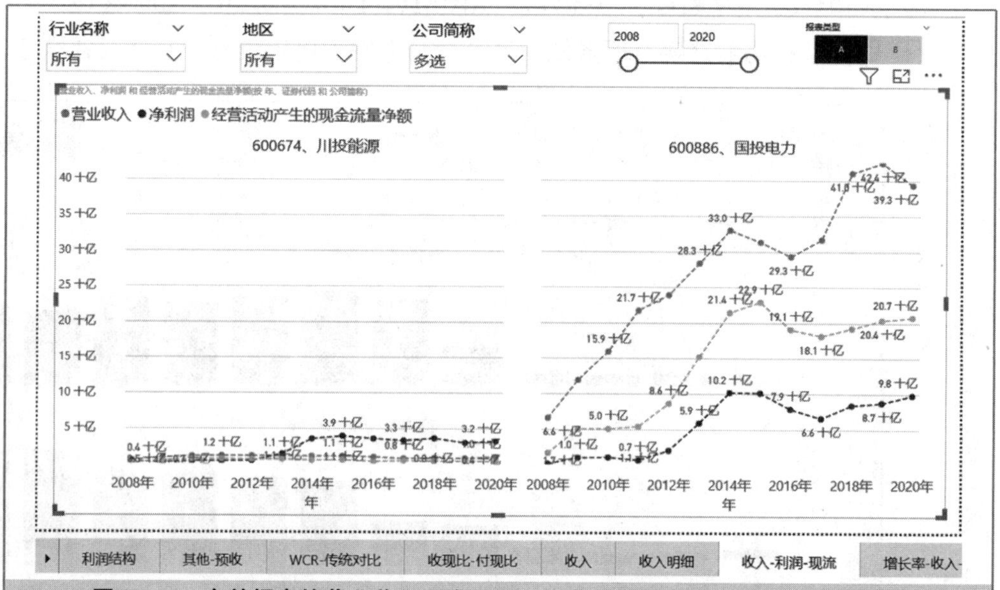

图 8－16　合并报表的营业收入、净利润、经营活动产生的现金流量净额对比

从母公司报表来看，如图 8－17 所示，两家公司的净利润在 2012 年以后都有大幅提升，2014—2020 年川投能源略有下降，国投电力略有上升。两家公司基本都没有营业收入和经营活动产生的现金流量净额，国投电力经营活动产生的现金流量净额甚至有几年为负数，说明两家公司的母公司都是控股型管理机构。

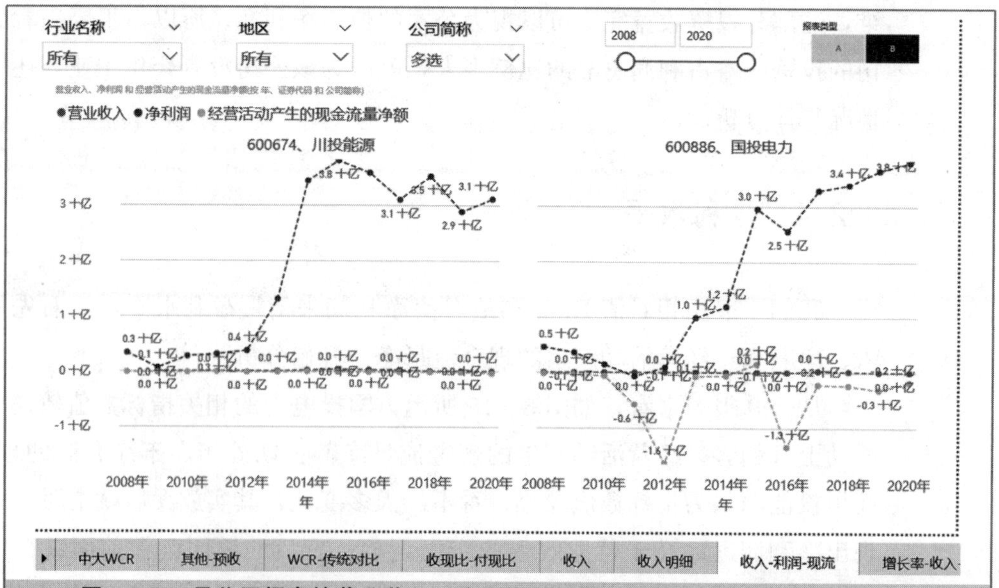

图 8－17　母公司报表的营业收入、净利润、经营活动产生的现金流量净额对比

如图 8－18 所示，从合并报表 ROE 来看，两家公司的 ROE 波动性都较大。这是因为子公司水电站建设期间的 ROE 偏低，项目投产后的几年有所回升，国投电力和川投能源的 ROE 都达到 10％以上，2014 年达到最高点，分别为 23％和 24％。

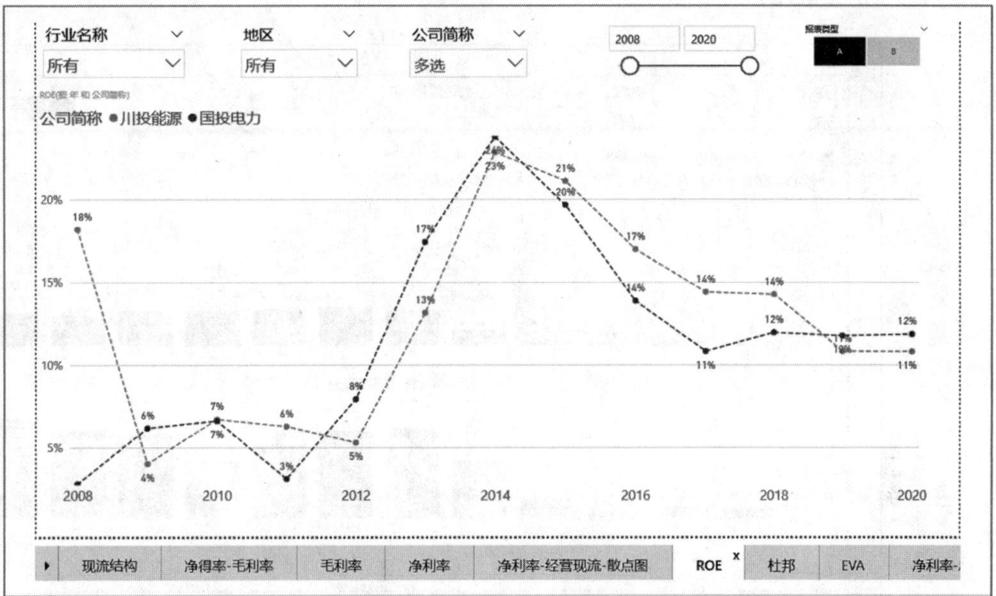

图 8－18　合并报表 ROE 对比

如图 8－19 所示，从母公司报表 ROE 来看，除 2009 年，川投能源一直高于国投电力，但近两年都有所降低，且两者的差距有所减小。

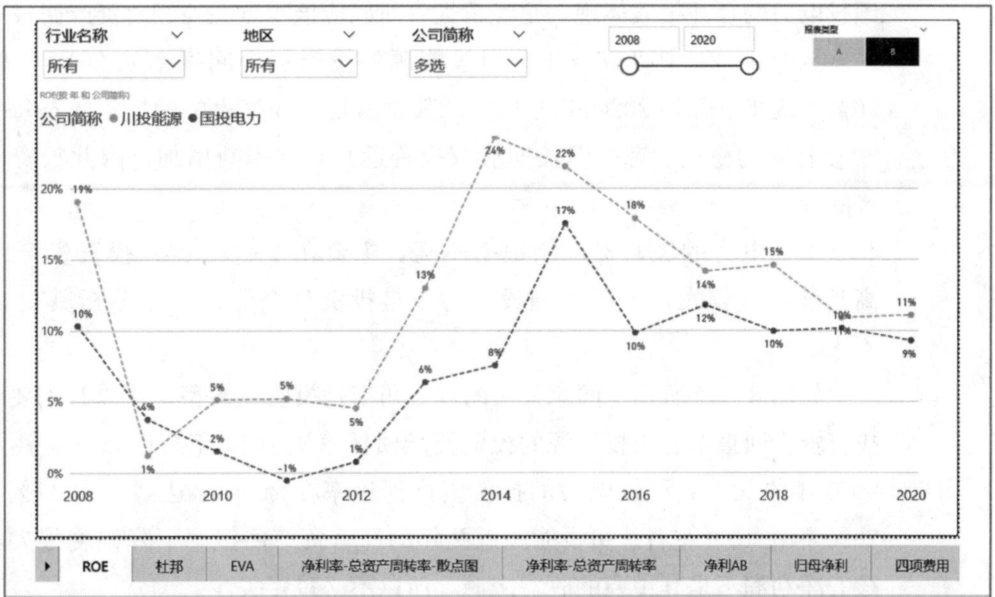

图 8－19　母公司报表 ROE 对比

除了利用 ROE 对投资回报率进行简单的对比外，我们还可以再进一步细分，从经营资产带来的核心利润的回报率和投资资产带来的投资收益的回报率两方面进行深度对比，如图 8-20 所示。注意：核心净利润为核心利润减去所得税费用。

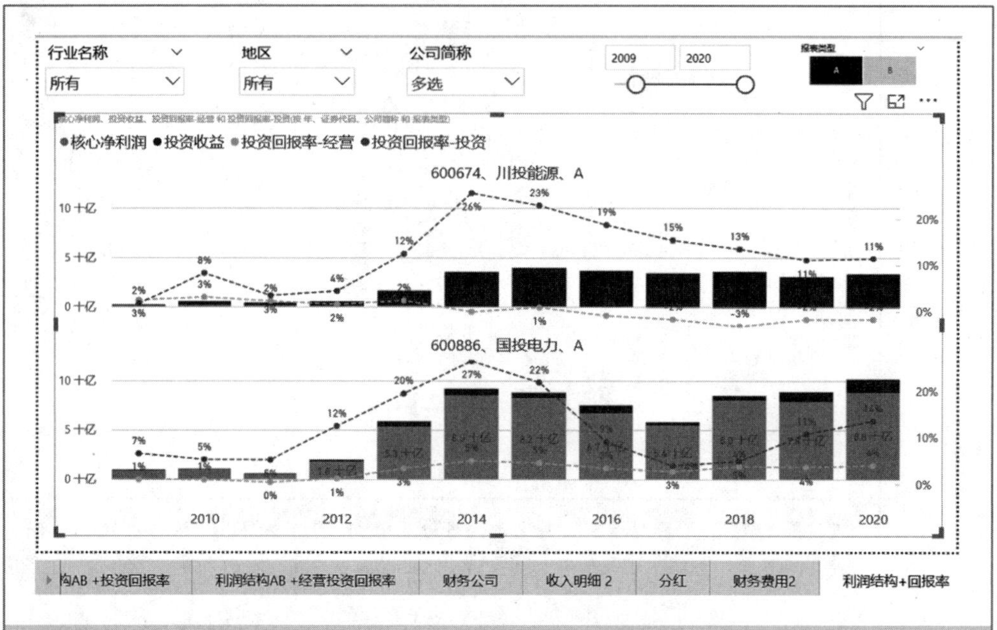

图 8-20 合并报表投资回报率对比

川投能源的合并报表体现的是投资性，所以我们主要关注投资资产回报率；国投电力的合并报表体现的是经营性，所以应该重点关注经营资产回报率。

从图 8-21 中可以看出，川投能源的投资资产回报率从 2014 年的最高点 26%，逐步下降到 2020 年的 11%。其原因是合并报表中的投资收益每年都处于 30 多亿元的稳定状态，但长期股权投资近几年在不断增加，因此投资回报率逐步降低。

国投电力的经营资产回报率不高，主要在 4%～5%；投资资产回报率较高且波动性较大，但因为国投电力不是投资型企业，所以分析其变动的意义不大。

如图 8-21 所示，两家公司的母公司都是投资主导型，所以我们要重点关注投资资产回报率。川投能源的投资资产回报率从 2014 年高点 25%，逐步下降到 2020 年的 11%；国投电力的投资资产回报率在 2015 年达到高点 17%，2016—2020 年在 10%左右。川投能源近两年的经营资产回报率下降幅度很大，但因为核心净利润不是其主要的收益来源，所以不必过多关注。

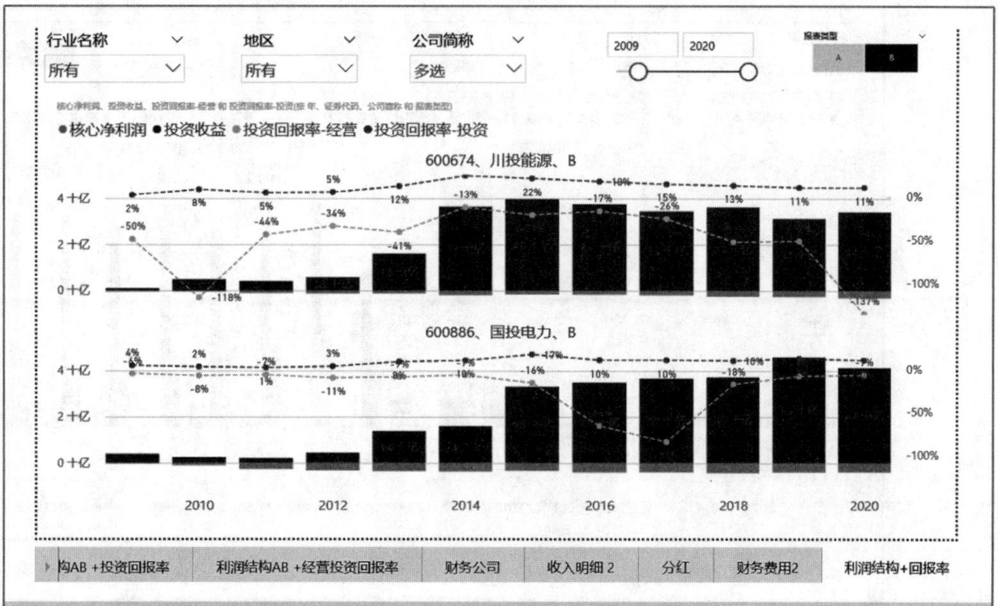

图 8-21　母公司报表投资回报率对比

8.2.5　盈利质量

我们主要考虑盈利的现金流质量，根据盈利模式把核心净利润带来的经营活动产生的现金流量净额与投资收益带来的取得投资收益收到的现金分开比较，同样，我们还是从合并报表和母公司报表两个视角来看。

如图 8-22 所示，图中指标涉及绝对值和相对值两大部分，绝对值主要包括核心净利润、经营活动产生的现金流量净额、投资收益、取得投资收益收到的现金；相对值包括核心净利润获现率和投资资产获现率。根据前面的分析可知，对于合并报表中的数据，应重点关注川投能源的投资资产获现率，国投电力的核心净利润获现率。

从绝对值来看，川投能源取得投资收益收到的现金比国投电力经营活动产生的现金流量净额的绝对值小很多。从相对值来看，川投能源的投资资产获现率平均高达 80%，而国投电力的经营活动产生的现金流量净额在远远高于核心净利润的情况下，其核心净利润获现率平均值应该远超 100%，但图中呈现的结果是刚好超过 100%，原因是国投电力的折旧费用和利息费用都比较高。

如图 8-23 所示，两家公司的母公司都是投资型，所以我们应重点关注投资资产获现率。川投能源的投资资产获现率在 80%～90%，国投电力的投资资产获现率整体比川投能源高，且在 2016 年达到最高点 132%。总体而言，两家公司的投资资产获现率差距不大，且均处于较高水平。

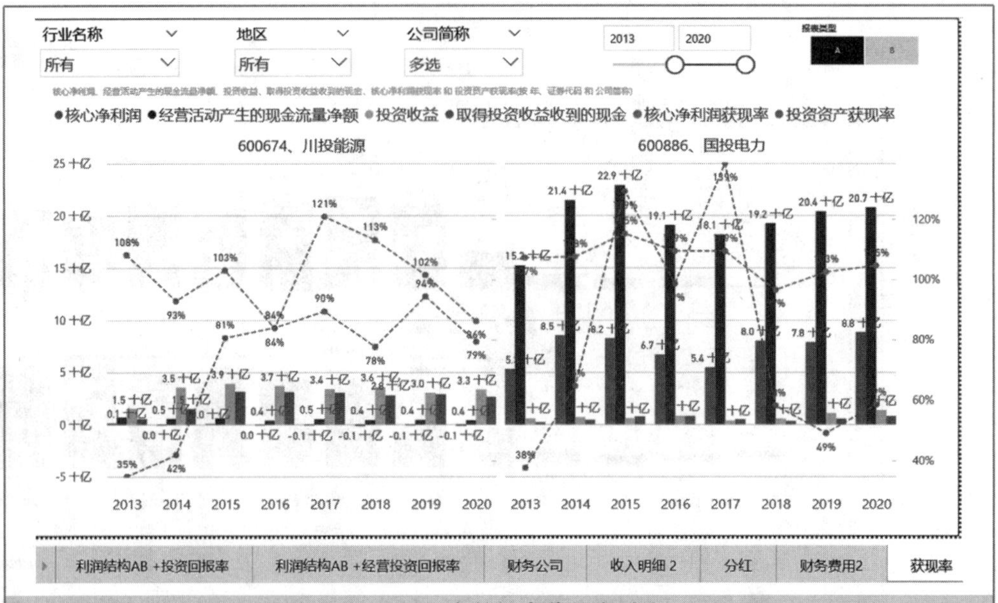

图 8－22　合并报表获现率对比

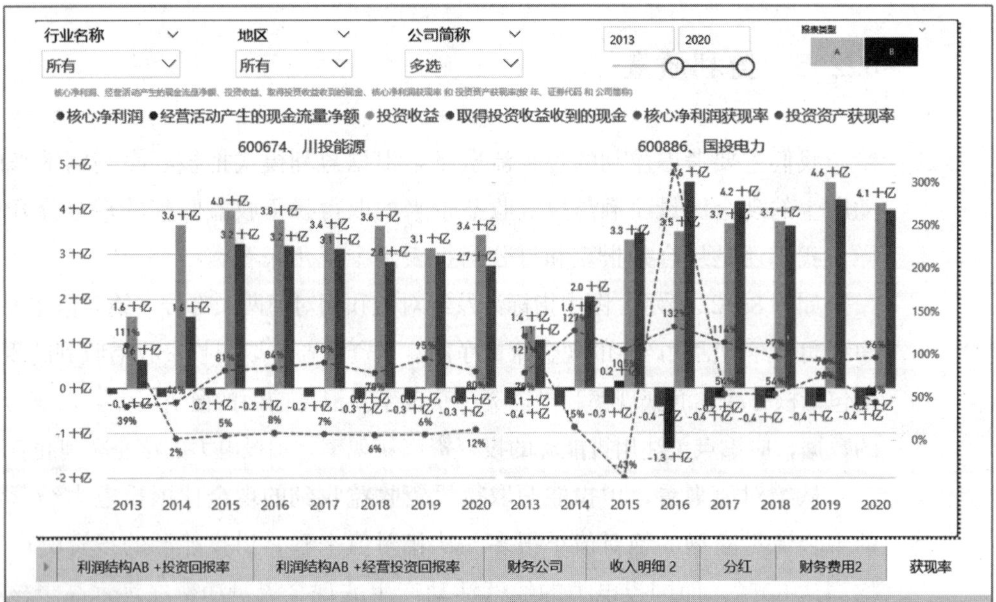

图 8－23　母公司报表获现率对比

8.3　管理能力分析

管理能力分析从五个角度出发：一是营运资本管理模式，二是市场开拓与研究开发模式，三是销售管理模式，四是资金管理模式，五是贷款管理模式。

8.3.1 营运资本管理模式

对于营运资本的分析，我们从两个维度进行考量，一个是绝对值（金额），一个是相对值（速度），相对值用现金周期来衡量。

如图 8-24 所示，从合并报表来看，川投能源是一家投资型公司，自身的经营业务比较少，所以营运资本比较少，分析现金周期的意义不大；而国投电力是一家经营型公司，自然需要进行营运资本的管理，然而相对于高达 2 000 多亿元的总资产，其营运资本只有几十亿元，这主要是因为水电型企业无法储能，存货较少，也不需要采购原材料。

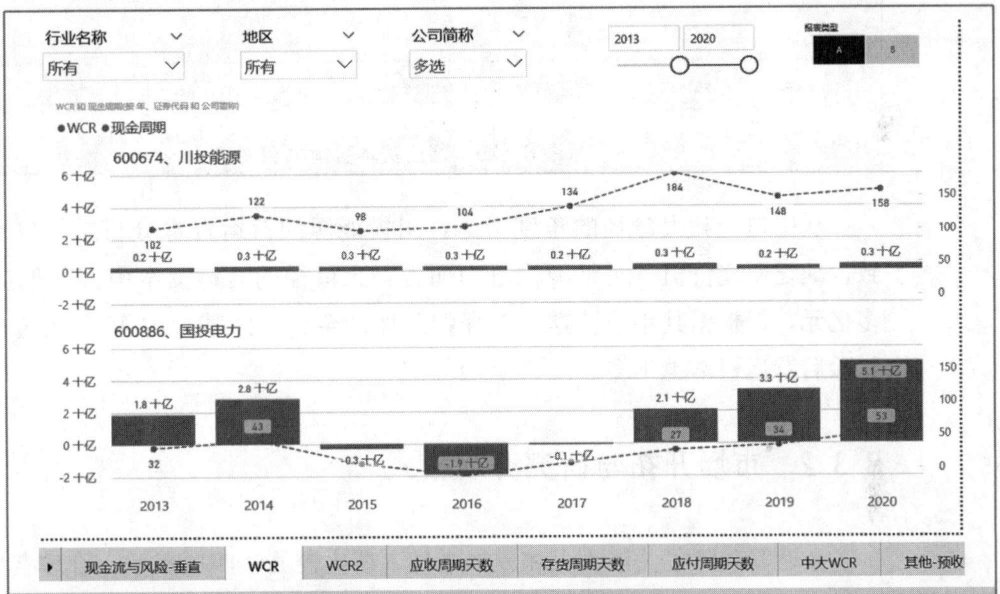

图 8-24 营运资本和现金周期对比

从母公司报表来看，两家公司几乎没有营运资本，原因是两家公司的母公司都是投资型公司，不需要过多的营运资本。

如图 8-25 所示，我们将营运资本分解为应收账款、应付账款和存货三个项目，分别看它们的金额和速度。川投能源的三个项目金额都比较少，总共达 3 亿元左右，分析价值不大。而国投电力的三个项目中，存货是最少的，平均每年只有 10 亿元左右；应收账款在 2018—2019 年是 50 亿元左右，2020 年达到 71 亿元；应付账款在 2019—2020 年都只有 30 亿元左右。在周转方面，国投电力在 2020 年的存货周转天数只有 16 天，应收周转天数为 66 天，应付周转天数为 28 天，总体来说都不高，属于正常范围。

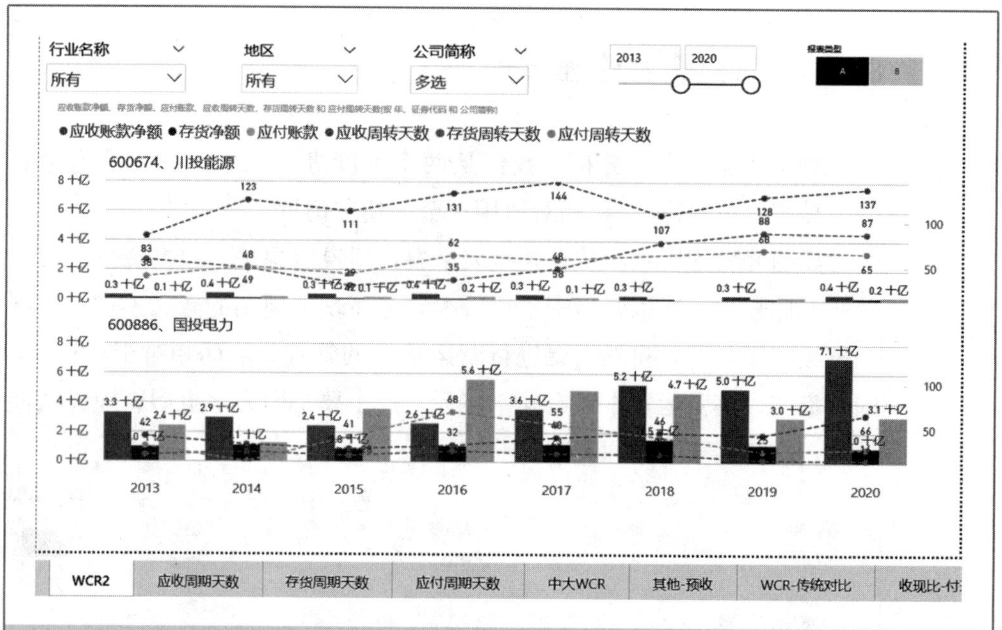

图 8-25 营运资本分解项目对比

从中口径和大口径的角度考虑，川投能源的营运资本分析结果同小口径一致，缺乏研究价值。对于国投电力而言，大口径的营运资本中有其他应付款 60 多亿元，但根据其年报披露，工程款及保证金、库区基金占 40 亿元左右，将其扣除后营运资本也不多。

8.3.2 市场开拓与研究开发模式

企业管理除了关注收入和成本之外，还比较关注四项费用：管理费用、销售费用、研发费用、财务费用。如图 8-26 所示，从合并报表来看，川投能源因为其投资型公司的特性，财务费用占比达到 34%，管理费用占比也较高。而国投电力因为有较多的有息负债，因此其财务费用占比也不低，除了 2020 年为 4%之外，其他年份都在 10%以上，2014—2015 年甚至达到 19%。

从母公司报表来看，两家公司各项费用指标占比都较高，没有分析意义。

根据行业特性，我们再对研发费用和销售费用进行单独分析，如图 8-27 所示。处于成熟行业的水电建设运营公司研发费用不多，销售费用也比较少，只有一两千万元，主要原因是公司发的电都统销给国网，国网再销售给消费者。

一个值得注意的问题，川投能源每年净利润有 30 亿元，为什么缴纳的企业所得税这么少呢，税负率只有 1%？主要原因是政策规定不对投资收益征收所得税。

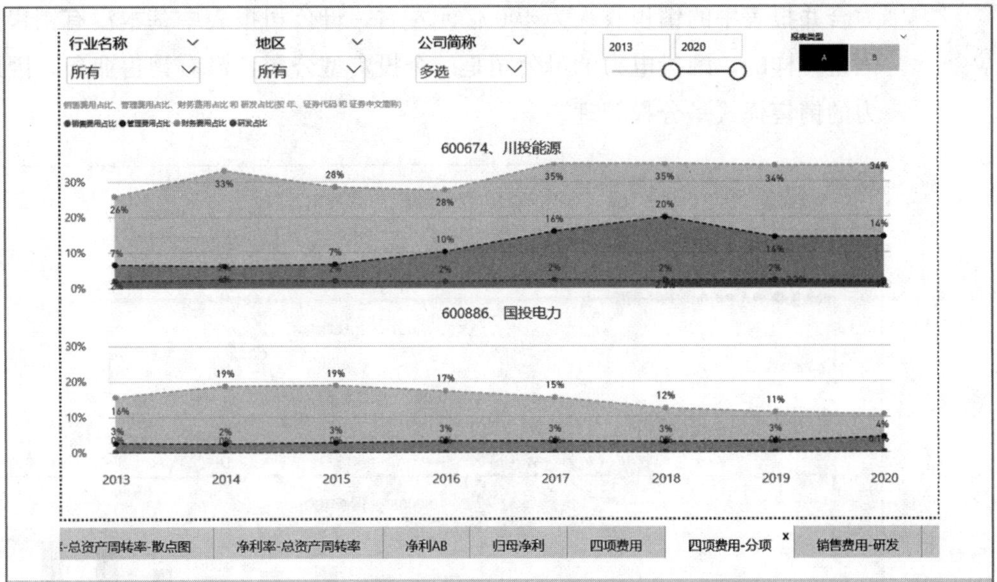

图 8 - 26　四项费用对比

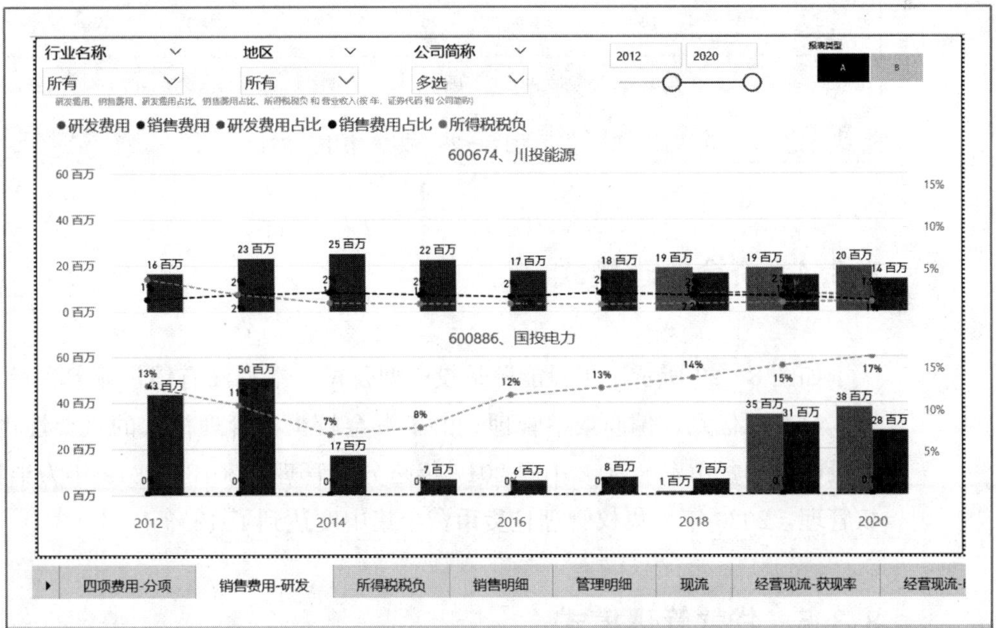

图 8 - 27　销售费用和研发费用占比对比

8.3.3　销售管理模式

川投能源是投资型公司，本身没有销售业务，不存在销售管理模式是集权还是分权的概念，反映在图 8 - 28 中，就是基本没有实质性的销售数据。而国投电力合并报表中的销售收入为 400 亿元左右，母公司报表中基本没有销售数据，原因是一样的，国投电力的母公司是一个投资型公司，没有销售业务，因此国投电力的销售模式是分权管理。

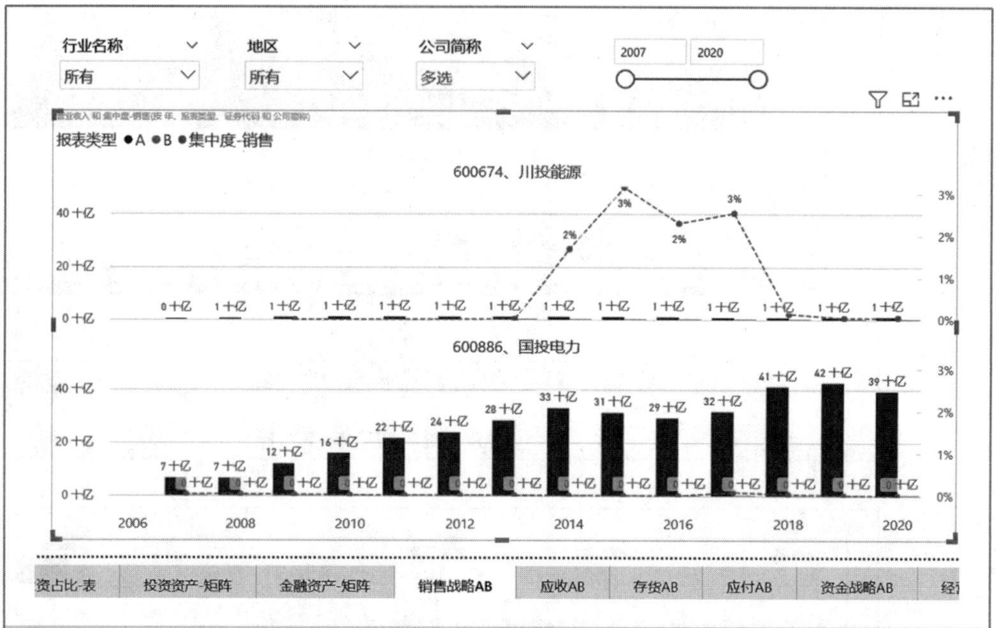

图 8-28 销售集中度对比

8.3.4 资金管理模式

如图 8-29 所示，川投能源是投资型公司，本身没有销售业务，货币资金不多，只有几亿元，偏向集中管理。由于资金较少，管理模式的重要性也降低了。国投电力的货币资金在 2016—2017 年是分权管理，2018—2019 年为半集权半分权管理，2020 年为集权管理且货币资金集中度达到了 42%。

8.3.5 贷款管理模式

如图 8-30 所示，川投能源是投资型公司，本身没有销售业务，2017—2020 年贷款仅有 40 亿～50 亿元，近年来偏向集中管理；而国投电力的贷款在 2013—2020 年都在 1 000 亿元以上，这是很明显的分权管理。

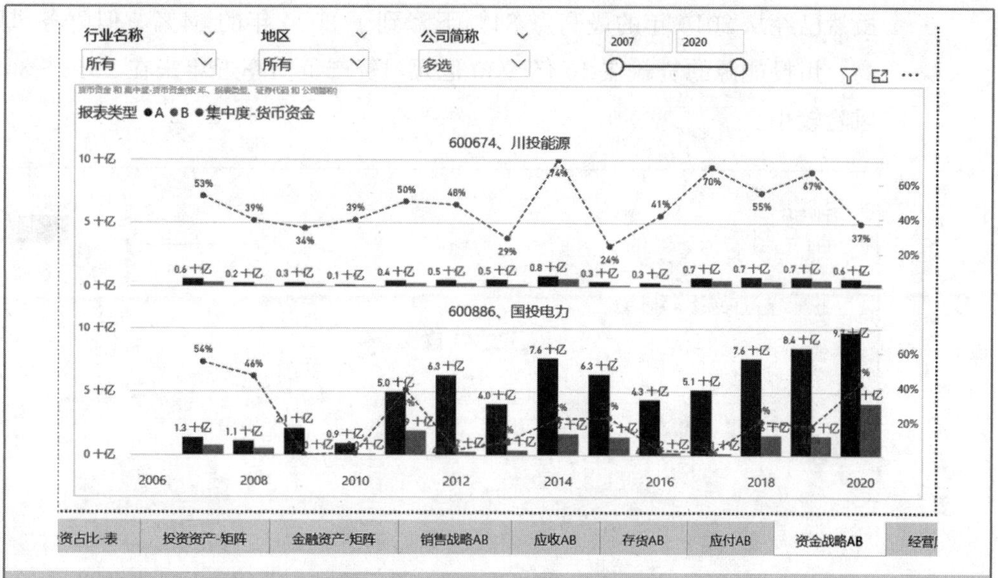

图 8-29　货币资金集中度对比

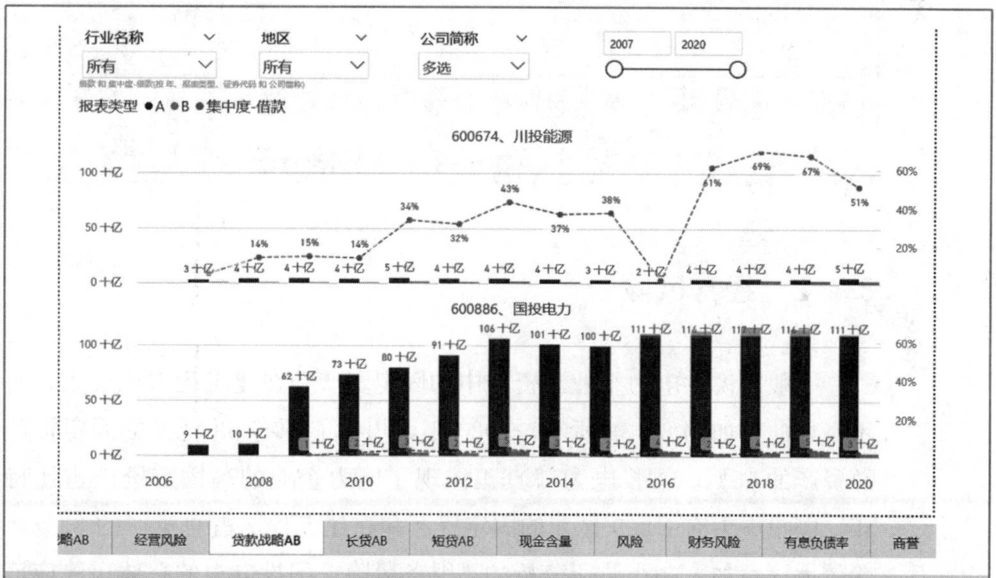

图 8-30　借款集中度对比

8.4　风险分析

8.4.1　财务风险

如图 8-31 所示，国投电力的贷款有 1 000 多亿元，所以资产负债率非常高，虽然已经从 2010 年的最高点 84%下降到了 2020 年的 64%，但财务风险仍然很高。川投能源的贷款在 40 亿～50 亿元，资产负债率近年来在 20%～30%，财务风险较小。

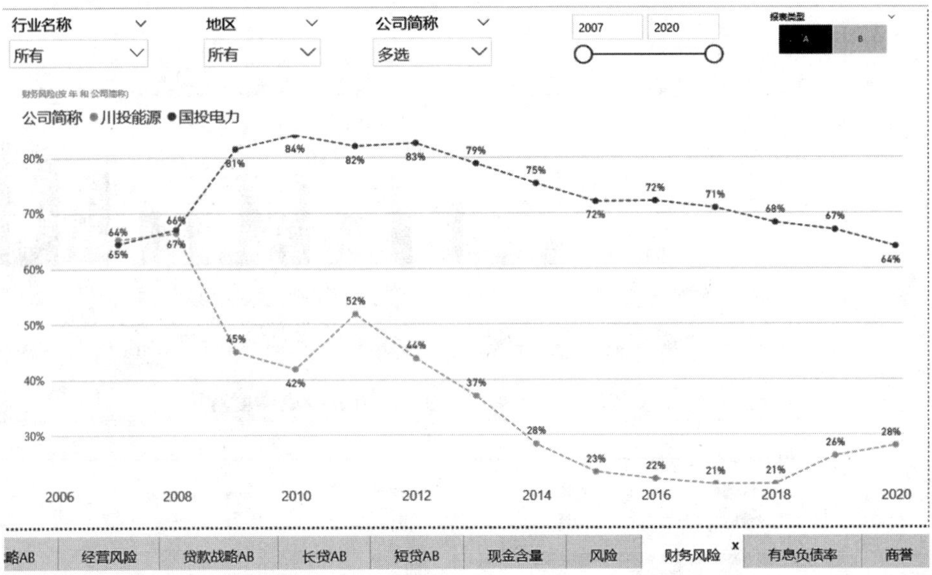

图 8-31 财务风险对比

8.4.2 经营风险

一般来说，电力企业总资产中的固定资产和在建工程占比最大，而川投能源不是如此，如图 8-32 所示，2020 年，川投能源有 53 亿元的固定资产，其只占总资产的 15%。国投电力就真正体现了电力企业的高固定资产占比特征。2020 年，国投电力有 1 900 亿元的固定资产和在建工程，占总资产的 83%，其经营风险较大，叠加上一小节所分析的高财务风险，国投电力的总体风险应该很大。但是事实并非如此，国投电力的产能稳定，销售业绩稳定，风险都被弱化了。同时，它的实际控制人是国资委这一点也在一定程度上降低了其经营风险和财务风险。

8.4.3 现金流风险

如图 8-33 所示，我们使用自由现金流和 ROE 制作现金流风险矩阵，以对

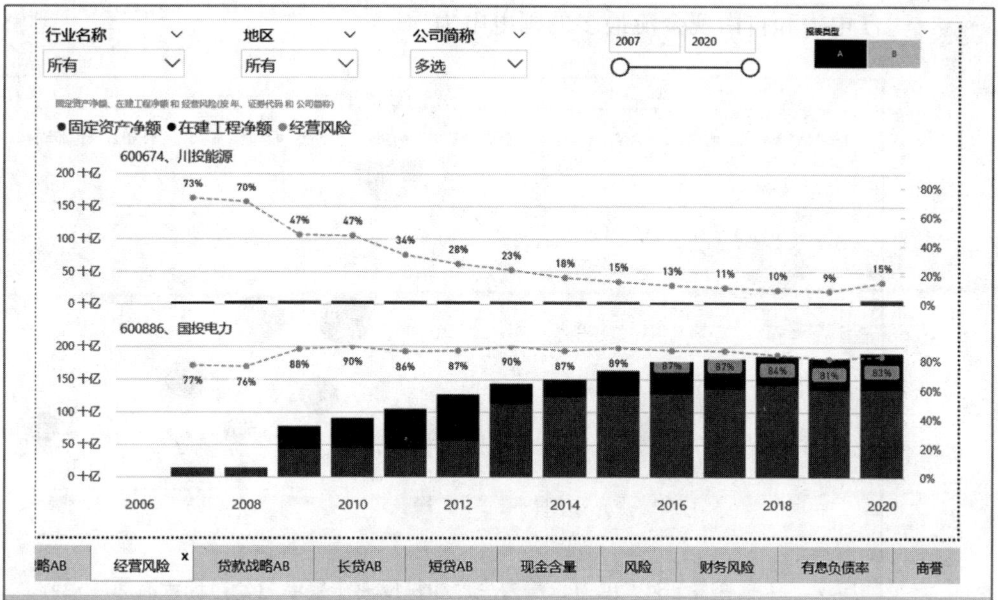

图8-32 经营风险对比

现金流风险进行分析。2020年，国投电力的自由现金流和ROE都高于川投能源，所以国投电力的现金流风险低于川投能源。

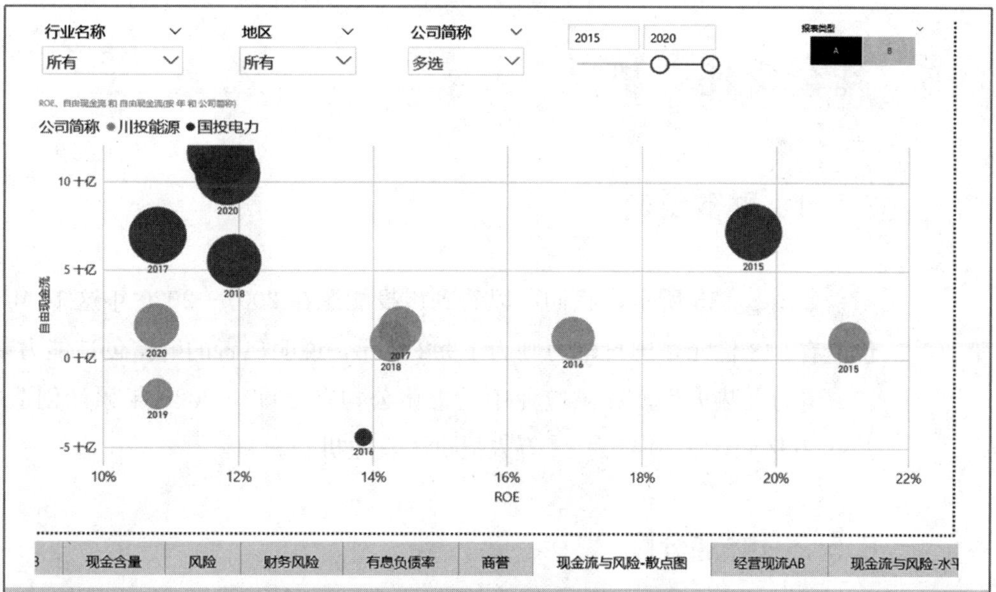

图8-33 川投能源和国投电力现金流风险矩阵

结合电力、热力生产和供应业进一步分析，如图8-34所示，对2020年主要的电力公司进行现金流风险评估，发现有不少公司的ROE低于5%，并且自由现金流也不是很充足，现金流风险较大。情况较好的公司有ROE为15%的长江电力和自由现金流最多的国电电力。

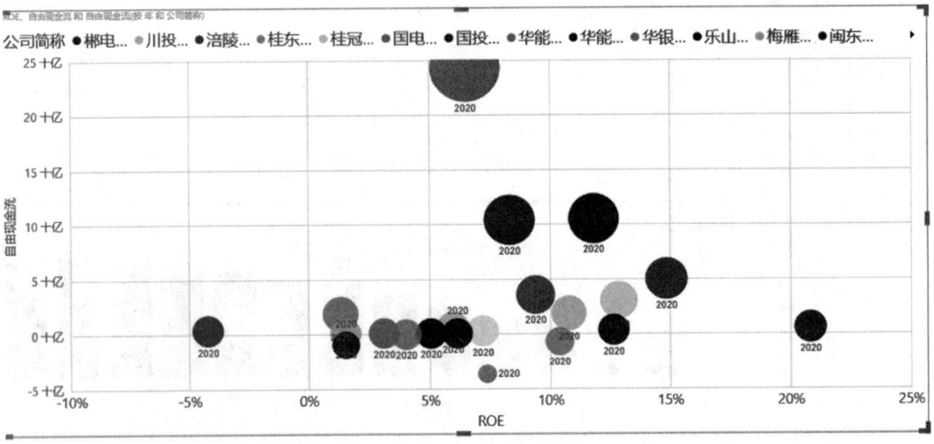

图 8-34 电力、热力生产和供应业主要电力公司现金流风险矩阵

电力企业有一个永恒的问题，就是上网电价不能自主定价，定价权属于国家，一般夏天的电价较低，冬天电价较高。另外，对国投电力而言，因为它既有水电又有部分火电，火电的收益还与煤价有关，所以整体收益不太稳定。

8.5 社会责任分析

8.5.1 财富创造

如图 8-35 所示，我们可以看到川投能源在 2007—2020 年这 14 年内创造的价值有 348 亿元，国投电力则为 1 992 亿元，说明二者的财富创造能力差别很大。

电力、热力生产和供应业中的上市公司在 2007—2020 年累计创造的价值为 3.58 万亿元，2020 年为 38 万人提供了就业机会。

8.5.2 财富分配

财富的分配涉及各方利益，首先是员工工资，其次是银行借款利息，再次是政府的各项税费，剩余的就是股东权益。如图 8-36 和图 8-37 所示，对 2007—2020 年的所有财富分配进行统计，川投能源支付给员工的工资为 15 亿元，占比 4.38%；支付的银行借款利息为 35 亿元，占比 10.37%，支付给政府的各项税费为 21.5 亿元，占比 6.45%；股东权益为 270 亿元，占比 78.80%，其中已经分红 78 亿元，平均现金分红比例为 29%。因此，从财富分配来看，股东权益占比偏大，员工工资占比偏小。

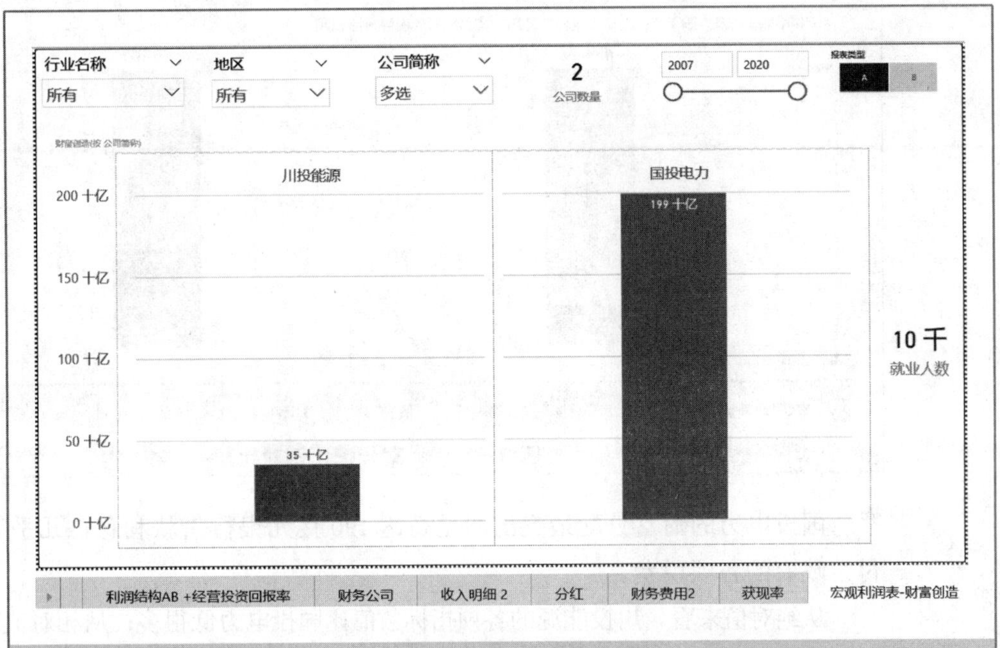

图 8-35 财富创造金额对比

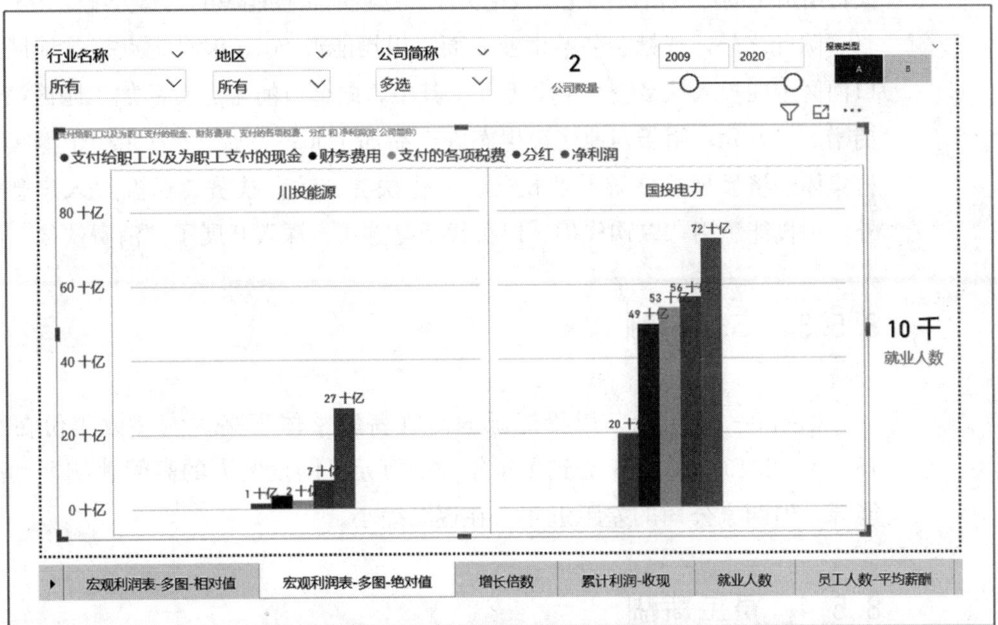

图 8-36 财富分配金额对比

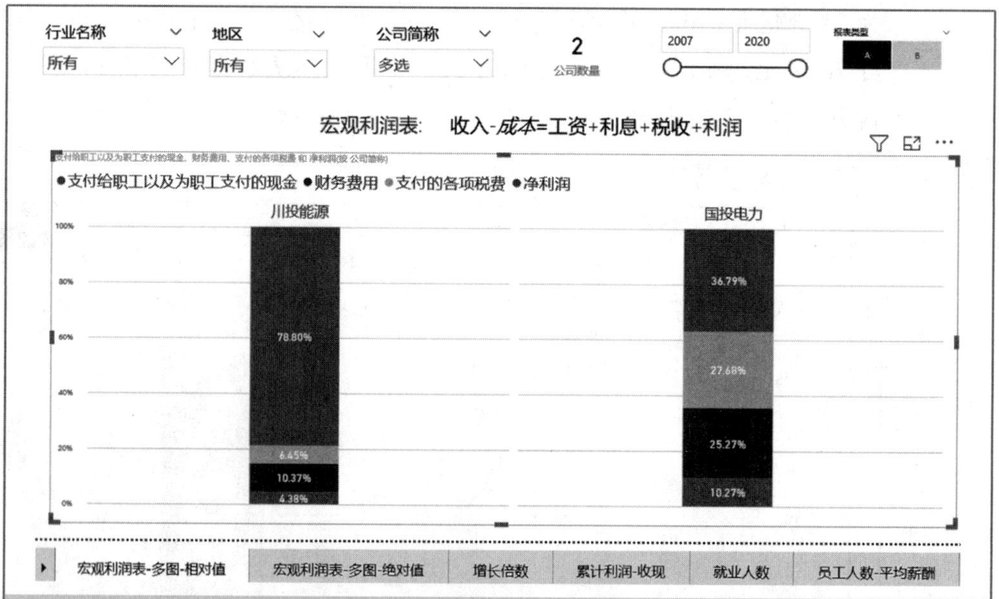

图 8-37 财富分配比例对比

国投电力的财富分配最突出的是高达 490 亿元银行借款利息，几乎等同于支付给政府的各项税费。

从绝对值来看，川投能源的各项指标数值比国投电力低很多；从相对值来看，除了川投能源的股东分配占比约为国投电力的 2 倍之外，支付的各项税费、财务费用、支付给员工的工资占比都比国投电力小。这说明川投能源的财富分配结构不均衡。

除此之外，在社会公益事业方面，川投能源 2020 年对定点扶贫地区乐山市金口河区定向投入扶贫资金 212 万元，其中，向金口河生态食品加工园区第二次定向捐赠 200 万元，用于当地建设生态农产品加工园；其余 12 万元用于继续帮助胜利村集体经济发展、旅游产业扶贫、文化扶贫、教育扶贫、送温暖入户慰问等。另外，川投能源用“以购代捐、以买代帮”方式，深入开展了“消费扶贫”活动。

8.5.3 高管薪酬

如图 8-38 所示，川投能源的高管薪酬整体不高，大多数年份在 150 万～180 万，2019—2020 年涨到了每年 500 万元。国投电力的高管薪酬远远高于川投能源，但两家公司的差距近年来在逐渐缩小。

8.5.4 员工薪酬

如图 8-39 所示，川投能源员工平均工资整体低于国投电力，只有 2018 年

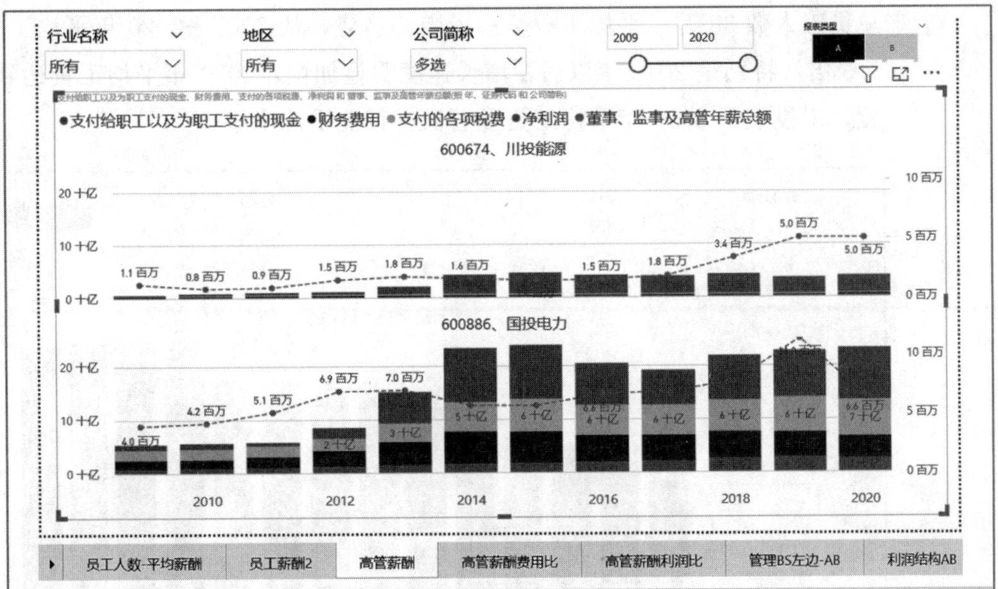

图 8-38　高管薪酬对比

高于国投电力，2020 年又显著降低，这可能与员工人数激增有关，川投能源并购了其他小电力公司，拉低了平均工资。

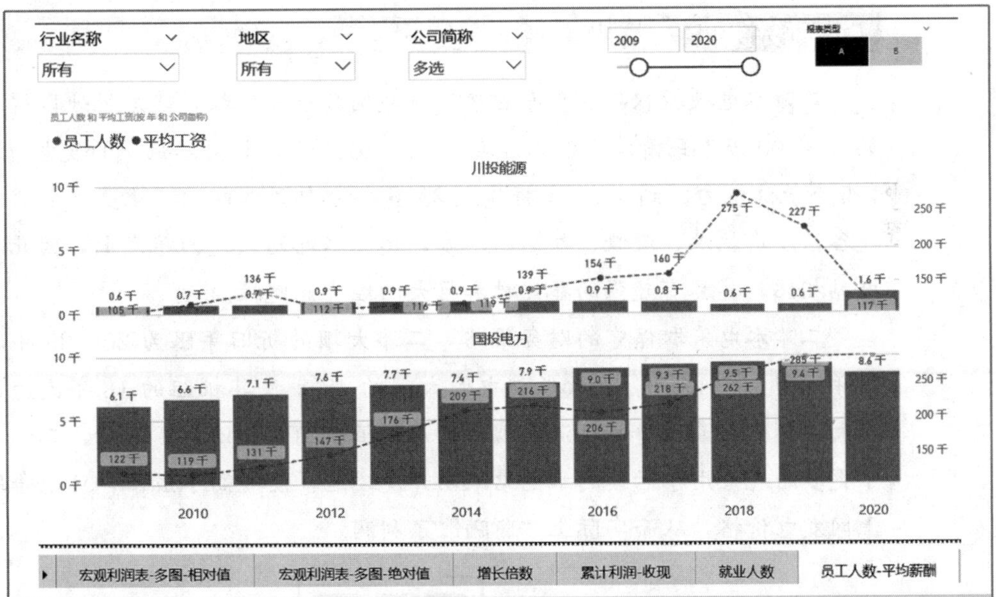

图 8-39　员工人数与平均工资对比

从提供就业的角度来看，国投电力的社会贡献比川投能源大得多，主要是雅砻江水电并到了国投电力，而未并入川投能源。

如图 8-40 所示，电力、热力生产和供应业员工人数增长比较缓慢，2020 年总员工人数 38 万；平均工资呈稳步增长趋势，从 2007—2020 年平均工资涨了约 1.5 倍。特别是 2018 年以后，增长速度明显加快，2020 年平均工资达到 26.3 万元，川投能源 2020 年平均工资显著低于行业平均水平。

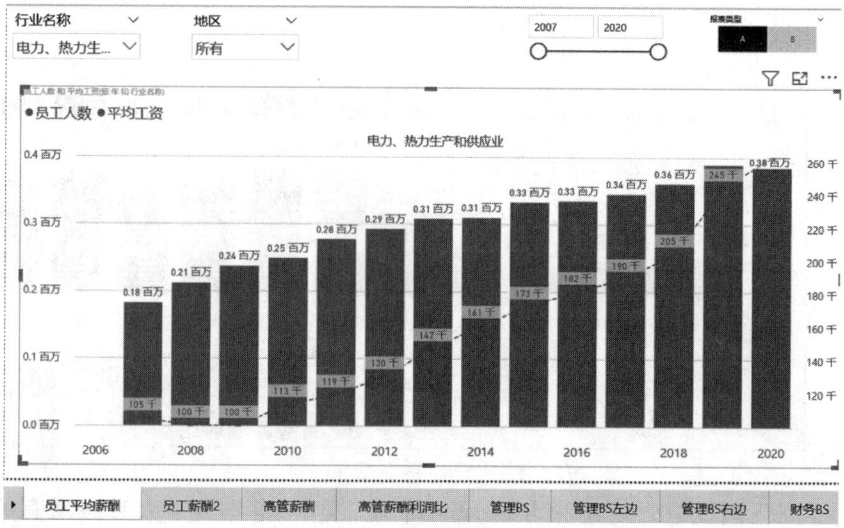

图 8-40　电力、热力生产和供应业员工人数与平均工资

补充阅读

二滩水电被授权拥有整个雅砻江领域的独家开发权，实质性地取得了雅砻江领域 3 000 万千瓦清洁水能源。在 2012—2025 年，雅砻江领域的发电规模相当于 1.5 个长江电力，到 2025 年将建成 20 多个大中型水电站。雅砻江领域多为高山峡谷，没有抗洪、灌溉、航运的职责，建立水电站只是为了发电，因此与其他水电站相比，其具有超强的稳定性和巨大的经济优越性。

二滩水电采取保守的财务策略，二滩大坝的折旧年限为 20～25 年，机组折旧年限为 15～18 年，对比长江电力大坝的 45 年及其机组的 18 年更为保守，二滩大坝是中国最干净的河流大坝，使用期限在 200 年以上。此外，二滩水电留置了更多的现金用于后续的水电站滚动开发，这样便提高了成本，可以争取有利的上网发电价格，从而实际上"隐瞒"了利润。

第 8 章图片汇总

第 9 章

理财主导型：金山办公

9.1　公司经营战略

9.2　经营战略和成果分析

9.3　管理能力分析

9.4　风险分析

9.5　社会责任分析

前面几章我们介绍了一些常见的公司盈利模式，如经营主导型的贵州茅台股份、经营与投资并重型的雅戈尔、投资主导型的川投能源，本章我们介绍一个比较少见的以理财为主的非金融企业——金山办公。其实保险业、证券业企业的主营业务都是理财，因此以理财为主导的企业并不在少数，但金山办公的理财占比高得惊人。与其类似的还有恒生电子，我们将两者进行对照分析。

选择金山办公，除了它的理财占比较高以外，另一个原因就是它是轻资产企业，相对前面介绍的重资产企业——国投电力来说，其固定资产很少，存货也几乎没有。

9.1 公司经营战略

下面我们还是先通过财务报告了解金山办公的经营战略与竞争优势，再通过报表数据来验证其是否与实际情况一致。

9.1.1 主营业务及经营模式

1. 主营业务

金山办公是国内领先的办公软件和服务提供商，主要从事 WPS Office 办公软件产品及服务的设计研发及销售推广。公司产品主要包括 WPS Office 办公软件和金山词霸等，可在 Windows、Linux、macOS、安卓、iOS 等众多主流操作系统中应用。公司拥有 30 多年的办公软件研发经验及技术积累，旗下主要产品及服务皆由公司自主研发，对核心技术具有自主知识产权。公司重点针对文字排版技术、电子表格计算技术、动画渲染技术、在线协同编辑、安全文档以及数据协同共享等多种关键技术进行深入研究，通过核心技术的突破，建立互联网云办公应用服务体系，创建智能办公新模式，全面提升用户体验。

2. 经营模式

公司的经营模式主要分为办公软件产品使用授权、办公服务订阅和互联网广告推广三种。自公司从提供工具产品向应用服务转型以来，办公软件产品使用授权收入相对稳定，随着付费客户的持续增加，办公服务订阅收入呈现快速增长趋势。

3. 市场销售情况

WPS Office 系列产品研发始于 1988 年，是全球较早的办公软件产品之一。截至 2020 年 12 月，公司主要产品月度活跃用户数（MAU）超过 4.74 亿，其中 WPS Office 桌面版月度活跃用户数超过 1.85 亿；WPS Office 移动版月度活跃用户数超过 2.82 亿；公司其他产品（如金山词霸等）月度活跃用户数接近 1 000 千万，领先其他国产办公软件。

4. 行业情况

2010—2020 年，我国软件和信息技术服务业收入从 2010 年的 1.36 万亿元增长至 2020 年的 8.16 万亿元，年复合增长率达 19.6%，呈现稳步增长趋势。

9.1.2　核心竞争力

（1）研发优势。从研发能力来看，公司研发团队 30 多年来始终专注服务于办公软件领域。在为政府机关和企事业单位的信息化建设服务的过程中，公司建立了一支专注为各行业、各类型客户群体提供办公服务的业务及技术专家队伍。从研发投入来看，公司在 2018—2020 年的研发费用分别为 42 753.58 万元、59 878.57万元、71 088.19 万元，呈快速增长趋势，研发费用占营业收入的比例分别为 37.85%、37.91%、31.44%。公司多次承担国家“核高基”、电子发展基金、863 科技计划等多个重大专项课题的研发和产业化推广任务，专注于办公领域的技术突破，WPS Office 系列产品和服务不断迭代更新，公司产品已经全面支持国产整机平台和国产操作系统。

（2）产品优势。WPS Office 移动版产品弯道超车，在国内市场占据首位，并迅速抢占海外市场。借助本土化优势，公司产品在国内市场比国外产品更具竞争力：办公文档云化，渗透多源办公场景，实现一站式全平台服务。

（3）人才优势。人才是软件公司最重要的核心竞争力。公司自成立以来高度重视人才队伍建设，培养了大量办公软件领域的研发人才，得益于公司长久以来的经验传承，先后有数千人参与了 WPS Office 系列产品的研发和推广。

9.1.3　发展战略

随着数字经济时代的到来，“十四五”期间，金山办公将顺应云与数据时代的产业发展趋势，深度剖析、把握办公产业发展的规律，沿着云化、协作化、智能化的数字办公之路，依托人工智能，构建并完善公司办公产品云服务体系，积极响应全球用户需求，提供更优质的智能办公服务，持续提升用户体验，以商务创作、协同办公为发展驱动，致力于成为具有世界领先水平的办公软件民族企业、全球办公服务行业的领导者。

未来，金山办公将为更多用户提供以“多屏、内容、云、AI、协作”为代表的未来办公生活方式，不论是企业客户还是个人用户，都能通过金山办公的产品进行简单创作、轻松表达。

9.1.4 控股股东与实际控制人

如图 9-1 所示，公司控股股东是 WPS 香港，其持有上市公司北京金山办公软件股份有限公司 52.71%的股份，为第一大股东，相对控股。公司实际控制人是雷军。

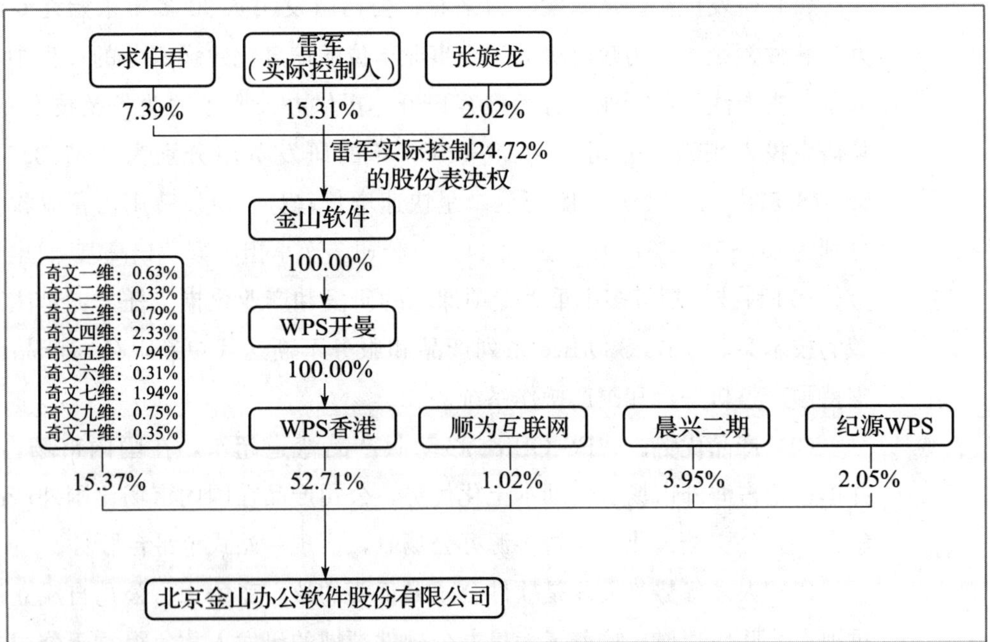

图 9-1　公司、控股股东与实际控制人关系图

9.1.5 产业链图谱

2020 年公司的财务报告显示，金山办公的主要产品包括：办公订阅服务，

占比 46.98%；办公产品使用授权，占比 40.91%；互联网广告推广，占比 12.11%。办公软件产业链图谱如图 9-2 所示。

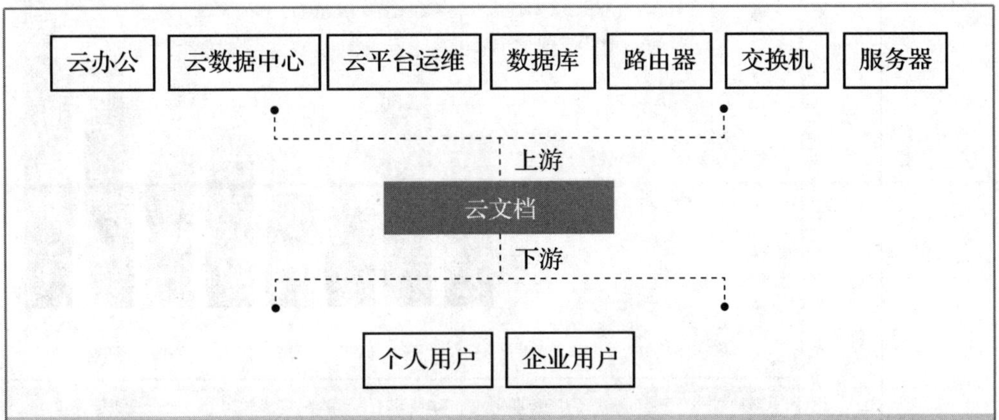

图 9-2　办公软件产业链图谱

9.2　经营战略和成果分析

9.2.1　引资战略

本小节将金山办公与恒生电子进行比较，既分析合并资产负债表又分析母公司资产负债表，让读者对两家公司的资本结构有一个整体印象。

如图 9-3 所示，从合并资产负债表来看，两家公司的体量差别不大，2020 年金山办公总资产约 85 亿元，恒生电子总资产约 98 亿元。2020 年，金山办公大部分资金来自股东投入，约 51 亿元（公司 2019 年上市，上市之前股东投入只有 10 亿元左右，上市融资 40 多亿元）；留剩资源约为 18 亿元，没有金融性负债。2020 年，恒生电子的股东投入相对较少，约 16 亿元，占比约 16%；经营性负债较多，约 47 亿元，占比约 48%；留剩资源也较多，约 30 亿元，占比接近 31%，此外，还有少量的金融性负债和少数股东权益。

2020 年，金山办公的 ROE 不到恒生电子的 1/2，前者只有 13%，而后者达 27%。恒生电子的 ROE 在大多数年份都超过 15%，但在 2016 年为-2%，主要是因为 2015 年“股灾”时它的子公司——恒生网络 HOMS 系统违法场外配资，被罚款 4 亿多元，但是恒生电子当时只缴纳了 2 000 多万元的少量罚款，并让其子公司破产，避免了巨额损失。[①]

① https://baijiahao.baidu.com/s?id=1671532009364440264&wfr=spider&for=pc.

图 9-3　合并资产负债表引资产战略对比

接下来看母公司资产负债表中的数据，如图 9-4 所示。从金山办公母公司的资金来源结构来看，其股东投入占比较多，几乎与合并报表中的占比一样，说明子公司并没有带来多少收益贡献，或者说母公司对子公司是全资控股。与合并报表中的数据差别比较大的是留剩资源和经营性负债。留剩资源大幅减少，说明是子公司贡献了大部分的留剩资源；经营性负债很少，说明母公司没有太多的直接经营活动。相较之下，恒生电子母公司的资金来源结构变化比较小，整体上与其合并报表类似，说明恒生电子的母公司有较多的经营活动。注意：2015—2020 年母公司报表中的留存剩资源比合并报表中的多，说明恒生电子的子公司这几年都是亏损的，而且亏损程度较大。

金山办公的 ROE 很低；恒生电子母公司报表中的 ROE 在大多数年份与合并报表中的 ROE 相差不大，且在 2016 年合并报表中的 ROE 明显下降的情况下，母公司报表中的 ROE 并未受太大影响，这也证明了 2016 年是子公司发生了亏损。

9.2.2　经营战略和盈利模式

接下来，我们再从合并资产负债表和母公司资产负债表层面分析两家公司的经营战略和盈利模式是否有差异。

首先分析合并资产负债表中的数据，如图 9-5 所示。我们可以看出金山办公是一家以理财为主导的企业，经营资产和投资资产较少。而恒生电子在 2015—

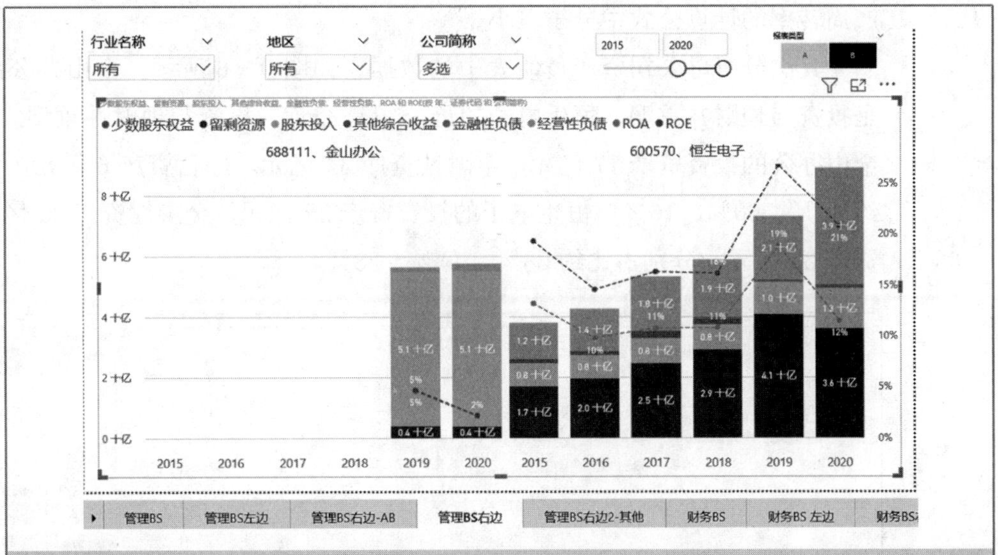

图 9-4　母公司资产负债表引资战略对比

2018 年是以经营为主导，2019—2020 年是经营与理财并重，投资资产一直都比较少。

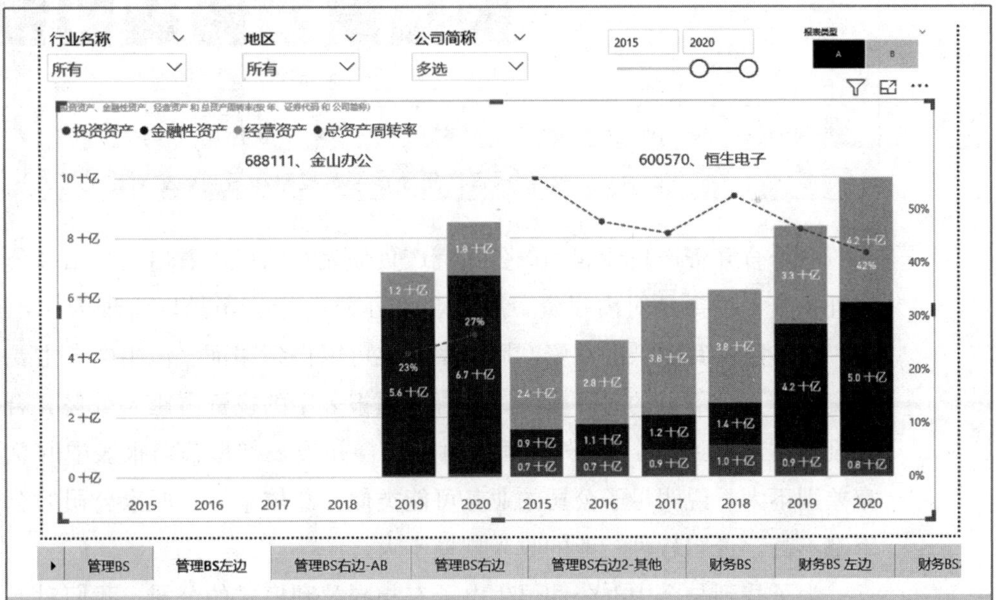

图 9-5　合并资产负债表经营战略和盈利模式对比

金山办公用于理财的资金占比达到了 80%左右，可能是公司上市之后，融资金额一时增加较多，因此大部分闲置资金用于理财；恒生电子近两年用于理财的资金占比也达到了 50%以上。金山办公的总资产周转率明显低于恒生电子，是因为金山办公的金融性资产多，经营资产少，对应的利润表中的营业收入少，总资产周转率的计算公式中分子较小。

其次分析母公司资产负债表中的数据，如图 9－6 所示。金山办公的母公司是投资与理财并重型，恒生电子的母公司是经营、投资与理财并重型。2020 年，金山办公的投资资产 17 亿元，金融性资产 34 亿元，经营资产 6 亿元，分别占比约 30%、60%、10%；恒生电子的投资资产 25 亿元，金融性资产 39 亿元，经营资产 25 亿元，分别占比约 28%、44%、28%。

图 9－6　母公司资产负债表经营战略和盈利模式对比

结合合并资产负债表和母公司资产负债表我们可以看出，金山办公基本没有对外投资，主要是对内投资，所以金山办公的母公司是以管理为主，是控股公司，这一点从其超低的总资产周转率上也可以得到印证。恒生电子主要也是对内投资，涉及少部分的对外投资，其母公司报表中的投资占比为 28%，合并报表中的投资占比不到 8%。另外，恒生电子的合并报表与母公司报表中的总资产周转率差别不大，说明母子公司的业务可能类似。总体来看，两家公司的总资产周转率都不高，说明软件行业的收入规模不大。

为了找到与金山办公和恒生电子有相同盈利模式的公司，我们对上市公司的理财投资分布，按行业和时间多维进行了统计，具体如下。

2020 年不同行业理财投资占比分布情况如图 9－7 所示。计算机、通信和其他服务业以及软件和信息技术服务业的理财投资占比超过 30%的分别有 23 家和 25 家，其中理财投资占比超过 30%最多的行业是资本市场服务业，为 47 家，主要包括证券、保险、部分中小股份制商业银行等上市公司。通过对软件和信息技术服务业进一步下钻，可以轻松找到其中理财投资占比超过30%的公司，其中就包括金山办公和恒生电子。

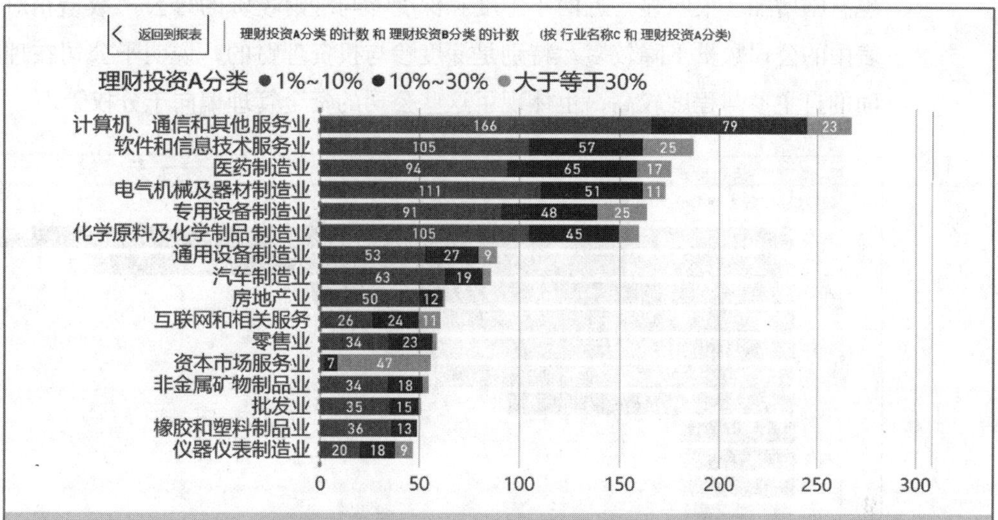

图9-7 2020年不同行业理财投资占比分布

不同年份合并报表理财投资分布情况如图9-8所示。自从2014年起，1%～10%少量参与理财投资的公司数量急剧增加。2019年和2020年，10%～30%中度参与理财投资的公司数量也急剧增加，分别达到了597家和759家；超过30%深度参与理财投资的公司，分别达到了232家和285家。

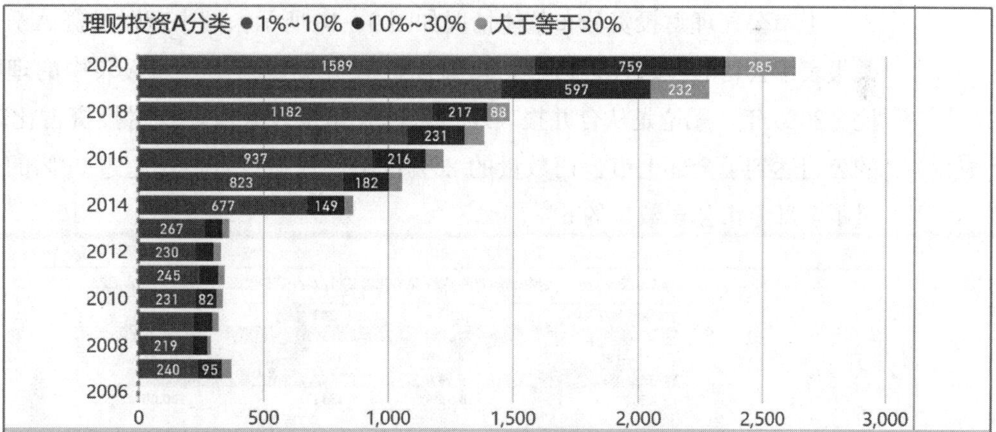

图9-8 不同年份合并报表理财投资分布

2019—2020年理财投资占比大幅提高可能与创业板和科创板的相继推出有关，结合前面的行业分析，计算机类、软件类公司上市以后募集了大量资金，闲置资金多用于理财投资，就像金山办公一样。

不同年份母公司报表理财投资分布情况如图9-9所示。母公司报表中的理财投资占比与合并报表中的理财投资占比有类似的特征。2014 年以后，少量参与理财投资的母公司数量明显增加；2019—2020 年中度和深度参与理财投资的母公司数量也急剧增加。很明显，近两年中度和深度参与理财投资的母公司数量相对于合并报表中的公司数量下降较多，特别是深度参与投资理财的，说明子公司在理财投资方面的自主参与程度较高，也体现了这些公司的资金管理偏向于分权管理。

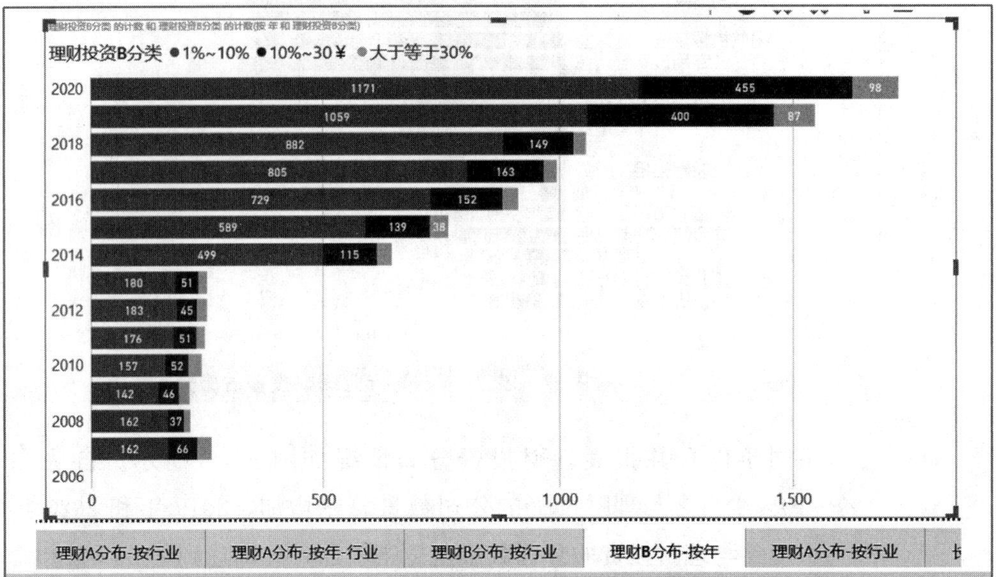

图 9－9　不同年份母公司报表理财投资分布

上市公司理财投资分布整体情况如图 9－10 所示。图中理财投资 A 分类是指合并报表中公司的理财投资占比，理财投资 B 分类是指母公司报表中的理财投资占比。2020 年，无论是从合并报表还是从母公司报表来看，理财投资占比超过 10%的公司达到了全部上市公司数量的 20%以上，理财投资占比超过 30%的公司也超过了全部上市公司数量的 5%。

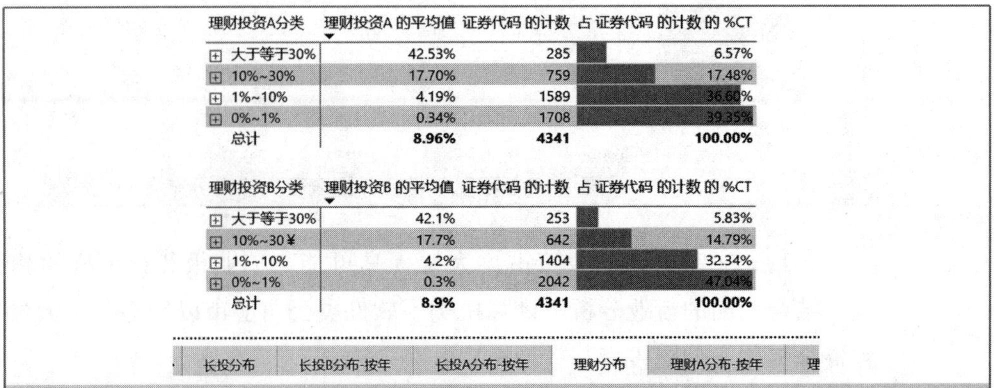

理财投资A分类	理财投资A 的平均值	证券代码 的计数	占 证券代码 的计数 的 %CT
⊞ 大于等于30%	42.53%	285	6.57%
⊞ 10%~30%	17.70%	759	17.48%
⊞ 1%~10%	4.19%	1589	36.60%
⊞ 0%~1%	0.34%	1708	39.35%
总计	**8.96%**	**4341**	**100.00%**

理财投资B分类	理财投资B 的平均值	证券代码 的计数	占 证券代码 的计数 的 %CT
⊞ 大于等于30%	42.1%	253	5.83%
⊞ 10%~30¥	17.7%	642	14.79%
⊞ 1%~10%	4.2%	1404	32.34%
⊞ 0%~1%	0.3%	2042	47.04%
总计	**8.9%**	**4341**	**100.00%**

图 9－10　上市公司理财投资整体分布

9.2.3　盈利结构

对于盈利结构，我们同样先分析合并利润表，再分析母公司利润表。

根据前面对合并资产负债表中公司战略和盈利模式的分析，我们知道金山办公是理财型企业，因此，在合并利润表中，应该有比较多的投资收益；而恒生电子是混合型企业，涉及理财、投资、经营，因此，其盈利结构中应主要体现投资收益和核心净利润。如图 9－11 所示，恒生电子的情况与我们的预期比较吻合，但金山办公并非如此，其投资收益远小于核心净利润。

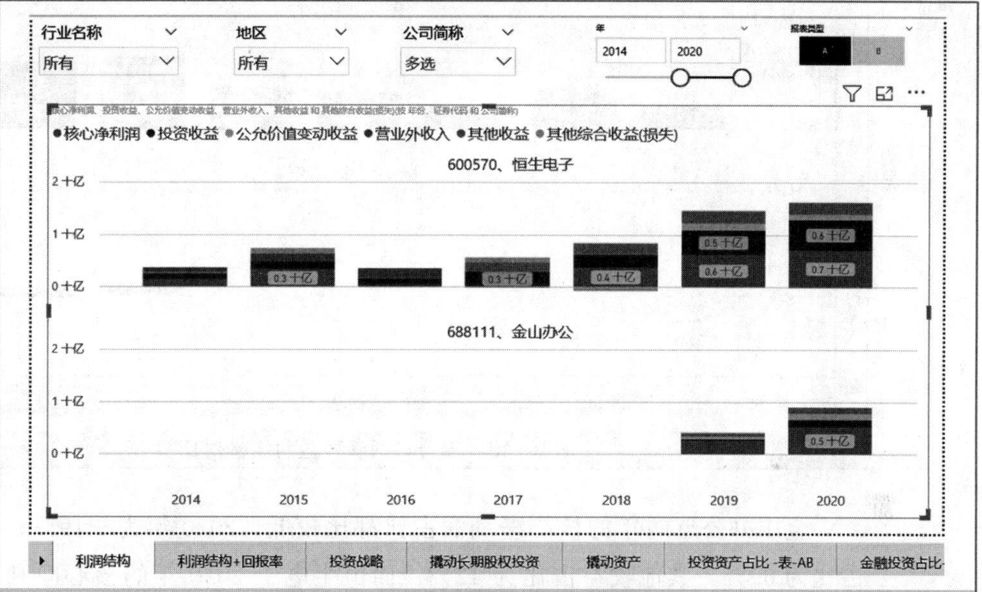

图 9－11　合并利润表盈利结构对比

两家公司的盈利结构主要由三部分组成：核心净利润、投资收益和政府补贴（其他收益和营业外收入）。注意：恒生电子仅在 2015 年和 2017 年有少量的其他综合收益，在 2016 年和 2017 年有非常少的核心净利润。2020 年，金山办公的核心净利润为 5.1 亿元，投资收益为 1.4 亿元，公允价值变动收益为 1.1 亿元，其他收益为 1.1 亿元；恒生电子的核心净利润为 7 亿元，投资收益为 5.8 亿元，公允价值变动收益为 1 亿元，其他收益为 2.3 亿元。

很明显可以看出，金山办公 78%的理财投资占比，只带来 29%的收益贡献（投资收益与公允价值变动收益），而恒生电子 50%的理财投资占比带来的投资收益却达到了 42%，说明恒生电子的理财投资收益效益远高于金山办公。

接下来，再看母公司利润表的盈利结构。如图 9－12 所示，两家公司的母公司都是理财投资主导型，但恒生电子还有一些经营业务。金山办公近年来的盈利都是以投资收益为主，2019 年有 1.75 亿元，2020 年只有 0.6 亿元；其次是公允价值变动收益，2019 年只有 0.3 亿元，2020 年有 0.7 亿元。恒生电子的投资收益比核心净利润低，说明其经营业务的回报率高于理财投资回报率，其 2020 年核心净利润为 6.5 亿元，投资收益为 3.2 亿元，公允价值变动收益为 1 亿元，其他收益为 2 亿元。

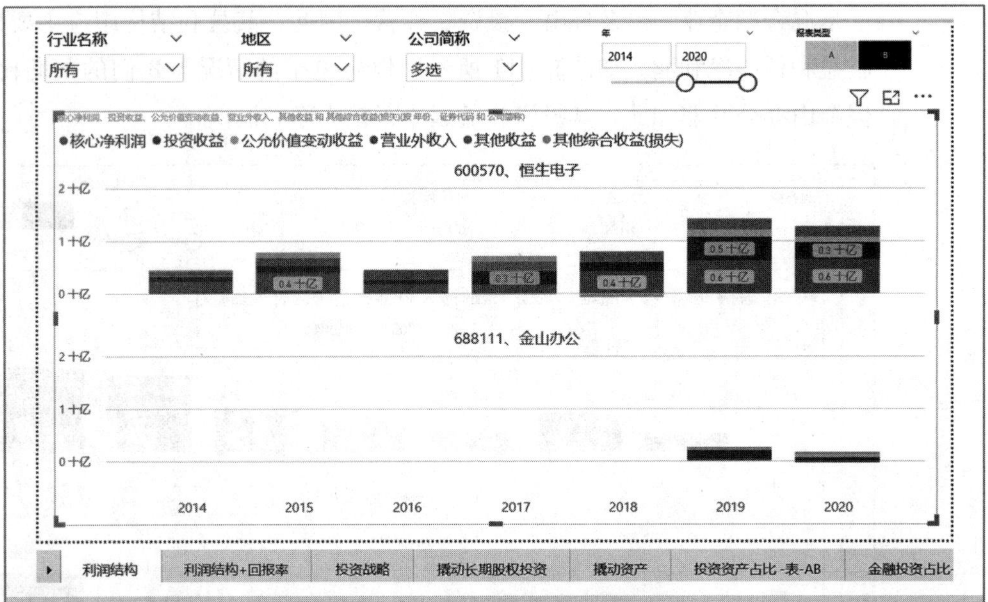

图 9-12　母公司利润表盈利结构对比

金山办公近两年的核心净利润占比都比较低，2020 年为−19%，投资收益占比为 69%，其他收益占比为 12%；而恒生电子 2020 年的核心净利润占比为 51%，投资收益占比为 33%，其他收益占比为 16%。

总体来看，金山办公母公司的经营业务处于亏损状态，两家公司的其他收益占比都很高。

9.2.4　盈利水平

我们一般用相对值 ROE 和绝对值净利润来衡量盈利水平，下面先从营业收入、净利润、经营活动产生的现金流量净额开始分析。

从合并报表来看，如图 9-13 所示，恒生电子的整体情况较好，各项指标呈波动上升趋势，除 2019—2020 年其他年份经营活动产生的现金流量净额均高于净利润。虽然金山办公只有 2019—2020 年的数据，但是整体来看公司具有一定的成长性，而且经营活动产生的现金流量净额高于净利润。然而，我们无法从图中看出两家公司是否以理财投资为主导。

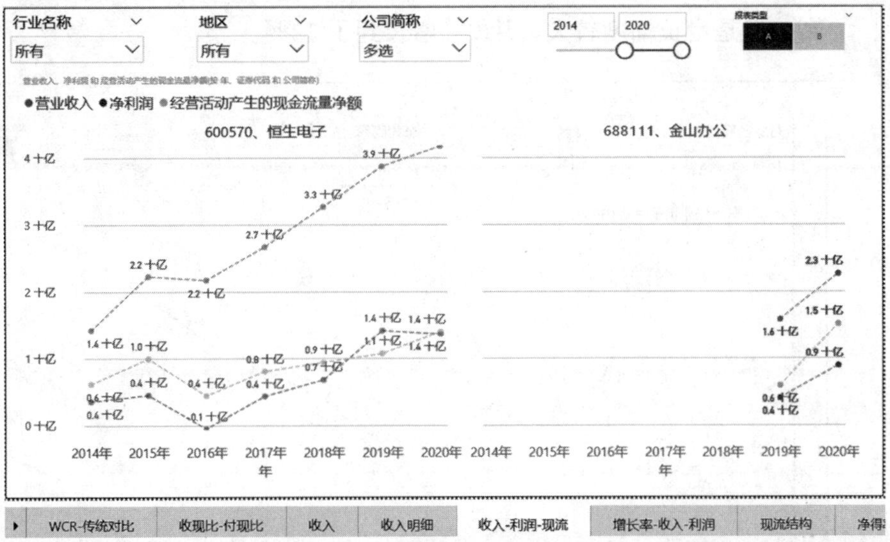

图 9-13　合并报表营业收入、净利润、经营活动产生的现金流量净额对比

从母公司报表来看，如图 9-14 所示，这两家公司有较大的反差。恒生电子母公司的营业收入与合并报表中的营业收入相比差别不是很大，说明母公司的营业收入贡献较大。而金山办公母公司的营业收入很少，说明大部分是由子公司贡献的；除此之外，经营活动产生的现金流量净额也明显低于净利润。

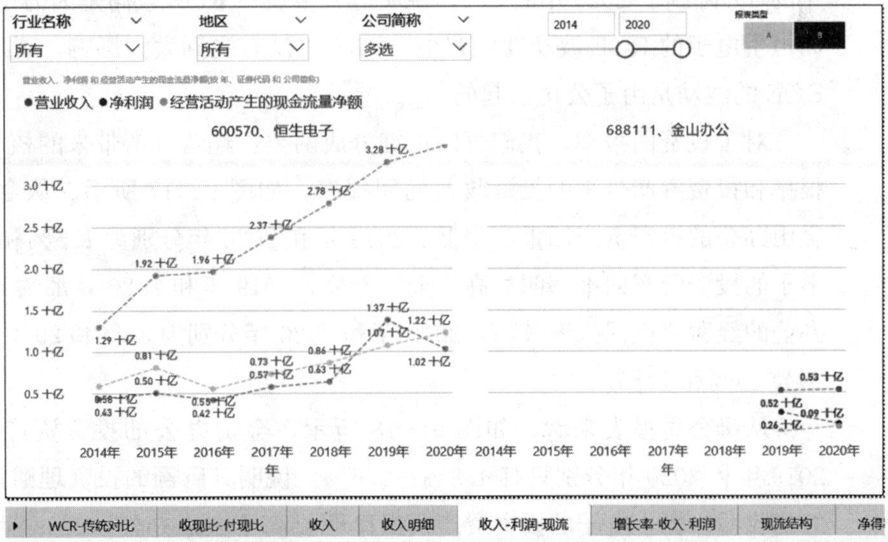

图 9-14　母公司报表营业收入、净利润、经营活动产生的现金流量净额对比

从合并报表中的 ROE 来看，如图 9－15 所示，恒生电子的 ROE 波动性大，尤其是 2016 年下降幅度较大，这与 2016 年的罚款有关；大多数年份 ROE 均处于较高水平，2019 年和 2020 年约 30％。金山办公在 2019—2020 年的 ROE 不高，但是增长幅度较大，从 7％增长到了 13％。

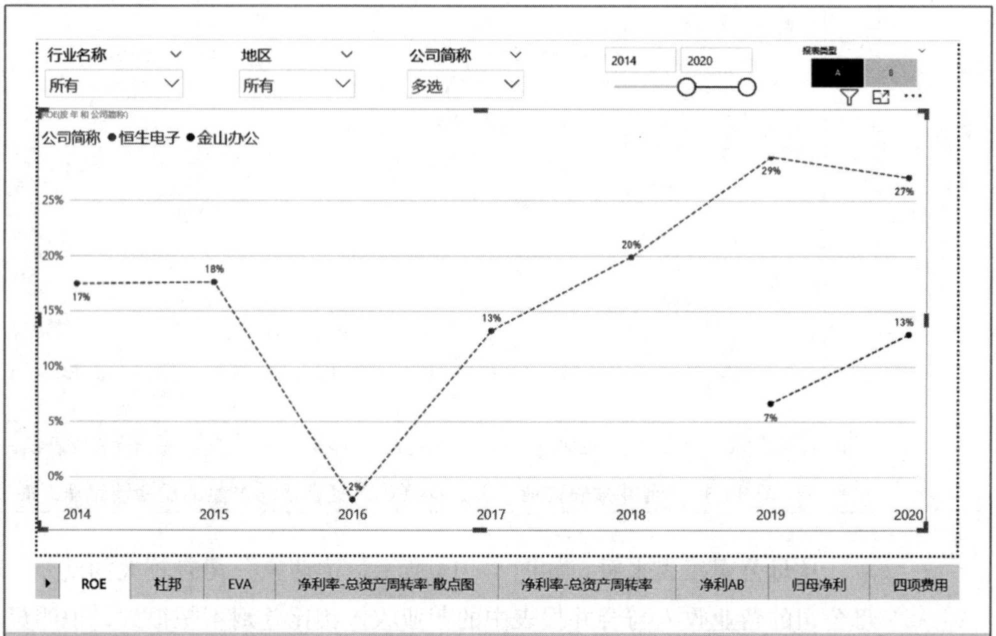

图 9－15　合并报表 ROE 对比

从母公司报表中的 ROE 来看，如图 9－16 所示，金山办公的 ROE 从 2019 年的 5％降到了 2020 年的 2％，说明合并报表中 ROE 较高是因为子公司的贡献。而恒生电子的 ROE 波动性比较小，2016 年没有受到太大影响，说明合并报表中 ROE 的波动是由子公司引起的。

对于投资回报率，我们可以再细分成两类：经营资产带来的核心净利润的回报率和投资资产带来的投资收益的回报率，如图 9－17 所示。从合并报表来看，金山办公的投资资产回报率很低，2019 年和 2020 年分别为 1.5％和 3.9％，恒生电子的投资资产回报率明显高于金山办公，2019 年和 2020 年都约为 12％。金山办公的经营资产回报率较高，2019 年和 2020 年分别为 21％和 29％，恒生电子分别为 19％和 17％。

从母公司报表来看，如图 9－18 所示，金山办公的投资资产回报率很低，2019 年和 2020 年分别只有 4.3％、2.6％，说明其巨额的投资理财没有带来比较好的收益。恒生电子的投资资产回报率明显高于金山办公，2019 年和 2020 年分别为 10.5％、6.7％。两家公司的经营资产回报率差异较大，2019 年和 2020 年，

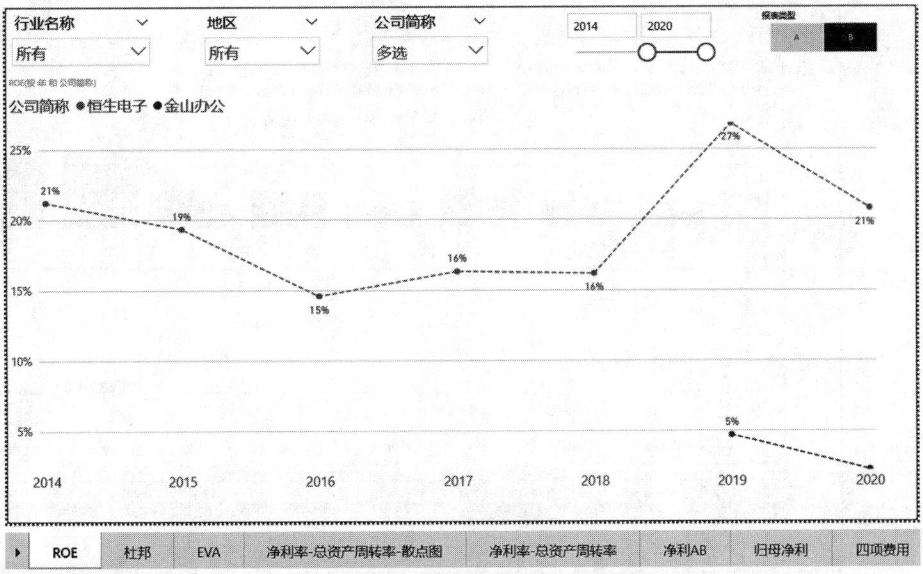

图 9－16　母公司报表 ROE 对比

金山办公分别为 4%和－6%，恒生电子分别为 36%和 26%，因为金山办公的母公司是控股型的集团公司，因此经营资产回报率低。

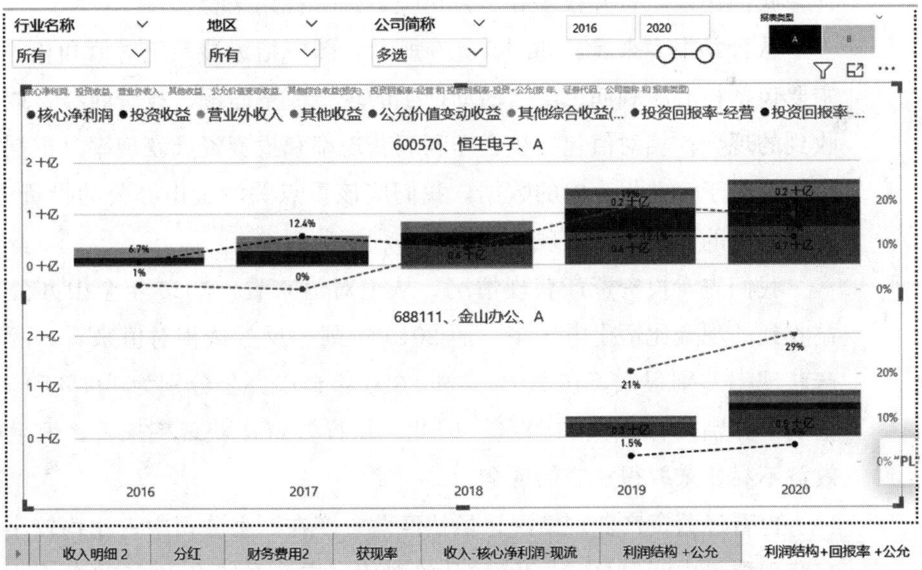

图 9－17　合并报表投资回报率对比

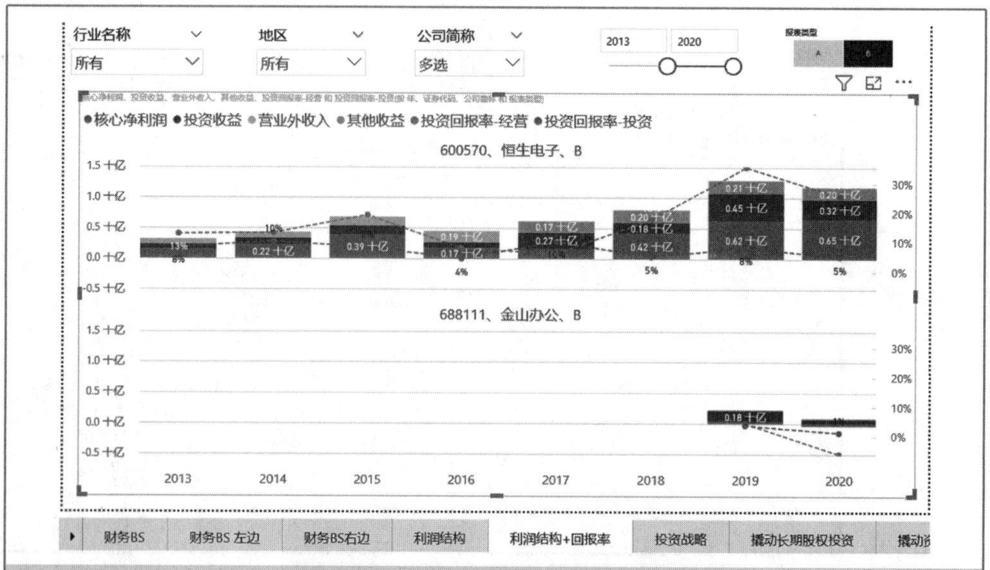

图 9-18　母公司报表投资回报率对比

9.2.5　盈利质量

我们主要考虑盈利的现金流质量，根据盈利模式把核心净利润带来的经营活动产生的现金流量净额与投资收益带来的取得投资收益收到的现金分开比较，同样，我们还是从合并报表和母公司报表两个视角来看。

从合并报表来看，如图 9-19 所示，图中指标涉及绝对值和相对值，绝对值主要包括核心净利润、经营活动产生的现金流量净额、投资收益、取得投资收益收到的现金；相对值包括核心净利润获现率和投资资产获现率。根据前面的分析可知，对于合并报表中的数据，我们应该重点关注金山办公的投资资产获现率、恒生电子的投资资产获现率和核心净利润获现率。

我们先看投资资产获现情况，从绝对值来看，2020 年金山办公取得投资收益收到的现金比恒生电子多，而 2019 年则相反。从相对值来看，两者的投资资产获现率差别很大，在 2019 年和 2020 年金山办公分别为 144%和 137%，而恒生电子分别只有 28%和 18%。因此，从投资资产获现率来看，恒生电子的投资效益不高，未取得对应的现金。

再看经营资产获现情况，虽然经营资产在两家公司中占比均较小，但是它们在获现质量中明显是“主角”。从绝对值来看，2019 年和 2020 年金山办公经营活动产生的现金流量净额分别为 5.9 亿元、15.1 亿元，而恒生电子分别为 10.7 亿元、14 亿元。从相对值来看，金山办公这两年的核心净利润获现率分别为 210%、275%，恒生电子分别为 158%、182%，两家公司的表现均非常好。

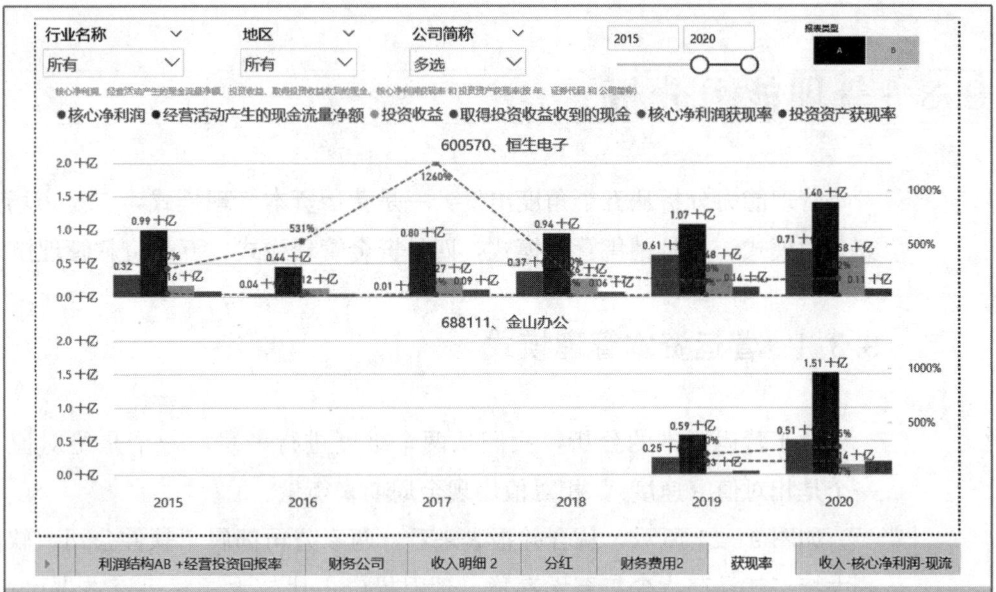

图 9－19　合并报表获现率对比

从母公司报表来看，如图 9－20 所示，恒生电子的核心净利润获现率明显高于投资资产获现率。2019—2020 年，金山办公的投资资产获现率从 8%大涨到 455%，恒生电子的投资资产获现率从 18%上涨到 60%。同期，金山办公的核心净利润获现率从 89%大跌到－247%，但因为金山办公的母公司是控股型公司，核心净利润获现率低不必过多关注；恒生电子的核心净利润获现率从 172%上涨到 189%，表现很好。

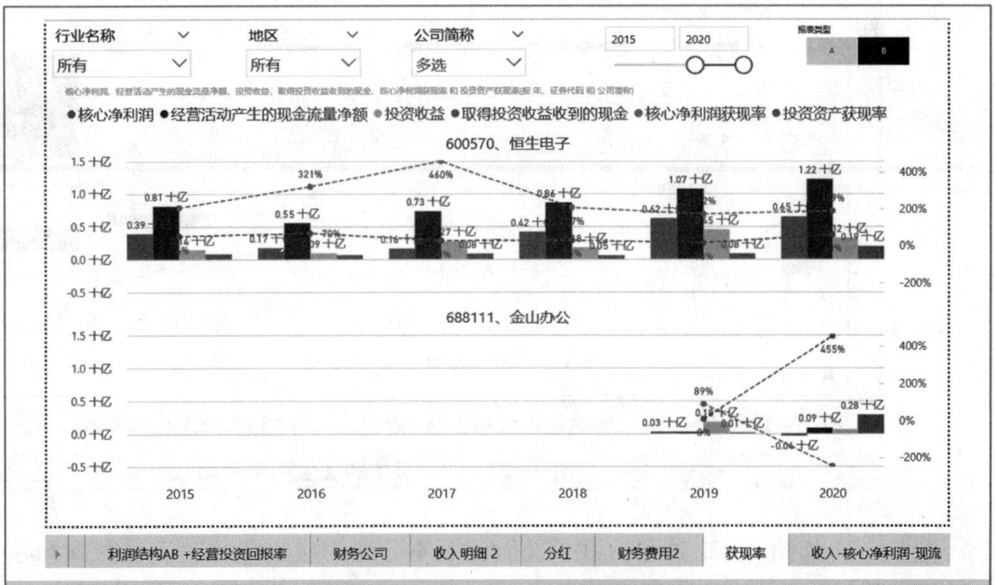

图 9－20　母公司报表获现率对比

9.3 管理能力分析

管理能力分析从五个角度出发：一是营运资本管理模式，二是市场开拓与研究开发模式，三是销售管理模式，四是资金管理模式，五是贷款管理模式。

9.3.1 营运资本管理模式

对于营运资本的分析，我们从两个维度进行考量，一个是绝对值（金额），一个是相对值（速度），相对值用现金周期来衡量。

如图 9-21 所示，从合并报表来看，两家公司都属于软件公司，软件公司的一大特点就是存货少甚至无存货，理财投资占比较大，营运资本占比相对较少。2020 年这两家公司的营运资本都为负数，恒生电子的营运资本为－24 亿元，金山办公为－6 亿元，现金周期分别为 104 天和 90 天，主要原因是两家公司的合同负债（预收款项）急剧增加，金山办公的合同负债有 8 亿元，恒生电子有 31 亿元，这也反映了两家公司的发展前景向好。

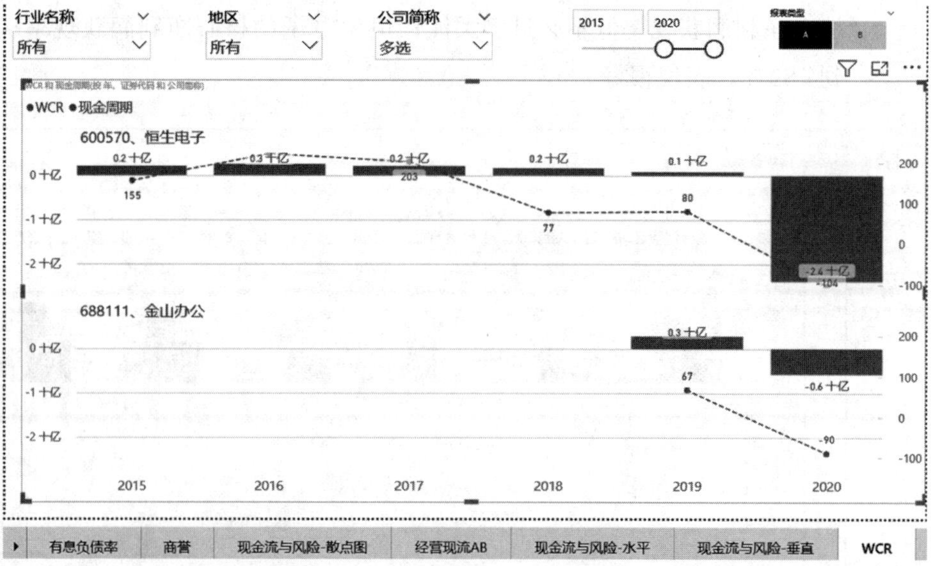

图 9-21 营运资本和现金周期对比

如图 9-22 所示，我们将营运资本分解为应收账款、应付账款和存货三个项目，分别看它们的金额和速度。金山办公基本上无存货，说明是纯软件公司；

2019—2020年，其应收账款涨幅不大，由3.5亿元增加到了4亿元，应收周转天数小幅下降，由79天降到了63天；应付账款由0.6亿元增加到了1.4亿元，而应付周转天数大幅增加，由14天增加到了155天。恒生电子一直有少量存货，存货周转天数也有所波动。2019—2020年，存货急剧增长，由0.3亿元增长到了3.5亿元，这与新收入准则下合同履约成本大幅增加有关；存货周转天数由74天增加到了132天；应收账款大幅增加，应收周转天数也从22天增加到了48天；应付账款增加较少，但是应付周转天数急剧增加，从16天增加到了285天。

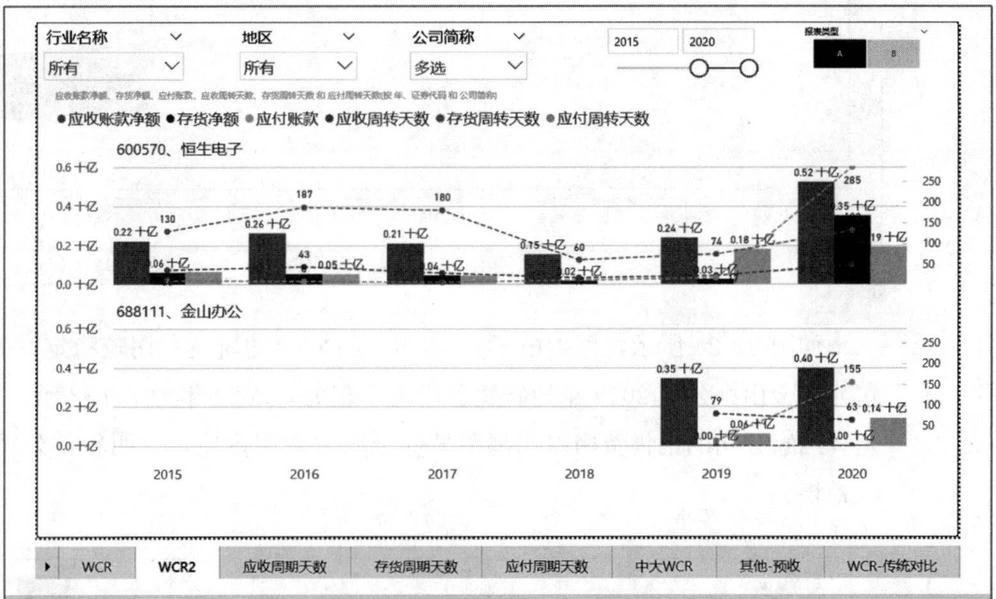

图9－22　营运资本分解项目对比

9.3.2　市场开拓与研究开发模式

企业管理除了关注收入和成本之外，还比较关注四项费用：管理费用、销售费用、研发费用和财务费用。如图9－23所示，在合并报表中，恒生电子的管理费用在2016年和2017年的占比分别高达62%、65%，这是因为2018年以前研发费用归到管理费用项目下；销售费用占比也很高，2015—2019年在24%以上，仅在2020年降到了8%。

两家公司的研发费用占比比较高，都超过了30%，这可能与公司的盈利模式有关，因为两家公司都是偏理财投资型，经营业务只贡献了少部分收入，因此我们在分析四项费用占比是否合理时，要结合公司的盈利模式酌情考虑。

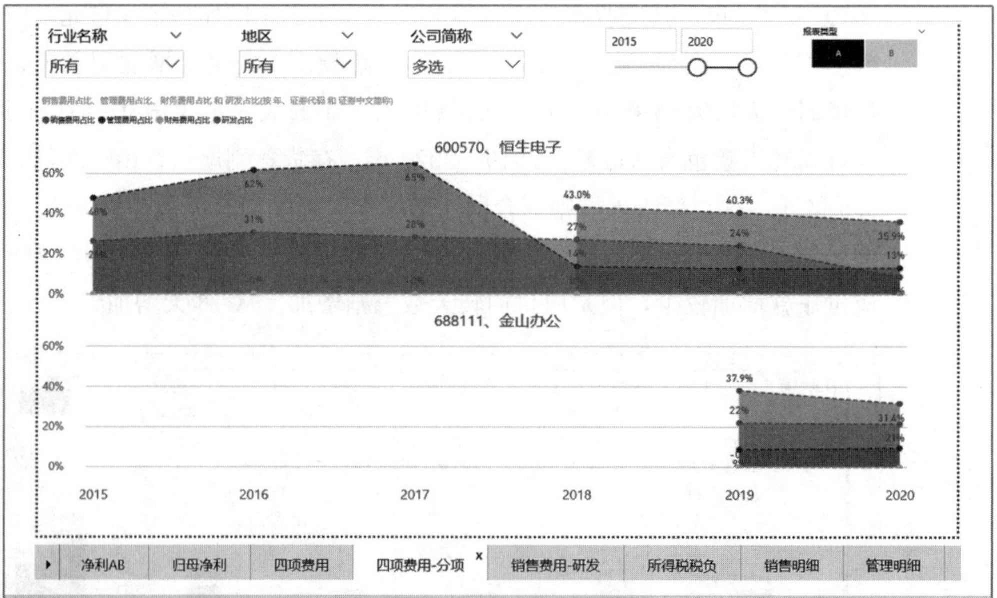

图 9-23　四项费用对比

如图 9-24 所示，恒生电子在 2018—2020 年的研发费用较稳定，平均约 15 亿元；金山办公在 2019 年的研发费用为 6 亿元，2020 年为 7.1 亿元，也相对稳定。两家公司的销售费用占比都明显低于研发费用占比，说明软件公司重研发、轻销售。

图 9-24　销售费用和研发费用占比对比

两家公司虽然都是软件公司，但是企业所得税税负都明显低于 15%，2019

年和 2020 年金山办公的税负分别为 1%和 5%，恒生电子分别为 7%和 5%，这应该与公司的盈利模式有关，因为理财投资占比较大。

如图 9－25 所示，2018—2020 年，软件和信息技术服务业的销售费用和研发费用占比差距很小，证明它们的投入比较均衡：研发费用占比由 8.1%升到 9%再升到 9.8%，而销售费用占比则从 8.7%升到 8.9%再降到 8.6%。销售费用占比基本上没有发生变化，但是研发费用占比增加了 1.7 个百分点，说明整个市场这三年的研发投入比重在提升。

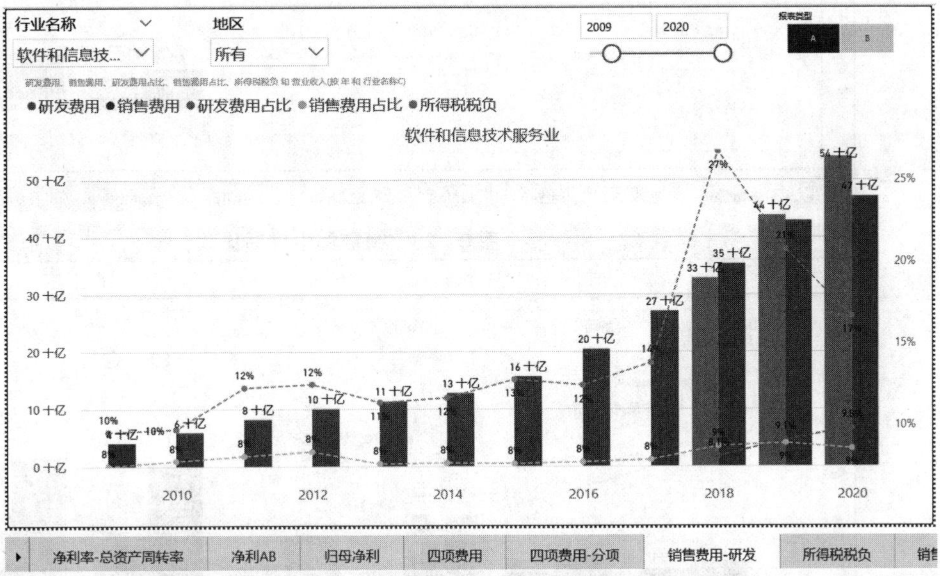

图 9－25 软件和信息技术服务业销售费用和研发费用占比对比

9.3.3 销售管理模式

从图 9－26 中可以清晰地看到，金山办公的合并报表与母公司报表中的销售额差距很大，说明它是分权型的销售管理模式；而恒生电子的合并报表与母公司报表中的销售额差距很小，说明它是集权型的销售管理模式，或者说是以母公司为主体的销售管理模式，子公司的销售贡献不大。

9.3.4 资金管理模式

在资金管理方面，如图 9－27 所示，金山办公的资金管理偏向分权型；恒生电子的资金管理模式在 2015 年是偏集权型，2018 年是高度分权型，2020 年是半分权型。

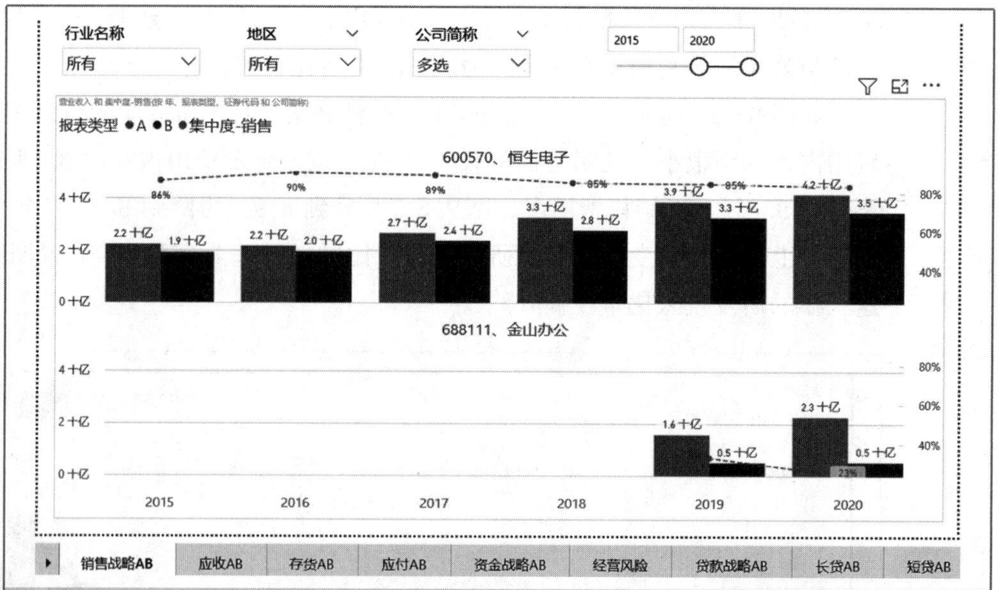

图 9-26　销售集中度对比

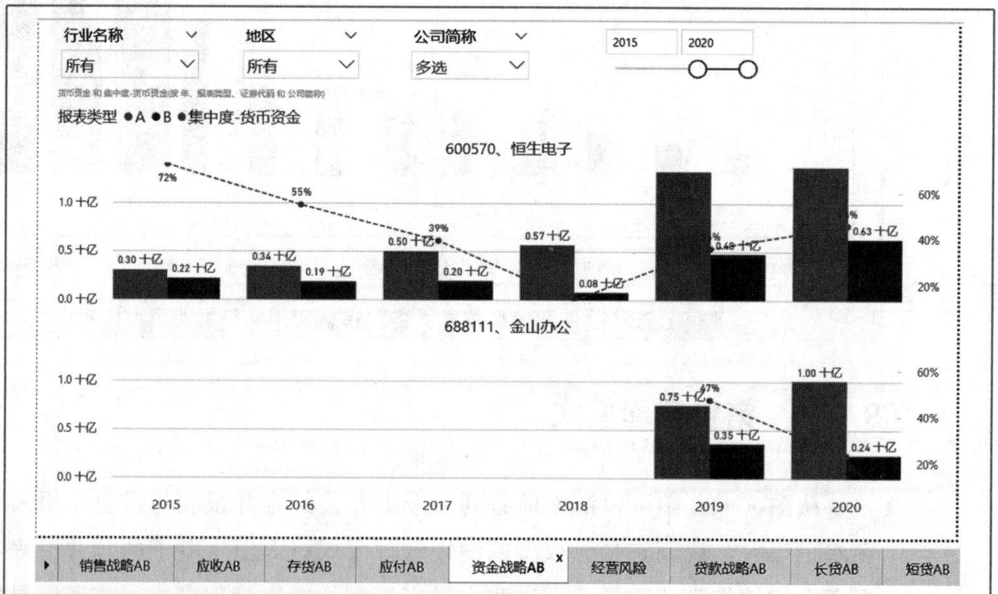

图 9-27　货币资金集中度对比

9.3.5　贷款管理模式

在贷款管理方面，如图 9-28 所示，金山办公没有贷款，恒生电子在 2015—2018 年也没有贷款，此后两年才有贷款，且贷款管理模式偏向分权型，贷款的额度也不大，2020 年贷款最多，为 2.5 亿元，其中母公司贷款 1.2 亿元。

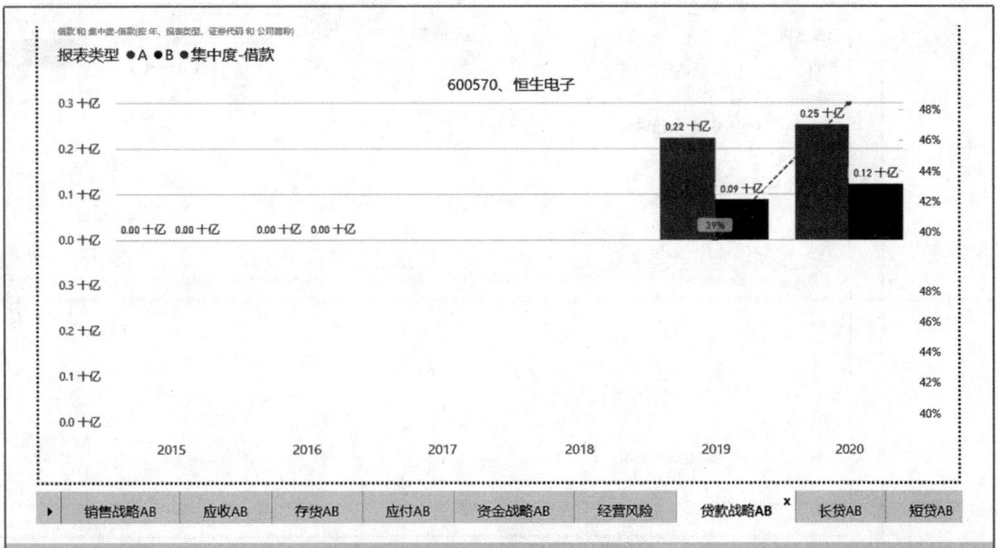

图 9-28　借款集中度对比

9.4　风险分析

9.4.1　财务风险

如图 9-29 所示，恒生电子贷款 2.5 亿元，所以资产负债率不高，最高也只有 49%，若结合前面介绍的预收款项（31 亿元），其有息负债率只有 3%，因此财务风险极低。而金山办公没有有息负债，2020 年的资产负债率为 19%，全部来自无息负债，因此也没有财务风险。

如图 9-30 所示，两家公司都有商誉，恒生电子的商誉为 3.1 亿元，金山办公为 1.8 亿元，占其净资产的比例分别为 6%和 3%，占其净利润的比例分别为 23%和 21%。因此，从净利润来看，商誉还是对其有潜在的不可忽视的影响。

9.4.2　经营风险

如图 9-31 所示，由于两家公司都是软件公司，没有太多的固定资产、在建工程和存货，因此整体来看两家公司的经营风险都比较小。特别是金山办公，其固定资产占比只有 1%，经营风险可以忽略不计；而恒生电子有少量的固定资产，且近三年还有一部分在建工程，2020 年固定资产及在建工程总额达到近 12 亿元，固定资产占总资产的比例也达到了 12%，说明恒生电子不是一家纯粹的轻资产软件公司。

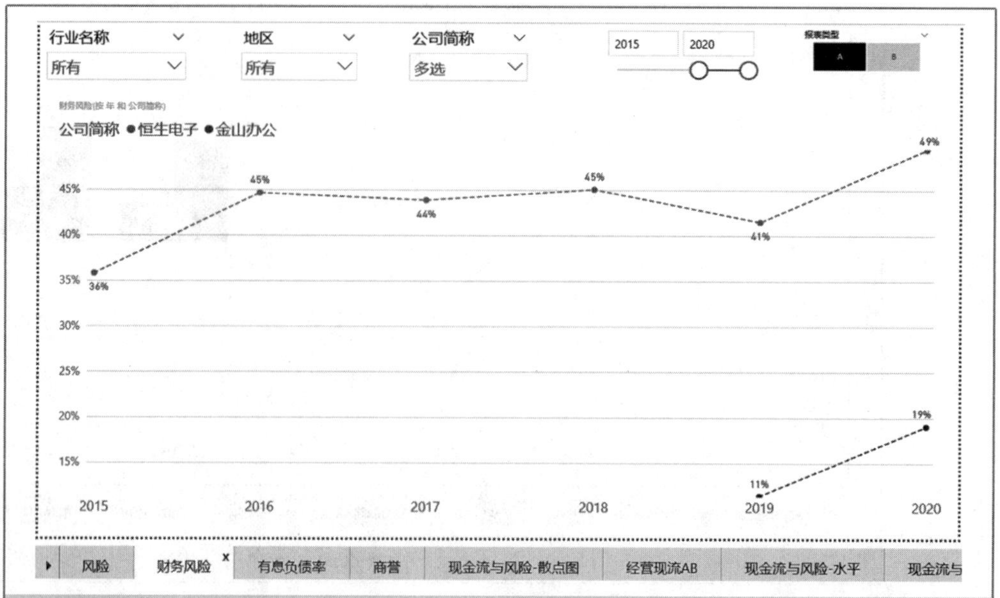

图 9-29　财务风险对比

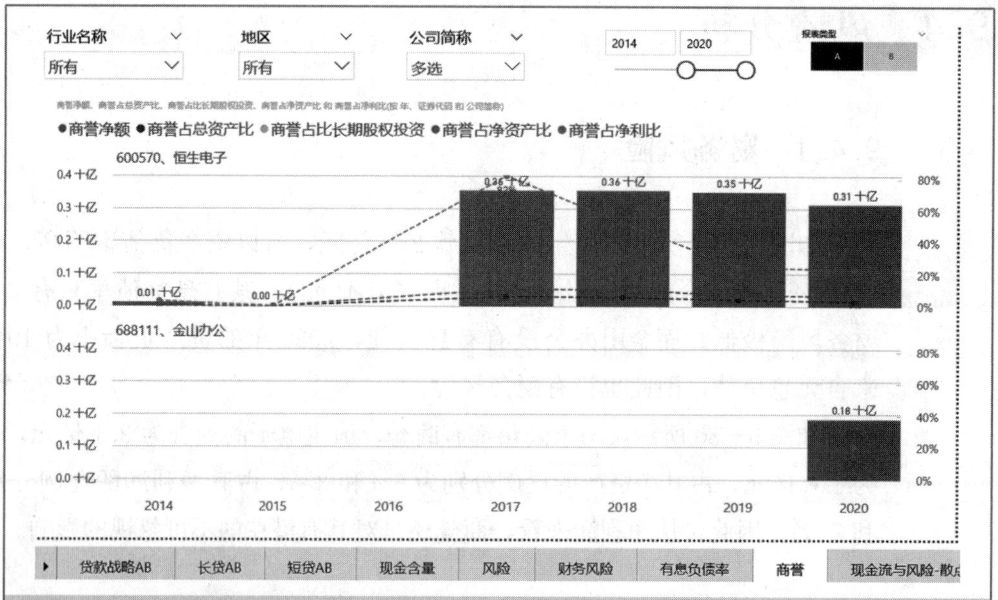

图 9-30　商誉对比

9.4.3　现金流风险

根据自由现金流和 ROE，我们可以制作恒生电子和金山办公的现金流风险矩阵，如图 9-32 所示。2020 年，恒生电子的自由现金流和 ROE 都高于金山办

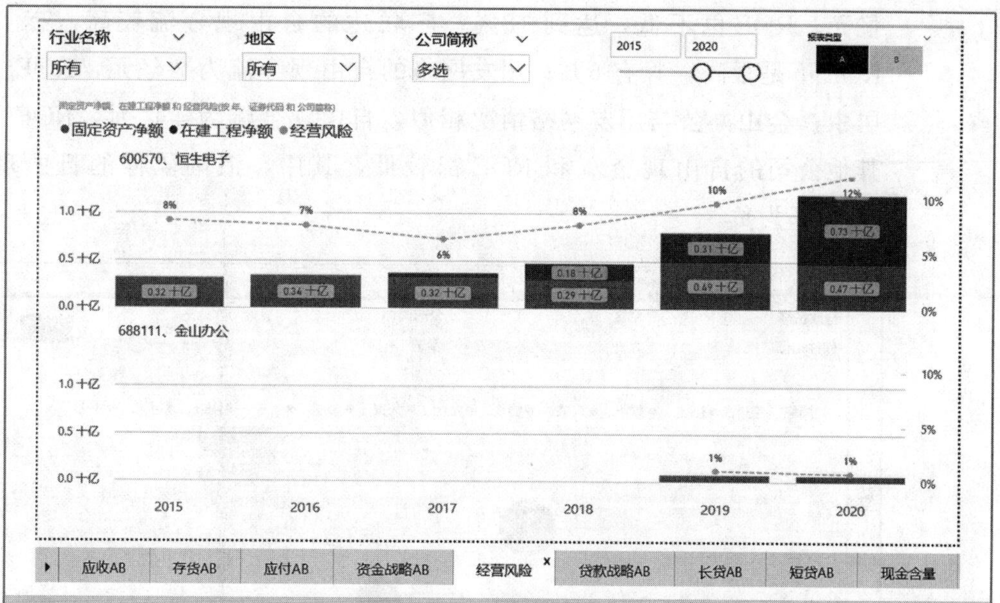

图 9－31 经营风险对比

公，恒生电子的自由现金流是 6 亿元，而金山办公只有 4 亿元；恒生电子的 ROE 是 27%，金山办公只有 13%。2019 年，金山办公的自由现金流为－4 亿元左右，ROE 只有 7%。因此，恒生电子的现金流风险小于金山办公。

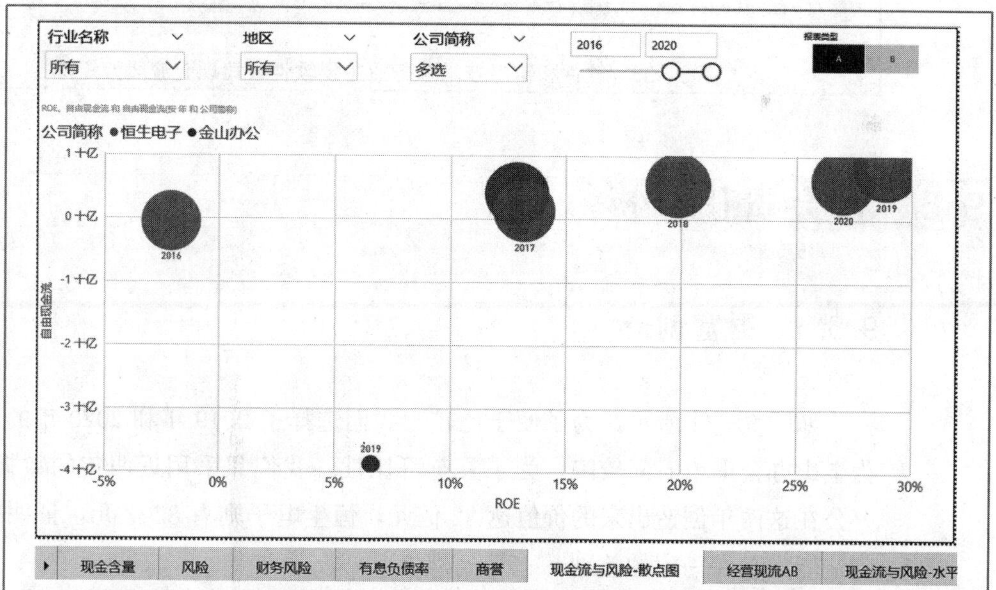

图 9－32 恒生电子和金山办公现金流风险矩阵

我们对软件和信息技术服务业主要软件公司的现金流风险进行评估，如图 9－33 所示。恒生电子的 ROE 最高；宝信软件的自由现金流最高，有 17

亿元，ROE也不低，达到18%；广联达的自由现金流较高，有11亿元，ROE不是很高，只有6%；用友网络的自由现金流为7亿元，ROE为12%，居中；金山办公与用友网络情况相似，自由现金流为4亿元，ROE为13%；其他公司的自由现金流和ROE都较低，其中，浪潮软件的自由现金流和ROE都为负。

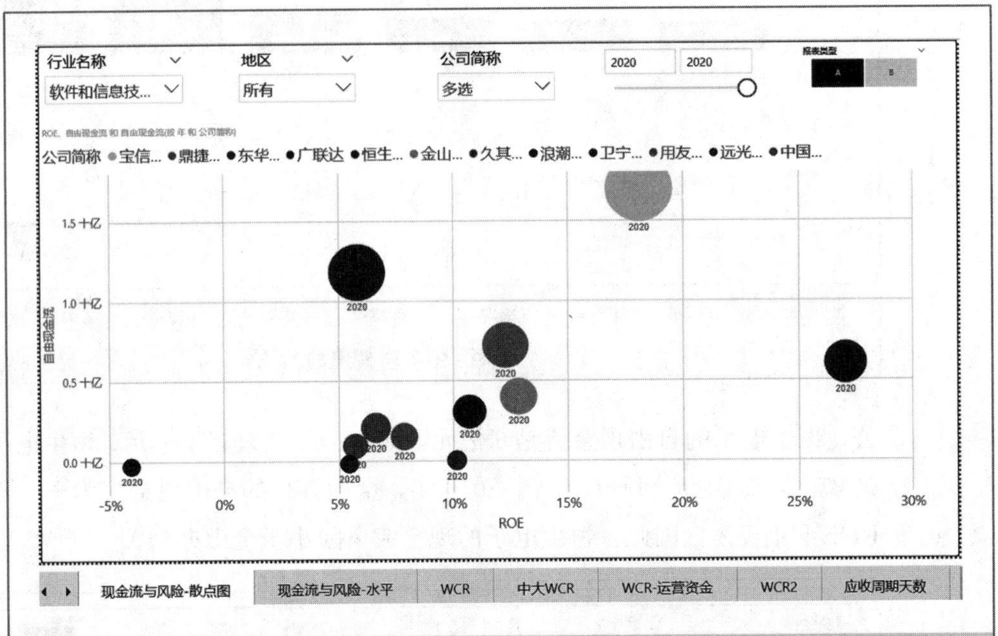

图9-33　软件和信息技术服务业主要软件公司现金流风险矩阵

9.5 社会责任分析

9.5.1 财富创造

如图9-34所示，为了便于比较，我们选择了2019年和2020年的数据（因为金山办公上市时间较晚，为了具有可比性，我们只采用近两年的数据）。金山办公在这两年创造出来的价值达32亿元，恒生电子则有82亿元，证明二者财富创造能力存在一定的差别。

软件和信息技术服务业中一共有276家上市公司，为70万人提供了就业机会，2007—2020年创造的价值累计达1.01万亿元，分摊到每家公司每年达2.6亿元，说明该行业的总体盈利能力不强。

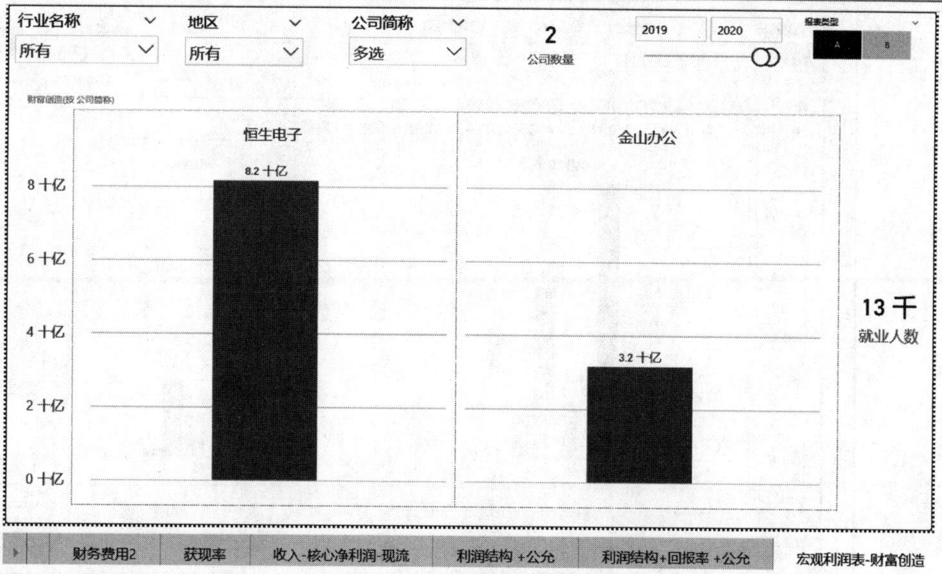

图 9-34 财富创造金额对比

9.5.2 财富分配

财富的分配涉及各方利益，首先是员工工资，其次是银行借款利息，再次是政府的各项税费，剩余的就是股东权益。如图 9-35 和图 9-36 所示，对 2019—2020 年的所有财富分配进行统计，金山办公支付给员工的工资总共 16 亿元，占比 49.87%；支付的银行借款利息为-0.12 亿元；支付给政府的各项税费为 3 亿元，占比 9.22%；股东权益为 13 亿元，占比 40.52%，其中已经分红 1.4 亿元。因此，从财富分配来看，股东权益、员工工资占比偏大，支付的各项税费占比偏小。

恒生电子支付给员工的工资总共 44 亿元，占比 54.42%；银行借款利息为-0.04 亿元；支付给政府的各项税费为 9 亿元，占比 11.48%；股东权益有 28 亿元，占比 34.05%。两家公司有一个共同特点，都没有银行借款利息，还有少量的利息收入。

两家公司的财富分配从绝对值上看存在较大差异，但相对值的结构基本类似，一个明显的特征就是员工工资占比较大，支付的各项税费占比较少。

9.5.3 高管薪酬

如图 9-37 所示，恒生电子的高管薪酬整体很高，除 2015 年之外，其他年份都超过了 3 000 万元，2020 年达到了 3 686 万元；金山办公的高管薪酬远低于

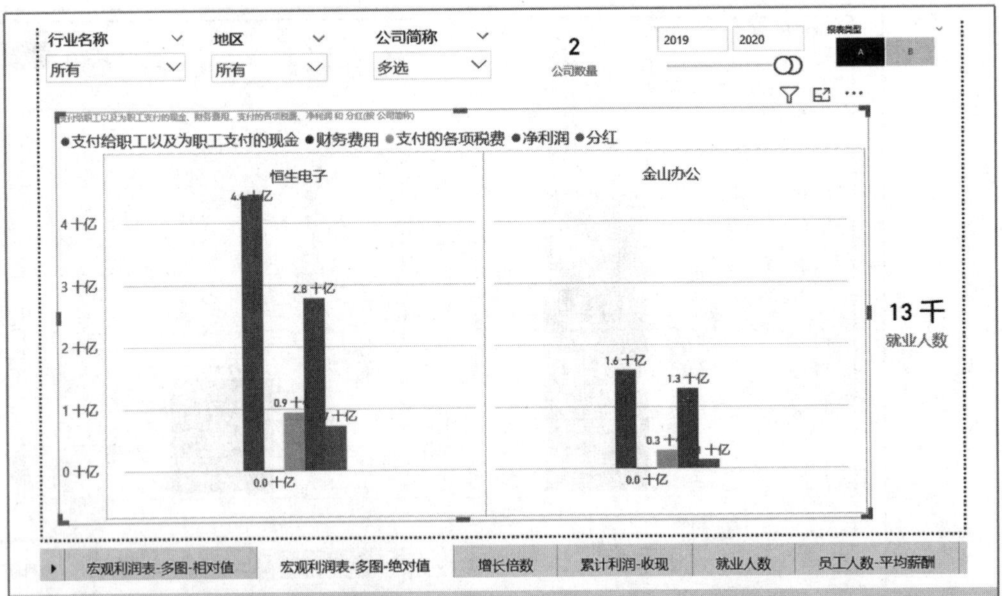

图 9-35　财富分配金额对比

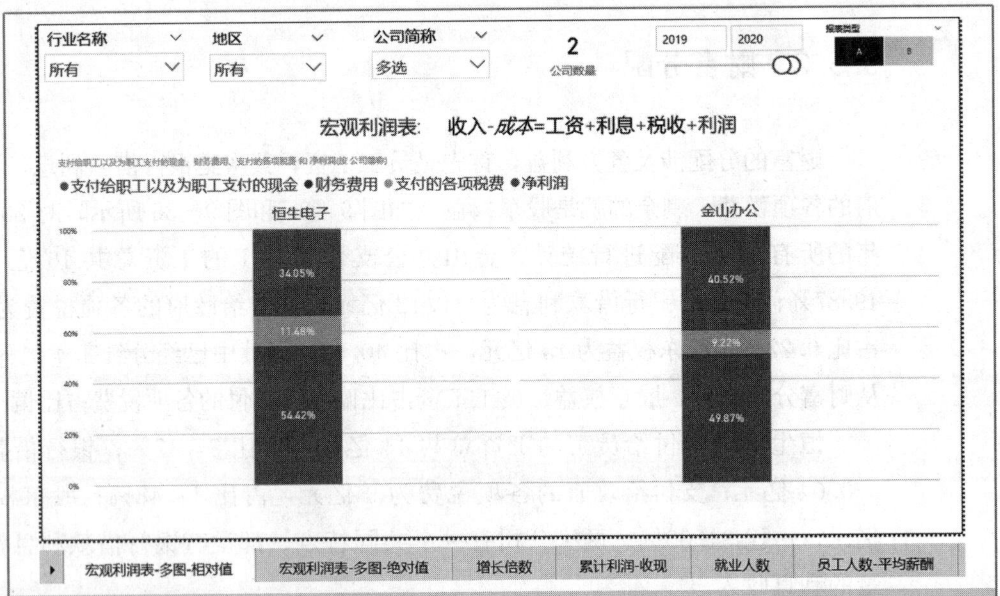

图 9-36　财富分配比例对比

恒生电子，2020 年为 1 129 万元，但总体来看也属于行业较高水平。

9.5.4　员工薪酬

如图 9-38 所示，从员工人数来看，2020 年恒生电子约 9 700 人，金山办公约 2 800 人，前者约为后者的 3.5 倍。从平均工资来看，2019—2020 年金山办公员工平均工资高于恒生电子，2020 年恒生电子为 24.7 万元，金山办公为 30.4 万元。

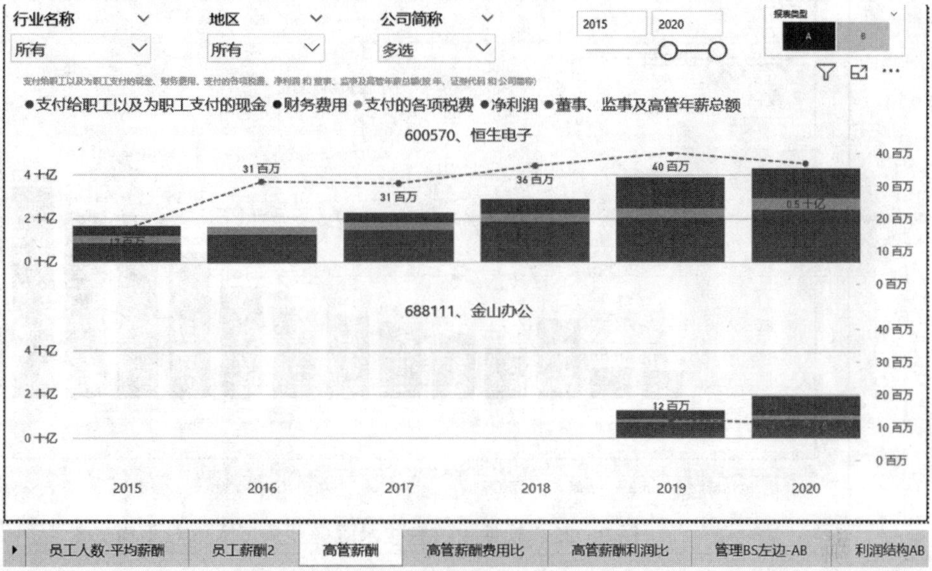

图 9－37　高管薪酬对比

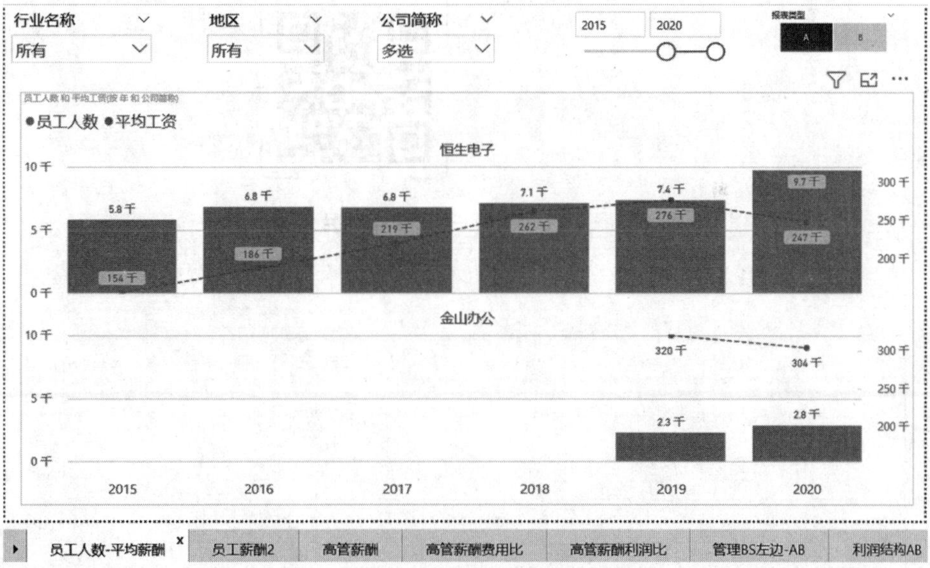

图 9－38　员工人数与平均工资对比

如图 9－39 所示，整个软件和信息服务业的人数稳步增长，2020 年总员工人数是 70 万，当然人数增长与上市软件公司的数量不断增加有密切关系。同时，行业平均工资也基本稳步增长，从 2007—2020 年增长了约 1.5 倍。2020 年平均工资达到了约 18 万元，说明金山办公、恒生电子年平均工资显著高于行业平均值。

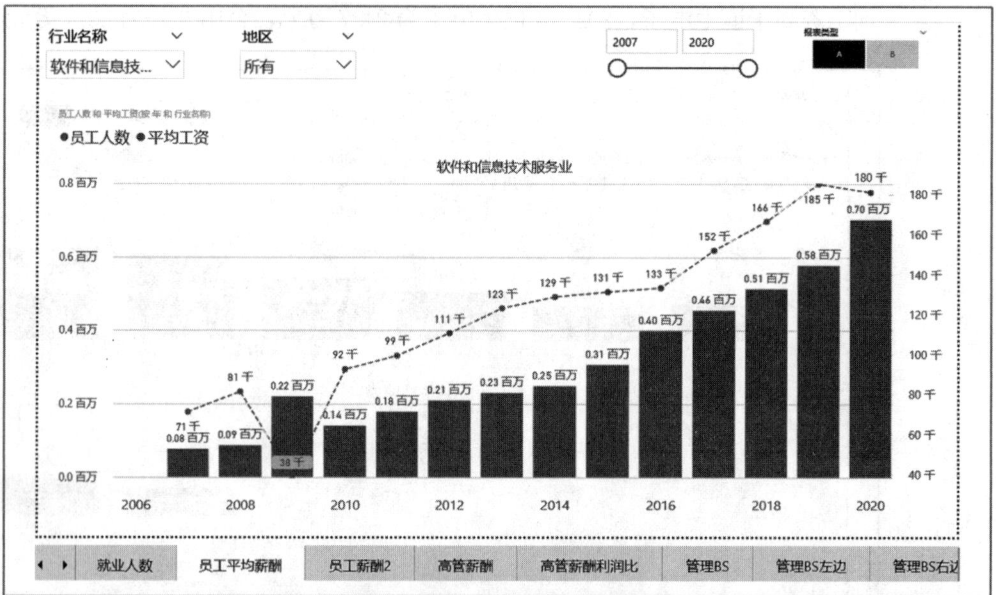

图 9-39　软件和信息技术服务业员工人数与平均工资

第 9 章图片汇总

第10章

政府补贴型：京东方

10.1　公司经营战略

10.2　经营战略和成果分析

10.3　管理能力分析

10.4　风险分析

10.5　社会责任分析

前面几章根据资产负债表左边体现的盈利模式，列举了相应的案例，包括经营主导型的贵州茅台、投资主导型的川投能源，以及理财主导型的金山办公，这些公司的盈利都体现为利润表中的核心净利润和投资收益，但是公司的盈利方式还有一种是靠政府补贴。本章将分析长期性政府补贴对京东方和 TCL 科技的盈利状况、资产质量、发展前景的影响，以及对整个行业是否有推动作用。

10.1 公司经营战略

下面我们还是先通过财务报告了解京东方的经营战略与竞争优势，再通过报表数据来验证其是否与实际情况一致。

10.1.1 主营业务及经营模式

京东方是一家为信息交互和人类健康提供智慧端口产品和专业服务的物联网公司。经过多年创新发展，2019 年集团营收首次突破千亿元人民币，成为半导体显示领域全球领先企业；2020 年集团确立了成为在多个细分领域具有绝对优势的物联网创新企业战略目标，依托对半导体显示及物联网市场发展趋势的思考及商业模式研究，进一步管理变革，以多层次、全方位平台化为基础，整合生态链，加速融合发展，构建基于核心能力和产业价值链延伸的多层战略布局。基于以上战略思考，集团建立了基于显示和传感核心能力，向半导体显示产业链和物联网各场景价值链延伸的“1＋4＋*N*”航母事业群。其中，“1”即半导体显示事业，它是集团业务增长的“主航道”，已完成核心技术能力储备和产业链龙头地位建立，具备驱动外围其他事业快速成长的智力资本和资源储备；“4”即基于显示事业核心能力及未来技术和市场预判，倾斜资源并重点发展的高潜事业，主要包含传感器及解决方案事业、Mini LED 事业、智慧系统创新事业、智慧医工事业，它们是企业未来的主营业务；“*N*”即融入物联网场景的具体业务，包括智慧车联、智慧零售、智慧金融、工业互联网、智慧园区及智慧城市公共服务、数字艺术等；它是基于“1”“4”核心能力价值链延伸拓宽的业务层，坚持“核心赋能、发展朝外”，沿着物联网场景和细分市场不断开拓深耕，推动业务增长和核心能力升级。

10.1.2 核心竞争力

京东方以成为世界上最受人尊敬的伟大企业为愿景，秉承永不言累、永不言难、永不言败、永不满足的创业拼搏精神，始终坚持自主创新发展，依托自有的显示和传感核心技术优势，构建了向半导体显示产业链和物联网各场景价值链延伸的事业群体系。

经过多年的发展，京东方已成为全球半导体显示领域龙头，显示屏幕总出货量稳居全球第一，其中五大主流应用及多个创新应用的市场占有率笑傲全球。2020 年，京东方积极参与显示产业整合重组，进一步扩大规模优势，实现市场、技术、区域三方卡位，行业龙头地位进一步巩固。同时，为进一步推进物联网转型发展，京东方启用了全新的发展平台——智慧系统创新中心，将其作为推动物联网转型发展的关键抓手和重要引擎。

10.1.3　控股股东与实际控制人

如图 10-1 所示，公司控股股东是北京国有资本经营管理中心，持有上市公司京东方科技集团股份有限公司 11.68%的股份，为第一大股东。公司实际控制人是北京市人民政府国有资产监督管理委员会。

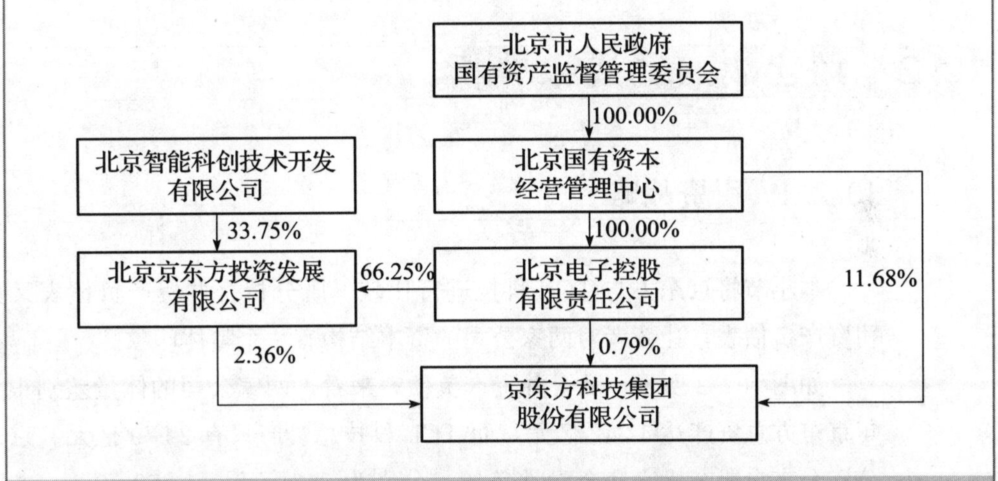

图 10-1　公司、控股股东与实际控制人关系图

10.1.4　产业链图谱

2020 年公司的财务报告显示，京东方的主要产品包括：显示产品，占比 97.57%；智慧医工产品，占比 0.81%；智慧系统创新产品，占比 0.66%；其他产品，占比 0.96%。显示产品产业链图谱如图 10-2 所示。

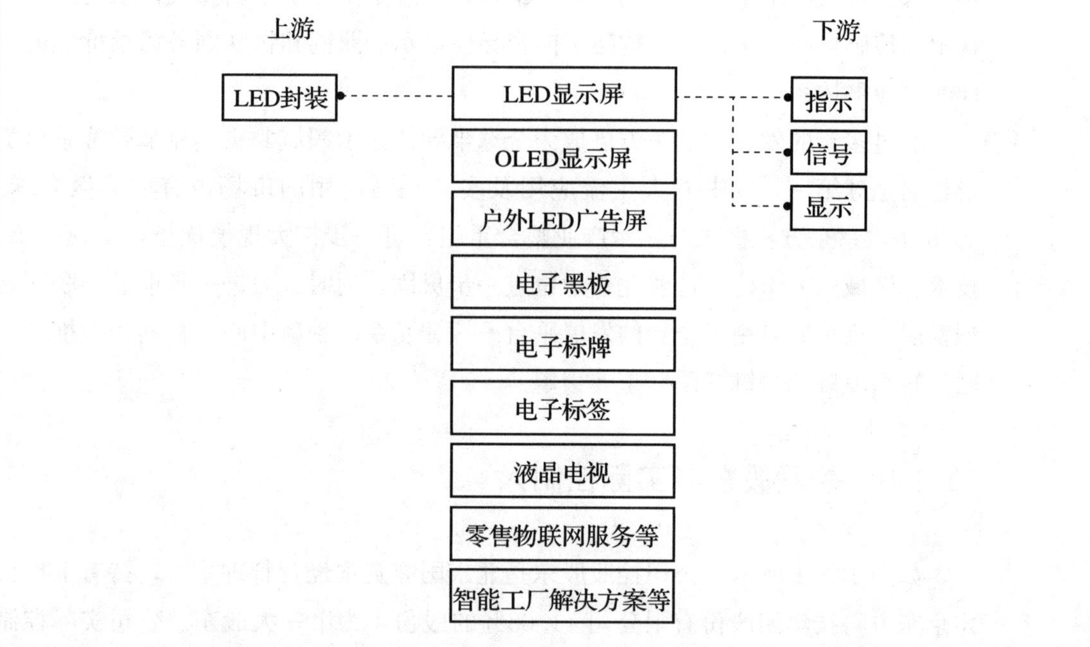

图 10-2　显示产品产业链图谱

10.2　经营战略和成果分析

10.2.1　引资战略

本小节将京东方与 TCL 科技进行比较，既分析合并资产负债表又分析母公司资产负债表，让读者对两家公司的资本结构有一个整体印象。

如图 10-3 所示，从合并资产负债表来看，两家公司的体量差别很大，2020 年京东方总资产达 4 242 亿元，而 TCL 科技总资产只有 2 579 亿元。京东方大部分资金来自股东投入和金融性负债，分别为 863 亿元、1 659 亿元，占比分别为 20.34%、39.11%。TCL 科技的股东投入相对较少，2020 年只有 197 亿元，金融性负债为 1 193 亿元，占比分别为 7.64%、46.26%。两家公司的留剩资源都很少，少数股东权益较多。

京东方的 ROE 波动性较大，2018—2020 年最高点为 3%，只有 TCL 科技近三年最低点 6%的一半，整体来看二者的盈利能力都不是很强，从留剩资源比较少这一点也可以看出。

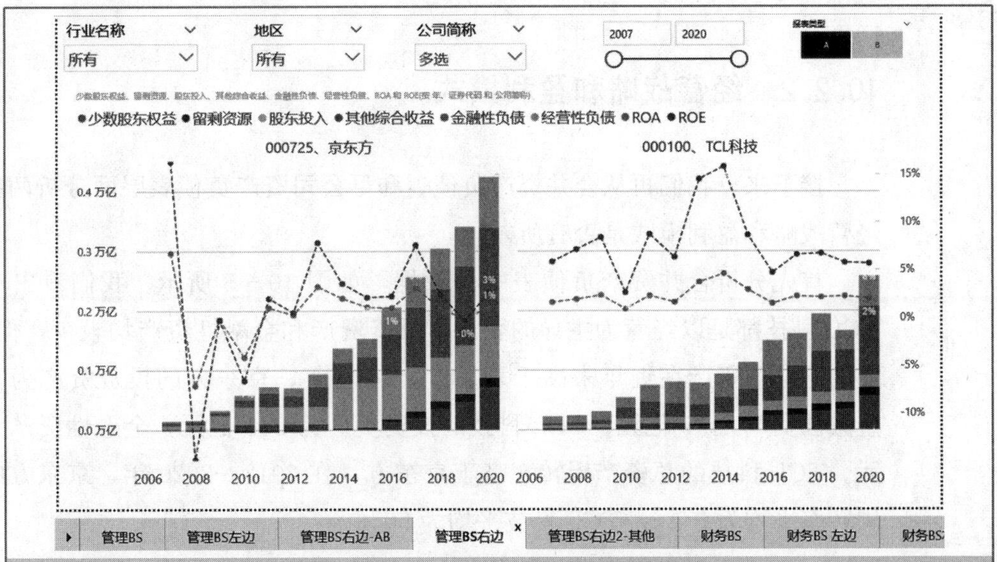

图 10－3　合并资产负债表引资战略对比

再看母公司资产负债表中的数据，如图 10－4 所示。我们可以直观地看出京东方母公司报表中的金融性负债明显减少，说明京东方子公司的金融性负债比较多：母公司金融性负债为 462 亿元，子公司为 1 100 多亿元。再看 TCL 科技，其母公司报表中的股东投入 241 亿元高于合并报表中的数据；金融性负债明显减少，为 360 亿元，说明子公司也贷款了 800 多亿元。从盈利能力来看，京东方母公司报表中的数据好于合并报表，ROE 最高为 4%；而 TCL 科技母公司报表中的 ROE 在 2018—2020 年波动较大，分别为 12%、2%、6%。

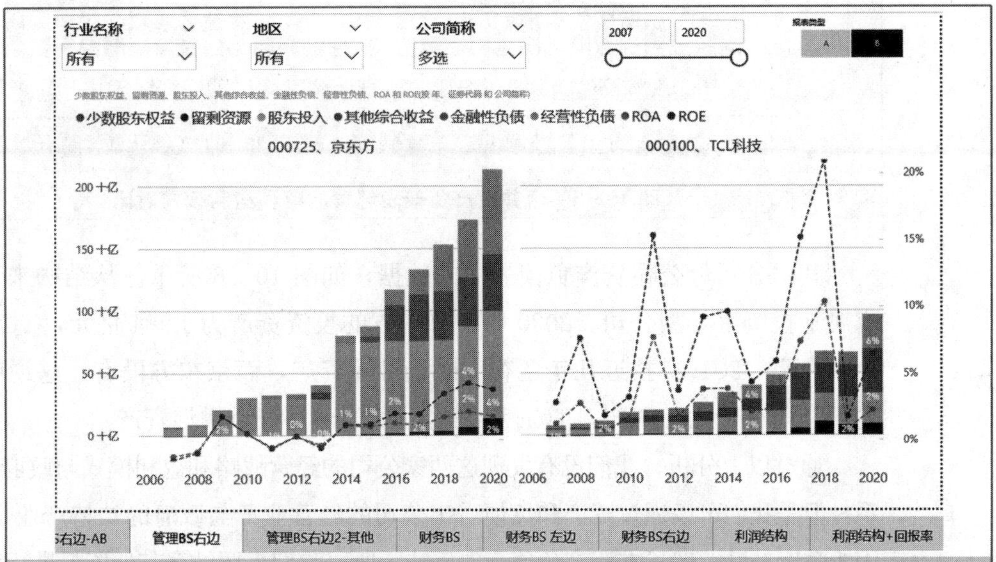

图 10－4　母公司资产负债表引资战略对比

10.2.2 经营战略和盈利模式

接下来，我们再从合并资产负债表和母公司资产负债表层面分析两家公司的经营战略和盈利模式是否有所差异。

首先分析合并资产负债表中的数据，如图 10－5 所示。我们看出京东方和 TCL 科技都是以经营为主导的企业，投资资产和金融性资产均较少，但 TCL 科技的这两项资产在近年来高于京东方。2020 年，京东方的投资资产为 54 亿元，金融性资产为 49 亿元；TCL 科技的投资资产为 281 亿元，金融性资产为 100 亿元。TCL 科技的总资产周转率高于京东方，在 2017—2020 年，京东方的总资产周转率平均为 34%，TCL 科技平均为 50%。

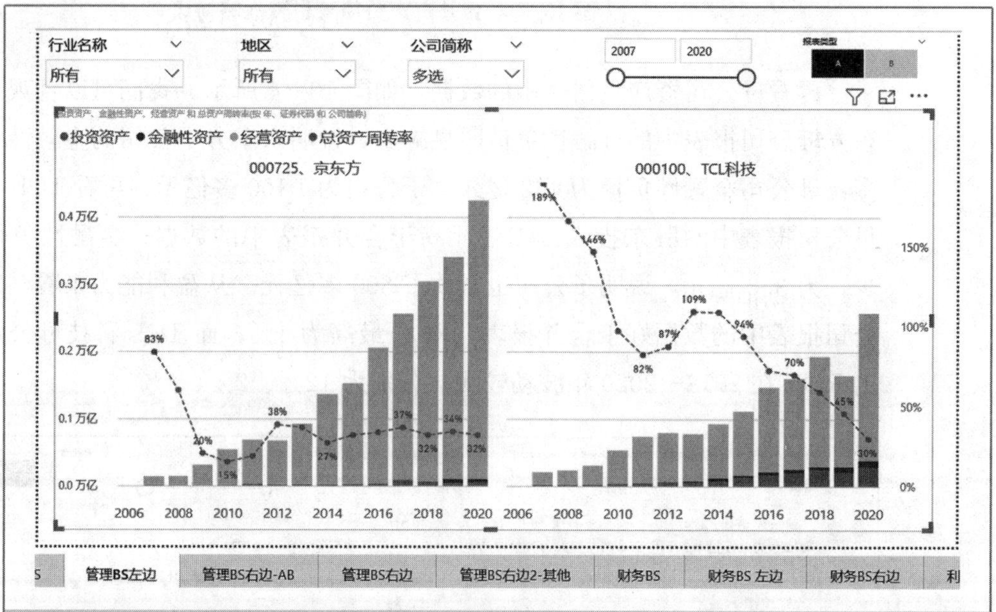

图 10－5　合并资产负债表经营战略和盈利模式对比

其次分析母公司资产负债表中的数据，如图 10－6 所示。从结构来看，二者都属于投资主导型公司。2020 年，京东方的投资资产为 1 984 亿元，TCL 科技为 907 亿元，TCL 科技近几年还有一些金融性资产，而京东方没有，这说明京东方的子公司有金融性资产，TCL 科技的母子公司都有金融性资产。

通过以上分析，我们没有发现这两家公司的经营战略和盈利模式与政府补贴的关系，但是我们可以通过资产和负债看出公司的经营业务与政府的扶持产业是否吻合，因为政府补贴一般不在资产负债表中反映，所以我们需要结合其他资料进行分析。

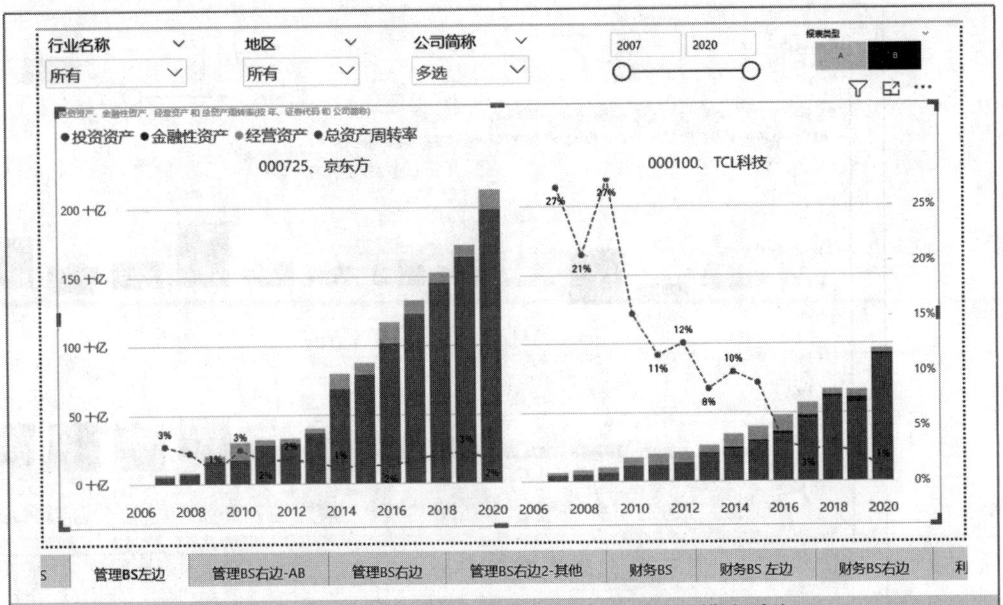

图 10－6　母公司资产负债表经营战略和盈利模式对比

10.2.3　盈利结构

对于盈利结构，我们同样先分析合并利润表，再分析母公司利润表。

根据前面对合并资产负债表中公司战略和盈利模式的分析，可知京东方、TCL 科技都是经营主导型企业，因此，在合并利润表中，应该有比较多的核心净利润。

如图 10－7 和图 10－8 所示，京东方在 2009—2012 年的核心净利润一直为负，其中 2010—2011 年的亏损在 20 亿元以上；但在 2013—2018 年扭亏为盈，其中 2017 年盈利高达 91 亿元；2019 年又降为负值；2020 年盈利 45 亿元。2009—2020 年基本每年都有政府补贴，特别是 2018—2020 年，每年达 20 多亿元，2016 年、2018 年和 2019 年政府补贴超过了核心净利润。如图 10－8 所示，2016 年政府补贴占比为 55.62%，核心净利润占比只有 39.50%；2018 年政府补贴占比为 45.25%，核心净利润占比只有 38.33%；2019 年政府补贴占比为 58.69%，核心净利润占比只有－23.76%。

TCL 科技获得的政府补贴在 2009—2012 年较少，2013—2016 年每年超过 20 亿元，后续年份每年约为 20 亿元。在 2009—2016 年政府补贴一直高于核心净利润，且不少年份的核心净利润为负数，说明 TCL 科技的经营资产回报率不如京东方。近几年 TCL 科技的投资收益较高，每年达二三十亿元，由于其投资资产占比只有 11%，说明其投资资产回报率非常高。另外，TCL 的其他综合收益在 2017—2018 年的变动很大。

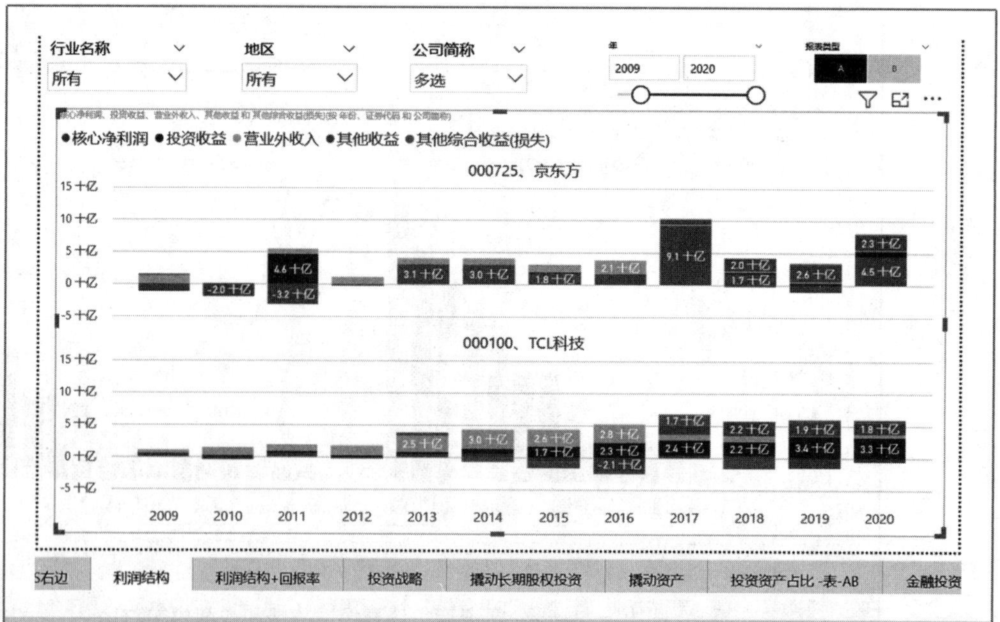

图 10-7　合并利润表盈利结构对比

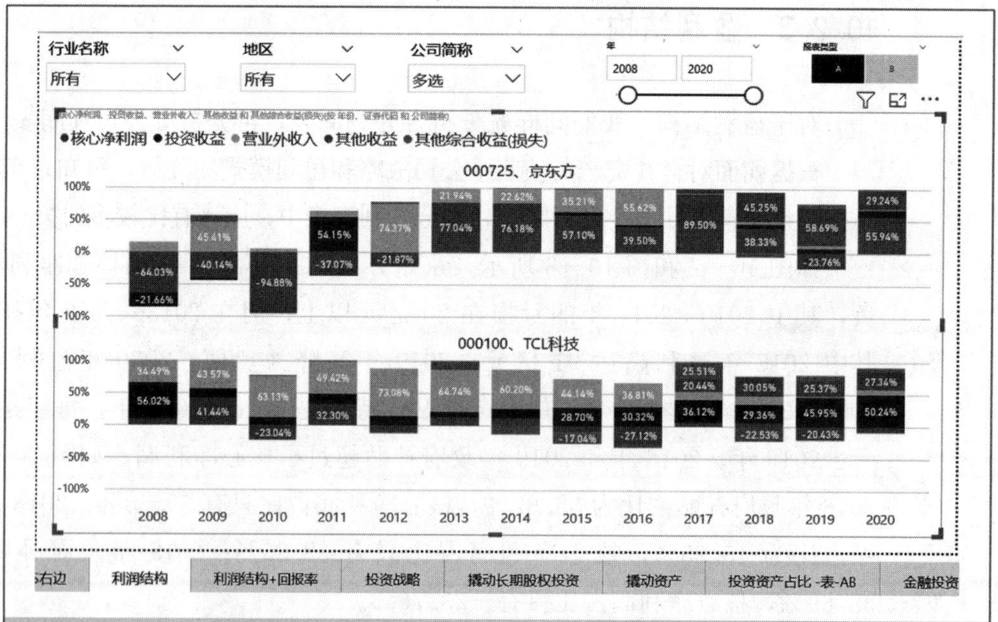

图 10-8　合并利润表盈利结构百分比对比

我们对历年数据合并后的合并利润表的盈利结构进行汇总统计，如图 10-9 所示。京东方获得的政府补贴约 170 亿元，TCL 科技约 250 亿元。京东方获得的累计政府补贴约占总盈利的 40%，TCL 科技的政府补贴占比达到了 54%。由此，可看出政府补贴对两家公司的利润贡献很大。

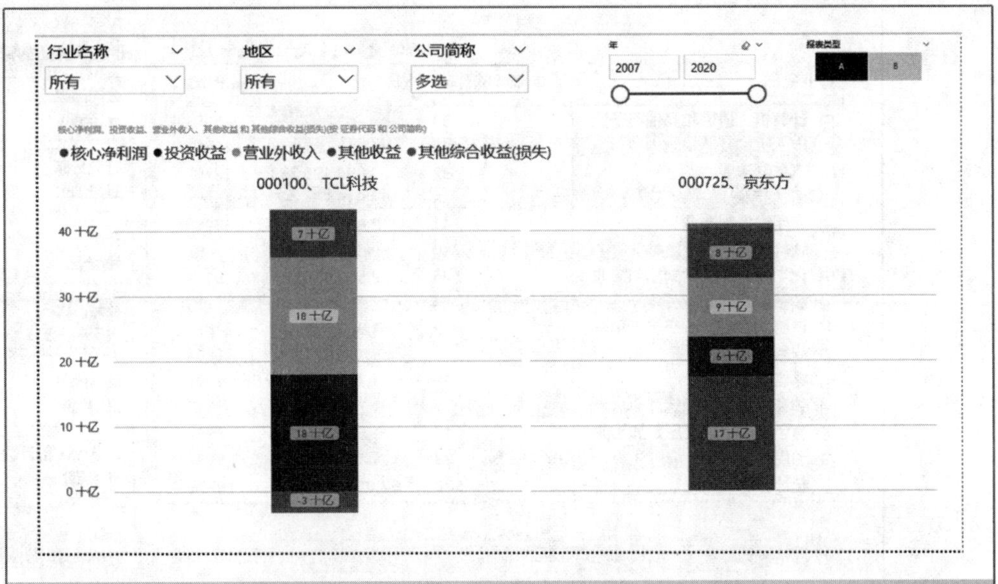

图 10－9　历年数据合并后合并利润表盈利结构对比

同时，我们还发现京东方的累计核心净利润约为 170 亿元，TCL 科技约为－30 亿元，但是京东方的累计营业外收入约为 90 亿元，其他收益接近 80 亿元，TCL 科技的累计营业外收入约为 180 亿元，其他收益约为 70 亿元，说明如果缺少了政府补贴，这两家公司将难以为继。

下面我们对政府补贴进行系统、全面的分析。如图 10－10 所示，2020 年政府补贴超过净利润 50％的公司有 520 家，约占上市公司总数的 1/8，补贴的公司数量最多的行业是计算机、通信和其他电子设备制造业，京东方就在其中，补贴金额将近 200 亿元。图中补贴占比的计算公式如下：

```
补贴占比＝DIVIDE(sum(PL[营业外收入])
        ＋sum(PL[其他收益]),sum(PL[净利润]))
```

注意：以上公式存在一个缺陷，有些公司是亏损的，但是也获得了政府补贴，可能补贴金额还比较大，这时计算的补贴占比可能不满足我们的筛选条件（超过净利润的 50％），因为它是负数。

如图 10－11 所示，通过对行业数据下钻可知，2020 年，京东方获得的政府补贴约为 24 亿元，占其净利润的 54％；中芯国际获得的政府补贴最多，约 25 亿元，占其净利润的 62％，还有后面的科大讯飞获得的政府补贴约 9 亿元，占其净利润的 61％。科大讯飞历年获得的补贴占净利润的比例高达 46％，这也是为什么有人会说：科大讯飞，股市上的大公司（千亿元市值），财报上的小公司（14 年累计盈利只有 38 亿元）。

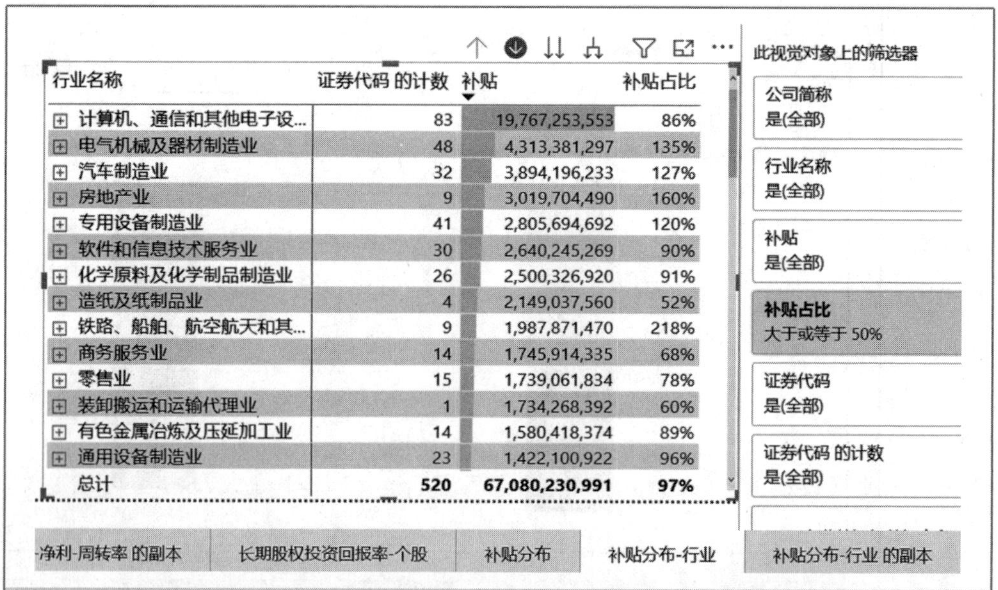

行业名称	证券代码 的计数	补贴	补贴占比
⊞ 计算机、通信和其他电子设...	83	19,767,253,553	86%
⊞ 电气机械及器材制造业	48	4,313,381,297	135%
⊞ 汽车制造业	32	3,894,196,233	127%
⊞ 房地产业	9	3,019,704,490	160%
⊞ 专用设备制造业	41	2,805,694,692	120%
⊞ 软件和信息技术服务业	30	2,640,245,269	90%
⊞ 化学原料及化学制品制造业	26	2,500,326,920	91%
⊞ 造纸及纸制品业	4	2,149,037,560	52%
⊞ 铁路、船舶、航空航天和其...	9	1,987,871,470	218%
⊞ 商务服务业	14	1,745,914,335	68%
⊞ 零售业	15	1,739,061,834	78%
⊞ 装卸搬运和运输代理业	1	1,734,268,392	60%
⊞ 有色金属冶炼及压延加工业	14	1,580,418,374	89%
⊞ 通用设备制造业	23	1,422,100,922	96%
总计	**520**	**67,080,230,991**	**97%**

图 10-10　2020 年政府补贴超过净利润 50%的公司和行业

行业名称	证券代码 的计数	补贴	补贴占比
⊟ 计算机、通信和其他电子...	**83**	**19,767,253,553**	**86%**
⊟ 京东方	**2**	**4,916,418,890**	**54%**
000725	1	2,458,209,445	54%
200725	1	2,458,209,445	54%
⊟ 中芯国际	**1**	**2,501,533,000**	**62%**
688981	1	2,501,533,000	62%
⊟ 深康佳	**2**	**2,032,120,647**	**188%**
000016	1	1,016,060,323	188%
200016	1	1,016,060,323	188%
⊟ 安洁科技	**1**	**1,246,220,986**	**266%**
002635	1	1,246,220,986	266%
⊟ 维信诺	**1**	**1,142,859,791**	**448%**
002387	1	1,142,859,791	448%
⊟ 奋达科技	**1**	**1,078,808,458**	**102%**
总计	**520**	**67,080,230,991**	**97%**

图 10-11　2020 年计算机、通信和其他电子设备制造业政府补贴情况

如果只按照 2020 年补贴金额进行统计、排序，如图 10-12 所示。可以发现中国石油、中国石化获得的补贴金额合计达到了约 240 亿元，三大航空公司获得的补贴金额合计约 150 亿元，京东方和 TCL 科技获得的补贴金额排名也位居前列。同时，我们发现4 000 多家上市公司获得的总的补贴金额达到了 3 938 亿元，约占所有公司净利润的的 9%。

证券中文简称	证券代码的计数	补贴	补贴占比
中国石油	1	13,998,000,000	42%
中国石化	1	9,883,000,000	24%
中国东航	1	5,713,000,000	-46%
南方航空	1	4,831,000,000	-41%
中国国航	1	4,241,989,000	-27%
中国平安	1	3,777,000,000	2%
中国中车	1	3,557,511,000	26%
上汽集团	1	3,329,147,142	11%
中国联通	1	2,772,423,375	22%
中芯国际	1	2,501,533,000	62%
京东方A	1	2,458,209,445	54%
京东方B	1	2,458,209,445	54%
海康威视	1	2,402,855,009	18%
中国广核	1	2,292,806,263	15%
中国银行	1	2,274,000,000	1%
TCL科技	1	2,263,409,000	45%
总计	**4633**	**393,859,323,933**	**9%**

回报率-个股　补贴分布　补贴分布-行业　补贴分布-个股　补贴

图 10－12　2020 年公司获得补贴金额排名

除此之外，如在 2010 年家电下乡时，美的电器获得补贴 25.7 亿元，格力电器获得补贴 23.5 亿元，分别占其净利润的 64%和 55%，政府审计时发现很多企业有“骗补”现象。2018 年政府大力补贴新能源汽车，如比亚迪获得补贴 25.5 亿元，占其净利润的 72%，在新能源汽车“退补”以后，很多企业纷纷破产。因此，液晶显示屏行业一直依靠政府补贴才解决了少屏问题，这样的成功案例，值得我们去研究分析。

如果对历年的补贴进行行业分类登记，如图 10－13 所示，可以发现，行业平均补贴占比达到了 9%左右，低点是 2010 年，只有 7%，高点是 2008 年，达到了 17%，2008 年石油和天然气开采业获得的补贴达到了 694 亿元。近几年获得补贴较多的行业是计算机、通信和其他电子设备制造业，汽车制造业（主要是新能源汽车制造），航空运输业，石油和天然气开采业。

我们知道很多上市公司在业绩不佳时，要么处置资产或出售子公司，要么争取获得政府补贴，以避免被 ST。地方政府不愿意放弃“壳资源”，因此纷纷进行补贴，这已不是秘密。下面我们对 ST 公司进行统计分析，如图 10－14 所示。2020 年，总共有 234 家公司获得了补贴，金额约 76.8 亿元，其中，获得补贴最多的公司是*ST 海航，约 14.6 亿元。单个公司获得补贴超过 1 亿元的公司有 16 家，超过 1 000 万元的公司有 104 家；补贴占净利润比例超过 50%的公司有 20 家，超过 1 的公司有 16 家，说明这 16 家公司依靠政府补贴才实现盈利。

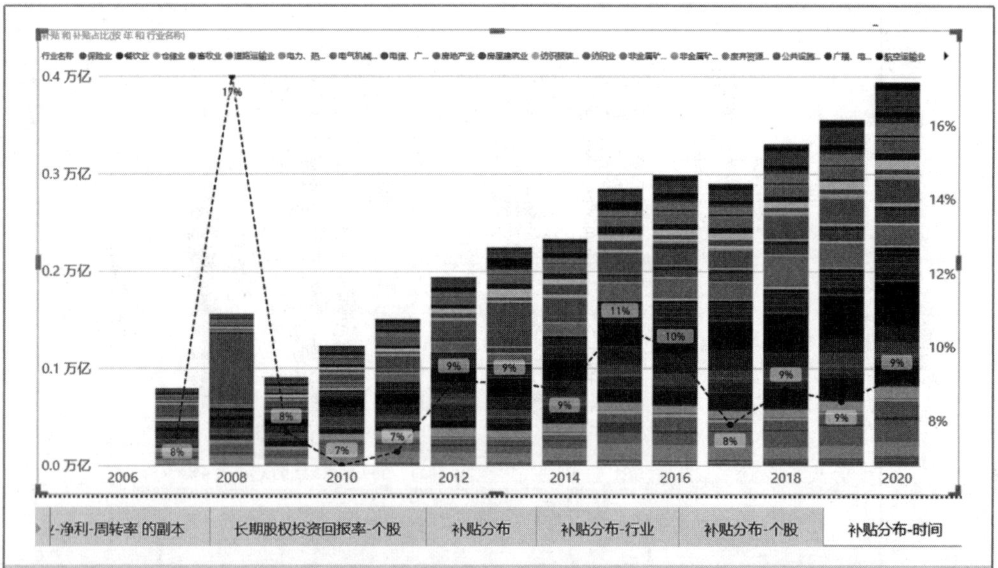

图 10 - 13　历年补贴统计

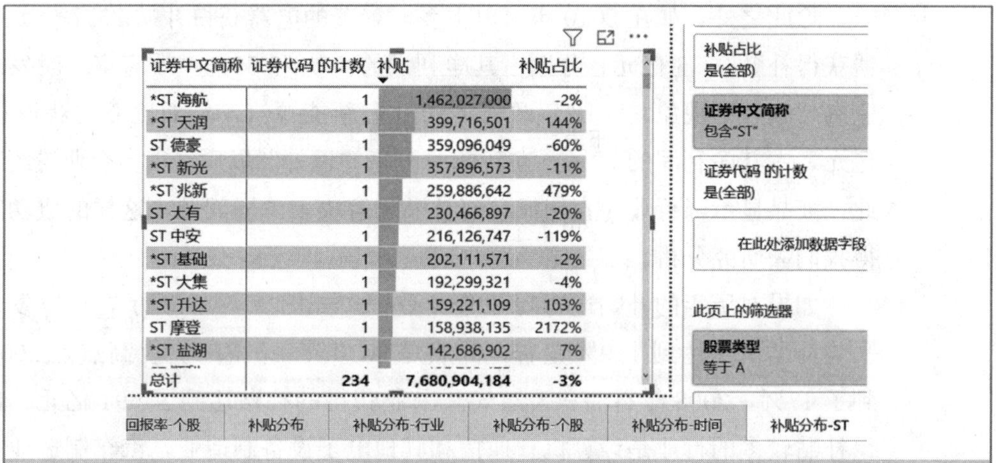

图 10 - 14　ST 公司补贴情况

我们还可以看到有些公司政府补贴甚至是净利润的几十倍，那是因为分母太小，如 ST 摩登补贴占比是 21 倍，净利润只有 0.07 亿元。对于亏损严重的公司，政府补贴再多也只是杯水车薪，如* ST 海航。

10.2.4　盈利水平

我们一般用相对值 ROE 和绝对值净利润来衡量盈利水平，下面先从营业收入、净利润、经营活动产生的现金流量净额开始分析。

从合并报表来看，如图 10 - 15 所示，京东方的成长性较好，经营活动产生的现金流量净额长期高于净利润。TCL 科技在 2018 年之前的成长性较好，但 2019—2020 年营业收入下降幅度较大，主要原因是 2019 年进行了重大资产重组，剥离了 TCL 科技旗下的终端电子业务。

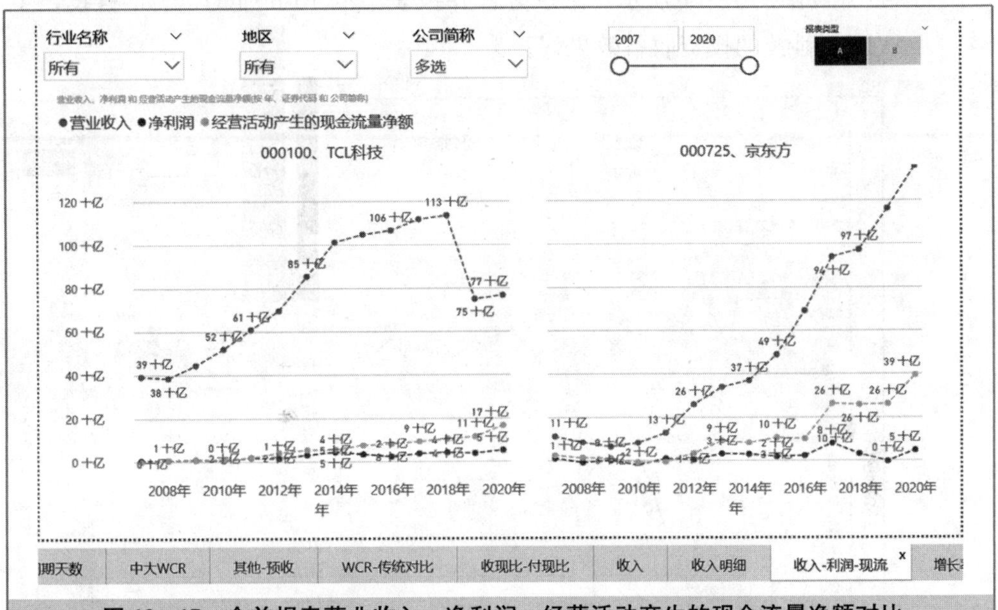

图 10-15 合并报表营业收入、净利润、经营活动产生的现金流量净额对比

两家公司的毛利率如图 10-16 所示。2013 年以前京东方的毛利率波动性很大，其中 2010—2011 年还为负值，2013 年及以后京东方的毛利率高于 TCL 科

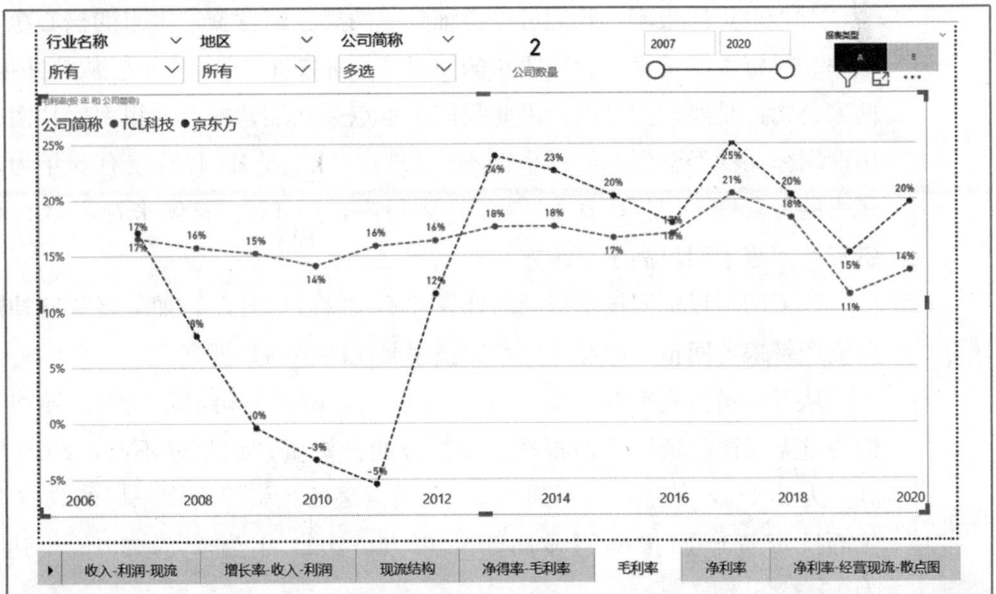

图 10-16 毛利率对比

技，2020 年高 6 个百分点。两家公司产品的全球市场占有率都比较高，但是从毛利率来看，还无法得出它们所生产的产品是高经济附加值的高端产品以及这两家公司是面板行业一流企业的结论。

如图 10－17 所示，京东方合并报表中的 ROE 低于 TCL 科技，主要是因为 TCL 科技的投资收益效果好。

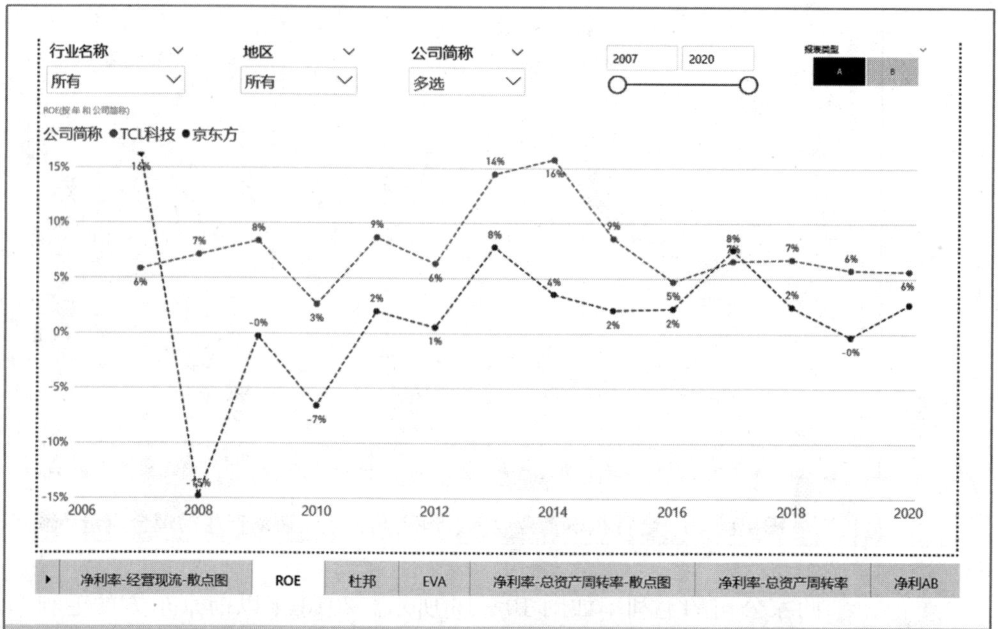

图 10－17　合并报表 ROE 对比

对于投资回报率，我们可以再细分成两类：经营资产带来的核心净利润的回报率和投资资产带来的投资收益的回报率，如图 10－18 所示。从合并报表来看，两家公司都是经营主导型，因此我们应重点关注经营资产回报率。从图中可以看出两家公司的经营资产回报率都不是很高，特别是 TCL 科技有 5 年为负值，京东方的经营资产回报率在 2017 年达到最高，约 4％。整体来看，TCL 科技的投资资产回报率明显高于京东方。

以上两个投资回报率指标的计算都不包含政府补贴，如果将政府补贴归为经营资产带来的回报，则经营资产回报率要比图中的数据高。

从母公司报表来看，如图 10－19 所示，两家公司都是投资主导型，因此我们要重点关注投资资产回报率。京东方的投资资产回报率不高，2020 年达到最高，为 2.4％，其他年份不到 1％，说明巨额的投资没有带来好的收益。TCL 科技的投资资产回报率明显高于京东方，2020 年为 5％，2018 年达到最高，为 16.3％。

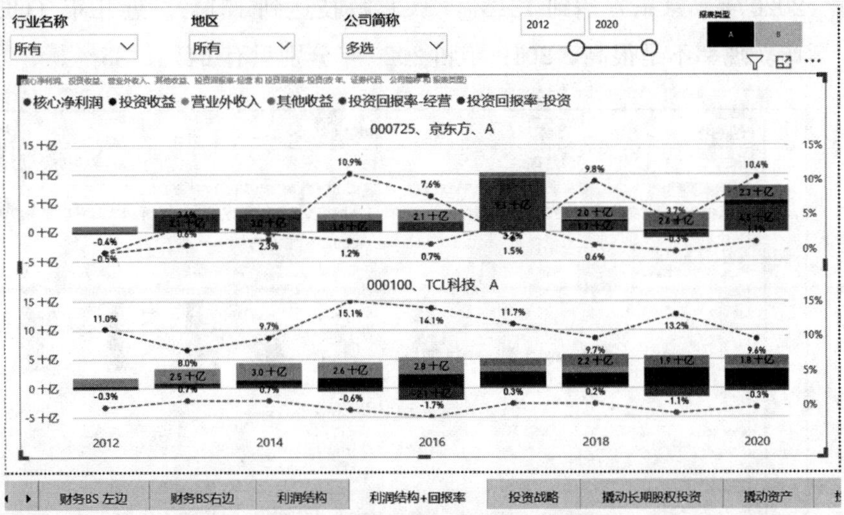

图 10－18　合并报表投资回报率对比

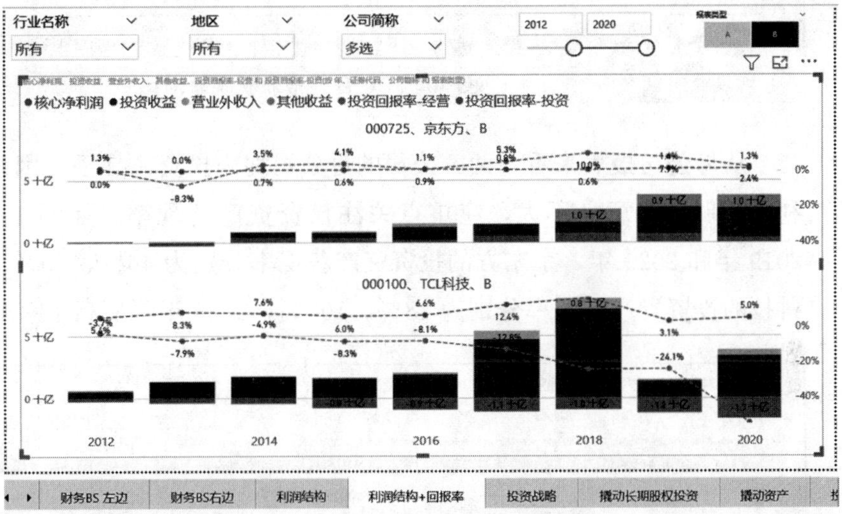

图 10－19　母公司报表投资回报率对比

10.2.5　盈利质量

我们主要考虑盈利的现金流量，根据盈利模式把核心净利润带来的经营活动产生的现金流量净额与投资收益带来的取得投资收益收到的现金分开比较，同样，从合并报表来看，两家公司都是以经营为主导，所以我们重点关注核心净利润获现率。TCL 科技的投资收益占有一定比例，因此其投资资产获现率也应适当关注。如图 10－20 所示，两家公司的核心净利润获现率都处于较高水平，

2020 年，京东方达到 131%，TCL 科技达到 151%。近几年 TCL 科技的投资资产获现率不是很高，2019 年和 2020 年分别只有 24%、35%。

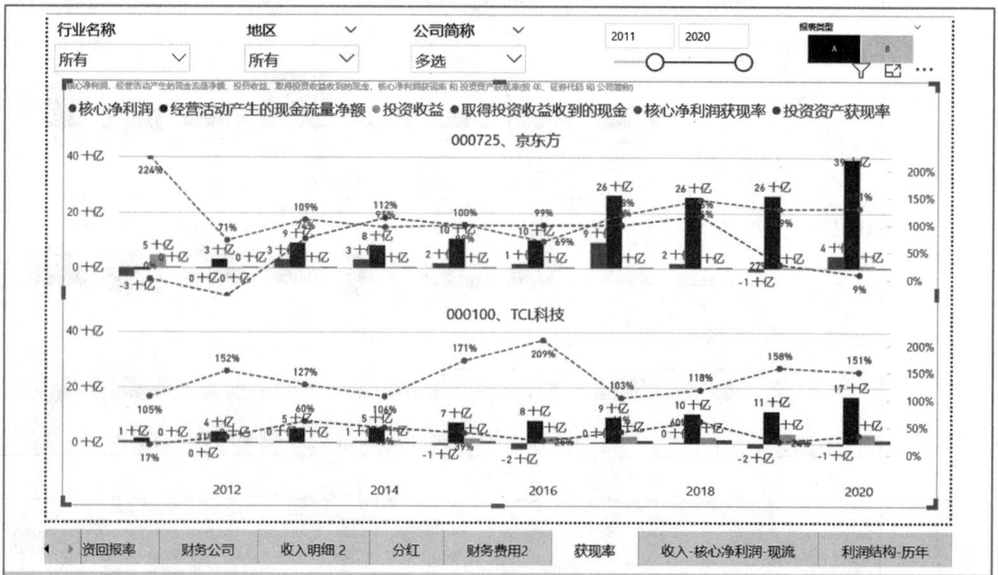

图 10-20　合并报表获现率对比

从母公司报表来看，两家公司的母公司均为投资主导型，因此，计算核心净利润获现率的意义不大，应重点关注投资资产获现率。如图 10-21 所示，在 2019 年和 2020 年，京东方的投资资产获现率分别为 46%、50%，不算高；TCL 科技的投资资产获现率分别为 48%、162%，2020 年明显高于京东方。

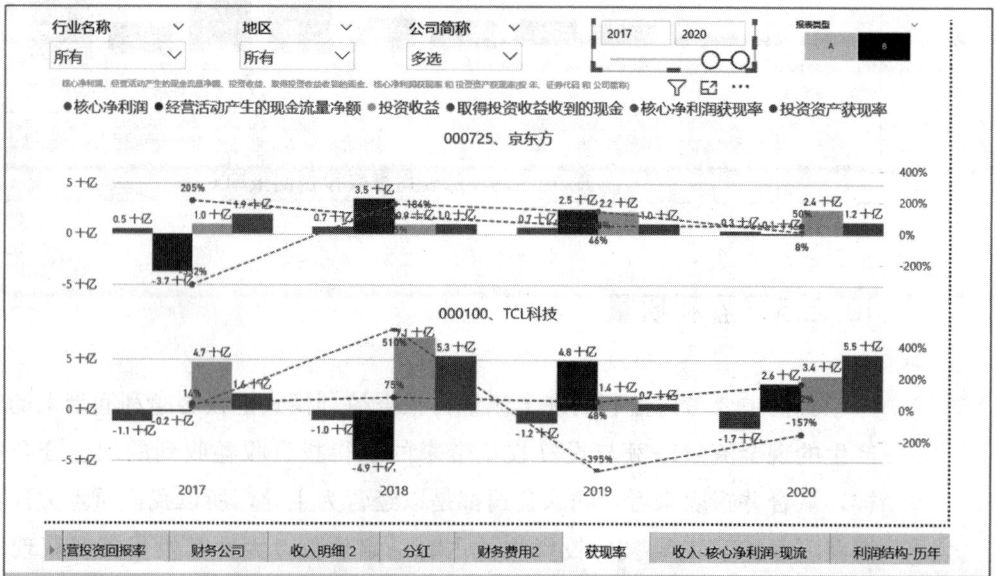

图 10-21　母公司报表获现率对比

10.3 管理能力分析

管理能力分析从五个角度出发：一是营运资本管理模式，二是市场开拓与研究开发模式，三是销售管理模式，四是资金管理模式，五是贷款模式管理。

10.3.1 营运资本管理模式

对于营运资本的分析，我们从两个维度进行考量：一个是绝对值（金额），一个是相对值（速度），相对值用现金周期来衡量。

如图 10－22 所示，从合并报表来看，两家公司都属于经营主导型企业，前面我们分析了京东方，无论是总资产还是营业收入，成长性都很好，但是营运资本近几年没有增加，说明其管理控制得很好。TCL 科技的营运资本整体不高，除了在 2018 年突增达到 330 亿元之外，其余年份变动平稳。TCL 科技的现金周期比京东方稍短，2020 年，TCL 科技只有 31 天，而京东方有 39 天。

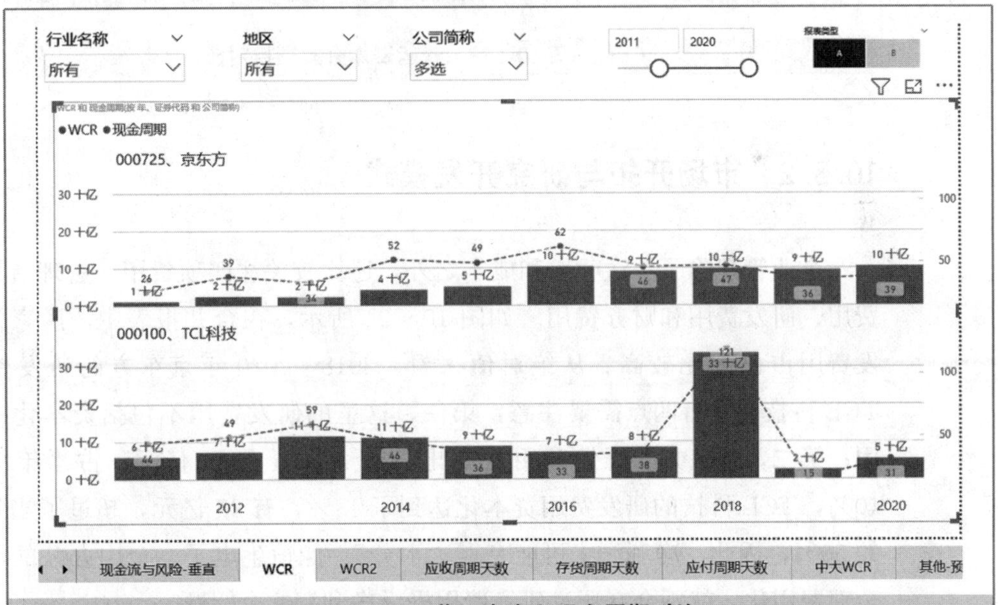

图 10－22 营运资本和现金周期对比

如图 10－23 所示，我们将营运资本分解为应收账款、应付账款和存货三个项目，分别看它们的金额和速度。2015 年以前，京东方的各项数据都比 TCL 科技小，但是近三年无论是应收账款、应付账款还是存货，京东方都比 TCL 科技大很多（可能与 TCL 科技重组有关）。从周转速度来看，两家公司相差不大。2020 年，京东方的应付周转天数为 81 天，TCL 科技为 87 天；京东方的应收周转天数为 61 天，TCL 科技为 70 天；京东方的存货周转天数为 59 天，TCL 科技为 48 天。

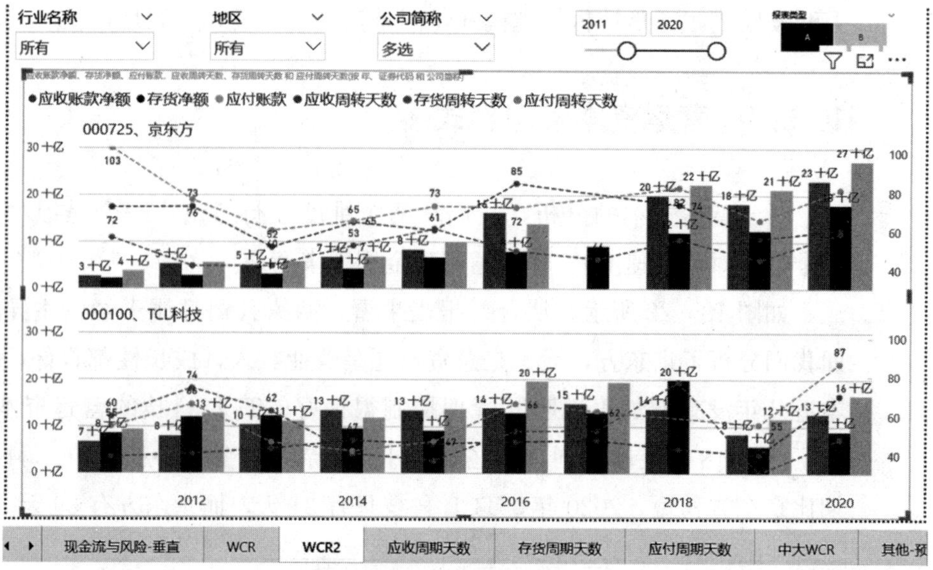

图 10-23　营运资本分解项目对比

10.3.2　市场开拓与研究开发模式

企业管理除了关注收入和成本之外，还比较关注四项费用：管理费用、销售费用、研发费用和财务费用。如图 10-24 所示，在合并报表中，两家公司的研发费用占比都比较高。从绝对值来看，2018—2020 年京东方的研发费用均比 TCL 科技高。有两点需要注意：第一，这里的研发费用不包括资本化的研发费用；第二，京东方的研发费用资本化将近 20%，有 19 亿元，占当年净利润的 40%，TCL 科技的研发费用资本化达到了 43%，有 28 亿元，超过了当年净利润的 50%，因此，净利润中可能有点“水分”。像恒生电子、金山办公的研发费用全部费用化，就不会有通过研发费用操纵净利润这个问题。

从相对值来看，二者的研发费用占比差距不大，2020 年，京东方的研发费用占比为 5.6%，TCL 科技为 5.7%。

在销售费用方面，2018—2020 年京东方基本不变，约为 30 亿元；TCL 科技则显著降低，这可能与它下游的终端厂商 TCL 电子和三星大客户有关。2020 年，

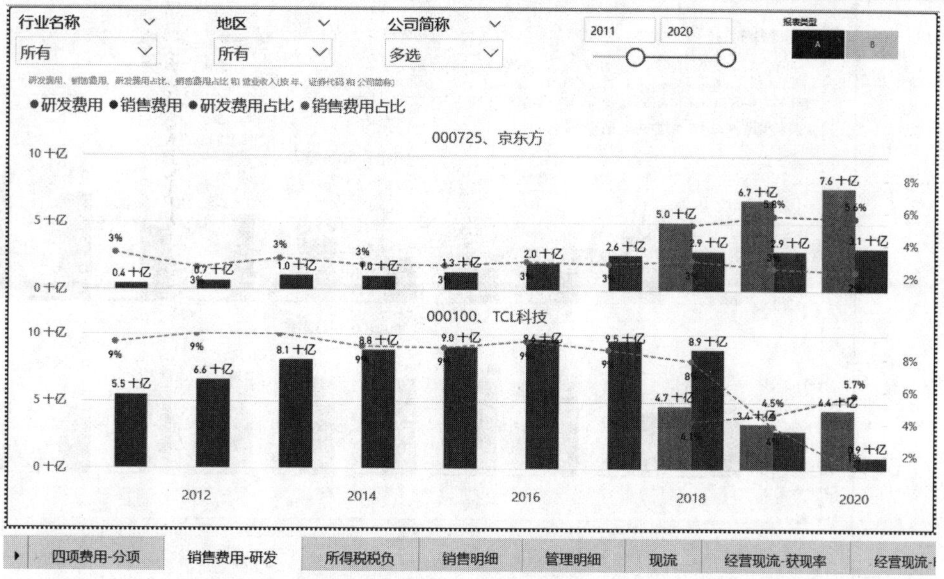

图 10－24　销售费用和研发费用占比对比

京东方的销售费用占比约为 2%，TCL 科技约为 1%。计算机、通信和其他电子设备制造业 2020 年的平均研发费用占比为 5.5%，销售费用占比为 3.3%，可见两家公司的销售费用占比明显低于行业平均水平。

10.3.3　销售管理模式

从图 10－25 中可以清晰地看到，京东方和 TCL 科技都是高度的分权型销售管理模式。

10.3.4　资金管理模式

如图 10－26 所示，京东方和 TCL 科技都是高度的分权型资金管理模式。现在很多大企业都建立了财务共享中心，可以统一进行资金管理，降低资金的使用成本或者提高资金的使用效率，由此看来，两家公司的资金管理还有优化的空间。

10.3.5　贷款管理模式

如图 10－27 所示，京东方和 TCL 科技都是分权型贷款管理模式。如果进一

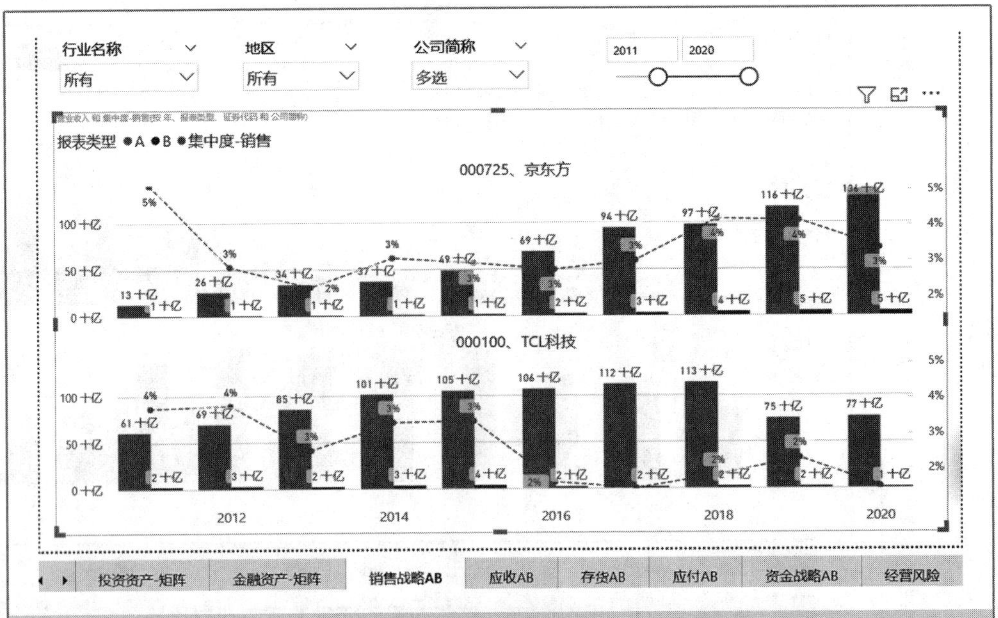

图 10－25　销售集中度对比

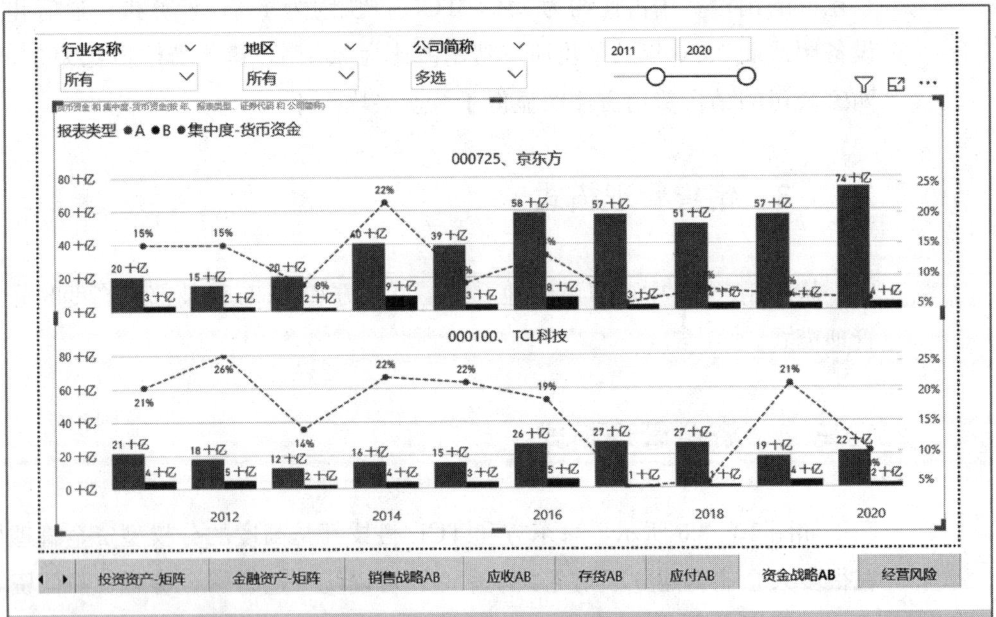

图 10－26　货币资金集中度对比

步看长期贷款、短期贷款情况，可以发现京东方的长期贷款和短期贷款都是分权管理，如果由集团公司统一管理，是否也可以降低融资成本？估计空间不大，因为其适用的是超低利率，不到 3%（2020 年京东方贷款 1 659 亿元，利息 48 亿元（包括资本化的利息 13 亿元），平均贷款利率为 2.89%）。

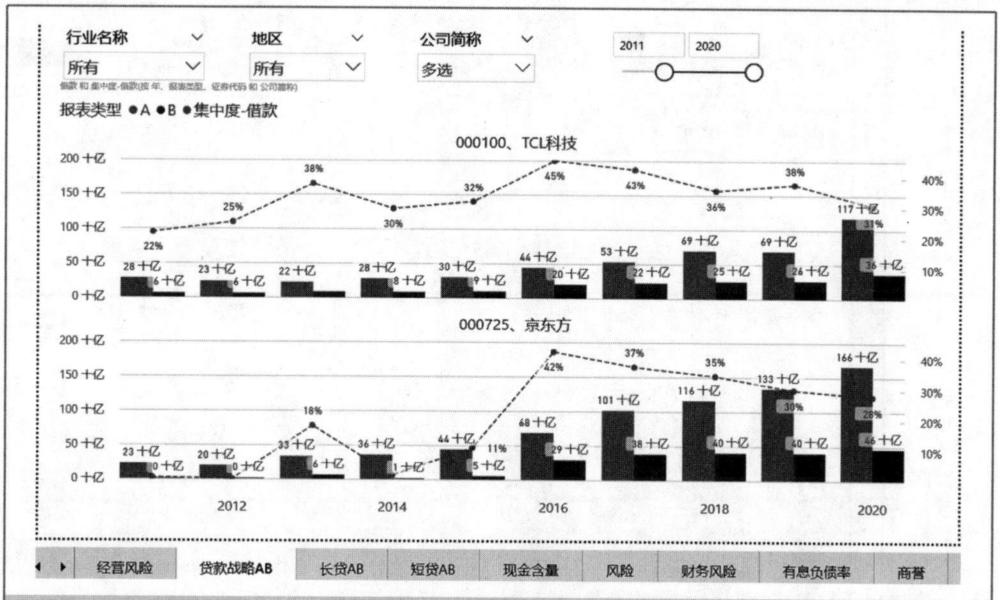

图 10-27　借款集中度对比

10.4　风险分析

10.4.1　财务风险

如图 10-28 所示，近年来京东方的资产负债率不断提高，随之而来的是财务风险不断加大，但相比 TCL 科技，其财务风险还是略低一些。2020 年，京东方的资产负债率为 59%，而 TCL 科技为 65%。如果看有息负债率，2020 年京东方为 39%，而 TCL 科技为 45%，相差 6 个百分点。

再看商誉，如图 10-29 所示，2020 年，京东方的商誉不算很高，为 14 亿元，只占净资产的 1%，占净利润的 31%；TCL 科技的商誉有 69 亿元（商誉是收购中环和苏州三星产生的，形成了以半导体显示及材料为代表的高科技产业和以 AI×IoT 为战略牵引的智能终端产业两大产业集群），占净资产的 8%，占净利润的 137%。因此，TCL 科技的高商誉可能意味着其有更高的财务风险。

10.4.2　经营风险

如图 10-30 所示，京东方的经营风险从 2011 年开始就比较高，2020 年达到

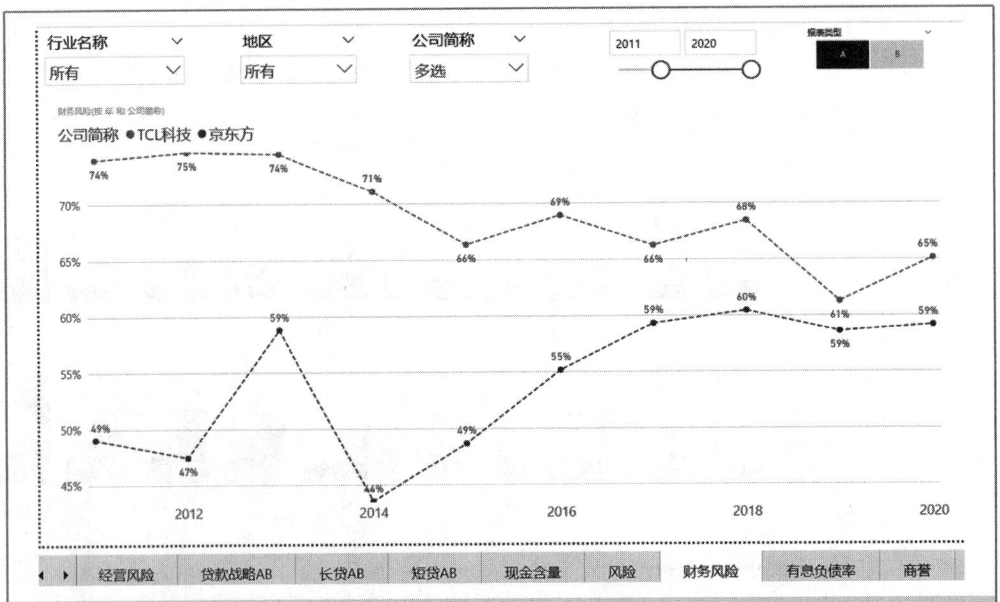

图 10－28　财务风险对比

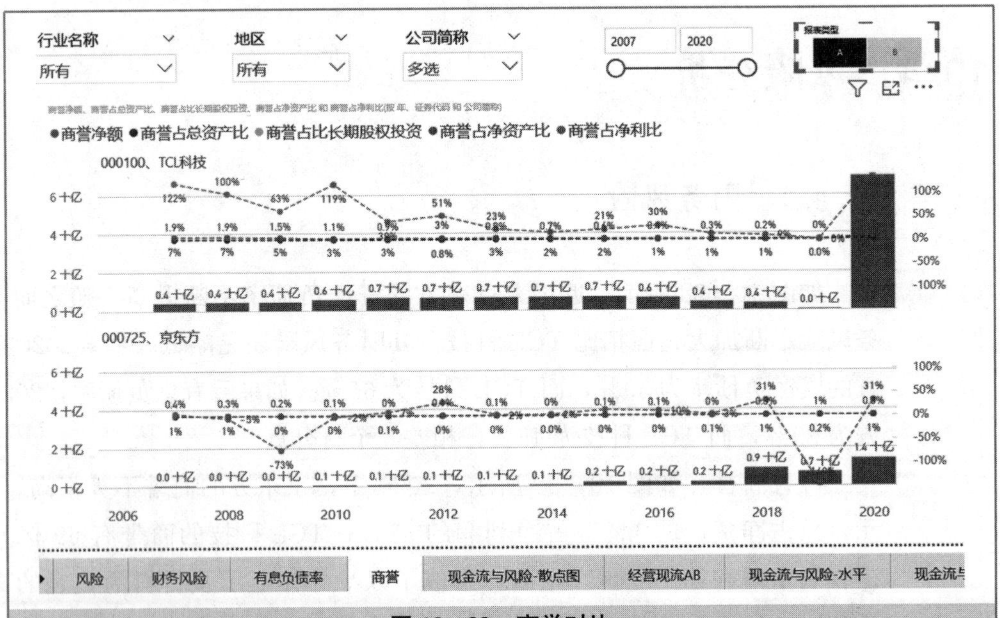

图 10－29　商誉对比

了 63%，固定资产规模达到约 2 200 亿元，是典型的重资产模式。结合前面的财务分析，我们可知京东方存在高财务风险和高经营风险。

TCL 科技的经营风险在 2018 年快速提升，2020 年达 48%，固定资产约为 900 亿元。TCL 科技也有“双高”，即高财务风险和高经营风险的特征，但是经营风险比京东方略低。

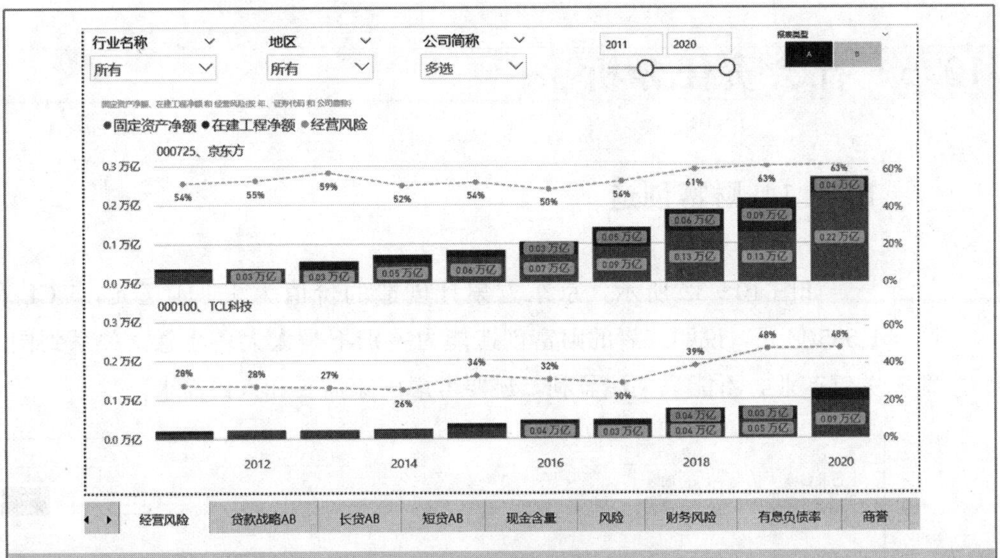

图 10-30　经营风险对比

10.4.3　现金流风险

根据自由现金流和 ROE，我们可以制作 TCL 科技和京东方的现金流风险矩阵，如图 10-31 所示。2020 年，京东方的 ROE 为 3%，TCL 科技为 6%；京东方的自由现金流情况虽然不是很好，为－41 亿元，但是 TCL 科技的自由现金流的情况更为糟糕，为－220 亿元。因此，两家公司的现金流风险都很大。

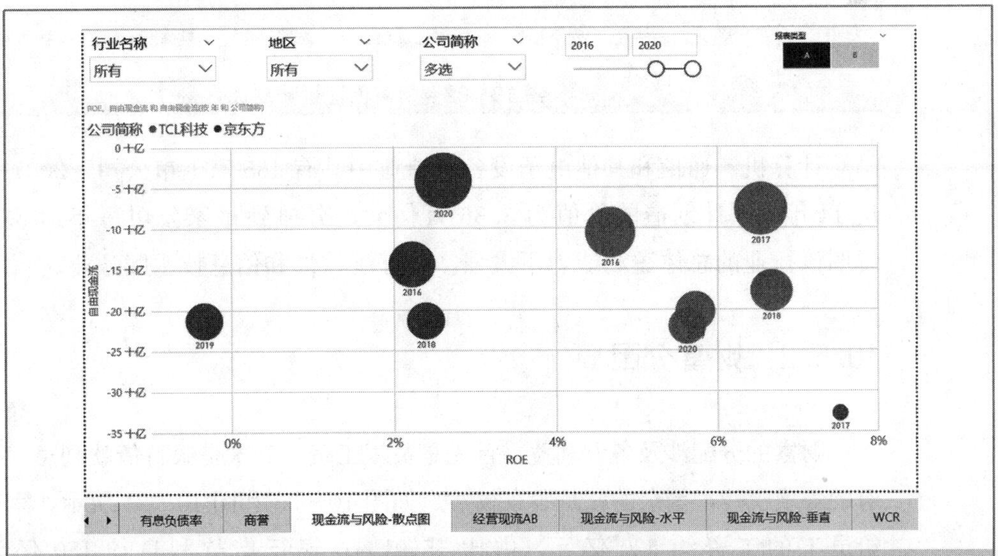

图 10-31　TCL 科技和京东方现金流风险矩阵

10.5 社会责任分析

10.5.1 财富创造

如图 10－32 所示，京东方累计创造的价值为 1 134 亿元，TCL 科技则为 1 585 亿元，说明二者的财富创造能力差别不是太大。注意：关系到国家命脉的关键产业，不能只关注盈利，还要考虑国家需要和人民需求。

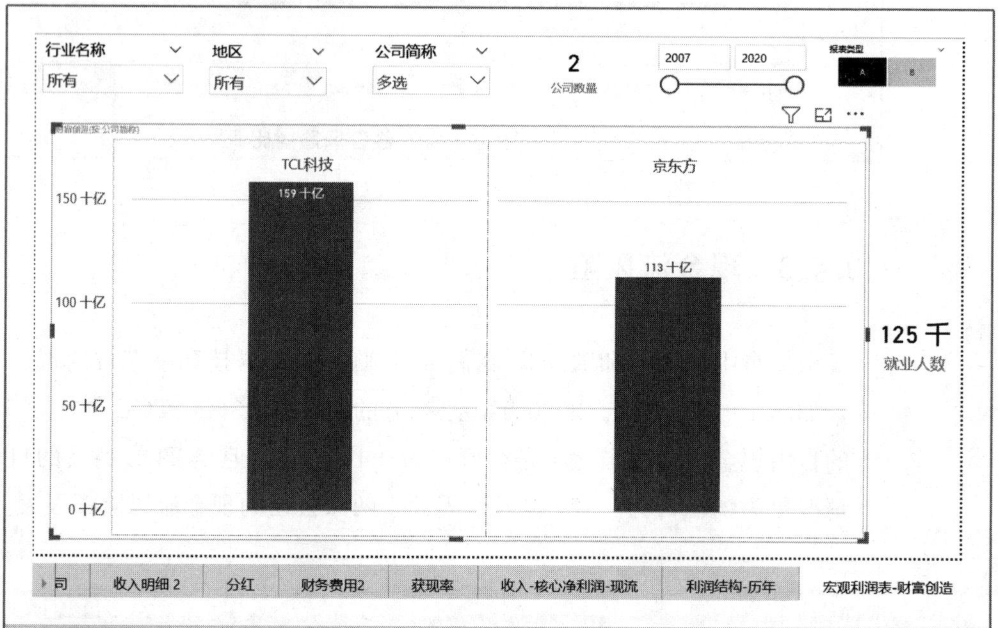

图 10－32 财富创造金额对比

计算机、通信和其他电子设备制造业中共有 465 家上市公司，2007—2020 年这 14 年中累计创造的价值为 3.36 万亿元，分摊到每家公司每年达 5.16 亿元，说明该行业的总体盈利能力不太强，略好于软件和信息技术服务业。

10.5.2 财富分配

财富的分配涉及各方利益，首先是员工工资，其次是银行借款利息，再次是政府的各项税费，剩余的就是股东权益。如图 10－33 和图 10－34 所示，京东方支付给员工的工资约 630 亿元，占比 55.91%；银行借款利息约 150 亿元，占比 12.92%；支付给政府的各项税费约 130 亿元，占比 11.23%；股东权益约 230 亿元，占比 19.94%，因此，从财富分配来看，员工工资占比最大。表面来看，股东权益比银行借款利息高一些，这是由于政策扶持的缘故，银行借款利率远低于市场利率，如果采用市场化利率，那么股东权益可能低于银行借款利息。

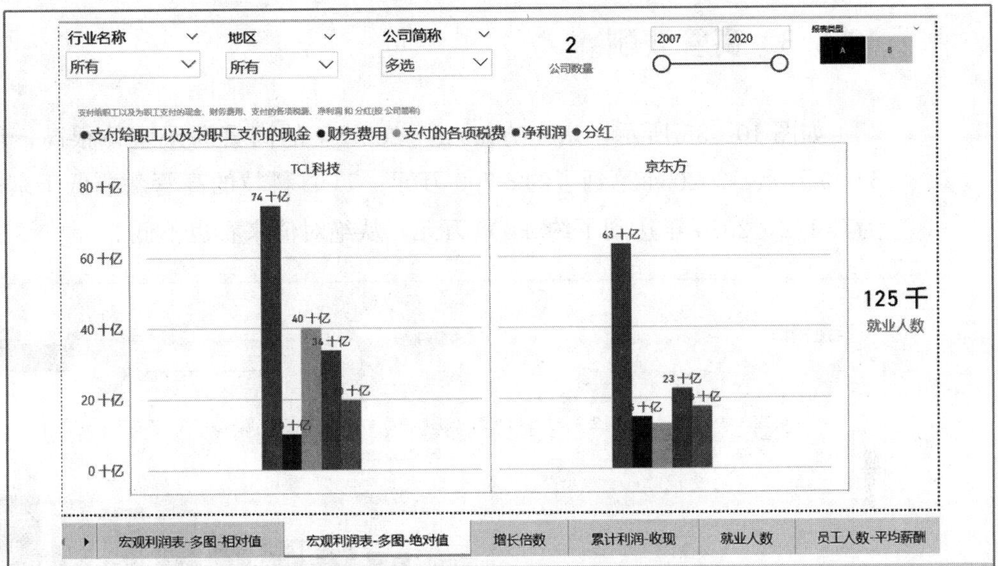

图 10－33　财富分配金额对比

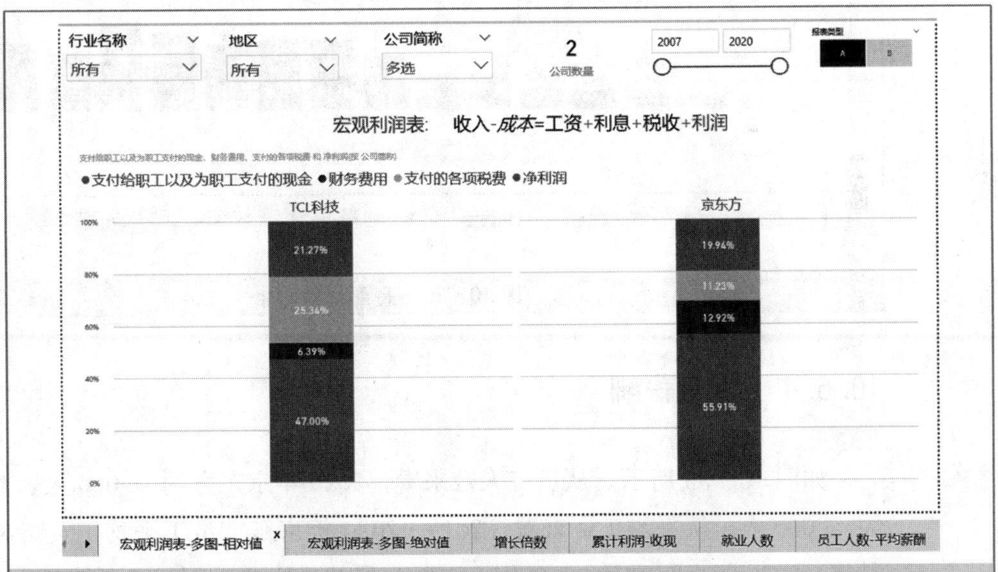

图 10－34　财富分配比例对比

TCL 科技支付给员工的工资约 740 亿元，占比 47.00%；银行借款利息约 100 亿元，占比 6.39%；支付给政府的各项税费约 400 亿元，占比 25.34%；股东权益约 340 亿元，占比 21.27%。从财富分配来看，也是员工工资占比最大，政府各项税费占比次之。

计算机、通信和其他电子设备制造业中共有 465 家上市公司，为 247 万人提供了就业机会，远高于软件和信息技术服务业提供的就业机会。

10.5.3 高管薪酬

如图 10 - 35 所示，京东方 2018—2020 年的高管薪酬整体很高，均超过了 5 000 万元，2020 年达到了约 5 700 万元；TCL 科技的高管薪酬低于京东方，约为其 1/2，2020 年达到了约 2 800 万元，从绝对值来看也不低。

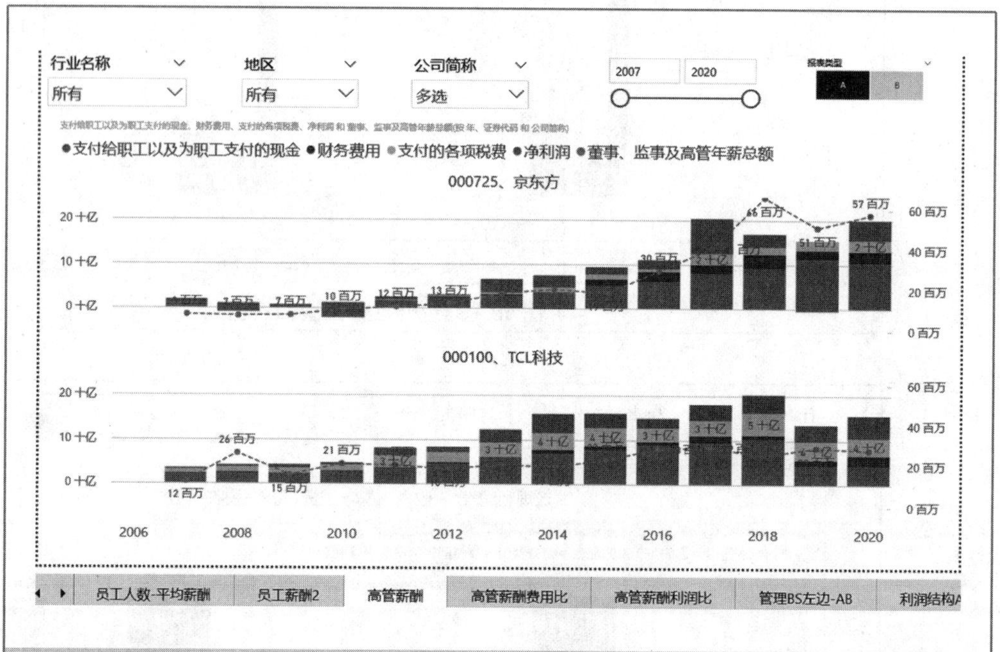

图 10 - 35 高管薪酬对比

10.5.4 员工薪酬

如图 10 - 36 所示，从员工人数来看，2020 年京东方约 76 000 人，TCL 科技约 48 000 人。从平均工资来看，2019—2020 年京东方员工平均工资略高于 TCL 科技，2020 年京东方是 13.6 万元，TCL 科技是为 8.7 万元，可能是受到了新冠疫情的影响，因此 2020 年员工平均工资相比 2019 年收入大幅下降。整体来看，两家公司员工工资的增长性不高。

如图 10 - 37 所示，计算机、通信和其他电子设备制造业的员工人数稳步增长，2020 年总员工人数约 247 万，当然人数的增长与在创业板、科创板上市的公

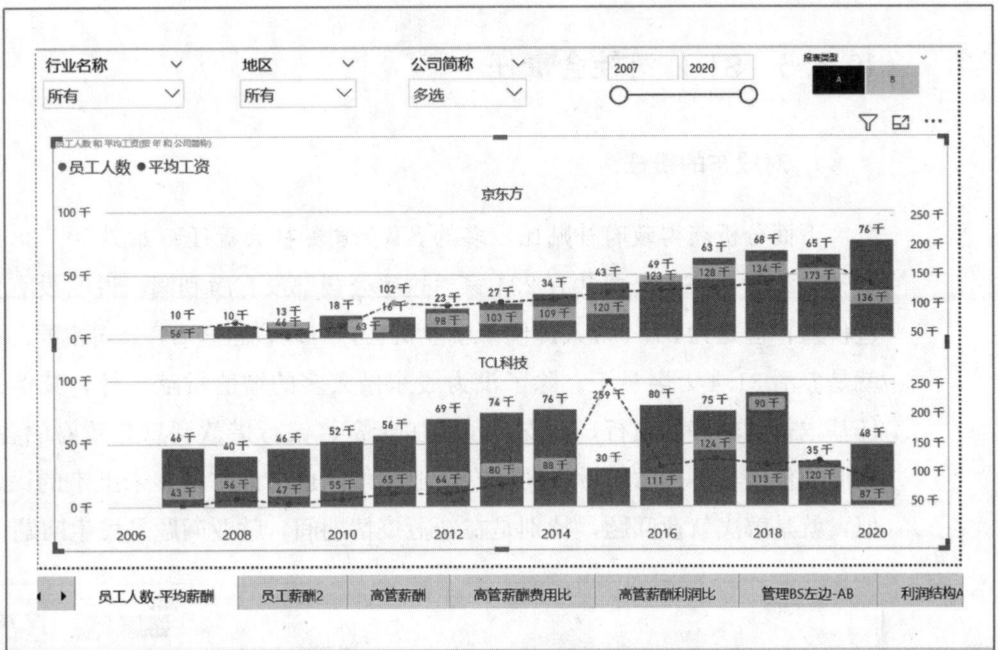

图 10－36　员工人数与平均工资对比

司的数量不断增加有密切关系。同时，平均工资也稳步增长，从 2007—2020 年增加了约 1.3 倍。但是京东方、TCL 科技的员工平均工资都低于行业平均值，这与它们的行业龙头地位不太相符。

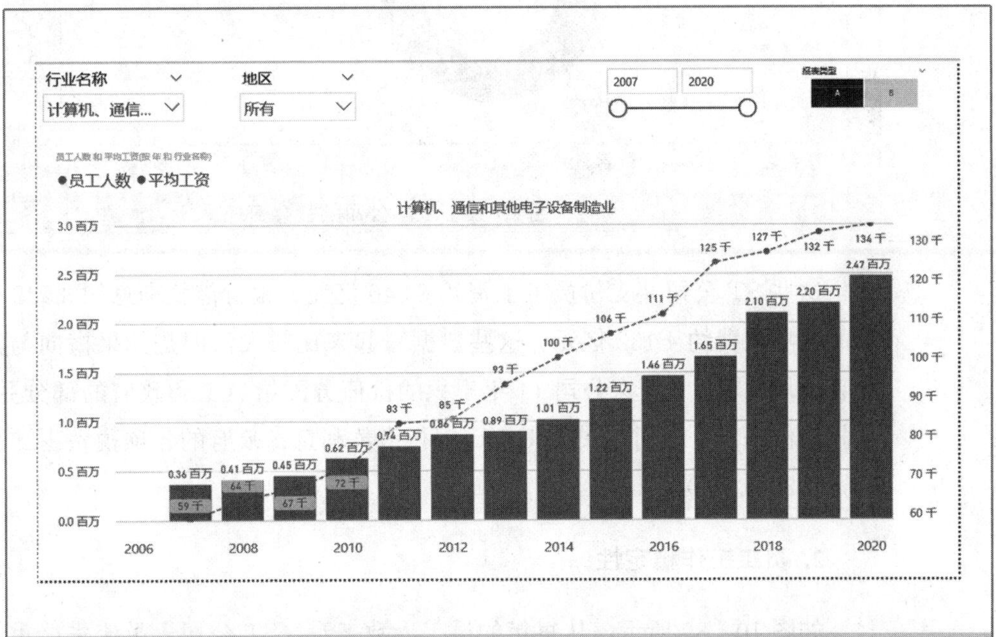

图 10－37　计算机、通信和其他电子设备制造业员工人数与平均工资

10.5.5 ST 公司社会责任

1. 对股东的责任

下面分析获得政府补贴比较多的 ST 公司的社会责任。如图 10－38 所示，在 2007—2020 年 ST 公司共有 234 家，这些公司都没有净利润，说明没有为股东创造价值，但是为 31.4 万人提供了就业机会，可以说这些 ST 公司主要的社会责任就是养活 31.4 万名员工。除了没为股东做太多的增值贡献之外，其他的社会责任基本得到较好的履行，如支付了员工工资、银行借款利息和政府的各项税费。它们的价值与不少常年亏损的国有企业类似，也与许许多多未上市的民营企业类似，就是解决就业问题，特别是在新冠疫情期间，就业问题是民生问题。

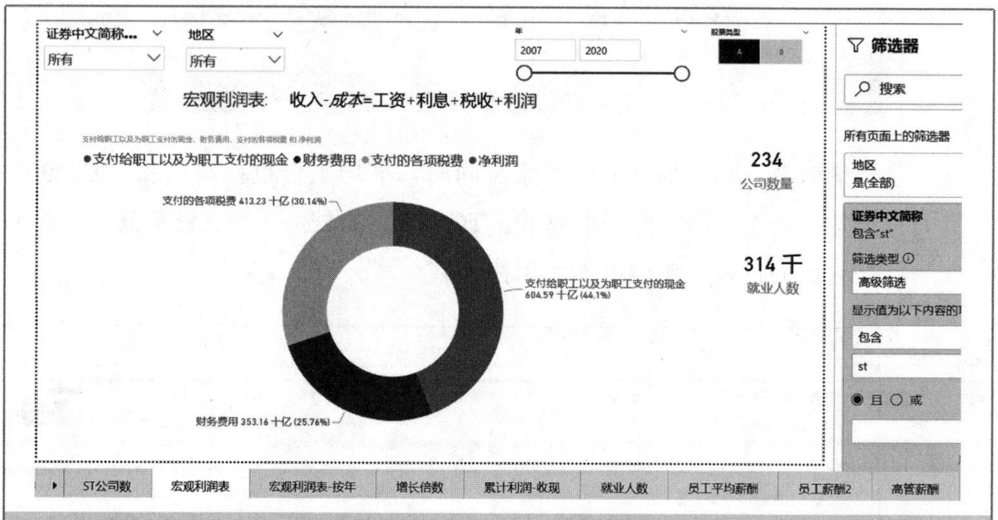

图 10－38 ST 公司的社会责任

这些 ST 公司共支付员工工资约 6 046 亿元、银行借款利息约 3 532 亿元和政府的各项税费约 4 132 亿元。这些数据看起来比较大，但是如果横向与其他行业或者板块比较，234 家公司 14 年累积的价值分配给员工和政府的部分并不算高。从相对值来看，支付的员工工资、银行借款利息、政府的各项税费占比分别约为 44%、26%、30%。

2. 员工工作稳定性

如图 10－39 所示，从每年的员工人数来看，ST 公司人员流失严重，这不利于公司长远发展和社会稳定。下岗工人的压力会增大，幸福指数偏低，与当前提倡的共同致富理念不一致。另外，ST 公司的平均工资不高。

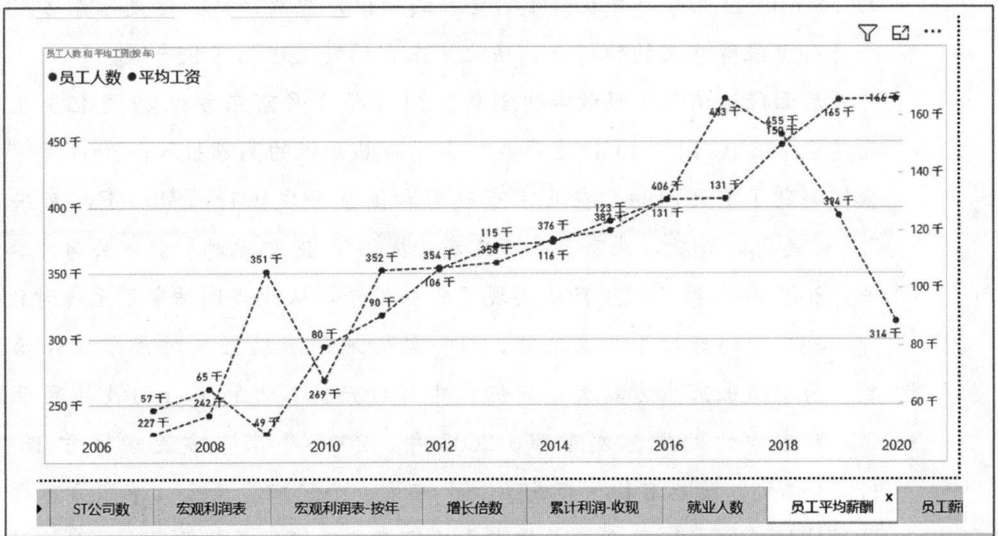

图 10－39　ST 公司员工人数与平均工资

补充阅读

京东方作为我国国产替代品的先行者，为我国半导体显示技术的突破做出了巨大贡献。个人电脑包括六个核心部件：CPU、内存颗粒、主板芯片组、显卡主芯片、硬盘、液晶面板，目前只有液晶面板完全实现了国产替代。从 1999 年下定决心开始自主研发，到 2018 年实现全球占有率达 30%，京东方整整走过了艰难的创业历程，承受了多年的巨额亏损，才进入全球液晶面板的第一阵营。所有的收获都是由点点滴滴的汗水和泪水铸就而成。

其实早在 1981 年，北京东方电子集团的前身北京电子管厂就成功研制出了液晶面板。但由于当时液晶显示的市场需求很小，还有当时的大政策——能花钱买来的就不造，所以液晶面板的研发就没有继续。

1999 年，在创始人王东升的领导下，北京东方电子集团成立了 TFT-LCD 项目组，开始正式进军液晶面板领域。从此，北京东方电子集团顶着研发人才短缺的压力，开始了步履蹒跚的液晶制造之路。为了进一步充实资本，北京东方电子集团在 2000 年 12 月顺利实现 A 股增发上市。

2001 年，一个千载难逢的好机会到来了。当时的韩国现代由于 1997 年全球金融危机的影响欠下了巨额的债务，为了保全核心的半导体业务、挽救现金流，不得不将已投资二三百亿元的面板生产线割爱出售。王东升看到了这个稍纵即逝的好机会，当即决定买下它。经过数轮艰苦的谈判，2003 年 1 月京东方（2001

年 6 月北京东方电子集团更名为京东方科技集团）以 3.5 亿美元收购了韩国现代的 TFT-LCD 业务，并获得了它全部的知识产权和团队。这是京东方发展史上一个具有里程碑意义的转折点，从此京东方的发展进入了快车道。

后面经过消化、吸收和再创新，2003 年 9 月京东方投资 12 亿美元在北京开始建设第 5 代 TFT-LCD 生产线。由于液晶面板的高额投入，2004 年京东方的资金链遇到了重大问题，在北京市政府和国家开发银行的帮助下，京东方获得了 7.4 亿美元的贷款，北京市政府又额外提供了 28 亿元的贷款，公司才算渡过了难关。2005 年，第 5 代生产线实现了顺利投产，从此我国结束了无屏时代。

期待中的好日子并未来临，日、韩等地的液晶巨头对京东方开始了联合围剿。为了阻止京东方壮大，它们集中释放产能，并将库存的液晶显示器低价倾销，京东方的处境愈发艰难。2005 年、2006 年京东方连续巨亏 15.87 亿元、17.71 亿元，股票名称也变成了 * ST 东方。为了回笼资金，京东方不得不卖掉冠捷科技的股份（2003 年 8 月京东方为了提升面板销量收购了全球知名的显示器制造商冠捷科技 26.77%的股份），连从韩国现代手中买回来的生产线也卖掉了。

在最困难的时期，京东方咬牙坚持提升品质、加强管理、扩大产能。这些措施有力确保了价格回升时生产线的开工率和良品率都达到国际先进水平。时间进入了 2007 年，这一年 4 月全球液晶面板价格开始回升，京东方也在 5 月份实现了盈利。

然而好景不长，2007 年 8 月美国次贷危机爆发。次贷危机对全球金融市场破坏巨大，直接导致了信贷紧缩，流动性枯竭。而此时半导体显示行业正在进行生产线升级，需要大量的资金投入，银行信贷的收紧使京东方骑虎难下、左右为难。怎么办？关键时刻还是国家出手相救。2009—2013 年在国家的鼎力支持下，京东方联合其他企业先后投资建设了中国首条高世代线——京东方合肥第 6 代 TFT-LCD 生产线、中国唯一一个 TFT-LCD 工艺技术国家工程实验室、中国首条 8.5 代线——京东方北京第 8.5 代 TFT-LCD 生产线、鄂尔多斯第 5.5 代 AMOLED 生产线、合肥第 8.5 代 TFT-LCD 生产线、重庆第 8.5 代 TFT-LCD 生产线，建立起了具有自主创新和自我发展能力的半导体显示产业，这大大提升了我国在半导体显示领域的竞争力。

这些生产线的陆续建成，显著缓解了我国电视、显示器、手机、平板等行业庞大的面板需求，使得困扰我国多年的“少屏”问题得到了彻底解决。据亿欧数据统计，2010—2019 年，京东方的销售收入从 80.25 亿元增长到了 1 160.6 亿元，增长了 13.5 倍，主流的显示产品销量已位居世界第一，柔性 OLED 屏以 86.7%的市场占有率居于国内首位。截至 2020 年 1 月 31 日，京东方在全球的发明专利申请数量已达 42 584 项，稳居电子行业第一名。

但另一方面，与销售收入相比，京东方的利润却没有因此而飙升。2008—2012年，京东方连续5年扣除非经常性损益后的净利润亏损，亏损额分别为10.19亿元、11.89亿元、20.75亿元、38.71亿元、5.44亿元，亏损总额接近87亿元。虽然2013年以后京东方的利润一直为正，并在2017年达到了创纪录的75.7亿元，但常年的政府补贴在其中发挥的作用一目了然。2010—2019年，10年间京东方获得的政府补贴高达119.73亿元。与此同时，京东方在A股募集的资金也创了纪录。截至2019年2月底，京东方在A股已累计募资8次，累计募集资金达742.3亿元，累计分红只有36.11亿元。

半导体显示行业主要依靠核心技术和成本取胜，同时又会受到市场供求、材料、人工和设备折旧等诸多因素的影响。没有顶尖的技术和精准的市场预测，增产不增收、库存积压已成为行业常态。半导体显示行业需要连续的巨额资金投入，而且投入不一定能带来预期的结果和收益，所以很多国家对该行业的投入都谨小慎微，结果就导致了2017年以前核心技术一直被少数几家企业垄断。我国果断发力液晶面板制造的决策是英明的，也是及时的，不然可能到现在我们还在受制于人。关系到国家命脉的关键产业，不能只看盈利，还要考虑国家需要和人民需求。

2017年底，京东方领先日韩企业率先建成了全球第一条10.5代TFT-LCD生产线，这则消息占据了当时各大科技媒体的头条，成为全球半导体显示行业新的里程碑，预示着京东方的智能化和核心工艺技术均已达到业界最高水平。京东方已成为苹果、三星、华为、小米、OPPO、vivo、联想、惠普、戴尔、海信、创维等众多知名品牌的高级供应商，也从半导体显示技术、产品和服务提供商转型为物联网技术、产品和服务的提供商。

总体而言，虽然京东方的持续盈利能力还有待提升，但毋庸置疑，它为我国的国产替代品的培育树立了一个标杆。感谢京东方、TCL华星光电、维信诺、深天马等这些民族企业，正是它们的永不服输、埋头苦干和坚持不懈，才有了我们民族半导体显示行业质的飞跃。

资料来源：没有核心技术，打造国产替代有多难。看一看，京东方就知道了．勇哥电脑硬件课堂，2020-05-02。

第10章图片汇总

参考文献

[1] 张新民．从报表看企业：数字背后的秘密．4 版．北京：中国人民大学出版社，2021.

[2] 张新民．张新民教你读财报．北京：北京联合出版社有限责任公司，2023.

[3] 张新民．财报掘金．北京：中国人民大学出版社，2020.

[4] 黄世忠．财务报表分析——理论、框架、方法与案例．北京：中国财政经济出版社，2007.

[5] 吴世农，吴育辉．CEO 财务分析与决策．2 版．北京：北京大学出版社，2013.

[6] 郭永清．财务报表分析与股票估值．北京：机械工业出版社，2017.

[7] 薛云奎．穿透财报，发现企业的秘密．北京：机械工业出版社，2022.

[8] 樊斌，周忠宝，等．大数据财务与会计应用．北京：高等教育出版社，2022.

[9] 樊斌．Excel 会计电算化（第 2 版）．上海：立信会计出版社，2011.

图书在版编目（CIP）数据

大数据财务分析：基于 Power BI / 樊斌，曹越，周鸿著. -- 北京：中国人民大学出版社，2023.6

（智能财会丛书）

ISBN 978-7-300-31422-8

Ⅰ.①大… Ⅱ.①樊… ②曹… ③周… Ⅲ.①财务管理-数据处理 Ⅳ.①F275

中国国家版本馆 CIP 数据核字（2023）第 016240 号

智能财会丛书

大数据财务分析——基于 Power BI

樊斌　曹越　周鸿　著

Dashuju Caiwu Fenxi——Jiyu Power BI

出版发行	中国人民大学出版社		
社　　址	北京中关村大街 31 号	**邮政编码**	100080
电　　话	010－62511242（总编室）		010－62511770（质管部）
	010－82501766（邮购部）		010－62514148（门市部）
	010－62515195（发行公司）		010－62515275（盗版举报）
网　　址	http://www.crup.com.cn		
经　　销	新华书店		
印　　刷	天津旭非印刷有限公司		
开　　本	787 mm×1092 mm　1/16	**版　　次**	2023 年 6 月第 1 版
印　　张	18.5 插页 1	**印　　次**	2024 年 6 月第 2 次印刷
字　　数	373 000	**定　　价**	45.00 元

中国人民大学出版社　管理分社

教师教学服务说明

中国人民大学出版社管理分社以出版工商管理和公共管理类精品图书为宗旨。为更好地服务一线教师，我们着力建设了一批数字化、立体化的网络教学资源。教师可以通过以下方式获得免费下载教学资源的权限：

★ 在中国人民大学出版社网站 www.crup.com.cn 进行注册，注册后进入“会员中心”，在左侧点击“我的教师认证”，填写相关信息，提交后等待审核。我们将在一个工作日内为您开通相关资源的下载权限。

★ 如您急需教学资源或需要其他帮助，请加入教师 QQ 群或在工作时间与我们联络。

中国人民大学出版社　管理分社

教师 QQ 群：648333426（工商管理）　114970332（财会）　648117133（公共管理）
教师群仅限教师加入，入群请备注（学校＋姓名）

联系电话：010-62515735，62515782，82501048，62514760

电子邮箱：glcbfs@crup.com.cn

通讯地址：北京市海淀区中关村大街甲 59 号文化大厦 1501 室（100872）

管理书社　　人大社财会　　公共管理与政治学悦读坊